AUFBAU BIBLIOTHEK

Die originelle Sammlung Fontanescher Reisebriefe beginnt mit den Impressionen des 32jährigen London-Besuchers und endet mit einem Brief des Karlsbader Kurgastes wenige Wochen vor seinem Tod am 20. September 1898. Zeit seines Lebens ist Fontane viel und weit gereist. Als Berichterstatter war er im Auftrag von Zeitungen und Verlagen unterwegs, dreimal fuhr er nach Frankreich, und zweimal bereiste er Italien, er erkundete das romantische Schottland, war in Wien und bestieg von Neapel aus den Vesuv. Die Sommerfrischen nutzte er zu Lokalstudien für seine Romane, die ohne Reisen, Ausflüge und Wanderungen nicht zu denken sind. In der Spannung von »unterwegs und wieder daheim« erfuhr Fontane die Wohltat von Ortswechsel und neuen Eindrücken: »alles eingefrorene Wesen schmilzt, und die Steifheit, innerlich und äußerlich, macht einer Geschmeidigkeit Platz, als hätte man sich allabendlich mit Öl Lumbricorum eingerieben«.

Theodor Fontane

JENSEITS VON HAVEL UND SPREE

Reisebriefe

Herausgegeben von Gotthard Erler

Aufbau Taschenbuch Verlag

Das Frontispiz stellte uns freundlicherweise die Landesgeschichtliche Vereinigung für die Mark Brandenburg (Archiv) zur Verfügung

ISBN 3-7466-6027-0

1. Auflage 1998
Aufbau Taschenbuch Verlag GmbH, Berlin

Umschlaggestaltung Torsten Lemme
nach einem Gestaltungskonzept von Andreas Heilmann
unter Verwendung eines Fotos aus dem Archiv Aufbau-Verlag
Typographie Peter Friederici
Druck Ebner Ulm
Printed in Germany

Theodor Fontane 1886 mit seiner Tochter Martha in Arnsdorf/Riesengebirge

An Emilie Fontane

Aachen, 6. April 1852
Dienstag

Meine liebe Frau.

Ich schreibe einen Tag früher als verabredet, was Du mir wohl nicht übelnehmen wirst. Seit gestern mittag 2 Uhr bin ich hier und habe einen Empfang gefunden, der an Herzlichkeit noch Eure Erwartungen, geschweige die meinigen, übersteigt.

Doch laß mich hübsch nach Ordnung und Reihenfolge berichten. Die Reise bis Köln ist eigentlich langweilig, oder, richtiger, die *Art* des Reisens ist es. Um sich darüber hinwegzusetzen, daß man an einer Fülle von interessanten Dingen vorbeifliegt, oder um lediglich die Schnelligkeit des Fortkommens zu preisen, dazu geht es doch noch nicht schnell genug. Man hat das Gefühl: nichts gesehn und sich strapaziert zu haben, wogegen man früher von seinen Reisestrapazen wenigstens eine Ausbeute hatte und in kommenden Zeiten notwendig dahin kommen muß, wenn auch nichts zu sehn, so doch wenigstens auch – nicht gequält zu werden.

Meine Reisegesellschaft war außergewöhnlich gut: 3 Leute, mit denen sich reden ließ, dennoch macht ich von diesem ihrem Talent wenig Gebrauch, weil ich immer mehr dahinterkomme, daß der bloße »gebildete Mensch«, wenn er sonst nichts hat, eigentlich zu den ledernsten Geschöpfen Gottes zählt; – an jeder alten

Bauerfrau, deren Friesrock 120 Falten schlägt und deren Plattdeutsch man ebensowenig versteht wie den Baustil ihres Kopfputzes, hat unsereins mehr Ausbeute – mehr »Stoff«, würde Lepel sagen. Das einzige gescheite Wort, was ich auf der ganzen Reise hörte, floß von den Lippen eines Berliners, der die Klagen eines Militär-Waisenhaus-Zöglings über die ewige Suppenesserei im Waisenhause mit der gewichtigen Bemerkung abschloß: »Na, des weeß ich wol, wer de ollen Supfen erfunden hat, des is keen Bratenfreind nich jewesen!« Man kann nicht leugnen, daß diese Anschauung viel für sich hat.

Interessant sind einzelne Bahnhöfe: der braunschweigische, der hannöversche und der Düsseldorfer, besonders der erstre, obwohl er nicht ganz 3mal so groß ist wie unser Hamburger in Berlin, was Witte zu behaupten für gut befand. Besonders aber erquickte mich die Fahrt durch Westfalen. Es war Sonntag, schönes klares Wetter, geputzte rotbäckige Menschen am Wege und auf den Bahnhöfen, der Himmel lachte und die Menschen auch – es war sehr reizend, und ich dachte mir, mit welcher Herzensfreude muß der König durch solche gesegneten Lande fahren, wo selbst das Leblose tausend Geschichten von Glück und Zufriedenheit erzählt und die ganze Landschaft zu einem aufschaut wie ein Auge voll Liebe. Solch Anblick geht viel über Ehrenpforten und weißgekleidete Jungfraun.

Um 9 Uhr abends war ich in Köln. Die Stadt ist scheußlich, der Dom das Herrlichste, Großartigste, was ich überhaupt je gesehn. Wenn man den Kölner Dom sieht und noch in Zweifel ist, ob dem griechischen oder gotischen Baustil der Vorzug gebührt, so kann man meinetwegen ein guter Mann und sogar ein doktrinärer Kunstverständiger sein, aber ein Herz im Leibe hat man nicht: *das* weiß auf der Stelle, wohin es sich zu wenden hat. *»Schönheit«* mag dort wie hier sein, aber solch Dom ist mehr als schön; ganz andre Kräfte, die das Menschenherz bewegen, finden darin ihren Ausdruck. Es ist der Zug nach dem Höchsten, die Sehnsucht, die über das Irdische hinausgeht, was diese »himmelanstrebenden« Dome schuf.

Begeb ich mich vom Dome ins Hôtel. Es ist so wie hundert andre. Beefsteaks, Kellner, abgerissene Klingel – alles wie bei uns zulande; nur von dem Bett muß ich Dir eine Beschreibung machen. Das Gestell groß, hoch und von einer Solidität der Bauart, als sollten 6 Brautpaare wie König Gunther und Brunhilde ihr Beilager darin halten; dazu ein Deckbett von der Größe eines mäßigen Oreillers, so daß ich mich gezwungen sah, Schlafrock und Mantel als Hülfstruppen heranzuziehn. Half aber doch nichts, ich fror jämmerlich und laboriere seitdem an Zahnweh, das ich auch hier nicht loswerden dürfte, da mein Schlafzimmer kalt und ein Erscheinen in Filzschuhen, Shawl und andren Zieraten meiner Gesundheitsnecessaires leider unangebracht ist. – Das Interessanteste in meinem Kölner Hôtel war das water-closet: es ist sehr eng darin, und die Wand vor einem befindet sich so nahe, daß man sie mit der Nasenspitze berühren kann. Diese zudringliche Nähe war von talentvollen jungen Malern, die sonst wohl die Mauern und Wände der Häuser mit gewissen mehr riesigen als naturgetreuen Abbildungen auszustaffieren pflegen, zu ähnlichen Kunstleistungen benutzt worden, die teils aus Bleistiftzeichnungen, teils aus dauerhaften tiefen Gravierungen bestanden. Mitten unter diesen lautren Schöpfungen der Phantasie und Laune befand sich, wie ein Professor im Bordell, die bekannte Figur des pythagoreischen Lehrsatzes, die mich vorzeiten auf der Quartanerbank immer sehr traurig gestimmt, heute aber mein hellstes Lachen zur Folge hatte.

Gestern mittag 11½ Uhr fuhr ich nach hier. Sehr

hübsche Fahrt; nur mein Zahnweh verdarb mir die Freude. Onkel Fritz, Bertha und Cousin Heinrich empfingen mich auf dem Bahnhofe. Onkel ganz der alte, hier ebenso wie bei uns in Berlin, nur, wie mir scheint, noch *gleichmäßiger* heiter. Bertha sah außerordentlich hübsch aus; heut ist sie's weniger, wiewohl (zu Maxens Beruhigung) noch immer recht nett. Fanny (wird übermorgen 17 Jahr) scheint ein sehr liebes, gutes Mädchen; frisch und rot wie eine Panonie, mindestens 7 ℔ Brust, dabei muntrer, beweglicher, unbefangner respektive unüberlegter als Bertha. Bertha scheint die Hauptperson zu sein, gleichzeitig der Liebling und der Kommandeur des Ganzen. Ich glaube, sie ist – um gut aachensch zu sprechen – »sehr brav«, aber ich halte sie für etwas herrschsüchtig oder, richtiger, für einen Eisenkopf, der, ohne viel Worte zu machen, unbeirrt seinen Willen durchsetzt. – Heinrich scheint ein guter, brauchbarer und reeller Junge, praktisch, verständig, klarblickend und bescheiden. Er wird mich wahrscheinlich nach Brüssel begleiten. – Elise ist ein Neckdeibel und Schulbalg; wie es heißt, unsrer Lise sehr ähnlich (d.h. im Wesen), nur kindischer; sie tollt noch umher. – Nun die Tante! Wenn ich mich nicht sehr irre, eine gute, kreuzbrave Frau, voll gesunden Menschenverstandes, Haus und Kinder in Zucht und Ordnung haltend, fleißig, umsichtig, durch und durch eine Gestalt aus der guten alten Zeit, die von Eugen Sue und englischen Konversationsstunden nichts wußte. Sie erinnert mich an die R.R. Günther, noch mehr vielleicht an die alte Sommerfeldt, nur mit dem Unterschied, daß sie gutmütiger, humaner und weniger Deibel ist. – Die Nonne werd ich vielleicht heut nachmittag sehn. – Das Häusliche durchaus anständig, aber höchst einfach, kleinbürgerlich und fast ohne all und jeden Luxusgegenstand. So auch der Mittag- und Abendtisch; nur der Kaffe auf einer aller Zivilisation hohnsprechenden Stufe. – Laßt es Euch an diesen vorläufigen Notizen genug sein; ausführliche Mitteilungen folgen entweder von Brüssel oder London aus. Gestern im Casino traf ich – Gehring; – er war sichtlich aufs angenehmste überrascht, so ohngefähr, wie wenn er seit 6 Monaten kein eigentliches Menschenangesicht gesehn hätte. Er fühlt sich unter dieser katholischen und ihre innerliche Hohlheit mit Glanz und Prunk verdeckenden Bevölkerung überaus unbehaglich – dazu keine Praxis. Seine Frau teilt diese Empfindungen, nur hegt sie sie noch lebhafter. Ich werd ihn spätestens morgen besuchen. – Die Stadt hab ich gestern bereits durchwandert: die Bäder, den Gesundbrunnen, das Kurhaus, das Rathaus (zum Teil aus der Zeit Karls des Großen), einige öffentliche Lokale u.dgl.m. hab ich an Onkels und der Mädchen Seite in Augenschein genommen, heut nachmittag beginnen die Partien in die Umgegend.

Nun noch ein paar Worte mit und zu Dir, mein liebes süßes Herz. Wenn dieser Brief keine Liebes- und Sehnsuchtsversicherungen enthält, so suche die Gründe nicht anders, als wo sie liegen. Ich darf ehrlich behaupten, daß ich vielfach in Worten und immer in Gedanken um Dich und unsren lieben kleinen Jungen bin. Des Morgens beim Baden bin ich immer bei Euch, und selbst nachts, wenn ich aufwache, seh ich Minen in bekannter Attitüde an dem Drei-Handtücher-Platz, wie sie sich quält, den schlafenden kleinen Fontane zu einer muntern Fontäne zu machen. Küsse mir das Kind und die gute Alte recht herzlich, Du aber schreibe bald (nach *hier*, der Brief wird mir nötigenfalls nachgeschickt) Deinem

Theodor.

An Emilie Fontane (Mutter)

London, 28. April 1852
14. Burton-Street near Eaton-Square

Meine liebe gute Mama.

Wäre Emilie noch in Berlin, oder wüßt ich überhaupt mit Bestimmtheit, wo sie sich aufhält (denn ich habe nun seit 14 Tagen keinen Brief), so würde die Überschrift dieser Zeilen wohl anders lauten; ich würde dann eben an Emilien schreiben und im voraus wissen, das Wesentliche des Briefes käme doch zu Deiner Kenntnis. Heut indes kehr ich die Sache um und schreibe an Dich, woran sich natürlich die Bitte knüpft, Du wollest diesen Brief noch an selbigem Tage weiterbefördern; – wohin? weiß ich nicht.

Meine Briefe aus Brüssel und Gent (falls sie nicht verlorengegangen sind, was ich von dem erstren beinah fürchte) wirst Du gelesen haben, so daß ich (da sich's nicht verlohnt, über Gent und Antwerpen – an und für sich höchst interessant und sehenswert – zu sprechen, wenn man in London ist) mit meiner Überfahrt von Ostende nach Dover beginnen kann. Die Sonne neigte sich, sie und wir steuerten nach Westen, aber so schnell auch unser Schiff war, sie war doch schneller, und gegen 8 Uhr sank sie ins Meer. Zauberhafter Anblick! auch einer Landratte geht das Herz dabei auf und hätte sie auch schon – wie meine Wenigkeit – die Seekrankheit im Leibe. Nachdem ich die üblichen Opfer gebracht, schlich ich in die Kajüte und schlief ein; als ich erwachte, waren wir in Dover. Ich werde diese Nachtlandschaft vorläufig nicht vergessen: auf hohem Quai, an den das Meer anbrandet, liegt in weitem Halbkreis die Stadt, die jetzt (es war Mitternacht) von tausend Lichtern flimmerte und die Felsen halb erhellte, die hinter ihr hoch in die dunkle Nacht hineinwuchsen. Im übrigen tranken wir Tee und schliefen aus. Am andern Morgen (die Nachtzüge, die gleich weitergehn, sind furchtbar teuer) fuhren wir nach London. Ich hätte nicht gedacht, daß die Stadt – deren rein äußerliches Leben und Treiben ich wenigstens kannte – mich wiederum so mächtig bewegen würde, und noch in diesem Augenblick brauch ich nur nach den Verbindungsstraßen zwischen City und Westend (hier herrscht das regste Leben) zu eilen, um urplötzlich meine Sorgen von mir genommen zu sehn. Die Großartigkeit dieses Schauspiels hat etwas unendlich Erhebendes; weil man sich *überhaupt vergißt*, vergißt man auch sein Elend und seine Not und fühlt sich nur gehoben durch das Gefühl, ein Teil jener Gesamtheit, ein Glied jener großen Menschheitsfamilie zu sein, die *so* lebt und *solches* schafft. In Bewundrung der *Gattung* verliert man die *einzelne Spezies*, und sich mit, ganz aus dem Auge.

Du wirst vielleicht sagen: daran erkennt man den Anglomanen, den guten *pp* Fontane, der seit Jahr und Tag in alles englische Wesen vernarrt ist. Ich muß das gerade jetzt bestreiten: vieles behagt mir gar nicht und läßt mich, wenn ich vergleiche, deutlich einsehn, daß wir in aberhundert Dingen weit voraus sind. Zudem hab ich *persönlich* noch gar nichts Angenehmes oder Bestechendes erlebt und höre von Deutschen, selbst von solchen, denen es hier gut geht und die gar nicht daran denken, England zu verlassen, daß es in Deutschland eigentlich besser sei. Wie viel daran wahr ist, laß ich dahingestellt, aber das darf ich nach einer 8tägigen Erfahrung bereits versichern, daß mein diesmaliges Urteil über London anders ausfallen wird als vor 8 Jahren. Ich war damals unerfahren, gutmütig und, wenn ich so sagen darf, schwärmerisch genug, alles, was ich *anders* fand, auch sofort *besser* zu finden; dieser Standpunkt indes ist überwunden, und ich kritisiere jetzt mit feiner gebildetem *Sinn*. Was ich unter diesem »feiner gebildeten Sinn« verstehe, werd ich Dir gleich sagen – es ist durchaus keine arrogante Bemerkung. Ich meine nämlich: einzelne meiner 5 Sinne (namentlich der Geschmackssinn) haben sich geschärft, und während ich z. B. anfange, das ausschließliche Recht der englischen Küche mit einigen Zweifeln zu betrachten, verwerf ich bereits die Schöpfungen des englischen *Kunst*geschmacks in Bausch und Bogen. Ausnahmen bestätigen nur die Regel.

Nichtsdestoweniger – und Du wirst mir zugestehn, daß ich in vorstehendem nüchtern genug geurteilt habe – kann man sich gegen die Großartigkeit des Gesamttreibens nicht verschließen, und wie berechtigt es sein mag, diesem ewigen tollen Durcheinander alles wahrhaft Erquickliche und Wohltuende (denn es fehlt die Liebe) abzusprechen – *das Imposante des Schauspiels* ist über jeden Zweifel erhaben. –

Donnerstag, 29. April

Heut endlich hab ich Emiliens Brief erhalten – den sie klugerweise gleich nach hier adressiert hatte – und atme seitdem wieder freier. Ich bin nicht einer von den Ängstlichen und trug mich auch nicht gerade mit trüben Bildern und Vorstellungen, nichtsdestoweniger fühlt ich ein Unbehagen über das lange Ausbleiben all und jeder Nachricht.

Es freut mich ungemein, aus Emiliens Brief zu ersehn, daß sie nicht nur wohl, sondern auch wieder heitrer ist. Vor allen Dingen mög es ihr nie einfallen, vielleicht bloß aus Anstand, mit ihrer Heiterkeit hinterm Berge zu halten und eine pflichtschuldige betrübte Miene aufzusetzen. Ich habe nichts so gern wie fröhliche Menschen, und wenn *ich's selber* oft nicht sein kann, so liegt die Schuld wahrhaftig nicht an meinem guten Willen. Am liebsten schlüg ich den ganzen Tag Rad, spräng über Tisch und

Bänke und wälzte mich im grünen Rasen, den lachenden Himmel über mir. – Was den bekannten Betrübnispunkt angeht, so hat diese *Eil des Schicksals* allerdings ihre bedenkliche Seite, aber wir müssen denken: was jetzt zu früh geschieht, wäre nach einem Jahr unter allen Umständen geschehn; um einen Zeitungsausdruck zu gebrauchen: es war nur eine Frage betreffs der *Zeit*. Das Mißliche bei uns ist vor allen Dingen das liebe Geld; – indes wenn ich auch das kühne Hoffen nachgerade verlernt und für den September d.J. kein kalifornisches Plänchen in Aussicht habe, so darf ich doch auf den Himmel verweisen, der uns gnädiglich durch die Sommer- und Herbstmonate des vorigen Jahres führte und in seiner Barmherzigkeit uns arme Schlucker auch ferner nicht verlassen wird. Schultz würde zwar sagen: »Sehr bequemer u. sehr naiver Glaube« – indes laß ich's drauf ankommen und wette, daß auf der echten göttlichen Goldwaage (die ganz gewiß anders wägt, als wie die Herren meinen) mein Glaube um keine 5 Gran weniger wiegt als der von Stahl, Gerlach und Schultz zusammengenommen.

Daß mein kleiner Georg so munter ist, ist mir eine wahre Herzensfreude. In der Nacht von Montag auf den Dienstag wachte ich um 2 Uhr zufällig auf und begleitete die lieben Reisenden eine ganze Stunde lang in Gedanken, gerade über die böse Strecke zwischen Frankfurt und Sorau hinweg, wo sich so oft Unfälle ereignen. Möge mein Wunsch für ihr Wohl ein Schutzgeist für sie gewesen sein. –

Nun etwas über mein Leben hier. Die ersten 4 Tage verbracht ich in – der *deutschen Flüchtlingskneipe*. Ihr werdet mir Sinn und Verstand genug zutrauen, um von vornherein zu wissen, daß nur ein seltsamlicher Zufall so etwas ermöglichen konnte. Auf dem Dampfschiff bat mich ein junger Deutscher sozusagen um mein Protektorat, da er kein Wort englisch spräche und ohne

Vermittler schwerlich von der Stelle kommen werde. So kamen wir uns näher, und da ich alsbald in ihm einen überaus harmlosen Menschen kennenlernte, hatt ich bei der Ankunft in London nichts dagegen, ihm die Hälfte meines Cabs zu überlassen und *»London-Coffee-House«* wohin ich meinen Kutscher bereits beordert hatte, mit *»German-Coffee-House«* zu vertauschen; ich konnte den Teufel wissen, was da los sei. Wir kamen an und fanden – eine Räuberhöhle, wenigstens war das der erste Eindruck, der durch Genuß eines Beefsteaks aus angegangnem Pferdefleisch nicht beseitigt wurde, ja, ich glaubte allen Ernstes 2 Minuten lang – wobei sich mir die Haare zu Berge sträubten –, es sei ein Fürstenpodex, oder mindestens eine Grafenlende, wovon mir der Kerl eine Schnitte vorgesetzt. – Später fand ich, daß ich der Kneipe und ihrem Besitzer in gewissem Sinne unrecht getan hatte: alle englischen Gastzimmer (soweit sie unsereins kennenlernt – es mag auch beßre geben) sind ungemütlich, und man stürbe drin, wenn sie nicht den *Kamin* und den *Teppich* hätten. – Erspare mir die weitren Details über den 4tägigen Aufenthalt im German-Coffee-House; nicht als ob es so scheußlich gewesen wäre, daß ich mich vor der bloßen Rückerinnerung fürchtete, gegenteils, Bedienung und Speise ward alle Tage besser und übertraf das teure boarding-house, in dem ich jetzt stecke, immer noch wesentlich in Kaffebereitung u. dgl.en. Aber ich schweige davon, weil es langweilige, gleichgültige Tage waren und meine geistige Speise lediglich in den Mitteilungen bestand, die mir Freund Blomeyer (so hieß mein Reisegefährte u. Stubengenoß – ein zahmer Demokrat) über die hervorragenden Flüchtlingspersönlichkeiten machte. Diese Mitteilungen waren zum Teil wirklich interessant und fix u. fertige Kapitel für einen Räuberroman. –

Durch Herrn du Rieux – an den ich durch Herrn

Lange (dies ist eine Notiz für Mutter Kummer u. Frau Lieutenant Maul) empfohlen war – ward ich veranlaßt, hier, in unmittelbarer Nähe der Noblesse, meine Wohnung zu nehmen. Ich bezahle wöchentlich 12 Shilling für Wohnung, 5 Shilling für Heizung (es ist hundekalt) und 16 Shilling für Kaffe (morgens) und Tee (abends). Macht 33 Shilling (gerade 11 Rtr.) pro Woche, pro Monat also 44 Taler. Dies ist einmal überhaupt (für einen norddeutschen Geldbeutel) kolossal und ist in specie unverschämt für das, was geboten wird. Wenn sich die Engländer für ihre Frühstücke (d.h. Kaffe mit Imbiß) 1 Shilling bezahlen lassen, so ist das unter Umständen durchaus nicht zuviel, sondern gegenteils noch billig. Man erhält alsdann auf silbernem Kaffebrett 2 silberne Kannen, mit Kaffe und Tee gefüllt, dazu Butter, Milch, 2 Arten Weißbrot, Zucker (soviel man will) und Eier. Wer in solch Frühstück einzuhauen versteht (und es lernt sich), der sorgt gewissenhaft dafür, daß sein Wirt nicht zum reichen Manne wird. Aber von solchem Frühstück ist hier gar nicht die Rede: man kriegt eine Blechkanne mit trüber, mäßig-starker Lurke gefüllt – fabelhaftes Zeug, das den Namen »Milch« usurpiert, Zucker und Weißbrot, und würde den ganzen Kram mit einem halben Shilling (5 Sgr.) über den Kopf bezahlen. – Ich lechze nach einer Berzeliusschen Lampe und könnte Dir die Deinige jetzt zu hohem Preise abkaufen. Wer sich selbst die Dinge kocht und backt, die er nötig hat, der kann hier so billig leben wie irgendwo anders; im ersten Einkauf ist *sehr vieles* wohlfeiler als bei uns, und erst die Zwischenhändler, die Ausschnitter und Ausschenker, treiben den Preis in die Höh. – Doch genug davon; mein Brief wird sonst zu praktisch, und meine ganze Praxis ist doch nur Tuerei. So sagt Ihr; ob's wahr ist, laß ich dahingestellt sein. –

Meine Tage verbring ich jetzt in höchster Einfachheit

und Regelmäßigkeit, nicht aus Prinzip, sondern aus »*Muß*«. Das wichtigste ist nämlich zunächst, daß ich einzelne Arbeiten an *Quehl* schicke, und wird das spätestens am Sonntag geschehn. Ihr glaubt gar nicht, wie mich das gedrückt hat, und doch weiß ich am besten, daß es nicht eher möglich war. Bin ich diese Last los (d.h. brauch ich nicht mehr *ausschließlich* dafür zu denken und zu schreiben – denn fortarbeiten muß ich, aber peu à peu), so beginn ich ein andres Leben und fasse meinen eigentlichen Zweck: »Hier was zu lernen«, mehr ins Auge. – Ich werde dann Kirchen (d.h. Predigten), öffentliche Versammlungen, Gerichtssitzungen u.dgl.en besuchen, um mein Ohr mit der Sprache vertrauter zu machen, vielleicht geh ich dann auch (es wird von Schweitzers Gastlichkeit abhängen) auf ein paar Wochen nach Brighton. Jetzt in der ausschließlichen Arbeitsperiode verfahr ich in folgender Weise: um 8 wach ich auf; hätt ich nichts zu tun, so würd ich aufstehn und Zeitung lesen – wie die Sachen aber stehn, bleib ich noch 1 Stunde im Bett und überlege und ordne mir den Stoff für meine Aufsätze. Dann raus! gefrühstückt; gegen 11 beginne ich zu schreiben und unterbreche mich nur durch Kaminstökerei. Um 3 Uhr bin ich stumpf; ziehe mich an und laufe in die City, teils zum Zeitvertreib, teils um Briefe abzugeben oder dies und das zu kaufen. Zwischen 5 u. 6 krieg ich Hunger u. Durst, die ich beide durch ein Glas *Ale* im ersten besten Bierhaus (kostet 1 Sgr. 8 Pf.) lösche. Dies Bier ist so nahrhaft, daß ich's nun wieder 2 Stunden lang mit ansehe. Gegen 7 Uhr bin ich wieder zu Haus und verzehre als Dinner zwei Hammelkotletts, mit denen ich heut – weil ich mich fast gebrochen – für immer gebrochen habe. Jeden 3. Tag (weil ich sonst jammervoll verquiente) schlag ich aber über die Stränge und esse im Drurylane-Coffee-House ordentlich. Da kann man sich mit den Hammelkotletts wieder aussöhnen, und Lachs,

Hummer, Steinbutte u. dgl.en sind geradezu unvergleichlich. Wo nehm ich aber nun noch Platz her! ich muß doch mein Tagewerk wenigstens auserzählen. Um 8 Uhr fang ich an, Briefe zu schreiben, und eine kleine Teepause abgerechnet, schreib ich mich ins Bett hinein. Das werd ich dann auch heute tun, lebt alle recht, recht wohl, Gott erhalte Euch und führe alles zum Besten.

Dein alter Theodor

Maxen (dem ich wie Witten für seine Zeilen danke) bitt ich das übliche Grüßen zu übernehmen und namentlich Ernst Schultzen zu sagen, daß ich nächstens an ihn schreiben würde. – Auch Vatern bitt ich zu beschwichtigen und ihm zu sagen, daß ich mein Versprechen nicht vergessen hätte; – teilt ihm nur vorläufig soviel wie möglich mit. –

Für Emilien noch einzelne besondre Fragen: Hat *Hermann Müller* geschrieben? haben Merckels, Hesses, Kuglers, Müllers usw. gar nichts von sich hören u. sehen lassen? Du bist doch 2. Klasse gefahren?! wo hast Du die Gelder hergenommen? und vor allem wie geht es Dir in Liegnitz? Grüße die alten Leute!

Die Zeilen an Lepel steckt in 1 Groschen-Couvert. Köpnick (Bellevue).

An Ludwig Metzel

London, 11. September 1855
Seyd's Hotel. Finsbury Square

Sehr geehrter Herr Doktor.

Seit gestern mittag bin ich hier und habe mich von den aller Schilderung sich entziehenden Strapazen einer Seereise wieder insoweit erholt, als es mit Hülfe einer einzigen Nacht in einer noch dazu verwanzten Schlafhöhle (bedroom genannt) nur irgend möglich ist. – Es werden natürlich noch 14 Tage vergehn, bevor ich imstande bin, Ihnen dienstlich zu schreiben und Meldung zu machen, und so mögen Sie es mir nicht als Zudringlichkeit auslegen, wenn ich bis dahin eine Art Tagebuch für Sie führe und in demselben aufzeichne, was, in Ernst und Scherz, entweder wissenswert oder doch einigermaßen unterhaltend für Sie sein dürfte. Wenn es auf der einen Seite wahr ist, daß die Urteile eines Fremden leicht schief ausfallen und 99mal von 100 der wünschenswerten Gründlichkeit entbehren, so ist es doch andrerseits ebenso richtig, daß zur Beurteilung der meisten, auf flacher Hand liegenden Dinge gar keine Gründlichkeit gehört und daß, umgekehrt, die nur dem Fremden zu Gebote stehende *Unbefangenheit* imstande ist, den Nagel auf den Kopf zu treffen. Insoweit glaub ich auch meine Beobachtungen für nicht ganz wertlos halten zu dürfen. Ich bin dabei noch außerdem in der glücklichen Lage, das gegenwärtige London mit dem vor 3 Jahren vergleichen zu können, und habe in der Tat auf einem dreistündigen Spaziergang bereits Gelegenheit gehabt, Parallelen zu ziehn und in die Augen springende Unterschiede wahrzunehmen.

Natürlich dudeln die scheußlichen Savoyarden (die alle verdienten, unter La Marmora an der Tschernaja zu stehn) nach wie vor; natürlich wird man von Bootsführern und Cabkutschern nach wie vor betrogen; natürlich schachert man in der City und fährt spazieren in Westend, aber nichtsdestoweniger hat sich die Physiognomie der Stadt nicht unwesentlich verändert, und wie ein Freund, den man 3 Jahre lang nicht gesehn, durch einen Zug, eine Runzel einem halb fremd geworden sein kann, so gewahr ich auch an London einige befremdende, übrigens pikante und das kaufmännische Ledergesicht angenehm belebende Züge. *England führt Krieg*, und dieser Krieg ist es, an den man auf Schritt und Tritt erinnert wird. Ich sah das schon, als wir gestern früh die Themse passierten. Sonst lag das Arsenal von Woolwich in aller Friedfertigkeit, ich möchte sagen in aller Untätigkeit und Stille vor einem, gestern schwärmte es dort wie um einen Bienenstock. Sonst waren es die unzähligen Flußdampfer, die, wie Pfeile vorbeischießend, die Aufmerksamkeit und das Staunen des Fremden erregten, gestern hatte niemand Augen dafür, und alle Blicke richteten sich auf die zahllosen Transportschiffe, die in langer, kaum unterbrochner Reihe zwischen Woolwich und Greenwich lagen. Sie führten nicht Namen, sondern *Zahlen*, und ich las 185, 189 usw. Einen Augenblick stieg der Verdacht in mir auf, daß es die Admiralität gemacht haben könne wie manche Damen, die ihre Strümpfe und Taschentücher mit No. 37 oder 49 zu zeichnen beginnen, aber kurz vor Greenwich lag No. 3, und – ich war beschämt.

Ich wohne also Finsbury Square (natürlich nur auf 2 Tage), und es scheint fast, als hätt ich's in gewissem Sinne gar nicht besser treffen können. Es wimmelt hier nämlich von neu geworbenen Soldaten, und ich habe bereits Gelegenheit gehabt, die englische *Linien*-Infanterie in nächster Nähe kennenzulernen. Sonst hatt ich, als ehemaliger Kaiser-Franz-Grenadier, mit geheimem Neide auf die schottischen Füsiliere, die Coldstream-Garden und vor allem auf die prächtigen Life- und Horse-Guards geblickt, wenn sie in Pracht und Glanz an mir vorüberzogen, und ich hatte dabei das bittre Gefühl nicht loswerden können, daß diese verd– Englishmen doch schöner und muskulöser und martialischer seien als die 15 pommersch-brandenburgischen Grenadiere, die ich selber mal kommandiert habe. Aber gestern ist es mir wie ein Stein vom Herzen gefallen. Ich habe jetzt Kerle gesehn, die von ihren respektiven Vätern eigens dazu gemacht sein müssen, die berühmten Gestalten des Warze, Schimmlich und Bullenkalb wieder aufleben zu lassen. Dazu diese schmutzig-roten Uniformen, fipprig, schäbig, geschmacklos – man kann nichts Tolleres sehn. Wenn die Röcke zu alt sind, so sind die, die drin stecken, zu jung, meist schmächtige Bürschchen von 18 Jahren. Die meisten sehn harmlos aus, aber einen sah ich, einen Schielbock, der Carrière machen muß, wenn er nur halb so furchtbar schießen kann wie seine Augen, und dessen Anblick unwillkürlich ein halbes Dutzend Wörter wie Jack Sheppard, Newgate, Vandiemensland usw. in mir wachrief. Er stand Schildwacht vor einer Art Kaserne, und durch ein Gittertor hindurch sah ich dem Exercitium (drilling) von 12 bis 20 Rekruten zu. Es war sehr komisch und gab dem berühmten preußischen Balancierschritt wenig nach. Sie schienen nämlich (alle ohne Waffen) schwedische Heilgymnastik zu treiben und mußten 5 Minuten lang den rechten Arm abwechselnd anziehn und ausstrecken, bei welcher Gelegenheit dem kommandierenden Unteroffizier immer 12 geballte Fäuste dicht unter die Nase fuhren, was einen prächtigen Effekt machte.

In der Nähe von Westend begegnete mir ein breitschultriger Sergeant von der schottischen Füsiliergarde, er zog den linken Fuß etwas nach und hatte die ganze, breite Brust voll blanker silberner Denkmünzen – das war ein Anblick, der einen freilich wieder versöhnen konnte. – Heut will ich Ihnen nur noch einen charakteristischen Zug erzählen. Gestern morgen wurde die Einnahme des Malachow bekannt, und die Abendblätter bestätigten es. Dennoch war an der Table d'hôte *niemand*, der das Faktum für verbürgt und unzweifelhaft hielt, und alle erklärten, »die nächsten Nachrichten abwarten zu wollen«. Ich lachte hell auf über dies Maß von Mißtraun, das durch die Sweaborger Affaire aufs neue genährt zu sein scheint.

Mittwoch, 12.

Ich bin gestern und heut tüchtig umher gewesen und habe von der Omnibushöhe herab die übliche Parade über London abgenommen. Mit einer Art Schrecken hab ich dabei wahrgenommen, wie kalt und gleichgültig mich dies Riesentreiben läßt. Es ist fast, als hätt ich vor 3 Jahren das Kapital meiner Bewunderung bis auf den letzten Pfennig ausgezahlt. Ich habe nun wohl schon zehnmal die großen Verbindungsadern zwischen City und Westend passiert, und meine Empfindung bleibt stets dieselbe – Langeweile und Unbequemlichkeit. Heut früh, wenige Schritte von St. Paul's, wo immer die tollste Wirtschaft ist, sah ich hinter einem Gitter in einer Art Aula 10 bis 12 Tertianer Zeck spielen, und ich darf auf Ehre bekennen, daß mir dieser Anblick wohler getan hat als das vorüberflutende, unermeßliche Treiben. Sollt ich London symbolisch darstellen, so würd ich einen Windhund malen, dem die rote, lechzende Zunge handbreit zum Maule heraushängt. Man lernt hier begreifen, daß dem Londoner eine stille, ländliche Sommerwohnung über alles geht.

Gestern und heut hab ich mir denn auch die Statue Robert Peels angesehn (dicht bei St. Paul's). Die Engländer haben entschiednes Unglück mit ihren öffentlichen Denkmälern. Der Platz ist über alle Maßen schlecht gewählt. *Als Redner*, in der üblichen Orator-Position, steht er da und spricht in die Straße Cheapside hinein. Aber gerade hier tobt ein so kolossaler Lärm, daß kein Redner der Welt an dieser Stelle gehört werden könnte, und so paßt das Ganze wie die Faust aufs Auge. Was, abgesehn von diesem Fehler, die Statue selber angeht, so kann sie mir auch nicht gefallen; die Röcke, die er anhat, klaffen vorn weit auseinander wie zwei geöffnete Schranktüren, und seine Hosen sehen wahr und wahrhaftig aus wie Trikots von Kautschuk, die man dem alten, magern Herrn mit Gewalt übergezogen hat. Ich verwahre mich an dieser Stelle feierlich dagegen, als schrieb ich in diesem Stile nur, um etwa mit dem »Kladderadatsch« zu konkurrieren; es ist alles die einfache, blanke Wahrheit.

Donnerstag, 13.

Auf dem Lesetisch meines Hôtels liegt unter andern auch das »Londoner Deutsche Journal«. Solch Wisch vertritt nun hier die deutsche Publizistik; da ist es freilich kein Wunder, wenn die Engländer hochmütig werden und ausrufen: »Ich danke Dir, Gott, daß ich nicht bin wie ihrer einer.« – Ich habe dies Blatt gestern durchgelesen (vielleicht find ich Gelegenheit, Ihnen ein paar Nummern mitzuschicken) und nichts andres daraus gelernt als die Bestätigung der alten Wahrheit: daß man auch von dem dummsten Buche noch immer profitieren könne. Ein Aufsatz schließt nämlich mit den Worten ab: »So sehen wir denn in der englischen Tagespresse – einige glänzende Beispiele abgerechnet – au fond nichts weiter als einen abermaligen Ausdruck jener Fabriktätigkeit, die das ganze Land charakterisiert.« Das ist gewiß sehr wahr. Je länger ich die »Times« lese, je mehr fühl ich, daß jener Ausspruch auch auf sie paßt. Die Fabrikanten dieser jährlichen 4 x 300 Leitartikel sind zwar ausgezeichnete Stilisten und grundgescheite Leute, aber nichtsdestoweniger ist alles, was sie schaffen (glänzende Ausnahmen zugegeben), *Ware*. Es klingt das hart und hochmütig zugleich, ist aber gewiß richtig. Es ist in der Politik nicht anders wie in der Poesie. »Doch werdet ihr nie Herz zum Herzen schaffen, wenn es euch nicht vom Herzen geht.« Die »Times«-Artikelschreiber gleichen jenen Poeten, die imstande sind, einen guten Einfall, einen überraschenden Gedanken in den glattesten Ottaverimen auszusprechen. Und doch stehen solche »Künstler« tief unter dem gottbegnadeten Schneidergesellen, der für die echte Empfindung das rechte Wort trifft. Kurz gesagt: jedes Geistesprodukt ohne Begeistrung entbehrt des zündenden Funkens und bleibt eine matte Limonade auch in dem glattgeschliffensten Glase.

Freitag, 14.

Heut mittag hatten wir einen Berliner zu Tisch, einen Dr. Boltz, nicht den aus den Freytagschen »Journalisten«, sondern einen Lehrer der slawischen Sprachen etc. Diese Berliner (ich bin freilich selbst einer) verleugnen sich doch nie. Wir saßen noch nicht zehn Minuten, so mischte sich Boltz (der eben erst in London eingetroffen war) etwa in folgender Weise in die Unterhaltung: »... à propos Rußland! oh, ich kenn es, ich war 7 Jahr dort, ich darf sagen, ich hab es studiert.« – »Da kennen Sie auch wohl unsre polnische Literatur?« – »O gewiß, ich spreche böhmisch, polnisch, serbisch und treibe jetzt die Zigeunersprache; aber russisch sprech ich am besten und liebsten; ich habe den Turgenjew übersetzt; ich bin Professor der slawischen Sprachen in Berlin, mein Name ist Boltz; wenn Sie nach Berlin kommen, es soll mich freun, Sie bei mir zu sehn.« Ich wollt ihn erst ansprechen, denn ich kenne seine Bücher und seine wirklichen Verdienste, aber dies ging mir über den Spaß, und ich hatte für meinen Landsmann nichts als ein beständiges Schmunzeln. – Am Abend, als ich aus einem Theater 3. Ranges kam, wo mir eine Aufführung »Richards III.« viel Amüsement gemacht hatte, traf ich 2 Legions-Offiziere im Gastzimmer. Der eine (ein ehemalig preußischer, dann östreichischer Offizier), Baron v. Rosenberg-Lipinski mit Namen; der andre ein Leutnant Hoelcke, ein geborner Hesse und Offizier in der schleswig-holsteinschen Armee. Der erstre schien ein halbweges mauvais sujet zu sein; seine letzte Tat in London (wie mir der Oberkellner erzählte) war der Besuch von drei Frauenzimmern; von der letzten stieg er direkt aufs Schiff. Ist er in der Schlacht ein ähnlicher Draufgänger, so kann es ihm nicht fehlen. – Der andre war eigentlich ein reizender Mensch; ich war mit ihm von Hamburg aus gekommen und fand ihn nun hier, in seiner hübschen knappen Jägeruniform (genau wie die Braunschweiger), wieder. Diese Sorte Menschen kommt nur in Deutschland vor: harmlos, kindlich, tapfer, begeistert für irgendeine verrückte Idee, splendid *mit* Geld, fidel *ohne* Geld, liebenswürdig verbummelt und voll selbstironischer Renommisterei. Am Tisch saß noch ein feister Deutsch-Amerikaner (aus Rathenow, der ehrlich bekannte, er wisse noch immer nicht recht, was ihm besser gefiele: die nordamerikanische Verfassung oder das Kürassier-Regiment in Brandenburg an der Havel; der Herr v. Bredow sei doch ein zu liebenswürdiger Mann gewesen; er habe in Rathenow mal mit ihm Whist gespielt); dieser harmlose Yankee also, in dem die Republik keine wesentliche Stütze zu haben scheint, fragte in seiner naiven Weise den eben eingekleideten Hoelcke: »Nun, werden Sie auch tüchtig anbeißen?« Der Leutnant verzog keine Miene, sondern antwortete mit unnachahmlicher Komik: »Mein Herr Jonathan, der Deutsche schlägt sich immer gut; er schlägt sich auch mitunter schlecht, aber darüber schweigt man und behauptet nach wie vor: der Deutsche schlägt sich immer gut. Kennen Sie die deutsche Geschichte? wir waren immer Landsknechte, das ist unsre welthistorische Aufgabe. Sein Sie versichert, nächstes Jahr frühstücken wir in Petersburg.« Der Bruder Rathenower schwur hoch und teuer, daß er an demselben Tage, zu Ehren der Fremdenlegion, eine Flasche Champagner trinken wolle. »O teurer Mann, jetzt erst erkenn ich Ihre deutsche Gesinnung! warum so lange noch warten? trinken Sie die Flasche gleich, ich bin Ihr Gast, ein Hundsfott, wer sich weigert, mitzutrinken; Petersburg ist unser, ob heut oder übers Jahr ist gleichgültig; Kellner, der Herr wünscht eine Flasche Champagner.« Dieser junge Kurhesse war eine wirklich liebenswürdige Natur, und mir tat das Herz weh, ihn für ein paar lumpige £ verkauft zu sehn. Aber die Hessen sind noch immer die blinden Hessen, und es scheint ihre Bestimmung zu sein, für Alt-England ihre Haut zu Markte zu tragen.

Mittwoch, 19.

Ich war ein paar Tage krank und bin noch nicht recht wohl. Die total veränderte Lebensweise, bei Tage kein Schlafrock, bei Nacht kein warmes Bett und erbärmlich dünnen Tee statt starken Kaffes – da wird das deutsche Herz krank und der Magen dazu. Ich kenne diesen Zustand übrigens schon von früher; er ist eine Art Staupe, die man notwendig durchmachen muß. Seit Montag wohn ich nun hier am entgegengesetzten Ende der Stadt, circa 6 englische Meilen von der City, in einer beinah ländlichen Zurückgezogenheit. Gegend und Wohnung ist sehr hübsch, aber das Ganze doch »intolerable dull and tedious«. In Folge einer wohnungsuchenden »Times«-Annonce erhielt ich 85 Briefe (alle ehrlich gelesen), und die Auswahl, die ich traf, hat mich hieher geführt. Zwei alte Jungfern sind die Herrinnen des Hauses und nennen sich Miss Canker. Ich kann nicht sagen, daß medizinisch betrachtet dieser Name etwas Verlockendes hat, und auch meinem Aberglauben hat er seit 2 Tagen einigen Kummer bereitet. Nomen et omen! Der Krebs, der vor-konstitutionelle Abgeordnete des Rückschritts, hat mich unter seine Scheren genommen. Rückwärts! also. Sei's Leichtsinn indes oder Geistesgegenwart – ich habe mir zu helfen gewußt und einen

Doppelsinn erfunden. Rückwärts von *England* oder rückwärts von *Deutschland*? that is the question. – Außer den beiden Herrinnen leben noch 3 alte Jungfern im Hause, so daß ich wie in einem Harem stecke, dessen Blumen zu Anfang dieses Jahrhunderts blühten. Ich bin schon hunderterlei gewesen und werde nun auch noch eine Art »Oberster der Eunuchen«. Das Schlafzimmer, das ich bewohne, ist außergewöhnlich comfortable eingerichtet, und seine größte Zierde ist ein riesiges Mahagony-Paradebett mit Schnitzarbeit und einem himmelblauen, etwas verschossenen Baldachin. Es ist so breit, daß ich auch der Quere nach drin schlafen kann. Am ersten Abend bestieg ich es mit einigem Grauen. Es war mir gar kein Zweifel, daß der alte Canker in diesem Bett gestorben sei, und wenn ich dann wieder auf der andern Seite dachte, daß, bei dem hohen Alter dieses Kunstwerks, vielleicht das ganze Geschlecht der Canker aus dieser Riesenwiege hervorgegangen sei, so wurde mir fast noch banger und ängstlicher. Übrigens hab ich gut drin geschlafen. – Es ist heut ein sonniger Tag, und unter seiner stillen, warmen Freundlichkeit wird mir um vieles wohler. Zehn Schritt vor mir liegt Holland's Park, ein reizendes, ehemaliges Besitztum von Lord Holland (Fox). Ein Spaziergang zwischen den Rasenplätzen sollte mir gut tun. – Gestern wurd ich in ein deutsches Kaffehaus (in der City) eingeführt und fand muntre, angenehme Gesellschaft. Man politisiert überall, aber doch weniger und minder ausschließlich als in Deutschland. Die unmittelbaren, eignen Angelegenheiten beschäftigen jedermann zu sehr und lassen die breite Behandlung politischer Fragen nicht aufkommen. »Austria and Prussia, what will they become to do?«, das ist der Punkt, der am meisten verhandelt wird. Ein richtiger Instinkt lehrt jeden, daß in der Beantwortung dieser Frage die Zukunft liegt.

Übrigens ist unser König doch eigentlich der Held des Tages und in gewissem Sinne (neben Louis Napoleon) die allerpopulärste, am liebsten besprochne Persönlichkeit. Er muß eigentlich alles ausbaden; man überschätzt seine Macht und seinen Einfluß und sieht in der russischen Politik (seit dem Tode Nikolaus') einen mehr oder minder bestimmten Ausdruck seiner Ratschläge. Der Prinz von Preußen ist noch immer ein Gegenstand der Hoffnung und der Verehrung, vor allem aber – *Bunsen*. Ich habe nicht geglaubt, daß die Popularität des letztern dies übervolle Maß gehabt hat. – Hier schließ ich für heut meine Mitteilungen und behandle die Hauptsache, den Zweck meines Hierseins, noch in einem besondren Briefe, den ich pflichtschuldigst, als Introduktion, diesen Zeilen beilege.

AN EMILIE FONTANE

London, 11. September 1855

Meine liebe Herzens-Mila.

Ich habe eben 8 Seiten (als Anfang eines Briefes) an Dr. Metzel geschrieben und bin dadurch teils müde geworden, teils mit meiner Zeit in die Brüche geraten. Ich soll nämlich um 2 Uhr bei James Morris sein, und schon ist 12 vorüber, die Toilette noch nicht gemacht und der Weg ziemlich eine deutsche Meile weit. So werden denn meine Mitteilungen spärlicher ausfallen, als meine Absicht war.

Der Anfang meiner Reise war recht hübsch. Mir gegenüber im Coupé saß Frau Oppenheimer, eine reiche Jüdin aus Hamburg, die mich ganz gut unterhielt und nur in den letzten Stunden etwas unbequem wurde, weil gewisse Muskeln ihres Organismus nicht mehr luftdicht schlossen. In Hamburg verzieh ich ihr diese kleine

Schwäche wieder, weil ich nie in meinem Leben so etwas von zärtlichem Empfang gesehn habe. Ihre Kinder waren auf dem Perron, und während der Zug noch lief, schrie sie schon: »Meine süße Mathilde, meine einzige Mathilde, mein zuckersüßes Kind« etc. Die ganze Nachkommenschaft, männlich und weiblich, trabte neben dem Zuge her, und von Zeit zu Zeit klemmten sich 2 Lippen mit Todesverachtung durch den Fensterspalt und erhaschten einen Kuß von der unermüdlich mit ihren Lippen im Anschlag liegenden, vor Freude zitternden Mama. Es war lächerlich, aber doch hübsch. Das Beste ist heutzutage überhaupt lächerlich. – Der Rest der Coupé-Besatzung bestand aus einer dänischen Familie und einem schwedischen jungen Ehepaar. Was dies letztre angeht, so könnte man von demselben sagen: es leistete in ehelicher Zärtlichkeit dasselbe, was die Oppenheimer in Mutterliebe prästierte. Ich muß Dir bekennen, daß mir ein paarmal bange wurde und der Gedanke in mir aufstieg: wie nun, wenn du der Zeuge einer alleräußersten Szene wirst? Ich blieb in Zweifel, ob ich für diesen Fall die Notfahne heraushalten oder mein Haupt im Schoß der alten Oppenheimer verbergen sollte. – Von der dänischen Familie ist weiter nichts zu sagen, als daß der Alte sehr häßlich und die Alte sehr böse aussah; – die Tochter war blond, verschämt und strickte Filet. – Hamburg gefiel mir wieder sehr; die Stadt hat etwas Reiches, Vornehmes, Gediegenes und läßt einem Zeit, sich umzusehn, während man hier in London ein gut Teil Dinge gar nicht kennenlernen kann, weil man 150mal übergefahren sein würde in jenen 5 Minuten, die etwa dazugehören, eine Haus- oder Kirchenfassade Revue passieren zu lassen. Um 9 Uhr begab ich mich aus der Stadt an den Hafen; leider war daselbst noch kein Steamer zu sehn, und in Gesellschaft zweier fabelhafter Damen aus Hannover spaziert ich am

Quai auf und ab, bis Mitternacht vorüber war. Ohngefähr um 1 Uhr waren wir an Bord: Gentlemen, Kaufleute, Damen, Hunde, acht Ochsen und ein schleswig-holsteinscher Offizier. Ich setze diesen zuletzt, einmal weil er der einzige ist, über den ich ein paar Worte zu sagen habe, andrerseits weil mir sein Los noch bedauerlicher als das der 8 Ochsen erscheint, die wenigstens rasch abgeschlachtet und noch im Tode mit Lob und Anerkennung verzehrt werden. Allerdings muß man zugeben, daß diese 8 Ochsen auch um ihrer geistigen Überlegenheit willen eine Art Bevorzugung verdienen, denn in die englische Fremdenlegion einzutreten halte ich für einen so eklatanten Beweis von Dummheit, daß ich Anstand nehmen würde, einem schleswig-holsteinschen Ochsen dies ohne weitres zuzutraun; nur einem ehemalig schleswig-holsteinschen Offizier ist alles möglich. Diese Leute sind prädestiniert (und wären sie sonst die klügsten und pfiffigsten Gesellen), immer die dummste und unheilvollste Wahl zu treffen. Bald werden sie alle hin sein. Meinen speziellen Reisegefährten schildre ich Dir ziemlich genau, wenn ich ihn mit Karger vergleiche, nur war dieser um ebensoviel klüger, als er verbummelter war. Leid tut es mir, daß ich das Kerlchen, der wie alle diese Leute auf kurze Zeit höchst angenehm war, aus dem Gesicht verloren habe. Ihm zuliebe hab ich mich in Seyd's Hôtel, wo er logieren wollte, begeben, doch muß er sich noch ganz zuletzt anders besonnen und eine neue Wahl getroffen haben. Mein Bedauern darüber ist natürlich sehr egoistischer Natur und hat lediglich darin seinen Grund, daß es mir mit seiner Hülfe möglich geworden wäre, die besten Nachrichten über die Legion (für die ich mich um so mehr interessiere, je mehr ich ihre Mitglieder bedaure) einzuziehn. Es ist schade, daß ich auch nicht im entferntesten Zeit habe, alle die Szenen und Schnurren aufzuzeichnen, die – eben mit Hülfe dieses Offiziers – den Anfang und das Ende unsrer Überfahrt (in Elbe und Themse) durchaus interessant machten. Auch auf mündliche Mitteilungen kann ich Dich nicht vertrösten, denn jeder Ausgang in die Stadt, jede Stunde beim Frühstück gibt neue Bilder und neue Eindrücke, und die alten verblassen wie sympathetische Dinte. – Ich schreibe Dir nur noch weniges, denn es ist die höchste Zeit, daß diese Zeilen zur Post kommen. Ich war bei Mr. Morris, traf ihn aber nicht zu Hause und werde heut abend nach 7 meinen Besuch wiederholen. Schade, daß es so weit ist, zweimal hin und zurück kostet allein 20 oder auch 25 Sgr. So fliegt das Geld weg; von eigentlichen Vergnügungen ist keine Rede und wird keine sein. – London ist wegen der Siegesnachrichten aus der Krim in großer Aufregung, die sich einem natürlich mehr oder minder mitteilt. – Zum Grafen Brandenburg werd ich nicht eher gehn, als bis ich in Ruhe und Ordnung bin, was hoffentlich spätestens morgen abend statthat. – Gestern nachmittag besuchte ich (es war mein erster Gang) Tavistock Square. Du weißt, daß ich an Gefühlsüberfluß nicht laboriere, aber es berührte mich doch eigentümlich, als ich den Ahornbaum wiedersah, unter dem ich so oft gesessen, nach Highgate hinuntergeblickt und an die Heimat gedacht hatte. Die Jalousien (wie immer, wenn die Familie out of town ist) waren heruntergelassen, alles zu, alles verschlossen, nur das Fenster, 3 Treppen hoch, stand halb auf, dasselbe, an dem ich so viele Briefe wie diesen, auch immer in Hast und Eil, auch immer mit schlechten Federn und auch immer an einem schändlichen, 6 Zoll breiten Tischchen geschrieben habe. Vieles hat sich seitdem geändert, mit Dankbarkeit füg ich hinzu – gebessert, und nicht eben die kleinste Ursach dieses glücklichen Wechsels erblick ich darin, daß wir zwei Hauptpersonen, nach traurigen

Konflikten, uns endlich in Wahrheit nähergekommen sind. Mög es so bleiben, das wünscht von Herzen Dein

Theodor.

Kuß und Gruß Dir und Georgechen.

Ich schreibe nun erst wieder nach 4 oder 5 oder vielleicht erst nach 8 Tagen. Ich muß freilich auf Briefe von Dir um so länger verzichten, doch geht es nicht anders.

An Emilie Fontane

London, 12. Oktober 1855
3. Campden House Road
Kensington

Meine liebe Frau.

Die letzten Mußestunden, die ich in Campden House Road finde, sollen Dir und der Beantwortung Deines gestern erhaltenen, liebenswürdigen Briefes gehören. Morgen (Sonnabend, den 13.) verlaß ich diese meine Sommerwohnung und ziehe nach 23 New Ormond Street in die Nähe der City. Die Geschichte meiner Übersiedlung ist folgende: Der Weg von hier in die Stadt war mir immer unbequem und kostspielig; ich hatte gewöhnlich 1 Shilling, oft auch 2 pro Tag an den Omnibuskutscher zu zahlen, eine kleine Summe, die ich mir ganz und gar ersparen kann. Außerdem entbehrt ich, von Anfang an, in meinem Zimmer der so sehr geliebten Bequemlichkeit. Als Schlafzimmer ist es reizend: geräumig, freundlich, sauber und mit einem wahren Prachtbett ausgerüstet, aber ich friere den ganzen Tag, weil sich nicht gut ein Feuer machen läßt, und vermisse vor allem ein Sofa, ein gepolstertes Brett, auf dem ich mich strecken kann. Dennoch hätt ich hier noch wochenlang ausgehalten, wenn ich mich nicht über eine

70jährige Mitbewohnerin des Hauses weidlich geärgert hätte. Diese alte Dame ist in ihrer Art gar nicht übel und überragt die übrige Gesellschaft an Geist, Witz und Kenntnis; da sie aber die Schwester eines Admirals und die Tante eines Capitains in der Armee ist, so hat sie die bekannte englische Repräsentationskrankheit und verlangt die Rücksichtsnahmen eines geschlossenen aristokratischen Zirkels. So brummelte sie denn auch letzten Sonnabend, als ich mich zum Frühstück einfand, verständlich vor sich hin: »No shaving!« (Nicht rasiert!), was mich schändlich ärgerte. Zugegeben, daß sie recht gehabt hätte, sich über mein nicht *ganz* glattes Kinn zu beschweren, so ist es doch sicherlich auch nicht fein, solche Bemerkung vernehmlich zu äußern, und vor allem will man für sein schweres Geld dieser Art von Gêne und Kontrolle nicht unterworfen sein. Auch hilft es einem nicht, wenn man solche Reprimande als die natürliche Strafe eines kleinen Verstoßes hinnimmt; *denn man wird immer aufs neue verstoßen*. Die Engländer sind von der absoluten Vortrefflichkeit ihrer Sitte und ihres Tuns durchdrungen, und jede Abweichung davon, *selbst die berechtig[t]ste*, erscheint ihnen als ungentlemanlike. Diese Borniertheit auf die Dauer zu ertragen ist unmöglich, und es bleibt einem nichts anders übrig, als ihr zu entfliehn. Man muß es ihnen lassen, daß sie uns in aristokratischen Formen weit voraus sind, aber in jener schönen Toleranz, die den wahren Adel charakterisiert, sind sie um ebensoviel hinter uns zurück. Wir können von ihnen lernen, aber ich denke, sie noch mehr von uns. – In meinem Groll (der hier kindischer erscheint, als er ist, denn Du wirst selbst vielleicht noch in die Lage kommen, dieser Eingebildetheit gegenüber alle Ruhe und Haltung zu verlieren) ging ich in die Stadt und mietete mir die oben angegebene Wohnung in einer Gegend 2. Ranges, bei einer Frau 3. Ranges, was alles recht gut wäre, wenn nur das Sofa nicht 4. und das Bett sogar 5. Ranges wäre. Sie haben hier unglückliche weiße Bettdecken, als eine Art Zierstück, um die wollene Decke darunter zu verbergen, aber dies Zierstück zeichnet sich immer durch seine Isabellfarbe aus und erheischt die Toleranz eines Kontinentalen, um drunterzukriechen. Dennoch freu ich mich auf den Tausch, der mir bevorsteht; in eine »Familie« begeb ich mich nicht wieder. Man ist 100fach geniert. Um nur ein kleines Beispiel zu geben. Du weißt, daß ich bei *einem* Licht nicht arbeiten kann; dennoch muß ich es hier (an den wenigen Abenden, wo ich zu Hause bin) tun, weil ich für alles, was ich brauche, nur eine bestimmte Summe bezahle und der Profit der Leute zusammenschmilzt, je mehr ich fordre. Ein Engländer würde sich nicht genieren: »Damn, *I pay*, and I don't like to want anything«, aber wir Deutsche sind anders, und es ist recht gut so. »Deitsche Leit beste Leit«, sagte eine alte Judenfrau, die nach Amerika ausgewandert war, und ich glaube, es ist wirklich so. – Verschweigen aber darf ich nicht, daß ich von meinen eigentlichen Wirtsdamen mit wahrer Betrübnis [scheide.⟨Danach fehlt in der überlieferten Handschrift offenbar ein Bogen.⟩

Am Dienstag erhielt ich ganz unerwarteterweise einen Besuch von meinem] Freund, dem Dr. Müller. Mein an ihn gerichteter Brief war ihm nach Dresden nachgeschickt worden, wo er 4 oder 6 Wochen bei seiner Mutter gewesen war. Noch ein andrer deutscher Gelehrter war in seiner Begleitung. Wir plauderten 10 Minuten und fuhren dann in die Stadt. Im Theater war nicht viel los, und so entschlossen wir uns, einige echt englische Kneipen von zweifelhaftem Ruf zu besuchen. Es war sehr interessant, weil es ganz eigentümlich und sogar lehrreich war; Du wirst in meinem Tagebuch die Details finden. Um 11 Uhr wurden wir indes alle drei so müde, daß wir den Schluß der Komödie (es fand nämlich eine Art Aufführung statt) nicht abwarten konnten. Müllern denk ich morgen über 8 Tage zu besuchen; vielleicht – für den Fall, daß ich hier bleibe – laß ich's auch bis nächstes Frühjahr.

Nun also die große Frage: bleiben oder nicht? Am 6. (Sonnabend) hab ich meinen »Bericht« an Dr. Metzel eingesandt, am 8. ist er in seinen Händen gewesen. Wie man in Berlin über die ganze Sache denkt, weiß ich nicht; ich habe noch keine Zeile von dort erhalten, überhaupt keinen Brief mit Ausnahme des neulich erwähnten Schreibens von Bormann. Ich denke, nach 4 oder 5 Tagen wird ein dienstliches Schreiben von etwa folgendem Inhalt eintreffen: »Wir sind im wesentlichen durch Ihre Angaben befriedigt und wollen das Unternehmen, um das es sich handelt, versuchsweise in Angriff nehmen. Wir setzen dabei voraus, daß es Ihnen glückt, einen Mitarbeiter und einen Schreiber zu engagieren; wir unsrerseits können für derartige Engagements keine Sorge tragen, sind auch abgeneigt, 200 Rtr. Reisekosten zu bewilligen, eine Summe, die für die Hin- und Rückreise zweier Personen notwendig sein würde.« Was ich nach Empfang solches Schreibens tun werde, weiß ich noch nicht; doch fühl ich, daß das ganze Unternehmen mal wieder auf der Kippe steht, ja (im Vertrauen gesagt) *auf der Kippe stehn muß*, weil es von Anfang an verkehrt angefangen worden ist. *Alle Chancen waren und sind gegen mich.* Wie ich vor kurzem hier erfahren habe (und ich halte die Angabe eher für richtig als falsch), werden von der bereits existierenden »Korrespondenz« nur 40 Exemplare täglich abgesetzt. Vierzig Abonnenten muß ich aber gerade haben, um die Kosten (versteht sich Gehalt und alles) gedeckt zu sehn. Ich müßte also den Leuten ihre *sämtlichen* Abonnenten abjagen. Wie ist das möglich? Beide Männer (Schlesinger und Kauffmann) sind gescheit, schriftstellerisch gewandt, umsichtig, seit 6 oder 7 Jahren hier, des Englischen völlig mächtig und mit vielen hundert Leuten liiert. Wie kann ich dagegen aufkommen? Wenn sie *hundert* Abonnenten hätten, so könnt ich ihnen *zwanzig* abjagen, weil man annehmen kann, der 5. Mensch ist immer unzufrieden mit dem, was er hat, und wünscht sich zu verändern. Aber der 5. Mensch von 40 gibt nur 8, und ich glaube in der Tat nicht, daß ich mehr in mein Lager herüberziehn werde. Ich habe vor, an Dr. Metzel das alles zu schreiben; wenn ich *doch* zurück muß, so sei es lieber jetzt als im Januar. In guter deutscher, anständiger Gesellschaft (wenn z. B. Eggers herübergekommen wäre) hätt ich's am Ende auch ohne Chance auf Erfolg versucht und gedacht: es ist doch immerhin *möglich*, und wenn es scheitert, nun, so stirbt die Regierung an diesen paar hundert Talern nicht, und du selbst hast, ohne großen Ärger, ein bißchen gelernt. Aber mit einem wildfremden Gesellen, mit einem Kerl, auf den vielleicht nicht der geringste Verlaß ist, an solche Arbeit zu gehn, sich täglich zu schrauben und zu überwerfen, das kann mir wenig gefallen. Die Regierung muß entschlossen sein, es *jahrelang* durchzusetzen, dann ist vielleicht was zu machen; aber in 6 Wochen kann ich meine bevorzugten Gegner nicht stürzen. – Ich schreibe über diese Dinge so ruhig, weil ich glaube, gleichviel wie *dies* Unternehmen sich auch ins Werk setzen oder von vornherein scheitern möge, mein Aufenthalt hier wird doch länger dauern als 3 Monate oder gar nur 3 Wochen noch. Ist man in Berlin aber schlaff oder eigensinnig oder verstimmt oder unbefriedigt – nun, so muß ich's ertragen, wie ich schon so viel ertragen habe. Eine *lächerliche Niederlage* ist und bleibt es; darüber bin ich mir völlig klar. Mir bleibt aber das Bewußtsein, den besten Willen gehabt und meine Schuldigkeit getan zu haben.

Du wirst diese Zeilen am 15. erhalten; am folgenden Tage wollen wir unsren Hochzeitstag durch die Betrachtung feiern: es war am Ende kein Unglück, daß wir uns gekriegt haben. – Deine Abreise brauchst Du nicht zu übereilen; es ist doch ganz unmöglich (ich müßte denn rasch zurückkommen), daß wir uns vor Mitte November wiedersehn. – Sprich zu niemandem, von unsrer Übersiedlung nach England, im Tone der Gewißheit. – In Berlin wirst Du Dich auch wohl bei Dr. Metzel melden lassen, nach einem Brief fragen und ein paar Worte mit ihm sprechen. – Nun leb wohl, grüße Treutlers, küsse den Jungen u. sei selbst geküßt von Deinem

Theodor.

Wenn Du am 19. oder 20. bei Dr. Metzel keinen Brief von mir findest, so kannst Du am 21. oder 22. einen Brief von mir in der Luisenstr. erwarten.

Diesmal gehört das, was am Rande steht, zu jedem einzelnen Bogen; ich muß das bemerken, Du findest Dich sonst nicht zurecht.

An Emilie Fontane

London, 17. November 1855
Strand, Café Divan

Meine liebe Frau.

Von derselben Stelle aus, an der ich neulich, als ich wahrhaft Poloniussche Lebensweisheit an George Fontane Esqu. zu Papier brachte, schreib ich Dir diesen Brief, der nicht viel andres als meine Freude über Deinen heut erhaltenen Brief und zugleich die Mitteilung enthalten soll, daß ich wieder ziemlich auf den Beinen bin. Ich sage »ziemlich«, weil mir immer noch ein Rest von Erkältung in den Gliedern sitzt, ein böser Feind, den ich im Laufe dieses Winters auch schwerlich ganz loswerden werde. Ich habe unten bei Simpson eben im Zug gesessen, und während ich eine Treppe hoch diese Zeilen schreibe, sitz ich wieder im Zug. Wenn ich zu Hause bin, muß ich im Zuge arbeiten und mich anziehn und im Zuge schlafen. Die Engländer nennen das »Ventilation«; was sie »Zug« nennen, deckt die Dächer ab und würde in der ganzen übrigen Welt Sturmwind heißen. Hätt ich die kalten Bäder, so möcht es gehn, aber ohne diese ist es für mich sensiblen Menschen eine harte Nuß. Was mich rettet, ist der Pelz. Mag seine Entstehungsgeschichte in Dunkel gehüllt sein wie die Geburt aller großen Erscheinungen – gleichviel, er ist da und er beglückt. Oft seh ich ihn wehmütig an und gedenke des hart geschmähten Lepels, der nun mal ein Sohn der Charitas und ein Jünger der Musen, aber freilich kein Liebling der Grazien ist. Beiläufig bemerkt, macht der Pelz hier völliges Furore, *hier*, wo sonst nichts Aufsehn zu erregen vermag. Ich könnte hier die erste Zeitung der Welt redigieren und niemand würde mich kennen; ich könnte mir brennende Räucherkerzchen so lange in die Nase stecken, bis ich tot wäre, und nichts würde mein Lohn sein als ein Leitartikel in der »Times«; aber diesem Pelz kann London auf die Dauer nicht widerstehn, und bald wird the foreigner with the fur (der Fremde mit dem Pelz) zwischen Queens Square und Strand eine gekannte Größe sein. Who is your tailor (Wer ist Ihr Schneider)? brüllte mir neulich ein Cabkutscher nach, und im allgemeinen hält man mich für einen in Bomarsund gefangengenommenen russischen Offizier, der jetzt Erlaubnis erhalten hat, sich London anzusehn.

Dein und Mamas Verdacht ist, ehrlich gesagt, etwas lächerlich. Wenn Ihr auch die Worte ordentlich anseht, könnt Ihr dergleichen schwerlich herausfinden. Die Sache ist die. Mein guter Wentzel kam hier an und hatte vermutlich den so hingeworfenen Auftrag von Metzel oder Hegel erhalten, dann und wann einen Bericht einzusenden. Hätt er mir das ehrlich gesagt, so hätt ich ihm dieselben womöglich gemacht und ihm die Anerkennung dafür gegönnt. Ich lache zu diesen Geschichten. Daß er sich aber jedesmal, wenn Briefe geschrieben wurden, halb verbarrikadiert hinsetzte und die Aufschriften ängstlich vor mir verbarg, das ärgerte mich über die Maßen, und selbst in dieser Minute allerbester Laune muß ich es aussprechen, daß ich zu diesem Ärger *guten* Grund hatte. Ohne mich hätte er nie einen Stein von London gesehn, und selbst als er hier war, was konnt er anders schreiben als Dinge, die er von mir gehört hatte. Er hat diese Tätigkeit nun eingestellt, und wir sind wieder gute Freunde. Das ganze war nicht Intrige, sondern Teereiterei, aber auch diese ist nicht sehr erbaulich und jedenfalls unwürdig. Antworte hierauf gar nicht oder in unbestimmten Ausdrücken, denn Du weißt, daß ich die Kunst nicht verstehe, Briefe ordentlich aufzubewahren. Das ist die Geschichte von meiner Untreue und vom schlechten Gewissen. Der Brief der Merckel ist über die Maßen liebenswürdig, doch von dieser trefflichen Frau versteht sich all dergleichen von selbst und macht weiter keine Worte nötig. Schreibe doch ein paar nette Zeilen an Eggers und bitte Dir das »Kunstblatt« per Post regelmäßig aus. Sag ihm dann auch, daß er einen 5. Brief über kurz oder lang zu erwarten hätte. An Hübner meinen Glückwunsch. An Max schreibe bei guter Laune und dann so liebenswürdig wie möglich; ich wünsche nach der Seite hin keine besondre Vertraulichkeit, aber doch ein gewisses verwandtschaftliches Gefühl und jedenfalls Rücksichtsnahme. Auch ist es geradezu *Pflicht*, uns ihm nicht zu entfremden, und mag er sein, wie er will, er hat für jene vortreffliche Mischung von Freundlichkeit und Zurückhaltung doch ein

Gefühl. Ob es Dir möglich sein wird, diesen Brief zu entziffern, mögen die Götter wissen. Nun, Du hast ja Zeit. Ich sage wieder: sei nachsichtig! und laß Dich nicht durch die Ansichten und Auffassungen junger Mädchen in Deinem Urteil allzusehr bestimmen. Du hast nach der Seite hin nicht immer recht.

Grüße alle herzlich, küsse George, Mutter, Lischen und schreibe bald wieder Deinem

Theodor.

An Bernhard von Lepel

London, 3. August 1856
(Ollen-Königs Geburtstag)
23 New Ormond Street
Queen Square

Mein lieber alter Lepel.

Seit 3 Wochen hab ich Deine freundlichen Zeilen und seit 3 Tagen die Empfehlungsbriefe von Fräulein Balthasar, die dazu gehören. Man schickte mir die letztern durch Gesandtschaftsgelegenheit, und da kommen leicht mal Vertrödelungen vor.

Dein kleines Briefchen las ich auf einem Steamer, der mich von London nach Margate, einem hübschen Badeort an der Küste, brachte. In demselben Augenblick nämlich, als ich mit Reisesack und Regenschirm meine Wohnung verließ, brachte der Briefträger allerhand aus der Heimat: einen Brief von meiner Frau, einen allerliebsten Ellora-Toast von Eggers und Deine wie immer liebenswürdigen und fürsorglichen Zeilen. Das alles las ich, während wir an einem prächtigen grauen Tag (die wirklich die besten sind, wie graue Hosen) am Tower, an Greenwich, Woolwich und Gravesend vorüberfuhren. Denn ich las sehr langsam und mit Unterbrechungen, wie man von einer guten Flasche trinkt; »mit Verstand«. Die Umgebung war reizend, und doch wär ich am Ende lieber auf einem unsrer Berliner Pacifics oder Great-Western Boote nach Stralau gefahren, an der Pfuhlschen Schwimmanstalt vorbei und den Naturschönheiten des Eierhäuschens entgegen. So ist der Mensch nie zufrieden: in Charlottenburg sehnt er sich nach Richmond, und angesichts der Schloßbrücke träumt er, errötend, von dem Feigenblatt des Hydepark-Achill. Selbst die Ehe wird nicht immer so gut beurteilt wie auf 150 Meilen Distance, und nur in meiner Herzensstellung zu meinen Freunden machen Raum und Zeit keinen Unterschied.

Nun einiges über die Empfehlungsbriefe. Sprich zunächst der jungen Dame meinen aufrichtigen Dank für ihre Freundlichkeit aus; wenn ich an dem einen oder andern Ort reüssiere, so schreib ich ihr. Ich habe dann Anknüpfungspunkte; in diesem Augenblick würd ich mich innerhalb der üblichen Phrasen halten müssen. Mrs. Steward Ker ist mir außerhalb der Tour; aber die Briefe an Mrs. Hamilton und Mrs. Harrison (zwei Namen, die ich die Müller und Schultze meiner Balladen nennen möchte) werd ich abgeben, sobald die augenblicklich hier herrschende Hitze einem noch irgend was andres erlaubt wie – schwitzen. So dampfend wie ein Sauerbraten irgendwo einzutreten ist wirklich eine schlechte Empfehlung. Viel versprech ich mir von den Briefen nicht, nicht etwa weil ich vorweg den Briefen oder den Leuten mißtraute, sondern lediglich weil ich weder die Zeit noch die Mittel habe, solchen Umgang zu kultivieren. Ich kann nicht sagen, daß ich jetzt übermäßig beschäftigt wäre; dennoch aber hab ich nur ausnahmsweise eine freie Verfügung über meine Zeit. Das Haupthindernis ist meine Pauvreté, die hier (wenn Du die Verhältnisse in Rechnung bringst) vielleicht noch größer ist als in der Heimat. Lies übrigens ruhig weiter, ich will nicht pumpen. Auch müßtest Du viel reicher sein, als Du bist, wenn Du mir helfen wolltest. Mir kann nur meine eigne Behörde helfen; denn die Summen, die ich brauche, gehen über die Mittel eines preußischen Privatmanns hinaus. Zurück zu den Personen, an die ich Empfehlungsbriefe habe, und laß Dir schildern, ob ich den Mut haben kann, ein intimeres Verhältnis zu erwarten. Was ich bei dieser Gelegenheit äußre, bezieht sich natürlich nicht bloß auf Hamilton, Harrison et Co., sondern hat einen ganz allgemeinen Charakter. Alle Welt weiß, daß England das Land der feinen gesellschaftlichen Erscheinung ist. Es gibt Ausnahmen im Lande selbst (der alte Herzog Wellington z.B. (so erzählt man sich wenigstens) mischte auf seinem Teller alle Speisen zusammen und legte dann los), und das sonst so intolerante Volk gestattet auch dem Fremden gegenüber eine Ausnahme, wenn dieser Fremde eine entschiedne Berühmtheit ist. Der alte Blücher konnte Tabak rauchen und im Steinbruch »nach der Gelegenheit sehn«, dafür war er der alte Blücher; – aber solche Privilegien erstrecken sich nicht auf unserein. Ich muß einen guten Frack und einen guten Gesellschaftsrock haben; ich muß nicht bloß reine, sondern auch modische Wäsche besitzen; ich darf keinen durchgeschwitzten Hut präsentieren; ich muß elegante Stiefel statt meiner Lederbutten tragen, und ich muß nicht mit meinen Glacéhandschuhen beständig auf einem Rückzug und einer Rückendeckung sein, deren gespannte Aufmerksamkeit alles übertrifft, was die historischen 10000 je geleistet haben. Ich habe mich nun nachgerade so viel in der Welt umhergetrieben, daß mir die Personenfrage gleichgültig geworden ist; ich zittre nicht mehr vor der Hoheit, die mir gegenübersteht, sondern nur noch vor dem bösen Bewußtsein eines weißnähtigen Rockärmels. Dazu kommt, daß man eigentlich immer mit verkniffnen Tränen in solche Gesellschaft tritt. Ich war ein paarmal bei unsrem Gesandten. Nicht nur daß ich mit meinem alten Frack zugleich die Rolle unwürdiger Demut anzog, nein, auch das bißchen, was ich getan hatte, um die Ehre des Rütli und andrer Körperschaften aufrechtzuerhalten, ging weit über meine Kräfte. Ich kann nicht 3 Shilling für einen Cab bezahlen und hinterher 4 Shilling, um nach Mitternacht, in Wind und Wetter, zurückzufahren; ich habe absolut kein Geld für weiße Binden und weiße Handschuhe. Kurz gesagt, ich gehöre nicht in solche Gesellschaft, und es ist im allgemeinen eine Torheit, daß man aus Schwäche, Eitelkeit und Nachgiebigkeit an Orten auftaucht, für die man, im buchstäblichsten Sinne des Worts, nicht das »Zeug« hat. In bezug auf unsre Gesandtschaft hier trifft mich dafür kein Vorwurf; ich *soll* da zugegen sein, und wenn ich mich etwas schäbig daselbst präsentiere, so trifft nicht *mich* die Schuld, sondern diejenigen, die mir nicht die Mittel gönnen, dem Platze angemessen zu erscheinen. Gesellschaften besuchen, vornehmen Umgang haben ist eine teure Sache, und wer keine lange Börse hat, der bleibe fern davon. An mein Leben in der Heimat darfst Du mich nicht mahnen. Einmal sind wir Deutsche keine Engländer, weder so peinlich noch hinterher so intolerant; zweitens leben wir persönlich in ganz besondren Kreisen, und drittens haben wir uns durch unsre Gaben und Talente (sie seien nun klein oder groß) eine Position geschaffen, die uns mehr oder minder in die Ausnahmestellung des alten Blücher bringt. Von alledem kann an einem fremden Orte nicht die Rede sein; ich kann keinen Zettel am Hute tragen, daß ich der große Dichter der Schlacht von Hemmingstedt sei und einen 17-Rtr.-Pokal gewonnen habe; ich trete als ein Fremder in eine fremde Gesellschaft, und das erste, ja in tausend Fällen das alleinige Urteil, das über mich gefällt wird, gilt meiner Erscheinung.

Wenn Du bis hierher gelesen hast, wirst Du wohl schon ein halbes Dutzend Male ausgerufen haben: »Immer der alte, er ist und bleibt verrückt.« Aber Du darfst so leicht darüber nicht hin. Mag die Sache tausendmal lächerlich erscheinen, sie ist nicht lächerlich, sie ist sehr ernsthaft und eine Quelle von Sorgen und Bitterkeiten. Das Kostüm der Neger, trotzdem es dem gesellschaftlichen Schwarz entspricht, kann vorläufig noch nicht eingeführt werden, und der arme, schuldengequälte schneiderzerfallene Mensch muß nach andren Rettungsmitteln suchen. Es gibt kein andres als freiwillige Exklusion aus der Gesellschaft, als Selbstverbannung. Das wäre zu tragen, wenn es einem nicht so sehr verdacht würde. »Er läßt sich nicht sehn«, heißt es, »wir haben ihn 3mal eingeladen, er kommt nicht«; »er vernachlässigt jede gesellschaftliche Form« etc. Niemand denkt daran, daß der arme Teufel bloß deshalb nicht erscheint, weil er einfach nicht erscheinen kann. Meine vorgesetzte Behörde, um wieder speziell zu mir zurückzukehren, wünschte, daß ich mit allen Lords der 3 Königreiche abends Whist en quatre und mit den jungen Ladies »Pfänderspiel mit Küssen« spielen möchte; man wünschte wo möglich, daß ich der Königin »Fanchon-Zeck mit Anschlag« als preußisches Nationalspiel beibringen und mit dem Prinzen v. Wales über die Schlacht von Crécy und den Ursprung von »Ich dien« eine längre Unterredung führen sollte, aber niemandem ist der Gedanke gekommen, daß man in Windsor nicht ganz so erscheinen kann wie auf dem Spandauer Bock und daß die Lords nicht Whist um 'nen Dreier spielen. Unsre ganze Zeit ist auf Äußerlichkeiten gestellt, und nur derjenige braucht sie nicht zu respektieren, »der's nicht nötig hat«. Ich hab es nötig, sehr, und muß danach handeln. Wenn ich bei den Hamiltons *nicht* erscheine, so weißt Du, welche Erwägungen und Berechnungen mich abgehalten haben. Und nun sei nicht böse, daß ich Dich 6 Seiten lang wie ein Schneider unterhalten habe; Du weißt, »es ist alles meine innerste Überzeugung«.

Meine Frau wohnt Bellevuestraße 16 in der Nähe von Merckels. In spätestens 6 Wochen bist Du wohl wieder in Berlin zurück? Dann wirst Du von den Freunden dies und das (hoffentlich nicht allzu Schlechtes) von mir hören. Ich komme vor Weihnachten nicht zurück. Ob ich dann in Berlin bleibe oder Anfang Februar nach hier zurückkehre, ist noch nicht bestimmt. Es hängt von der Honorigkeit der Regierung ab, da sie aber filzt (vielleicht weil sie muß), so werd ich wohl in der Heimat bleiben, halb dann in Ungnade gefallen, denn man wünscht, daß ich länger hier bleibe. Sie haben gut reden. Ich wollte sie mal, alle, wie sie da sind, auf Jahr und Tag von »Muttern« wegnehmen und sie mit nichts wie Tee und Hammel futtern, sie würden schnurrige Mäuler machen. Empfiehl mich Deiner Frau bestens und bleibe Du der alte Lepel Deines

Th. Fontane.

Was macht »Herodes«? Was zu lange dauert, wird nicht gut. Diese ermutigenden Worte nimm noch zum Schluß.

Neue Wohnung: 92 Guilford Street.

An Emilie Fontane

München, 10. Oktober 1856
Bayrischer Hof

Meine liebe gute Frau.

Herzlichen Dank für Deine freundlichen Zeilen, die ich gestern von der Post holte, als wir uns eben anschickten, nach Starnberg und dem Starnberger See zu fahren. Ich wollte am Abend noch antworten, aber der

Direktor, der mich in harmloser Weise etwas tyrannisiert (und ich selber bin auch still-eigensinnig), ließ mich nicht dazu kommen und war der Meinung, daß ich besser täte, erst am andern Tag zu schreiben.

Gott sei Dank, daß die Gefahr, in der Du am Sonnabend abend warst, wieder vorübergegangen ist. Nimm Dich nur ja in acht, mute Dir nicht zu viel zu, geh täglich, aber nicht zu weit, und knausre nie mit Droschken. Bist Du vernünftig und vorsichtig, so hoff ich zu Gott, daß Du alles gut und glücklich überstehen wirst. Geb der Himmel seinen Segen.

Uns geht es gut, besonders seitdem sich der Direktor (beim Hühneraugenoperieren) ein bißchen in den Fuß geschnitten hat und nun gezwungen ist, mehr zu fahren und weniger zu laufen. Dies nutz- und endlose Durch-die-Straßen-Traben ist mir verhaßt. Morgen reisen wir ab und vielleicht direkt nach Heidelberg, weil wir hier länger gewesen sind, als wir wollten. Ich war auch bei Geibel, er war sehr liebenswürdig, und wir plauderten über eine Stunde.

Nürnberg, das vielberühmte, ist interessant, aber durchaus nicht schön. Es ist eine Koofmannsstadt, und zwar eine bloß spießbürgerliche. Daß viel *Einzelnes* schön ist, versteht sich von selbst. Die Menschen müssen immer Dinge haben, worüber sie entzückt sein können, und unter diese Dinge ist, durch stillschweigendes Übereinkommen, Nürnberg aufgenommen worden.

Ich werde vor dem 13. oder 14. nicht in Paris sein können. Bitte schreibe so, daß Dein Brief spätestens am 14. früh dort eintrifft, natürlich *poste restante* und wieder *frei* (Poste-restante-Briefe *müssen* freigemacht werden). Bezahle das, so wie auch die heutigen Zeilen, von dem »Argo«-Gelde. Ich glaube, es beträgt 4 ½ Rtr.; davon bezahle auch ein Reisehandbuch, das ich dem Direktor unterwegs abgekauft habe. Es wird gegen 3 Rtr. kosten;

Du hast dann immer noch einen kleinen Profit. – Nun noch kleine Bitten von einigem Belang. Geh zu Froböse und entschuldige mich, daß ich ihm nicht adieu gesagt hätte. An Chevallerie richte ein paar Zeilen desselben Inhalts. An Ernst Schultze je nach Gefallen schriftlich oder mündlich. Bei Frau Dr. Metzler – die ja bei uns war und uns nur verfehlte – mach einen Besuch. Alles dies gilt natürlich nur, wenn Dir Dein Zustand das noch erlaubt. Und nun leb wohl. Nehme Dich Gott in seinen Schutz und erhalte Dich Deinem Dich liebenden

Theodor.

An Lepel sage: es ließe sich alles ganz passabel an. Er würde über kurz oder lang hören.

An meine gute Mama, Lischen und den lieben boy tausend Grüße und Küsse.

An Emilie Fontane

Mannheim, 13. Oktober 1856
Im »Europäischen Hof«

Meine liebe Frau.

In 2 Stunden brech ich auf nach Paris und hoffe morgen früh 5 Uhr dort zu sein. Dann schreib ich Dir einen längeren Brief, heut nur ein paar flüchtige Worte.

Gestern abend hab ich vom guten Direktor Abschied genommen; er ging, nach 2stündigem Aufenthalt hier, direkt nach Mainz und Frankfurt. Die letzten 2 Tage waren noch sehr schön. Am Sonnabend von München bis Ulm, um den dortigen Dom zu sehn; nachmittags durch das kostbare Neckartal, an der Rauhen Alp entlang, nach Stuttgart. Gestern (Sonntag) von Stuttgart nach Heidelberg, dessen berühmtes Schloß mich anfangs enttäuschte, bis ich schließlich doch in volle Bewunderung überging. Am Abend von Heidelberg hieher nach Mannheim. Ich schreibe diese Zeilen in einem circa 24fenstrigen Saal, überall Glas, dessen Fenster der Lüftung wegen auf sind. So pustet mich denn der Zug beinah fort. Verzeih daher, wenn ich aus Gesundheitsrücksichten rasch abbreche. Morgen schreib ich wieder vom Hôtel du Louvre aus.

Ich wünsche Dir das Allerbeste und bitte Dich nur noch, vorsichtig zu sein und auf Deinen Zustand und Deine Gesundheit die gebührende Rücksicht zu nehmen. Vielleicht hör ich noch in Paris, daß Georgechens Schwesterchen angekommen ist. Gebe Gott seinen Beistand und mach es Dir so leicht wie möglich. Herzliche Grüße und Küsse an alle, an Mama, Lischen, den boy und Dich selber von Deinem

Theodor.

An Emilie Fontane

Paris, 14. Oktober 1856
Hôtel du Louvre

Meine liebe Frau.

Seit heut früh 5 Uhr bin ich hier. Ein Brief von Dir liegt hoffentlich auf der Post, da ich aber meinen Paß abgeliefert habe und ohne solchen Poste-restante-Briefe nicht verabfolgt werden, so muß ich bis morgen warten, eh ich ihn holen kann. Es geht Dir hoffentlich gut. Auf meinem Bett lag heut früh eine Spinne, »matin-chagrin«, was mich verstimmt hat.

Das Großartigste, was ich von Paris bis jetzt gesehn habe, ist das Hôtel, in dem ich wohne. Im übrigen läßt sich mein Entzücken halten. Etwas mag an meiner Stimmung liegen, aber nicht alles. Es kommt mir alles so räuberhaft vor; eine Unmasse konfiszierter Gesichter, und bei aller Pracht und Schönheit doch auch furchtbar viel Plunder. – Mein Entzücken wird schwerlich sehr wachsen; die Größe der Stadt imponiert mir nicht, denn gegen London ist es ein Quark; die Kinkerlitzchen und »geschmackvollen Arrangements« lieb ich nicht, wenn sie nicht mehr sind als Schein; für 20 Francs kann ich nicht essen, einmal, weil ich das Geld nicht dazu habe, und zweitens, weil es *allein* nicht schmeckt; und was nun gar die Kneipenwirtschaften und das geputzte Elend angeht, so hab ich ein Grauen davor und wollte, ich hätte die pflichtschuldige Besichtigung dieser Sehenswürdigkeiten hinter mir. So bleiben denn nur die Kunstschätze, und von ihnen hoff ich das Beste. Es ist sehr unwahrscheinlich, daß ich 14 Tage hier bleibe, länger gewiß nicht.

Schreibe so, daß Dein nächster Brief spätestens am 20. früh hier eintrifft. Ich schreibe morgen oder übermorgen mehr. Vielleicht auch erst nach 3 Tagen; ängstige Dich nicht, wenn mal ein Brief ausbleibt, so was ist oft schwer zu arrangieren. Das Porto mußt Du schon tragen, wofür ich Dir »Kreuzzeitungs«-Gelder anweisen werde. Schreibe wieder poste restante und natürlich wieder *frei*.

Nun leb mir wohl; halte Dich wacker und mache alles glücklich durch. Tausend herzliche Grüße Euch allen von Eurem

Theodor.

An Emilie Fontane

Paris, 16. Oktober 1856
Hôtel du Louvre

Meine liebe Frau.

Heut an unsrem Hochzeitstage muß ich doch ein paar Zeilen schreiben; ich versäume auch nicht viel, denn eigentlich ennuyier ich mich. Um nicht ungerecht zu sein: die Schuld liegt an mir und nicht an Paris. Die Stadt – wie ich mich nun im Laufe von 3 Tagen überzeugt habe – ist beides, schön und großartig, aber bleibt, und das ist ihr einziger Fehler, an Großartigkeit und, meinem Geschmacke nach, auch an *Schönheit* doch hinter London zurück. Überall, das sei noch extra hervorgehoben, bemerk ich etwas Diebshöhlenhaftes oder im günstigsten Fall einen prahlenden, aber verdächtigen Lappen, der die Blöße oder den Schmutz nur so obenhin verbirgt. Auf diese letztern Beobachtungen hab ich nicht den Mut besondres Gewicht zu legen, aber das muß ich wiederholen, daß ich London imposanter und vielleicht *um deshalb* auch schöner finde. Der Montblanc ist nicht absolut schöner als die Müggelsberge, er ist nur imposanter und *dadurch* schöner. Ich muß auf diese Dinge Gewicht legen, um dadurch meine malkontente Stimmung zu erklären. Als ich vor 4½ Jahr nach London ging, hatt ich daselbst auch nichts und war noch dazu unendlich viel bedrückter als jetzt. Nichtsdestoweniger hatt ich Momente äußerster Befriedigung, wenn ich meine oftbeschriebenen Themse- oder Omnibusfahrten machte. Wär ich damals statt nach London nach Paris gegangen, so würde der Eindruck ziemlich derselbe gewesen sein, aber das ist nun doch mal nicht geschehn, und London hat die Fettaugen meiner Begeisterung abgeschöpft. Wer zuerst kommt, mahlt zuerst.

Paris hat auch gar nicht die Absicht, an Großartigkeit des Lebens und Treibens mit London zu konkurrieren. Es will vor allem bilden, lehren, unterhalten. Ich bin fest überzeugt, daß es darin, besonders was das »Plaisir« angeht, London unendlich überlegen ist, aber ich bin nicht in der Lage, von dieser Überlegenheit zu profitieren. Ob die hiesigen Museen und Galerien besser sind als die englischen, ist, beiläufig bemerkt, noch sehr die Frage; aber zugegeben, daß sie's sind, so gehört doch ein monatelanger Aufenthalt dazu, um diese Vorzüge völlig als solche zu erkennen und zu würdigen. Diese Galerien sind mein Trost, aber sie können doch nicht *alles* tun. Nun kommt die Hauptsache: das Vergnügen, die Unterhaltung. Ja, du lieber Himmel! Wenn ich 20 Jahr wäre und ein junger Graf (oder ein brillant bezahlter Commis, was so ziemlich dasselbe ist) und eine Grisette hielte und eine Loge im Theater hätte und leichten Sinnes wäre und Schulden machte und gut französisch spräche – ei, da möchte das ein kostbares Leben sein, ein Leben, an das man noch mit Freuden zurückdenkt, wenn man die Gicht hat und mit dem Kopfe wackelt, aber aus einem Kaffehaus ins andre fallen und immer wieder schwarzen Kaffe trinken und »Constitutionnel« buchstabieren, das ist doch wirklich ein erbärmliches Vergnügen und mehr eine Arbeit als ein Genuß. Hätt ich einen Freund hier, da wäre viel gewonnen, aber von der üblichen Paris-Bewunderung würde und könnte auch *dann* nicht die Rede sein. Um sich hier zu amüsieren, bedarf es gewisser guter und schlechter Eigenschaften, die ich *beide* nicht habe. Zunächst muß man französisch können, und das ist die eine große Tugend, die ich nicht habe. Außerdem muß man Libertin sein, Hazard spielen, Mädchen nachlaufen, Rendezvous verabreden, türkischen Tabak rauchen, das Billardqueue zu handhaben wissen etc. Wer von alledem nichts hat und weiß, der ist ein verlorenes Subjekt und tut gut, seine Koffer zu packen, wenn er sich den Schwindel angesehn und seine Kunstvisiten im Louvre und in Versailles beendigt hat. Ich geh erst wieder hieher, wenn ich genug französisch weiß, um an dem geistigen Leben und Treiben einigermaßen teilnehmen zu können, und dann geh ich nicht allein her, sondern in Gesellschaft, und zwar, so Gott will, mit Dir.

Für Deine erst heut früh in Empfang genommenen Zeilen sowie für die sehr nette und liebenswürdige Tagebuch-Beilage meinen schönsten Dank. Von Herzen freu ich mich, wenn Du so munter bist und vertrauensvoll ins Leben blickst. Gebe Gott, daß Dir diese Stimmung erhalten bleibt; ich weiß wohl, daß Du ihrer bedürftig bist. Am 20. erwart ich wieder einen Poste-restante-Brief von Dir; ich werde vorher nicht mehr schreiben, am 20. antwort ich dann sogleich und erwarte Deine Antwort darauf am 25. in London. Du adressierst sie: 92 Guilford Street. Ob ich dann schon da bin, weiß ich nicht; doch treff ich am 26. oder 27. sicherlich ein.

Diesen Brief sei so gut an Papa zu schicken. Schreib ihm dabei, er sollte noch einen eignen Brief außerdem (wie ja auch versprochen) empfangen; ich trüge indes Sorge, daß mein nächster an *ihn* gerichteter Brief weniger ausführlich werden könnte, und so läge mir daran, daß ihm die heute deponierte Weisheit nicht entginge. In der Tat kann ich schwerlich was andres oder gar Neues schreiben, und bringt man dieselbe Ware zum zweiten Mal zu Markte, so ist sie durch langes Stehn eher schlechter als besser geworden.

Nun leb mir sehr schön wohl; tausend Küsse Euch allen: Mama, Lischen, dem boy und – Dir von

Eurem Theodor.

Ich habe gestern (am 15.) einen kurzen Artikel an die »N. Preuß.« geschickt. Es wäre mir interessant zu erfahren, ob er gedruckt ist. Er enthielt nämlich einige starke Stellen.

Daß die für Frau v. Merckel geschriebenen Verse gefallen haben, kann mich denn doch fast in Verlegenheit setzen. Es ist nichts dran zu loben, als daß ich sie, um mein Wort zu halten, mit zufallenden Augen – während Metzel schnarchte – geschrieben habe.

Wenn Du unsren guten Direktor siehst, so grüß ihn herzlich. Es war eine glücklich verlebte Woche. Nichtsdestoweniger hatte die Sache auch ihre Bedenken, denn seine Reiseprinzipien sind durchaus nicht die meinigen, und ich bemerke jetzt, nachdem ich 3 Tage in Paris bin, daß man (oder wenigstens *ich*) unendlich viel mehr lernt, wenn man allein ist. Außerdem waren wir immer verschiedner Meinung, und in dieser Beziehung ist selbst Wentzel ein Kind gegen ihn. Ich kann nun aber mal nicht »ja« sagen, wenn ich sehr bestimmt weiß, daß das alles anders ist.

An Louis Henri Fontane

Paris, 19. Oktober 1856
Sonntag. Hôtel du Louvre

Mein lieber, guter Papa.

Emilie hat Dir hoffentlich meinen letzten Brief zur Durchsicht geschickt, und Du weißt beim Eintreffen dieser Zeilen bereits, daß ich die große Frage »London oder Paris« zugunsten Londons beantworte. Es ist schwer zu sagen »warum«. Diese lange Linie vom Louvre bis zum Arc de l'Etoile ist schön und groß und hat in London nicht ihresgleichen; die Boulevards, das Palais Royal und die neue Rue Rivoli (wo man, ohngefähr so lang, wie unsre Linden sind, unter Arkaden geht) sind einzig in ihrer Art; und die Plätze sind teils größer, teils schöner, teils interessanter, als sie London aufzuweisen hat. Aber all das kann meine Totalansicht nicht umstoßen. Wer mit einem Dampfer von Hamburg kommt und die Themse erst bis zur Londonbrücke, dann bis zur Westminsterabtei und den neuen Parlamentshäusern hinauffährt, der hat mehr gesehn, als ganz Paris ihm bieten kann. Paris ist ein vergrößertes Berlin; London ist eben London und ist mit gar nichts andrem zu vergleichen. Paris ist eine sehr große Stadt, London aber ist eine *Riesen*stadt, d.h., sie macht den Eindruck, als sei sie nicht von schwachen Menschen, sondern von einem ausgestorbenen Geschlecht gebaut, dessen kleinste Leute alle 6 Fuß maßen. Diesen Eindruck hat man ganz besonders, wenn man die Themse hinauffährt, aber dann hat man ihn auch unbedingt.

Begibt man sich in die Straßen, so fällt einem, je nach dem Stadtteil, den man passiert, entweder die Schlichtheit und Anspruchslosigkeit oder die Gediegenheit und der immense Reichtum auf. Paris macht im Verhältnis dazu einen dürftigen, gezierten Eindruck, was der Berliner »poplig« nennt. Man sieht viele Tausende von blitzenden Läden, aber man hat keine Courage, irgendwas darin zu kaufen, weil man die Reellität der Leute bezweifelt. Es kommt einem vor, als sei alles auf Beschwatzung und Verführung abgesehn. Die Läden haben die Form einer länglichen Wurst und sind auch wirklich nicht viel größer; Gas und Spiegelscheiben tuen das Beste. Dahinter ist noch ein Käfterchen von der Größe einer Nußschale; das ist das Familienzimmer. So leben viele, viele Tausende. Manchem mag das gefallen, aber mir wird nicht wohl dabei. Wenn ich nun London dagegen nehme. Ja, da passier ich halbe Meilen lange Strecken, in denen man gar nichts sieht, aber das schadet auch nichts. In den östlichen Vorstädten wohnen Hunderttausende von armen Leuten; sie sind nichts, sie haben nichts, *aber sie wollen auch nichts scheinen*. Man nimmt gar keinen Eindruck mit heim, weder einen schlechten noch einen guten; man weiß einfach, man hat eine halbe Stunde lang in einem Armenviertel zugebracht. Nur Schnapskneipen (und das ist allerdings ein

Übelstand) hat man bemerkt. Kommt man nun aber nach der City, welche Gediegenheit da in dem ganzen Stadtteil, der die St.-Pauls-Kirche umgibt! Die Kaufläden strotzen von Warenreichtum. Und nun im Westend, in Oxford Street und Regent Street! alles funkelt von Gold und Silber, von Samt und Seide, und es funkelt *so*, daß man gleich merkt: haha, hier ist was dahinter. Kommt man dann in die wahrhaft noblen Quartiere, in das Westend des Westends, so fällt die Buntheit der Läden fort; aber endlos ziehen sich nun die Wohnungen der reichen Leute hin. Man kann von diesen Wohnungen nicht behaupten, daß sie im einzelnen besonders schön oder besonders imposant seien, aber ihr *gemeinschaftliches* Auftreten (20, 40, selbst 100 solcher Wohnungen bilden oft ein riesiges Ganze, das nun aussieht etwa wie das Berliner Schloß, nur oft noch mal so groß) erzeugt in dem Vorübergehenden die Vorstellung, daß er eine endlose Stadt von Palästen passiere. Ja, »endlos«, und das ist die zweite Seite, wodurch diese westlichen Stadtteile Londons wirken. Man stutzt schon, wenn man stundenlang die Quartiere *armer* Menschen durchwandert, aber daß dies London auch Stadtteile hat, wo man stundenlang an den *Palästen steinreicher Leute* vorüberschreiten muß, das ist mehr als alles andre angetan, einem eine Vorstellung von der Macht dieser Stadt und Englands überhaupt zu geben. Dergleichen hat Paris *nicht*. Gediegner Reichtum tritt hier sporadisch auf, etwa wie bei uns. In London ist er, innerhalb gewisser Gesellschaftsschichten, Regel.

Nun leb mir wohl, mein lieber Papa, und gedenke in alter Liebe Deines

Theodor.

Ich muß Dir doch noch in bezug auf Deinen Schwindelanfall schreiben, daß mir Kugler erzählte, so was habe unter Umständen gar nichts auf sich. Ihm (Kugler) ginge es öfters so, und der berühmte Irrenarzt Dr. Damerow, dem er das neulich bei einer zufälligen Begegnung geklagt habe, habe ihm lachend geantwortet: das sei ganz *sein* (Damerows) Fall. Du siehst, Du hast viele Kollegen.

Nachschrift.

Wie mir es immer geht, wenn ich ein Urteil ausgesprochen habe, so auch diesmal – kaum steht es da, so fang ich an, die Richtigkeit zu bezweifeln.* Gestern, nachdem ich den vorstehenden Brief an Dich geschrieben hatte, begab ich mich wieder (aus purer Langerweile) auf die Boulevards. Es war Sonntag und das Leben auf den Straßen doppelt rege und lebendig. Die Boulevards mit ihrem Lichtermeer und der dichtgedrängten Menschenmasse gaben ein täuschend ähnliches Bild von unsren »Linden«, wenn Königs Geburtstag ist und Illumination und Feuerwerk. Was wir alle Jahr an Licht und Menschen mal zusammen sehn, das sieht man hier alle Tage; außerdem sind die Boulevards von der Madeleinekirche bis zum Bastilleplatz 4mal so lang als unsre Linden. Auch London hat, in bezug auf das Café- und Kneipenleben, nichts entfernt Ähnliches aufzuweisen. Bis gestern kannt ich nur die Kneipenmasse als solche und war durch die Menge, die Überzahl derselben eher verstimmt als befriedigt. Ich dachte bei mir: 6 ordentliche Restaurants wären besser als diese 300, unter denen die meisten nichts taugen. Gestern bin ich nun aber dahintergekommen, daß diese Lokale doch größer, reicher, gediegener sind, als ich's bis dahin geglaubt hatte. Die Zimmer ziehen sich oft durch zwei, drei Etagen, und man muß überall gewesen sein, um

* Nur das eine steht nach wie vor bummsfest, daß London, wieviel ihm im einzelnen abgehen mag, als *Ganzes* unendlich viel großartiger ist.

über solch Etablissement ein richtiges Urteil zu fällen. Ich aß gestern im »Café Riche«, einem der besten Restaurants am Boulevard des Italiens, und muß einräumen, daß alles vortrefflich war, schmackhaft, kräftig und *reiche Auswahl*. Dies letztre ist der große Übelstand der englischen Küche – immer und ewig dasselbe. Teuer ist es natürlich über die Maßen, und selbst die Londoner Preise verschwinden dagegen. Ich hatte: Suppe, Filet, Fisch, Huhn und eine halbe Flasche Bordeaux; ich bezahlte dafür 11 Francs, also circa 3 Rtr. Ich schreibe Dir das so ausführlich, weil Dich all so was interessiert; – ich schreib es aber hauptsächlich, um daran die Bemerkung zu knüpfen, wie mir nun allgemach klar wird, daß die Fremden und die Engländer selbst das Pariser Leben dem Londoner so unendlich vorziehn. Gestern war Sonntag; wenn ich einen englischen Sonntag dagegenhalte, welche furchtbare Öde und Langeweile! Auf den Boulevards aber lachten und scherzten gestern viele Tausende, vor den blitzenden Cafés saß man im Freien und dampfte die Zigarre und spielte Domino; drinnen klapperten unaufhörlich die Kaffetassen, und oben hörte man die Billardbälle hin- und herfahren und das dixhuit à quarante deux des Kellners.

Ich persönlich mache mir nicht viel aus diesem Schwindel, aber es gibt doch ein hübsches Bild, und ich lerne begreifen, daß andre dafür schwärmen können.

Die »Kreuz-Zeitung« erhäl[t]st Du hoffentlich regelmäßig.

London, 23. August 1857
52 St. Augustine Road
Camden Town

Lieber Immermann,
Sehr verehrte Frau.

Zu was Beßrem könnte man wohl einen englischen Sonntag verwenden als zur Unterhaltung mit fernen, lieben Freunden! Kanzelberedsamkeit oder wohl gar jenes Schmoren in der Sonne, das man Landpartie oder Sonntagsvergnügen zu nennen pflegt, haben mich schon in der Heimat selten aus meinen 4 Pfählen gelockt; wie könnt es hier anders sein, wo der anglikanische Geistliche sein Exerzitium *abliest* und die feiste Gottseligkeit des reichgewordenen Speckhökers einen mit Hochachtung vor all den ehrlichen Leuten erfüllt, die sonntags vormittag lieber eine Havannazigarre als die Heiligkeit einer englisch-frommen Versammlung riechen. Was die Sonne und das Gebackenwerden angeht, so ist kein Unterschied zwischen Greenwich und Pichelsberg, nur hat man's billiger bei uns. Fahrt nach Greenwich, mit Frau und George, inklusive Mittagbrot, 15 Rtr.; Fahrt nach Pichelsberg, inklusive Aal und Gurkensalat, höchstens 1 Rtr. 17½ Sgr. Das Vergnügen verhält sich zueinander *umgekehrt* wie die Preise, und doch hab ich der Verlockung von Pichelsberg jahrelang widerstanden.

Noch einmal, es wird einem leicht, einen englischen Sonntag am Schreibtisch zuzubringen, doppelt leicht, wenn man, nach jahrelangem Entbehren aller Häuslichkeit und ihrer selbst von mir nicht bestrittenen Reize, mal wieder sein Eigen um sich hat, noch dazu ein Eigen so hübsch und so comfortable wie 52 St. Augustine Road und alles, was es umschließt.

Seit 14 Tagen sind wir nun hier und freuen uns unsrer

luftigen und geräumigen Zimmer, unsrer Küche und unsrer Bedienung um so mehr, als die ersten Wochen, die wir mit einem kranken Kinde und unter beständigem Ärger in meinem alten Chambre garnie verbringen mußten, nichts weniger als angenehm waren. Bei dem herzlichen Interesse, das Sie an unsrem Wohl und Wehe nehmen, darf ich Ihnen wohl eine ausführliche Beschreibung unsres Hauses und unsrer Lebensweise geben.

Camden Town ist eine der im Norden gelegenen Vorstädte von London. Das Terrain steigt hier an, weshalb der ganze Stadtteil zu den gesundesten zählt; das Wasser läuft ab, keine Feuchtigkeit; im Winter, glaub ich, ein wenig kalt. Weil hoch gelegen, hat man schöne Aussichten auf London selbst; nach der entgegengesetzten Seite hin haben wir die schönen Höhedörfer Hampstead und Highgate ganz in der Nähe. Unser nächster Nachbar ist Copenhagen Fields, der neue riesige Viehmarkt von London (früher in Smithfield) und eine der Sehenswürdigkeiten der Stadt. Wenn ich »nächster Nachbar« sage, so meint das immer noch in ehrfurchtsvoller Entfernung; denn die Nähe von Viehmärkten kann mißlich sein.

Unser Haus besteht aus 3 Etagen, ein Souterrain, ein Hochparterre und ein Eine-Treppe-hoch. Zwei-Fenster-Front wie fast alle englischen Häuser. Die Vorderfront des Hauses ist gefällig: flaches Dach, der Abputz von graubrauner Farbe, die Fenster breit mit venezianischen Blenden; eine 12 Stufen zählende Sandsteintreppe, zu einem pfeilergetragenen Vorbau führend, aus dem man dann in den Flur (Hochparterre) des Hauses tritt. Vor dem Hause ein kleiner Blumengarten von der Größe einer 2fenstrigen Stube, hinter dem Hause ein Rasenplatz zum Spielen für die Kinder und zum Wäschetrocknen; das Ganze den *einfacheren* und kleineren jener Sommerwohnungen nicht unähnlich, denen man in der Tiergartenstraße oder auf dem Wege nach Schöneberg zu begegnen pflegt. Der Unterschied zugunsten unsrer Berliner Villen bleibt immer der, daß dieselben meist einen individuellen Charakter tragen, während englische Vorstadtsstraßen aussehn wie eine ausgepackte Schachtel Nürnberger Spielzeug, bevor das letztre bunt angepinselt ist. Alles ganz gleichmäßig; die Häuser nur durch ihre Nummer unterschieden. Bei uns kann ein Mensch auf seine Wohnung stolz sein, ohngefähr so, wie man vor 200 Jahren auf Tracht und Kleidung stolz sein konnte. Alles war charakteristisch, der Ausdruck des Individuums. Welcher vernünftige Mensch ist heutzutage noch auf die schwarzen Beinkleider stolz, die er trägt? A. und B. und C. tragen ganz dieselben. So ist es hier mit den Häusern; wie man 10- und 8- und 6-Taler-Hosen hat, so hat man 80- und 60- und 40-£-Häuser, nicht die *einzelnen* unterscheiden sich, sondern nur die *Gruppen*. Wir haben ein mittelgutes (60 £ mit Abgaben), wie es sich für uns geziemt; seiner innern Einrichtung nach nähert es sich schon den guten. Das Souterrain besteht aus Küche und Speisezimmer, gewöhnlich breakfast-parlor geheißen. In demselben nehmen wir unsren Tee und unser Mittagbrot. Es ist bis jetzt noch sehr einfach in seiner Einrichtung, wird sich aber verbessern, sobald sich unsre Kasse einigermaßen erholt hat. Die Küche ist groß und hübsch; daneben ein kleines Waschhaus; kaltes und warmes Wasser immer zur Hand. Zwei Speisekammern und ein Kohlenkeller beschließen das unterirdische Reich. Das Souterrain hat übrigens besondre Aus- und Eingänge, so daß Bäcker, Fleischer und alle die andern Shopkeeper, die einem hier alles ins Haus bringen, nie die Staatstreppe, die nur für Gentlemen ist, betreten dürfen. Das Hochparterre ist der eigentliche Stolz des Hauses. Teppiche überall, eine

Flurlampe, die Flurwände wie Stuck, im Hintergrunde eine Gartentür von teils mattem, teils blau und roten Glase. Dies alles präsentiert sich zuerst, nebst einer teppichbelegten Treppe, die ins Erste-Stock führt. Zur Linken des Flurs sind die beiden drawing-rooms von großer Eleganz. Die Wände, die breiten wie die schmalen, nach Art eines Bilder- oder Spiegelrahmens hergerichtet. Jedes Feld gleicht einem Trumeau, unten ein Holzpaneel als Träger des Ganzen, darauf erhebt sich in ganzer Zimmerhöhe ein mehr als handbreiter ponceauroter Rahmen, dieser Rahmen wieder umschließt die weiß und grüne eigentliche Tapete, die da, wo sie sich dem roten Rahmen nähert, wiederum nach allen Seiten hin mit ausgeschnittenen Blumen reich besetzt ist. Die eigentliche Tapete hat also jedesmal einen doppelten Rahmen, erst den Blumenrahmen, dann mehr nach außen hin den ponceau-farbenen. Ich beschreibe dies so ausführlich, weil ich es ganz reizend und *nachahmenswert* finde. Die englischen drawing-rooms sind 2 Zimmer, die aber in ihrer Zusammengehörigkeit zugleich den Charakter *eines* Saales haben. Eine torwegartige Tür verbindet beide, und wenn die letztre offensteht, gleicht das Ganze *einem* Zimmer; das Vorderfenster führt auf die Straße, das Hinterfenster auf den Rasenplatz, der sich Garten nennt. Den back drawing-room hab ich dadurch entweiht, daß ich ihn seiner repräsentativen Hoheit entkleidet, einen großen, langen Tisch hineingestellt und ihn zu meinem Arbeitszimmer gemacht habe. Es arbeitet sich trefflich darin; ich hätte nie gedacht, daß ich angesichts solcher Tapete und mit meinen Stiefeln auf einem Teppich, der 20 £ kostet, so unbehindert Korrespondenzen schreiben könnte. Ich würde selbst Verse machen können, wenn mir anderweitig meine Mittel solche Extravaganzen noch gestatteten. Ich eile zum Schluß, es wird sonst des Guten zu viel.

Die vorerwähnte Treppe führt uns in den ersten Stock, der aus 4 Schlafzimmern besteht, 2 großen und 2 kleinen. Das für meine Frau und mich bestimmte ist recht hübsch und macht mit seinem englischen Staatsbett einen guten Eindruck; das andre große Zimmer bewohnen Rosalie und die Kinder; Betsy, das englische Mädchen, schläft in einem der kleinen Räume, der vierte und letzte ist eine angehende Fremdenstube, hier spareroom geheißen. Durch ein an der Flurdecke befindliches Loch steigt man mit Hülfe einer Leiter aufs Dach, von dem man eine reizende Aussicht hat. Da haben Sie unsre Wohnung von Kopf bis zu Fuß.

Nachdem ich nun mit meiner Beschreibung fertig bin, fühl ich, daß einzelnes darin mißverstanden werden und den Anschein gewinnen könnte, als sei ich bei der Einrichtung über ein verständiges Maß hinausgegangen, oder wenn das nicht, als sei ich ein weniges gekitzelt beim Anblick einer blumenbesetzten Tapete oder einer Glastür mit blau und roten Scheiben. Ich muß mich darüber erklären. Der Luxus und die Anforderung an eine gewisse elegante Außenseite ist hier ungleich größer als bei uns; wer anständig wohnen will, muß mindestens so wohnen und so eingerichtet sein, wie wir es sind. Verglichen mit Deutschland, ist es schön und prächtig, verglichen mit dem hier Gäng und Geben, ist es nur eben anständig. Viele würden selbst das noch bestreiten. Wir haben kein Fortepiano, nur einen einzigen Wandspiegel, keine Damastgardinen, kein Sofa (nur 4 Lehnstühle), keinen Kronleuchter, kein Gas, keine Ausschmückungsgegenstände, keine Blumen, keine Schränke und Mahagony-boards, keinen Groom, der in seiner mit Silberknöpfen besetzten Jacke die Tür öffnet, wenn geklingelt wird, und die Visitenkarten in Empfang nimmt. Sie werden herzlich lachen, wenn Sie das lesen: »Fontanes und ein Groom!« Sie haben ganz recht, es ist zum Lachen;

aber hier würde man's umgekehrt ganz in der Ordnung finden, daß ich solchen aufgeputzten Tagedieb im Hause hätte, dessen ganze Funktion darin besteht, Auskunft darüber zu erteilen, ob Mrs. Fontane zu Hause ist oder nicht. Man kann hier natürlich unter höchsten Einschränkungen leben so gut wie bei uns; von dem Augenblick an aber, wo man respectable people bei sich sehen und vor der Welt einen Gentleman repräsentieren will, ist es mit der Einschränkung und dem Sicheinpferchen in ein ärmliches Stübchen vorbei. Die Art und Weise, wie wir hier leben, ist eine durchaus gebotene und nach englischen Vorstellungen von jeglicher Überhebung weit, weit ab. Es bliebe noch übrig, sich selbst die Frage vorzulegen: wie wird das alles auf dich wirken? wird es deinen Sinn auf das Äußerliche und Nebensächliche des Lebens lenken? wird es dich dir selber untreu machen? Ich antworte darauf mit jener Seelenruhe, wie sie aus der vollsten Überzeugung fließt: nein! Meine Frau und ich, die wir in dieser wie in mancher andern Beziehung von einer gleichen Organisation sind, lachen über das Ganze und werden dermaleinst von diesen Blumentapeten ohne Herzschmerzen Abschied nehmen. Was ich mir in der Welt erobern möchte, das ist eine gesicherte Existenz und die Unabhängigkeit, die daraus fließt; ob ich mich derselben indes auf einem Brüsseler Teppich à 20 £ oder auf einer Diele mit Klaffritzen erfreue, ist mir im wesentlichen gleichgültig. Ich bin kein Barbar, und ich ziehe das Feinere und Schönere vor, aber die Feinheit des Geistes und der Empfindung, jene echte Schönheit, die den Menschen und sein Tuen adelt, wird mir stets weit über Spiegelscheiben und venezianische Blenden gehn, und ich werde gern wieder in die erste beste Berliner Mansardenwohnung einrücken, wenn mir dadurch die Gelegenheit gegeben wird, unabhängig und ohne Dürftigkeit unter den alten Freunden leben zu können. Daß die Zeit kommen wird, ist meine Freude und meine Zuversicht. Bis dahin wie heut und immer

Ihr Th. Fontane.

Gleichzeitig geb ich einen sehr langen Brief an Kugler zur Post, der manches andre wie diese Zeilen enthält. Beide Briefe werden sich ergänzen.

Ihr Th. F.

AN EMILIE FONTANE (MUTTER)

London, 17. September 1858
52 St. Augustine Road
Camden Town

Meine liebe, gute Mama.

Wenn meine ersten Sommerwünsche, die auf Salzbrunn standen, in Erfüllung gegangen wären, so säß ich in diesem Augenblick vielleicht unter Freunden in Berlin und bezahlte morgen oder übermorgen mein Billet auf der Hamburger Eisenbahn, um in guter Zeit zu Deinem Geburtstage bei Dir einzutreffen und Dir mündlich meine herzlichsten Glückwünsche zu bringen. Statt dessen nun erhäl[t]st Du sie schwarz auf weiß und aus der üblichen 100-Meilen-Entfernung; ob aber schriftlich oder mündlich, nah oder fern, es sind immer dieselben, und sie lauten kurz dahin: erhalte Dich Gott noch lange Deinen Kindern und Enkeln und gebe Dir rechte Freude am Leben und an uns, worunter ich alle die Fontanes und Sommerfeldts verstehe, die Dir mittelbar oder unmittelbar ihre Entstehung verdanken; es ist schon ein ganz nettes Häufchen, und namentlich scheint Schwager Sommerfeldt auf die Sieben-Jungens-Medaille loszusteuern. Das jüngste Kind seiner Laune wird ja mit nächstem in die Erscheinung treten, und neben dem Wunsche, daß es überhaupt was Gelungenes sein möge, hab ich vor allem *den* Wunsch, daß es sich möglichst still und ruhig verhalten und die Nachtruhe seiner Großmama nicht unnützlich stören möge.

Hier ist alles beim alten, im guten und schlechten. Man frißt sich durch, hat keine direkten Sorgen, kann mal einen Pfropfen aus der Weinflasche und einen Extra-Sixpence aus der Börse ziehn, aber die Verschlagung, das Exil, die Öde, die Langeweile wird immer größer, und man darf von sich in Bausch und Bogen sagen: man gähnt sich anständig durch die Welt.

Lepel traf Anfang August hier ein; einige Tage später traten wir unsre Reise nach Schottland an. Es waren schöne Tage (16), und wenn ich, so Gott mich leben läßt, längst ein alter Krepel sein werde, der die »Vossische« liest und bei Odeums Kaffe trinkt, werd ich alten Staatshämorrhöidarien mit einem letzten Rest von Feuer – während sie ihre Sechser-Zigarre rauchen – von Edinburg erzählen und von Stirling und Perth, und von Inverneß und dem Schlosse Macbeths, drin König Duncan ermordet wurde. Wenn dann die alten Jungen das Maul aufsperren und die letzten Haare, die ihnen Gott gelassen hat, sich in die Höhe sträuben, werd ich dieser schottischen Reise, an der Hand eines lieben und *nachsichtigen* Freundes, in Wehmut und Dankbarkeit gedenken und mit größrer Dankbarkeit vielleicht als in diesem Augenblick, wo mich eine Reihe unerfüllter Wünsche mehr beschäftigen als das, was genossen ist und hinter mir liegt, und wo die Schwere englischer Luft aller Freude den rechten Lebensatem nimmt. Und nun genug; von den Kindern wird Emilie morgen schreiben, überhaupt sich aller Mängel dieses Briefes gnädiglich erbarmen. Sie ist passabel wohl mit Ausnahme davon, daß der im allgemeinen verschlossene Charakter ihres Unterleibs ihr häufig was zu schaffen macht. Mit Rücksicht auf diese Zustände muß ich eigentlich einräumen, daß sie sehr liebenswürdig ist. Denn an gewissen Dingen scheitert zuletzt alles, und man muß nicht unbillig sein. Viele Grüße an Scherzens. Dir und Lisen die herzlichsten Küsse von Deinem

Theodor.

Natürlich würdest Du wünschen von meiner *Zukunft* etwas zu wissen. Da geht es Dir gerade wie mir; ich weiß auch nichts, die ganze Geschichte ist so dunkel wie ein Sack. Dein

Theodor

An Papa schreib ich nächstens.

An Emilie Fontane

Berlin. Potsdam Street 1
Montag, 17. Januar 1859

Meine liebe Frau.

Heut früh 7½ Uhr, bei knusprigem Wetter, bin ich glücklich hier eingetroffen und im Hôtel de Pologne, genau gegenüber der »Kreuz-Ztng.« (so daß ich sie arbeiten sehe) abgestiegen.

Nachdem ich 3 Stunden geschlafen, hab ich mich angezogen, meinen schwarzen Überrock hinten mit Dinte ausgeschmiert und bin dann zu unsern lieben Merckels gegangen, wo ich Brühsuppe, saure Kartoffeln mit Rindfleisch und Spickgans und schließlich Sauerkraut mit Hasenbraten genossen habe, dazu Rotwein von Nitze, alles wie sonst und gut und nett und liebenswürdig wie sonst. In einer guten halben Stunde werd ich zu Mama nach Bethanien fahren, morgen dann zu Landsberger, Minister, Zahnarzt und sonstigen Persönlichkeiten von

Distinktion. Die Eindrücke, die ich bis jetzt empfangen habe, sind im ganzen gut; über manches Allzupreußische hab ich Humor genug gehabt zu lachen, z. B. über 2 Schildwachen in Magdeburg, die faktisch mit halbgefälltem Bajonett auf mich eindrangen und mit einem laut in die Nacht hinein geschrieenen: »Hier wird nicht geschifft« den friedlichen Lauf der Dinge bei mir rauh militärisch unterbrachen. »Grausamer!« antwortete ich und beendete das einmal angefangene Werk in den dunklen Kasemattengängen der Festung.

Nun leb wohl, morgen mehr, Merckels grüßen aufs herzlichste; so tue ich an alle, die's gut meinen mit uns in London. Dir aber und den Kindern beste Wünsche und herzlichste Küsse von

Deinem Theodor.

An Emilie Fontane

Berlin, 30. März 1859
Mittwoch

Meine liebe Frau.

Ich bin gestern abend wohlbehalten hier eingetroffen und bei der alten Perlewitz abgestiegen.

Die vorige Nacht verbrachte ich in Leipzig und reiste erst gestern nachmittag ab, teils um einen Brief Immermanns zu erwarten, teils um mal wieder durch die Straßen Leipzigs zu schlendern. Den Brief erhielt ich gestern früh und ersah aus ihm endlich, nachdem ich 14 Tage lang ohne all und jede Nachricht geblieben war, daß Ihr Euch wohl befindet und die Nachrichten aus London befriedigend lauten. In Leipzig besuchte ich zuerst Mutter Kummer, dann flanierte ich durch die schöne Grimmsche Gasse nach dem Marktplatz und von dort aus kreuz und quer durch die reizenden alten

Straßen, die dort einmünden. Eines Gefühls der Wehmut konnt ich mich nicht enthalten; seit 16 Jahren hatt ich das alles nicht gesehn, und 18 Jahre war es, fast auf den Tag, daß ich zum ersten Mal – damals kaum vom Nervenfieber genesen – diese Straßen und Plätze sah. Studenten, die mit ihren Kappen an mir vorbeigingen, waren damals kaum geboren. Es sind das sehr hausbackne Betrachtungen, aber sie prätendieren auch nicht, was Neues und Besondres zu sein. Was ist man in wieder 18 Jahren? Diese kleine Frage rückte mir bedenklich auf den Leib. Entweder »hinüber« oder ein völliges altes Wrack. Ein Glück noch, wenn man die Verjüngung in Kindern und Enkeln erlebt. George wird sich früh verheiraten müssen, um die Großelternwürde auf unser Haupt zu bringen. – Ich erwarte Dich bald, spätestens am Sonnabendnachmittag mit dem 4-Uhr-Zuge. Wirst Du Fitzelchen mitbringen? Ich überlaß es Dir, was Du für das Beste häl[t]st. Grüße Mutter, Lischen, »Tante Minna«, Scherzens usw. herzlich von mir! Auf baldig Wiedersehn.

Dein Theodor

An Emilie Fontane

Neuruppin,
31. Mai 1861

Meine liebe Frau!

Vorgestern abend (Mittwoch) sind wir gegen Mitternacht wohlbehalten hier eingetroffen, nachdem wir am Dienstag abend und Mittwoch früh Oranienburg inspiziert und dann von Mittwochmittag an unsere Reise über Cremmen, Linum, Fehrbellin bis hierher fortgesetzt hatten. Die Ausbeute in Oranienburg war ziemlich bedeutend. Wir stiegen natürlich bei Zirbeck ab und machten, nachdem wir ausgeschlafen und Mutter Fontane einen Besuch gemacht hatten, unseren Ausflug nach Rheinsberg, wo wir gegen drei eintrafen. Lischen hatte uns begleitet, und beide Herren machten ihr wacker und mit Glück die Cour. Ich war, derweilen die jungen Leute sich im Park ergingen, als alter Forscher drei Stunden lang in der Kirche, wo ich viel Interessantes fand; dann soupierten wir zusammen und trennten uns, Lischen und ich kehrten nach Ruppin zurück (wo wir nach einer etwas spukhaften Fahrt um Mitternacht eintrafen), Hertz und Enslin blieben in Rheinsberg, wo sie heut das Schloß besehen und dann über Lindow und Gransee ihre Rückfahrt nach Berlin antreten wollten. Es geht mir ganz gut, und ich freue mich der Bummelei und geistigen Erholung, die mir wirklich nottat. Gentz hat mir heut für morgen seinen Wagen und für Montag seinen Wagen und Person zur Verfügung gestellt; ich werde also wohl erst am Dienstag gegen fünf zurückkommen. An Beutner schreib ich noch. Grüße und küsse die lieben Bälger, groß und klein; ich habe heute mittag von allen dreien viel erzählt, wie ich glaube zur Erheiterung großmütterlicher und tantlicher Herzen. Zum Kaffe war Frl. v. Kloesterlein hier, sie hat genau das Profil der Lichtenau, so ähnlich, daß ich ordentlich erschrak. Auf ein fröhliches Wiedersehen und mit herzlichsten Wünschen für Dein Wohl Dein

Theodor.

Mutter und Lischen grüßen bestens.

Steinhöfel bei Fürstenwalde, 3. Mai 1862
Sonnabend
(Abends 9 Uhr)

Meine liebe Frau.

Nur ein paar Worte. Es geht mir sehr gut; zwei Tage bin ich erst fort, und doch hab ich schon so viel gehört und gesehn, daß mir zumute ist, als hätt ich Euch vor 8 Tagen verlassen. Cossenblatt, wiewohl eher schaurig als schön, war doch ganz famos und gibt ein vortreffliches Kapitel; was mir aber vorzugsweise den Eindruck gibt, als hätte ich schon wer weiß wieviel erlebt, das ist der Umstand, daß ich diesmal auf so viele vielsprechende Leute gestoßen bin. Um den Berolinismus zu gebrauchen: »Man hat mir den Kopf verkeilt.« Amtmann Buchholtz in Cossenblatt, Pastor Stappenbeck ebendaselbst, dessen Frau und Schwägerin, heute nun ein gewisser Beeskower Krösus namens Ribbeck (auf der Fahrt von Beeskow bis Fürstenwalde – der Kerl erzählte drei volle Stunden, ohne auszuspucken) und nun endlich der Kammerdiener des Herrn v. Massow namens Lavas haben mir so viel erzählt, Kluges und Dummes, Interessantes und Langweiliges, daß mir der Kopf schwirrt. Ich schleppe an einem ganzen Sack voll Münzen und werde erst zu Hause die Goldpfennige von dem ganz gemeinen Dreier scheiden können.

Mama Triepke traf ich im Bett und eigentlich so, daß ich gar nicht einsehe, warum sie nicht noch 5 oder 10 Jahre leben sollte – sie mag schwach sein, aber sie macht vorzugsweise den Eindruck einer nervösen Natur, deren Lebensflamme heute niedrig, aber morgen desto höher brennt. *Alle*, bis auf Carolinen herunter, waren sehr liebenswürdig, und ist es mir jetzt durchaus lieb, mal dagewesen zu sein. Vielleicht muß ich im Lauf des Sommers wegen des Gutes *Groß Rietz* noch einmal hin.

Heut mittag 11 ½ bin ich von Beeskow abgereist. Um 4 traf ich hier in Steinhöfel ein. Herr v. M. hat sich's wirklich nicht nehmen lassen herüberzukommen; er war aber seit einer halben Stunde fort aufs Nachbargut, wo seine Stiefmutter lebt, von dort kehrt er erst nach Mitternacht nach hier zurück, so daß ich ihn erst morgen früh beim Frühstück sehn werde. Schloß und Park hier sind sehr hübsch, doch ist es fraglich, ob ich viel Ausbeute finden werde; an Monumenten und Bildern ist wenig da – es wird also noch von den historischen Notizen abhängen. – Morgen abend möchte ich sehr gern bis Buckow kommen. Die Itzenplitzschen Güter werde ich jetzt nicht besuchen, sondern später.

Grüße alles, küsse die Kinder und sei gegrüßt und geküßt von Deinem alten Krepel

Theodor.

An Emilie Fontane

Berlin, 30. Juni 1862

Meine liebe gute Frau.
Gestern früh 6 Uhr traf ich wieder hier ein und schlief noch 3 Stunden. Als ich aufstand, war inzwischen Dein Brief eingetroffen, für den ich Dir bestens danke. Das Bild ist recht hübsch und siehst Du ganz gut aus; die Stellung ist Dir wohl gelungen, sie ist gefällig und natürlich zugleich. Ich würde das Bild sehr gut nennen, wenn nicht die Augen zu sehr im Schatten lägen, so daß man wenig von ihnen sieht. Hier wollen wir uns beide noch mal photographieren lassen; es kostet in dem neuen Riesen-Atelier der »Photographischen Gesellschaft« (unser Prof. Hermann Weiß an der Spitze) nur

2 Rtr. pro Dutzend. Das kann man schon bezahlen. Außerdem wünsch ich, daß Du Dich von Korneck malen läßt. Teils alte Bekanntschaft, teils meine »Kreuz-Ztngs.«-Stellung wird ihn dazu sehr willfährig machen, und wir werden für 4 bis 5 Louisdor ein hoffentlich hübsches Bild haben können. Wir sind ja nun beide (leider) an der Grenzscheide der Jugend angelangt, und was geschehen soll, muß bald geschehn, sonst heißt es »zu spät«. Auch meine ewige Jugend wird immer problematischer. Am Sonnabend (in Tamsel) gerieten wieder einige in Erstaunen, daß ich 42 Jahr alt sein wollte, worauf aber einer replizierte: »Ach, redet doch keinen Unsinn; freilich sieht der Herr nach 42 aus« etc. Besonders wurden die weißen Barthaare namhaft gemacht, so daß ich mich nun doch wohl dazu verstehen werde, sie alle 14 Tage zupfen zu lassen.

Was Deine Photographie angeht, so will ich doch noch melden, daß George dem Bilde einen Kuß gab, und zwar ganz unaffektiert, was mir, um gerecht zu sein, an dem Jungen gefiel, dessen schwache Partien ich sehr wohl erkenne. Übermorgen ist Schulschluß und Zensur; am Donnerstag soll er noch mit nach Mariendorf, wo Ludchens Geburtstag gefeiert wird, und am Freitagabend dann nach Ruppin, wo er hoffentlich am Sonnabend früh wohlbehalten eintreffen wird. Über Theos Befinden erfährst Du das Nötige aus Lischens Brief, den ich gestern bei meiner Rückkehr vorfand; – er hatte schon fast eine Woche hier gelagert. Lischens Brief ist ganz gut und sehr freundlich im Ton; daß sie den heiklen Punkt weiter nicht berührt, finde ich ganz in der Ordnung. Ihr könnt euch ja mündlich noch drüber aussprechen, aber, wenn ich bitten darf, mit Vorsicht.

Nun also von meiner Reise. Sie war sehr schön und vom Wetter eher begünstigt als nicht. Es regnete von

Zeit zu Zeit, aber immer wenn ich in der Stube oder im Postwagen saß, so daß ich eigentlich gar nicht darunter gelitten habe. Details der Kreise kann ich unmöglich geben, es ist zuviel, aber doch wenigstens die Überschriften und die outlines. Am Montagabend 10¾ reiste ich auf dem Frankfurter Bahnhof ab, wo Du, wenn ich nicht irre, genau 5 Wochen früher auch aufgebrochen warst.

Dienstag. Um 6 Uhr in Sonnenburg zum Johanniter-Ritterschlag. Abgestiegen in einer Kneipe. Um 9 in die Kirche. Beginn der Zeremonie 11 Uhr. Schluß 1 Uhr. Um 2 zu Fuß nach Küstrin zurück (dritthalb Meilen). Per Bahn nach Frankfurt weiter. Um 7 in Frankfurt. Herrn Enslin (der mir am Montag früh wegen schlechten Wetters abgesagt hatte) dort getroffen. Mit ihm ins Hôtel. Einen Bericht für die »Kreuz-Ztng.« geschrieben. Gut soupiert.

Mittwoch, 25. Um 5 mit dem Dampfschiff von Frankfurt bis Schwedt. Reizende Fahrt. Etwas windig, aber sehr angenehm. In Schwedt zu Tisch. Besuch von Schloß und Park. Nach Angermünde und Neustadt-Eberswalde. Nachtquartier. Ausgeschlafen. (Die einzige Nacht während der ganzen Woche, wo ich wirklich ordentlich geschlafen habe, sonst immer Nachtfahrten und Sofa-Nicken.)

Donnerstag, 26. Mit Enslin in einem offnen Wagen nach Falkenberg. Dort herumgeklettert und diniert. Um 4 Trennung. Enslin nach Berlin zurück, ich nach Freienwalde. Besuch der interessanten Kirche; Uchtenhagensche Bilder und Denkwürdigkeiten. Schloßberg, Ruinenberg. Spät zu Bett; in aller Frühe wieder auf. Nach Wriezen.

Freitag, 27. Von Wriezen nach Letschin. Mit Sommerfeldts geplaudert. Längrer Besuch bei Fordans, wo es von jungen Kandidaten wimmelte. Frl. Marie und ihre jüngre Schwester (ein hübsches Mädchen) machten die

Honneurs. Marie, nun 31 Jahr alt, noch ganz gut aussehend, und einen ruhigen Ausdruck der Züge, der eher auf Unschuld als auf – Wonneberger deutet. Der alte Fordan erzählte mir über Neu-Hardenberg etc., auch über den alten Koppe, lauter Dinge, die mir ziemlich wertvoll waren.

Sonnabend, 28. Um 2½ Uhr morgens nach Küstrin. Zwei Stunden (bei Regen) im Gasthof. Um 9 zu Menckes; dort gefrühstückt (alles sehr liebenswürdig) und die kleine Marianne gesehn. Um 10 nach Tamsel. Ein paar Stunden in der Kirche dort. Gegessen im Gasthaus, Kaffe getrunken beim Rechnungsführer Wallbaum. Ins Schloß. Der Graf äußerst liebenswürdig. Um 3 nochmals zu Tisch. Im dicken Überzieher, mit ungeputzten Stiefeln, neben Gräfin Schwerin und Gräfin Finckenstein Platz genommen; übrigens ungeniert mit Todesverachtung. (Eigentlich ist es ganz gleich, wie man vor solchen Herrschaften erscheint; die Kluft ist doch einmal da, und kein Lackstiefel der Welt ist imstande, sie auszufüllen; man ist nicht ihresgleichen, und weil man es nicht ist, ist es gleichgültig, ob man in Büffel oder Casimir vor ihnen erscheint. Beiläufig bemerkt, ich hatte nur meine kleine Ledertasche mitgenommen.) Nach dem Diner in den Weinkeller, um Liqueure (Eau de Noyaux etc.) und Ungarweine zu proben. Dann Kaffe. Dann in die Bildergalerie und Notizen gemacht. Dann mit dem Grafen aufs *Zorndorfer* Schlachtfeld gefahren (reizende Partie bei Sonnenuntergang); dann zum Tee; dann Akten durchgestöbert; um 11½ zu Bett, um 1 wieder auf. Um 2 (der Schnellzug hält in Tamsel nicht an) nach Küstrin. Um 4 in Frankfurt. Um 5¼ in Berlin. Um 6 zu Haus.

Da hast Du die ganze Geschichte. Unberufen, ich habe viel Glück gehabt, und während mir von allem, was ich sehen und hören wollte (mit Ausnahme einiger

Notizen über Neu-Lewin und Neu-Barnim) eigentlich nichts entgangen ist, habe ich vieles noch mit eingeheimst, worauf ich nicht gerechnet hatte.

Daß Du nicht gekommen bist, ist ein wahres Glück; es hätte mich wirklich überwiegend in Verlegenheit gebracht und ich wäre zu keiner rechten Freude gekommen. Ich brauche Dir hoffentlich nicht erst zu versichern – und wenn es nötig ist, so geschieht es hiermit –, zu versichern, daß ich mich herzlich freue, Dich wiederzusehn, aber weil es ganz bestimmt so ist, kann man auch andrerseits wieder recht deutlich daran sehn, wie mißlich es mit Überraschungen ist und daß der liebste Mensch zur Unzeit kommen kann. Ich bin Deiner liebenswürdigen Freundin wirklich dankbar dafür, daß sie Dich von diesem »Ritt ins romantische Land« abgehalten hat.

Morgen schreib ich wieder, aber nur ein paar Worte, und schicke Geld (20 Rtr.) und Buch. Die Verse schreib ich nicht, aber natürlich ein paar Widmungsworte. Empfiehl mich dem Ehepaar bestens.

Papa wird *nicht* kommen. Er reist zum 2. nach Letschin, weil er Sommerfeldts noch mal an alter Stelle sehen will, was ganz in der Ordnung ist. Er will uns zum *Herbst* besuchen. Nimm Dich dann nur nach Möglichkeit zusammen; es ist ja nur einmal, und wir haben, nach dieser Seite hin, seit 1855 wirklich wenig zu leiden.

Gestern aß ich bei Hesses, die Dich schönstens grüßen. Lepel ist seit 8 Tagen zurück. Sonst hab ich seit Wochen keinen Menschen aus unsrem Kreise gesehn.

Nun leb mir wohl, meine liebe Frau, küsse den Süßlington und sei herzlichst geküßt von Deinem alten, Dich in der Mitte des Monats erwartenden

Theodor.

George und Thilde werden wohl morgen mit schreiben.

Wriezen, 16. September 1862

Meine liebe, gute Frau.

Diese Zeilen erreichen Dich hoffentlich in gutem Wohlsein. Mir geht es gut, nur mein Magen ist verstimmt – die letzten Klopse am Sonnabend widerstanden mir nämlich, und ich aß sie doch; diese 3 Fleischklöße liegen mir nun wie 3 Sünden im Leibe und werfen mich nachts hin und her. Einnehmen kann ich nichts, da ich doch möglicherweise in den nächsten 24 Stunden mit Comtessen durch Parks schlendre, wo dann ein plötzliches: »Comtesse, entschuldigen Sie«, mindestens keinen günstigen Eindruck hervorrufen würde.

Ich war am Sonntag in Falkenberg und Köthen; um 4 ½ nach Freienwalde, um 6 bei Vater draußen, den ich sehr munter traf. Er hat ein schwarzes Schwein, einen großen Liebling, den er »den Pastor von Kükendorf« nennt. So hat er seinen kleinen Spaß. Wir plauderten 6 Stunden lang, unter der Verhöhnung aller üblichen Gesetze der Logik und Konsequenz. Im ganzen aber war er doch nicht so exzentrisch und sprunghaft wie bei frühren Besuchen.

Gestern (Montag) früh in Neuenhagen, wo noch Uchtenhagensche Grabsteine sind; ich vermied die dortige Frau Oberamtmann und erhielt dann beiliegenden Brief nachgeschickt. Es war aber zu spät.

Gestern um 12 in Freienwalde. Sechs Stunden lang geklettert. Von 6–8 reizende Fahrt nach dem Schloßberg; von 8–11 mit dem Dichter und Drechslermeister *Weise* beim Biere geplaudert. Um 11 ½ nach Wriezen, um 1 im Goldnen Löwen zu Bett, um 2 eine Wanze gefangen und langsam gebraten, dann rachebefriedigt eingeschlafen. Heut früh hab ich Briefe geschrieben, an Mama (einen Brief, den ich schon in Falkenberg begann), an Frau

Steinlein und diesen hier an die mir Angetraute zu Tisch und Bett.

Nun werd ich einen Wagen nehmen und nach Kunersdorf fahren.

Ob ich noch mal schreibe, ist fraglich.

Grüße alles, groß und klein, besonders den Liebling, und sei tausendmal geküßt von Deinem Gatten und Märker

Theodor.

An Emilie Fontane

Kunersdorf bei Wriezen, 16. September 1862

Meine liebe gute Frau.

Als feuriger Liebhaber, der ich doch nun mal bin, genügt es mir nicht, heute morgen geschrieben zu haben – ich schreibe heut abend wieder.

Es geht mir ganz gut – aber ich bin doch sehr hin, und diese Strapazen, so ungern ich es auch einräume, übersteigen doch meine Kräfte. Es soll eine Erholung sein und ist eigentlich eine riesige Arbeit. Schlösser, Kirchen, Kirchhöfe, Inschriften, Grabschriften, Bilder, Statuen, Parks, Grafen, Kutscher, Haushälterinnen, Vater, poetische Drechslermeister – alles das und hundert andres dazu tanzt mir hurly burly im Kopf herum, dazu die Landschaftsbilder, die alle beschrieben werden müssen, dazu gestern die Strapaze des Marschierens und Bergekletterns und nun schließlich ein verdorbener Magen – das halte aus, wer kann. Ich habe in diesen 3 Tagen so viel gesehn, daß das bloße Sehen eine Arbeit wäre, aber es sehen und dabei beständig ordnen, schreiben, arbeiten, einreihen in andres ist wirklich eine große Anstrengung. Zum Glück ist hier niemand im Schloß als ein alter Bedienter und eine freundliche Haushälterin (übrigens über 50), sonst könnt ich es, wenn ich auch noch gesellschaftlich mich abstrapazieren müßte, geradezu nicht leisten.

Ich werde in einer Stunde zu Bett gehn und hoffe dann endlich mal wieder auszuschlafen.

Verzeih, daß ich bloß von mir spreche, aber was soll ich anders schreiben? Du liest doch immer noch lieber von mir als von den alten Uchtenhagens oder vom alten Valentini.

Der Hauptzweck dieser Zeilen ist, Dich um etwas zu bitten, was ich heut früh vergessen habe, nämlich für den Fall, daß Bosselmann einen Korrekturbogen schickt, an diesen zu schreiben (natürlich nur 3 Zeilen, aber artig), daß ich verreist wäre und erst am 21. wiederkäme. Kommt der Bogen erst am 18., so ist es nicht nötig; 3 Tage kann er warten.

Mein Plan ist nun so: morgen (Mittwoch) den Rest der Itzenplitzschen Güter; am Donnerstag nach Neu-Hardenberg; am Donnerstag abend nach Neu-Barnim und Neu-Lewin; am Freitag nach Neuendorf und nach Wriezen zurück; am Sonnabend nach Möglin und wahrscheinlich noch am selben Tage nach Berlin zurück, so daß ich schon am Sonnabend abend in Berlin eintreffen würde, wenn nicht etwas Störendes dazwischenkommt. – Ist es aber möglich und nicht zu teuer, so möcht ich die Pfuelschen Güter (die in andrer Direktion liegen) allerdings auch gern noch mitnehmen. Dann käme ich erst Sonntag abend.

Nun lebe wohl, »Schatz und Augentrost«, grüße, küsse und sei geküßt von Deinem

Theodor.

An Emilie Fontane

Schloß Kunersdorf, 18. September [1862]
Morgens

Mein Aufenthalt hier hat sich etwas verlängert. Gestern früh kam Herr Willenbücher, der Amt Friedland verwaltet, herüber, holte mich ab und zeigte mir die Sehenswürdigkeiten von Friedland, die verhältnismäßig – wenigstens für meine Zwecke – gering sind. Darüber ging der Tag hin. Ich habe aber doch viel andres dabei gesehn, gelernt, erfahren. – Heute fahren wir nach Möglin, Pritzhagen, Haus Tornow und dann über Ringenwalde nach Neu-Hardenberg, wo wir um 5 Uhr eintreffen wollen. Werd ich dort angenommen (was ich wenigstens hoffe), so trenn ich mich dort von meinem Itzenplitzschen Mentor, bleibe in Neu-Hardenberg und fahre morgen ins Bruch, wo ich schwerlich länger als einen Tag bleiben werde. – Die Pfuelschen Güter hab ich für diesmal aufgegeben. – Leb wohl. Wie immer Dein

Theodor

An Emilie Fontane

Heringsdorf, 24. August 1863
Montag früh

Meine liebe, gute Frau.

Es sind erst 2 Tage und 2 Stunden, seit ich von Berlin fort bin, und schon habe ich so viele Eindrücke empfangen, so viele alte und neue Menschen gesehn und gesprochen, daß mir zumute ist, als hätte ich den Berliner Staub und die Berliner Rinnsteine schon wochenlang hinter mir. Staub und Rinnsteine, da haben wir's. Es läßt sich gegen diese Badereiserei gewiß sehr viel sagen, in hundert kleinen Dingen verschlechtert man sich, es fehlt an Komfort und manchem andren noch, aber man hat *Ruhe und frische Luft*, und diese beiden Dinge wirken wie Wunder und erfüllen Nerven, Blut und Lungen mit einer stillen Wonne. Selbst in Swinemünde hatte ich am Sonnabend schon dies Gefühl, hier habe ich es seit gestern in einem sehr verstärkten Grade. Es beschäftigt mich ein Plan, den ich Dir durchaus mitteilen muß. Ich schwärme für einen kleinen Hausbau hier; hier in Heringsdorf selbst ist der Grund und Boden schon zu teuer, aber zwischen hier und Ahlbeck, oder in Ahlbeck selbst, das eine Viertelmeile von hier gelegen ist und jetzt sehr in Aufnahme kommt. Auf die Details dieses Planes kann ich mich noch nicht einlassen; im Winter steht das Haus leer, oder ein Ahlbecker Majordomus behütet es; im Sommer vermietet man es an 2 oder 4 Parten; eine der Wohnungen aber vermietet man nur bis Mitte August oder – der Kinder wegen – bis zum 1. Juli und schickt dann die ganze Menagerie ins Bad. Ein paar Wochen komme ich dann nach; will man mal woanders hin, so vermietet man in dem betreffenden Jahre das Ganze. Noch besser vielleicht ist es, sich mit 3 andern Berliner Familien, namentlich mit dem Chevalier, zu einigen und zu sagen: wir bauen uns ein Haus für 2000 Rtr., jeder zahlt, wenn zwei Parten sind, 1000 Rtr. oder, wenn 4 Parten sind, 500 Rtr. Die Zinsen von 500 Rtr. sind 25 Rtr. oder sagen wir selbst die Zinsen von 1000 Rtr. sind 50 Rtr.; man würde dann also *mit der ganzen Familie* für 50 Rtr. jahraus, jahrein eine Sommerwohnung haben. Ein neues Haus macht in 20 Jahren so gut wie gar keine Reparaturkosten, Feuerversicherung etc. ist sehr unbedeutend, das Mobiliar für unsren Anteil wäre, bei den bescheidnen Ansprüchen, die man an eine Sommerwohnung macht, nicht allzu schwer zu beschaffen, und die Zinsen von dieser Summe würden durch Vermietung leicht aufzubringen sein. Du wirst sagen, daß ich diese Dinge leichter nehme, als sie zu nehmen sind, und daß solche Sache doch zuletzt mehr koste, als ich anzunehmen geneigt sei. Zugegeben das, so ist doch auch jedenfalls die Annehmlichkeit, der Gewinn an leiblicher und geistiger Frische sehr groß und außerdem nicht zu vergessen, daß unsre jetzigen Sommerreisen doch auch immer etwas kosten. Laß es 70 oder 80 Rtr. sein, soviel ist es gewiß. Am besten wäre es freilich, ein andrer, mehr geschäftsmäßiger Mann nähme die Sache in die Hand und wir partizipierten nachher nur daran, bezahlten unsre Quote und hätten unsre 2 Stuben und Küche.

Nun genug von diesen Plänen; Du wirst begieriger sein zu erfahren, wie es mir eigentlich ergangen ist.

Die Fahrt nach Stettin war nicht sehr angenehm; ich hatte mich sicherheitshalber in ein Coupé für Nichtraucher gesetzt und tauschte dafür einen so penetranten Fischgeruch ein, daß ich schon in Neustadt Kopfweh hatte. Es gibt doch merkwürdig unverschämtes, im frechsten Egoismus drinsteckendes Volk. Als wir nämlich in Stettin endlich ausstiegen und nur ich noch im Wagen war, kam ein kleiner rotbäckiger pommerscher Junker, der mit uns gefahren war, noch mal zurück und zog unter seinem Sitz einen Korb hervor, der mit Leinwand überspannt war. Hatte sich dieser Esel mutmaßlich einige Zander aus Berlin mitgenommen und uns das Vergnügen gemacht, 4 Stunden lang im penetrantesten fish-smell sitzen zu müssen. Das nennt man hierzulande Gentleman, und zu *dem* Behuf setzt man sich in ein Coupé für Nichtraucher.

Stettin gefiel mir außerordentlich; der Sonnabend (Markt am Kai entlang und der Strom voller Boote von den benachbarten Oderdörfern) tat das Seinige, um das Bild besonders anziehend zu machen. Das Dampfschiff (der Neptun) setzte sich bald in Bewegung (11½), und nun ging es stromab in das Haff hinein. Es erinnerte mich sehr an die Dampfschiffahrten in Schottland, auch kann ich nicht sagen, daß wir bei diesem Vergleich, namentlich in bezug auf die Menschen, sehr zu kurz gekommen wären. Nur freilich fehlte es ganz an eigentlicher Dameneleganz, wovon man in England und Schottland wenigstens immer etwas sieht. Die Landschaftsbilder waren anmutig, aber doch durchaus nicht so schön wie die Elbufer um Hamburg herum. Um 4 waren wir in Swinemünde.

An der Stelle, wo ich (es war ein wackliges altes Fachwerkhaus, drin die Ressource war) als 14jähriger Junge, angetan mit einem blauen Bastard von Frack und Jacke, getanzt und bei »Pfänderspiel« und »Wohnungsvermieten« zuerst die Unbefriedigtheit des jungen Poetenherzens empfunden hatte, erhebt sich jetzt ein großes Hôtel mit vielen Balkonen und einem Eckturm, ein Gasthaus, das in Erscheinung und Größe keinem Berliner etwas nachgibt. Auch das Geschlecht der Kellner schien aus Berlin zu sein, womit ihr Urteil gesprochen ist. Ich zog mich um und ging dann in die Stadt. Es ist alles anders geworden. Leutnants und Soldaten treiben sich in den Straßen herum, dazwischen Marineoffiziere und Matrosen »von der Flotte«, ein riesiger Leuchtturm flankiert und überragt das ganze Bild, Dampfer kommen und gehn, und zu beiden Seiten des Stroms erheben sich die neuen Befestigungswerke, mit ihren Türmen und Bastionen. All das ist neu. Aber auch die Stadt selbst hat sich sehr verändert, und in abermals 30 Jahren wird sie den Charakter einer kleinen Schifferstadt mit Giebelhäusern völlig verloren haben. Diese Giebel, die Bäume vor den Türen und eine Art Gitter, das hürdenartig diese Bäume einschloß, waren das hübscheste an der Stadt, aber alles das ist auf dem Punkt zu verschwinden. Nur der Kastanienbaum steht noch, aus dessen

Spitze ich (beim Kastanienpflücken) niederstürzte, wobei einer der untenstehenden Jungens ausrief: »Donnerwetter, nu kommt ne große.«

Dies führt mich natürlich auf das Haus, drin ich 5 Jahre lang gelebt, gelernt, gespielt, gelacht, geweint habe. Es ist total *runtergekommen*. Die Apotheke ist verlegt (Notiz für Mama: da, wo Schlächter Fietzkers Haus stand), und in dem Lokal, wo sonst rezeptiert wurde und wo der katholische Gehülfe dem protestantischen Kollegen mit dem Messingleuchter einen Schlag auf den Kopf gab, ist jetzt ein schmieriger Kaufmannsladen. Der Flur, die Küche, die winklige Treppe, die Einteilung der Zimmer ist (wenigstens an der linken, d.h. an der *Wohn*seite) unverändert geblieben, aber wiewohl es nie was Schönes war, so hat es sich doch bedeutend verschlechtert, denn alles ist dreckig und absolut ruppig geworden. Die Hof- und Garteneinrichtung ist total verändert, weil man nämlich aus dem ehemaligen Apothekenbesitz *zwei* Häuser gemacht hat; was früher das Nebenhaus war, für Materialkammer, Remise, Hühner- und Pferdestall, ist jetzt ein selbständiges Haus geworden, zu dem der ehemalige Hof jetzt noch als Hof gehört. Da nun dadurch das eigentliche Apothekenhaus *ohne* Hof sein würde, so hat der jetzige Besitzer aus dem, was früher Garten war, einen schmuddligen Hof gemacht, auf dem Heringsfässer liegen und der, parallel mit dem Vorderhause (ganz so, wie es in *Letschin* war), an dem ehemaligen Kramerschen Gartenzaun entlang einige schlechte Nebengebäude aufweist. Nur der Nußbaum steht noch, der damals seine noch jungen Zweige in das Fenster von Papas Stube, da, wo sein Sekretär mit der ewig knarrenden Klappe stand, hineinwachsen ließ. Ich bin in allen solchen Stücken so unsentimental wie möglich, und ich kann nicht sagen, daß das alles mich tief ergriffen hätte, aber von leiser

Wehmut, von einer gewissen Herbststimmung wird das Herz doch beschlichen.

Dunkle Zypressen –
Ring dich nicht ab,
Es wird doch alles vergessen –

so ähnlich sagt Storm, und er hat recht. Immer wieder lief ich durch die Straßen der Stadt, aber ich sah kein bekanntes Gesicht, sie sind alle fort, verzogen, die meisten *sehr* weit. Der alte Hofrat Kind lebt noch, aber ich hatte nicht den Mut, ihn aufzusuchen. Über alles andre mündlich; es kann Dich ohnehin nur halb interessieren, weil Du ja Ort und Menschen nicht kennst.

Gestern um 11 nahm ich einen Wagen und fuhr am Strande entlang hierher. Das Wetter ist schlecht, gestern Wind, heute Regen, und doch muß ich sagen, es ist entzückend. Das Zimmer, das ich bewohne, ist freundlich, geräumig; das Haus selbst ganz allerliebst; der Blick durch Bäume hindurch auf das graue Meer poetisch und für Herz und Sinne unendlich wohltuend. Herr und Frau v. Wallenstädt sind liebenswürdige Leute; die Bedienung (männlich) angenehm. Lepel kam bald, um mich zu besuchen. Dann streifte ich durch den Wald; auf der Rückkehr, mitten im Buchengrün, hörte ich Orgelklänge, denen nachgehend ich in die »Waldkirche« kam, die geschmackvoll mit ihrem rotbraunen Ziegelton aus dem Waldesgrün emporwächst. Die Kirche war aus, und die schmalen Steige fingen an, sich mit heimkehrenden Kirchengängerinnen zu beleben. Dazu die Stille, nur Waldes- und Meeresrauschen – es machte einen überaus freundlichen Eindruck auf mich. Bald darauf ging es im großen Gasthaus zu Tisch. Drei lange Tafeln, im ganzen vielleicht 120 bis 150 Personen. Hier traf ich endlich auch Roquette, der allerliebst, sehr munter und sehr freundlich war. Er ißt täglich in Gesellschaft eines russisch-jüdischen Familienzirkels (die Familie Lieven aus Moskau), weshalb ich auf seine Genossenschaft Verzicht leisten mußte. Ich traf es aber doch gut, indem ich einen Platz neben Staatsanwalt Homeyer und Oberkonsistorialrat Hermes erhielt, so daß für Unterhaltung bestens gesorgt war. Nach Tisch zum Kaffe in die »Försterei«, halber Weg nach Ahlbeck. Hier kam das ganze Konvoichen zusammen: Homeyer und Hermes, Roquette und ich, Lepel und Herr v. Wurmb. Nachdem ich durch Kippelung einen Stuhl zerbrochen, gingen wir nach Ahlbeck, um dort einem *Waldgottesdienst* beizuwohnen. Wir kamen leider zu spät, doch werde ich in 8 Tagen jedenfalls dabeisein; die Szenerie ist einladend. In Ahlbeck sahen wir uns noch das Haus an, drin Friede als Fürst v. Ahlbeck gewohnt hat, und gingen dann am Strand zurück. Abends Tee und Geplauder.

Nun weißt Du alles. Noch ein Wort über Dein Kommen oder Nichtkommen. Ich denke bei jedem schönen Anblick an Dich und mache mir einen halben Vorwurf daraus, daß Du nicht dabei bist; ich gönnte Dir alles von ganzem Herzen und habe den lebhaftesten Wunsch, daß es uns beschieden sein möge, in Zukunft solche stillen, schönen Freuden gemeinschaftlich zu genießen, und doch kann ich Dir jetzt nicht zureden: »Komm.« Die Geldfrage spielt dabei eine Rolle, aber doch nicht die erste und vorzüglichste; die Hauptsache ist, daß alles um mich her (im weitesten Sinne) doch nur für den single gentleman eingerichtet ist und daß sich, sowie Du hier wärst, auch bei all Deiner Anspruchslosigkeit (die ich zugebe) doch gleich eine Fülle von Mängeln herausstellen würde. Du würdest, namentlich bei ungünstigem Wetter, Dich unbehaglich und gelangweilt fühlen. Es ist ein großer Unterschied, ob man solche Zustände allein oder in *Gesellschaft eines andern* durchzumachen hat. Bis zu einem gewissen Grade hat der Mann die Verpflichtung, diese grauen Stunden abzuhalten, und kommen sie doch, so wird er dafür verantwortlich gemacht oder glaubt doch, daß er's wird.

Nun leb mir wohl, grüße und küsse die Kinder; Dir den herzlichsten Kuß von Deinem

Theodor.

An Emilie Fontane

Heringsdorf, 30. August 1863
Sonntag

Meine liebe, gute Frau.

Dies werden die letzten Zeilen sein, die Du von hier aus erhäl[t]st, da ich vorhabe, schon am Mittwoch, eigentlich schon am Dienstag von hier abzureisen. Heute (Sonntag) und morgen werde ich noch hier herumdämmern und die Musik von See- und Waldesrauschen dankbar mit anhören; am Dienstag haben wir (wie ich Dir wohl schon schrieb) eine Partie nach Misdroy vor; heimkehrend von dieser Partie, gedenk ich nicht nach Heringsdorf zurückzukehren, sondern in Swinemünde (das zwischen hier und Misdroy liegt) zu bleiben. Andren Tags, Mittwoch, trete ich dann mit dem ersten Dampfboot meine Rückreise an. Ob ich dann nachmittags oder abends in Berlin eintreffe, weiß ich immer noch nicht; ist es nachmittags, was ich Dir noch schreiben würde, so kannst Du ja Marthas Wunsch erfüllen, die mich vom Bahnhof abholen will.

Hätten wir nicht die Partie nach Misdroy verabredet, so reiste ich morgen schon, da ich, so schön ich diese Tage gefunden habe, doch vollauf genug habe. Ich habe nun das Meer zu allen Tageszeiten gesehn, grau, grün, blau, mit und ohne Wellen, bei Mond- und Sonnenschein, und ich habe nun nachgerade ein Gefühl davon:

ja, so schön das ist, man kann doch nicht immer bloß aufs Meer blicken. Dazu kommt wohl, daß ich auch hier immer erkältet bin, also alles nur halb genieße. Wäre ich ein brillanter Fußwandrer, der die Insel nach allen Seiten hin durchstreifen, Abwechslung in die Bilder bringen, auch wohl mit dem Volk in Berührung kommen könnte, so wäre das ein ander Ding; – wie es aber ist, so ist es schön, aber langweilig, trotz der Bekanntschaften, die ich hier gemacht oder erneuert habe. Nur eines bleibt: *die Luft*, die dem ganzen alten body wie ein Balsam ist. Und das ist doch die Hauptsache. Was diese Seite angeht, so denk ich mit Schrecken an die water-closets (wie schön ist der grüne Wald und das hohe Heidekraut zu diesem Behuf) und alle die entsprechenden Zugaben der Berliner Häuser im allgemeinen und des Corsallyschen in specie. Auch der Korridor der Hirschelstraße dämmert gespenstisch in der Ferne. – Geld glaube ich genug zu haben, da man aber doch nie wissen kann, wie's kommt, so bitt ich Dich, mit wenigen Zeilen 3 Rtr. einzusiegeln, erst an mich zu adressieren und diesen Brief als Einlage an Herrn Hotelbesitzer Eickmeyer in Swinemünde zu schicken, mit wenigen Zeilen, worin es heißt, der betreffende Herr würde nach dem Briefe fragen. Dies alles geht aber nur, wenn Du diesen kleinen Brief am Montag erhäl[t]st, so daß Dein Brief spätestens Dienstagnachmittag in Swinemünde eintrifft. Schreibe übrigens *nicht* drauf, daß 3 Rtr. drinliegen. Gruß und Kuß Euch allen und hoffentlich ein frohes Wiedersehn. Wie immer Dein

Theodor

Kopenhagen, 10. September 1864
(Sonnabend in der Rütli-Stunde)

Meine liebe Frau.

Ich bin heute früh 8 ½ hier in Kopenhagen eingetroffen. Wir verließen Lübeck auf dem Dampfschiff »Bager« gestern nachmittag 4 ½, so daß die Fahrt gerade 16 Stunden gedauert hat. Mir wurde nach Mitternacht sehr flau, doch kam ich mit genauer Not darüber hin.

Lübeck hat mich *sehr* interessiert; Kopenhagen gefällt mir auch, es ist eine bunte, muntere, malerische Stadt. Vor Mittwochabend werde ich nicht von hier fort können, da ich doch auch Helsingör und Roeskilde, vielleicht selbst Ringstedt gesehen haben will. Ich hoffe abends von 7 bis 10 schreiben zu können und möchte dann wohl ein paar Briefe an Beutner resp. die Zeitung richten. Darauf muß ich Dich verweisen. Dies soll Dir nur sagen: Ich lebe, ich bin in Kopenhagen. Bis jetzt war das Wetter schlecht, heute ist es leidlich; – mit meinem Befinden geht es unberufen und unbeschrien. Bitte, laß Mama in Ruppin wissen, daß ich hier angekommen bin. Morgen will ich bei Quehl meine Visite machen. Jetzt zum Kaffe nach Krampenburg (Krampenborg oder Klampenborg), was etwa Türkisches Zelt oder dergleichen vorstellt. Soll aber sehr schön sein. Grüße und küsse die Kinder herzlichst, auch Mama Kummer. Bormann hast Du wohl gesehen. Ich freute mich sehr über die Begegnung.

Dir besten Kuß und Gruß von Deinem

Theodor

Flensburg, 25. September 1864
(Sonntag)

Geehrter Freund, Dichter und Hardesvogt.

Sie haben wohl an der Westküste keine Ahnung davon, daß ich nun schon seit 14 Tagen die cimbrische Halbinsel unsicher mache. Jetzt stehe ich als Gewölk über Husum. Eigentlich wollte ich morgen schon bei Ihnen, »der keines Überfalls gewärtig«, einbrechen, da aber »Diana« morgen früh nach Sonderburg fährt und Diana speziell meine Göttin ist, so will ich noch zuvor eine Fahrt nach Alsen machen. In Düppel war ich schon früher (Ende Mai).

Danach stünde ich auf Dienstagnachmittag oder abend für Husum in Sicht, da ich von der Alsenfahrt nicht vor Dienstagmittag in Flensburg zurück sein kann.

Meine Absichten in Husum sind folgende:

1. Sie und Ihre sehr verehrte Frau auf eine halbe Stunde zu sehn.

2. In einem Boot wenigstens die nächstgelegene der friesischen Inseln zu besuchen.

Ich bitte Sie nun herzlichst, mich, poste restante Flensburg, in zehn Zeilen wissen zu lassen, wie Sie über diese meine Husum-Reise denken.

Es wäre doch möglich, daß auch der allerflüchtigste Besuch meinerseits Ihnen und Ihrem Hause aus irgendeinem Grunde nicht paßte oder daß es unmöglich wäre, einmal im Husumer Gasthof ein Nachtquartier und andren Tags am Husumer Strand ein Boot zur Überfahrt nach Nordstrand zu finden; in jedem dieser Fälle würde ich die Reise unterlassen und meinen Besuch bei Ihnen auf andre Zeiten vertagen.

Sie erhalten diese Zeilen hoffentlich morgen mittag; wenn Sie gleich antworten, muß Ihre Antwort spätestens Dienstagmittag hier sein, und ich kann da noch, wenn ich von Alsen zurückkomme, meine Dispositionen treffen.

Mich unter allen Umständen Ihnen und Frau Constanzen angelegentlichst empfehlend, wie immer Ihr ergebenster

Th. Fontane.

An Elise Fontane

Berlin, 31. Juli 1865

Mein liebes Lischen.

Besten Dank für freundlichen Brief und freundliche Einladung, die anzunehmen allerdings außer aller Möglichkeit liegt. In 8 Tagen kehrt erst Dr. Beutner von seiner Urlaubreise zurück, und unmittelbar nach seinem Wiedereintreffen treten Hesekiel und Heffter ihre Ferien an; ich kann vor Ende August oder Anfang September schon aus diesen dienstlichen Gründen »das Lokal nicht verlassen«. Aber stünden dienstlich die Dinge auch besser, so wäre doch sachlich wenig gewonnen; ich arbeite an meinem Buche wie mit Dampf und will froh sein, wenn ich bis zum Schluß des Monats damit zu Rande bin. Angesichts einer entzückenden Natur, zweier Schwestern (als Edelsteine darin), der Wartburg und eines vielleicht zurückkehrenden Fritz Reuter würde das Aufexerzierenlassen der 6. und 7. Compagnie vierten brandenburgischen Infanterie-Regiments No. 24 und das Verzeichnis seiner Heldentaten vor Düppel und später – im Cantonnement – vor Grethe, Fiek und Suppenschüssel mir doch allzu schwer ankommen und wahrscheinlich arg ins Stocken geraten. Die Verhältnisse lassen mir keine Wahl; aber selbst wenn ich die Wahl hätte, so würde ich des guten

Sprüchworts eingedenk sein: »Wer sich in Gefahr begibt, kommt drin um.« In freier Benutzung eines andern, etwas zynischen Sprüchworts setze ich hinzu: »Reisen aparte und büffeln aparte.« Wenn ich endlich die Feder beiseite geworfen und den Koffer gepackt haben werde, will ich vergessen, daß es so etwas wie Bücher und Zeitungen gibt.

Dein ausführlicher Brief mit seinen hübschen Schilderungen hat uns sehr erfreut; die Leistungen Eures ersten Tages aber haben uns außerdem noch mit einem besondren Respekt erfüllt. Erst Reise, dann Trennung, dann Kirchhof, dann Fritz Reuter, dann Wartburg, dann Russen und Polen, dann Wiedersehn, Musik und Sonnenuntergänge, man hat den Eindruck, als hättet Ihr auf dieser oder jener Kuppe gestanden, Umschau gehalten und mit dem Finger knipsend die Frage getan: »Ist kein Montblanc da? wir sind mal dabei, und auf ein bißchen Gletscher mehr oder weniger kommt es uns heute nicht an. Wir sind noch frisch von Berlin, und der Berliner kann alles.« Gott erhalte Euch bei dieser Stimmung und dieser Rüstigkeit. Im übrigen – wenn ich Eure letzten Mitteilungen an den Gatten und Schwager in Erwägung ziehe – habe ich den Eindruck, als müßtet Ihr etwas flotter leben, mehr draufgehn lassen, mehr essen, mehr trinken, mehr reiten, mehr fahren, mehr Konzerte, mehr Ausflüge in die Nachbarschaft, mehr Bekanntschaften, mehr Cour machen (d. h. Empfangnahme davon), mehr allgemeiner großer Reisejubel. Luft ist gut, aber Stimmung ist besser; 14 Tage Reiselust sind besser als 4 Wochen Reiseluft. Eher das Vergnügen kürzen, als es nicht voll genießen. Mehr Rationen Kalbsbraten und weniger Schokolade.

Emilie war vor einigen Tagen bei Sommerfeldt und hat mit ihm auf dem Balkon Abendbrot gegessen; soviel ich in Erfahrung gebracht, war alles wohl. So ist es

Gott sei Dank auch hier. An Mama Fontane haben wir schon 2mal geschrieben, um ihr ihre Einsamkeit nach Möglichkeit zu vertreiben; Deinen Brief haben wir ihr mitgeschickt. Und nun lebt wohl, geliebtes Schwesternpaar, empfehlt mich Euren verehrten Reisegenossinnen und kehrt mit der Kraft jenes denkwürdigen ersten Naturabends zurück in die Sandgefilde der märkischen Heimat, die – auch ihre Vorzüge haben. Emilie grüßt allerschönstens; wie immer Euer

Theodor.

An Emilie Fontane

Scharteucke, 15. August 1867

Meine liebe Frau.

Erst seit 3 Stunden bin ich hier, und schon sitze ich auf meinem reizenden, sonnigen Stübchen, meinem Fenster gegenüber den alten Kirchturm, zwischen ihm und mir ein prächtiges Stück lawn, und schreibe Dir einige Zeilen. Jeden Augenblick kann zu Tische gerufen oder geläutet werden, und die Zwischenzeit bis dahin füll ich mit diesem Geplauder aus.

Ludchen brachte mich glücklich bis Genthin, denn ich hatte das Gefühl, daß ich mehr unter ihrem Schutze reiste als sie unter dem meinigen.

In Genthin fand ich vorläufig keinen Wagen und getröstete mich mit dem berühmten Satze: *die* Woche fängt gut an; es dauerte aber keine 3 Minuten, so war der Kutscher Schmutz von Scharteucke da, ein märkisches Original, mit dem ich, unter Verabreichung eines Seidel, sofort Freundschaft schloß. Die Fahrt war sehr angenehm, Scharteucke ist ein vollständiges out-of-the-way-Dörfchen und erinnerte mich sofort an Kienbaum. Übrigens liegen ziemlich interessante Örtlichkeiten in der Nähe: Jerichow (berühmte Kirche), Wust (Katte), Redekin (Alvensleben), Schönhausen (Bismarck). Frau v. B. empfing mich sehr freundlich; ich frühstückte, machte Frl. v. Besser meinen Besuch, setzte mich an eine sonnige Stelle in den Park und schlief fest ein; unmittelbar hinter mir, nur durch eine Taxushecke von mir getrennt, schlief einer noch fester – Herr v. Brauchitsch, der vor 9 Jahren gestorben und im Park begraben ist.

Freitag früh, 16.

Bei Tisch wurd ich den Besuchsdamen des Hauses vorgestellt: Frau v. Gagern (die Mutter von Frau v. B.), Frl. v. Doll und zwei Fräulein v. Raumer, Töchter des verstorbnen Ministers und petite-nièces der Frau v. B. Nach Tisch Kaffe und Geplauder im Salon, dann Spaziergang. Um 7 zum Tee bei Fräulein v. Besser.

Frl. v. Besser wohnt nämlich nicht im Hause, sondern in einem kleineren, im Park gelegenen Häuschen, in dem sie sich völlig wirtschaftlich eingerichtet hat und ihre eigne Menage führt. Die beiden Damen sehen sich oft in 3 Tagen nicht, sie leben wie Nachbarn miteinander, die sich auf Einladung besuchen.

Bei Frl. v. Besser war also Teegesellschaft. Außer den schon genannten Herrschaften war Herr Prediger Wencke nebst Frau zugegen. Die Frau ist eine geb. Brennecke, und der Ort, wo sie wohnen, heißt Nilebock. An poetischen Namen ist hier kein Mangel. Es verlief alles ganz nett und anmutig; die Pastorsleute gefielen mir sehr wohl; die Frau Predigrin ist zwar eine geb. Brennecke, aber Papa Brennecke (ihr Vater) heiratete eine Heyse, eine Schwester von Paul Heyses Vater, so daß die junge Frau Wencke die richtige Cousine unsres Paolo ist. In des alten Brennecke Haus wurde Pauls Bruder durchgefuttert, bis er starb.

Frau v. B. ist eine kluge, sehr gewandte, auch in ihren

Gedanken sehr selbständige Frau, so daß Deine Menschenkenntnis Dich diesmal getäuscht haben dürfte. Vor allem (ich stütze mich auf Frl. v. Bessers Urteil) sehr wahrheitsliebend, allem Plattierten, allem bloßen Getue abhold. Eigentlich also das Gegenteil von oberflächlicher Weltdame.

Heute nachmittag fahren wir nach Wust, um Frau v. Katte zu besuchen und Gruft und Archiv zu durchforschen; geben mir alle guten Reisegötter eine gute Ausbeute.

Was unsre Fahrt gen Thüringen angeht, so bleibt es bei unsren Abmachungen. Du fährst am Sonntag früh mit der Anhalter Bahn (Zeit ersiehst Du aus der Tabelle) nach Luckenwalde und etwa 8 Uhr abends von dort nach Kösen. Dort erwarte ich Dich bereits. Ich werde von Halle aus wahrscheinlich den Bummelzug benutzen müssen, werde also mutmaßlich auch erst gegen 10 Uhr abends in Kösen eintreffen. Gebe uns Gott ein glückliches Wiedersehn. Küsse die Kinder und sei herzlich geküßt von Deinem

Theodor.

Bringe mit:

1. Schirm mit Wachsleinwand-Überzug
2. Meine braune Kappe
3. Mark-Pomade
4. Eine Kleiderbürste (womöglich eine neue, recht kleine; sonst die perlengestickte)
5. Meine Zange oder pincette, die auf dem Brettchen mit Schreibmaterialien liegt.

Lepel wird wohl von selbst kommen, sonst mußt Du Frl. v. Rohrs halber zu ihm schicken und anfragen lassen, ob er Bestellungen hat.

Fahre doch nur lieber 2. Klasse, wenigstens von Luckenwalde aus.

[Thale,] Hôtel 10 Pfund, 18. Mai 1868
Montag nachmittag

Meine liebe gute Frau.

Seit gestern abend 7½ bin ich hier und wohne in dem riesigen »Hôtel 10 ℔« (so ist alles gezeichnet), was, das Pfund zu 30 Lot gerechnet, richtige 300 Zimmer gibt. Ich bewohne No. 36, sicherlich nicht in Anspielung auf den wohlbekannten alten Vers: »Sechsmal sechs ist sechsunddreißig«, denn diese Anspielung würde nicht passen, sondern in Verdienst dafür, was ich für das magdeburgische Füsilier-Regiment No. 36, mit dem ich mich während der letzten 8 Tage fast ausschließlich beschäftigte (Üttingen), getan habe. Eine gute Nummer das Regiment und eine gute Nummer das Zimmer; wenn ich aus dem Fenster sehe, überblicke ich einen Halbkreis, der von der Teufelsmauer bis zum Hexentanzplatz reicht; mir gegenüber aber ragt die Roßtrappe auf. Zur Rechten, auf 50 Schritt, der Bahnhof, dessen Uhr mir sagt, daß ich nicht mehr viel Zeit zu verlieren habe, wenn dieser Brief noch mit soll.

Meine Reise war sehr angenehm. Bis Brandenburg ein Oberförster aus der Gegend von Teupitz; bis Burg ein Ökonom, der wie ein Zwillingsbruder von Adalbert Kummer aussah; bis Magdeburg allein. Wir brauchten ¾ Stunden, eh wir von der ersten Haltestelle, die schon *jenseit* des Bahnhofs liegt, in diesen einfahren konnten. Das ist doch zu lange, selbst wenn man dabei Gelegenheit hat, die eine Domflanke mit Muße zu studieren. Dafür aber nur ganz kurzer Aufenthalt. Schon vor 5 ging es weiter. Gesellschaft: wieder ein Ökonom. Dieser war aber interessant. Er erzählte mir, daß er aus der Braunschweiger Gegend sei, daß er bei dem reichen Herrn Loebbeke serviere, daß Herr Loebbeke (wie unser Behr und Nathusius) ein großer Schafzüchter sei und daß er heute früh einen großen Rambouillet-Bock von 40 Louisdor Wert nach Magdeburg abgeliefert habe. Er sprach von Loebbeke wie von einem Halbgott und von Rambouillet-Böcken wie vom Taubengespann der Venus; alles im Ton poetischer Verklärung. Mir gefiel das sehr gut; viel besser als das wichtigtuerische Überalles-weg-Sein. »Sehen Sie«, sagte er, »es gibt gute und schlechte Menschen. Das kann man erkennen, wenn man beständig Böcke zu transportieren hat. Ich meine natürlich Rambouillet-Böcke. Die *guten* Menschen haben ein Mitleid, und wenn man ihnen ein Trinkgeld gibt, so stellen sie den Bock in einen Pferdewagen; aber die meisten Bahnmenschen sind schlechte Menschen: sie haben eine wahre Wut, einen Bock ins Hundecoupé zu bringen, und ich bitte Sie, das hält ein ordentlicher Bock nicht aus.«

Dieser junge Mensch, dem sich die Welt um Bock und Loebbeke drehte, verließ mich in Oschersleben; statt seiner stieg eine Senatorfamilie aus Bremen und gleich darauf ein weiblicher Zwerg ein. Über den Senator und den Zwerg noch ein Wort. Der Senator, ein feiner alter Herr, plauderte mit mir. Ich hielt ihn für einen rüstigen Siebziger. Du kannst Dir daher meinen Schreck denken, als er immer von »wir« sprach. »Bergesteigen ist gut, aber in unsren Jahren geht das nicht mehr; *unserein* (nicht wahr?) merkt denn doch« usw. So war ich denn endlich an die rechte Schmiede gekommen. Er sagte mir freilich nachher, daß er nach Quedlinburg reise, um seinen 87jährigen Vater (*solch* Mann hat noch einen *Vater*, dacht ich) zu besuchen, woraus sich ergab, daß ich ihm wohl nah an 10 Jahr zuviel gegeben haben mochte; aber es war doch hart. – Die Zwergdame war wenigstens einen halben Kopf kleiner als unsre Martha, und an diesem kleinen Zwergkörper saßen noch wieder *speziell* verzwergte Arme, die nur ein Glied zu haben, also ohne Ellenbogen zu sein schienen. Diese kleine Person war aber von einer solchen innren Grazie und hatte eine so wohllautende Stimme, daß, sooft sie sprach, man ihr Körperelend darüber vergaß. Lepel, der soviel auf Grazie und Stimme hält (worin ich ganz auf seiner Seite stehe), hätte diese kleine Person auf die lange Liste derer, die geliebt werden können, zugelassen. – Nun genug; es geht mir gut, trotzdem ich Zahnbürsten, Uhrschlüssel etc. vergessen habe. Ich wollte Dich erst bitten, mir verschiedne Kleinigkeiten nachzuschicken, aber es ist nicht nötig. – Heute früh hab ich schon ein hübsch Stück arbeiten können. – Grüße die Freunde, küsse die Kinder und sei herzlich geküßt von Deinem

Theodor.

Ich erwarte einen Brief am Mittwoch oder Donnerstag. – Adresse: Th. F., Thale, Hôtel Zehnpfund.

An Emilie Fontane

Thale, Hôtel Zehnpfund No. 36
20. Mai 1868

Meine liebe Frau.

Ob ich Dir überhaupt über bin, mag dahingestellt bleiben, aber »im Stil bin ich Dir über« und, was damit zusammenhängt – im Schreiben. Ich erwartete heute einen Brief von Dir, aber er ist ausgeblieben. Du mußt Dienstag früh einen Brief von mir gehabt haben; wo nicht, so liegt eine Bummelei vor, was ich mir sofort zu schreiben bitte, damit ich recherchieren kann.

Es geht mir gut. Heute vormittag hab ich mein erstes Gedicht beendet (in 3 Vormittagen), und morgen fang ich das zweite an. Ist das auch fertig, so komm ich wieder. Es ist doch ein himmlisches Arbeiten in solcher Berges- und Feiertagsstille. Dann und wann ein Eisenbahnpfiff, ein Läuten an der Hôtelglocke, eine kurze Korridorunterhaltung, und – alles ist wieder still. Man empfindet dabei doch schmerzlich und beinah ärgerlich, was unsrem großstädtischen Leben fehlt. Das helle Licht hat seinen dunklen Schatten. Daß die große Stadt das helle Licht ist, das ich nicht aufgeben möchte, ist außer Frage, aber daß es ihr an Muße fehlt und daß alles das nicht recht gedeihen will, was des Ausgetragenwerdens bedarf, ist ebenso gewiß. Es liegt eine furchtbare Wahrheit in dem Ausspruch Macaulays: »Eine Dichtung wie das ›Verlorne Paradies‹ oder ein Werk wie Adam Smiths ›Über den Reichtum der Nationen‹ kann eher von einem kleinen Apotheker in Nordschottland als von einem großen Lord in London geschrieben werden.« Am besten dran, wie in so vielem, sind immer noch die bildenden Künstler, weil sie wirklich noch in ihrem turmhohen, abgetrennten Atelier eine Art »study« haben. Vergleiche zu Haus mein Zimmer damit: Entree, Durchgang, Empfangszimmer usw. Nimm dies übrigens nicht als einen kleinen Seitenhieb. Es soll es wirklich nicht sein.

Die Morgen und Abende sind entzückend, ganz besonders die Morgenstunden von 7½ bis 9½. Morgen will ich etwas früher aufstehn, um diese Stunden mehr zu genießen. Bisher lag mir vor allem daran, meines Gedichtes halber, in ausgeschlafenster Arbeitsstimmung zu sein. Das ist nun nicht mehr so ängstlich.

Es ist noch nicht voll hier. Aber eben dadurch angenehm. Auf dem großen, zeltartig überspannten Balkon mit der Aussicht auf Roßtrappe und Bodetal sitzen einzelne Paare mit und ohne Kinder, und ich empfinde dabei mit flüchtigem Schmerz, um wie viele schöne Wochen wir uns dadurch gebracht haben, daß wir nicht zusammen reisen können oder reisen konnten. Wen die Schuld trifft, magst Du selbst entscheiden. Was wir jetzt noch davon haben können, ist ein Herbstestag. Man genießt ihn freilich doppelt, er ist schöner als der Sommer, aber es mischt sich das Gefühl ein: es ist bald vorbei. Bald vorbei, auch wenn man lebt. Ich glaube, daß Du dieselbe bedauernde Empfindung hast. Laß sie *nun* wenigstens DeinenTon, Deine Haltung bestimmen.

Das ganze Leben hier erinnert sehr an Kösen. Doch würd ich Kösen und Thüringen überhaupt den Vorzug geben. Die Gründe sind mannigfach: Thüringen – trotzdem ihm der pittoreske Gebirgscharakter, den der Harz verschiedentlich hat, fehlen mag – ist doch reicher, nobler, großartiger. Hier zuerst empfind ich, daß die Edeltanne edler ist als das Laubholz, besonders wenn es so jung auftritt wie hier. Dies ist eins. Die Hauptsache aber ist doch die, daß Thale eigentlich nur ein 30 Meilen entfernter »Spandauer Bock« ist, wo die Eisenbahn Berliner Nachmittagsvergnüglinge in derselben Weise ablädt wie beim »Spandauer Bock« die Pferdebahn. Jetzt geht das noch; aber von Ende Juni an und schon vorher in den Pfingsttagen muß es furchtbar sein. Das Hôtel, so gut, sauber, anständig es eingerichtet ist, kriegt dadurch doch einen gewissen unfeinen Charakter, der halb nach Aktienbrauerei und halb nach Pariser Keller, sel. Angedenkens, schmeckt. Es kann das nicht anders sein; das Rigi-Hôtel (woran mich dies Hôtel Zehnpfund durchaus erinnert) hat ganz denselben Bummscharakter.

Im übrigen ist alles gut und eigentlich auch billig. Das Diner (1 Uhr) kostet 15 Sgr. Dafür hatten wir heut: 1. Suppe, gut; 2. Zander mit brauner Butter etc.; 3. Spargel mit Rauchfleisch und Kotelettes; 4. Bœuf à la mode mit Kartoffelsalat und Stachelbeerkompott; 5. Apfelschnittenspeise mit brennendem Rum; 6. Butter und

Käse. Die Einrichtung ist musterhaft; Bedienung läßt nichts zu wünschen.

Nach Tisch, von 3 bis 6, setz ich mich in eine Weinlaube, die aber noch nicht zugewachsen ist und mir den Blick in die schöne Berglandschaft gönnt. In dieser Laube les ich mit ungeschwächter Erbauung W. Scotts »Erzählungen eines Großvaters«. Er schrieb diese Erzählungen, die eine poetische Darstellung der Geschichte Schottlands sind, vor 50 Jahren für seinen 7jährigen Enkel, der jetzt Abbotsford besitzt und dessen Bildnis in Husarenuniform ich gesehn habe. Der Enkel wird sich wohl damals und vielleicht auch später nicht viel daraus gemacht haben. Aber der große »Waverley«-Dichter schrieb es, noch weit tiefer hinunter, für ein Wickelkind, das damals eben geboren in der Löwenapotheke zu Neuen-Ruppin in der Wiege lag, und besagtes Wickelkind, jetzt leidlich ausgewachsen, liest es in einer Weinlaube am Fuße der Roßtrappe, entzückt sich an jeder Zeile, an der Kindlichkeit, an der klassischen Einfachheit des Ausdrucks und ruft lauter denn je: »Hoch, Scott; – ihr andern seid doch alle nur Nachtwächter.« Dies ist der höchste Trumpf. Hiermit will ich schließen. Ich komme wahrscheinlich Sonnabend abend wieder. Tausend Grüße und Küsse Euch allen. Dein

Theodor

An Emilie Fontane

Thale, Hôtel Zehnpfund, 21. Mai 1868
Himmelfahrtstag

Meine liebe Frau.

Es ist 2¾. Um 4 Uhr will ich mit einem allerliebsten Mecklenburger Apotheker namens Framm, der die Doberaner Apotheke besitzt und Nachbar von »Onkel

Theodor« (Below) ist, sowie mit dessen Frau und Töchterchen nach dem »Waldkater« gehn, um dort Kaffe zu trinken; – die Zeit bis dahin will ich noch anwenden, Dir ein paar Zeilen zu schreiben, natürlich, da Du es wünschst, auf *kleinem* Format.

Habe Dank für Dein liebenswürdiges Briefchen, das ich heute früh beim Kaffe erhielt; unten spielte gerade eine Musikbande den Düppelmarsch: Triangel, Becken, Trommel, Posaune und Pauke. Die Pauke war rot und weiß angestrichen, und auf der Seite nach dem Publikum hin, also sozusagen auf dem dicken Bauche des Paukenschlägers, war eine große gelbe Lyra abgebildet. Dies rührte mich, und einerseits mit Rücksicht auf Deinen eben empfangenen Brief, andrerseits um mich – da ich eben dichtete – der Gunst der großen gelben Leier zu versichern, warf ich dem Paukier 5 Sgr. hinunter. Vielleicht ist ihm dies noch nie passiert; er hatte aber Künstler-Contenance und tat so, als ob sich das alles von selbst verstünde. Mit Wehmut rechne ich mir nachträglich aus, daß Friedel mit Hülfe dieses Kapitals 20mal einen Dreier hätte auf den Hof werfen können. Doch wäre meine ganze Sommer-Nachmittagsruhe dadurch ernstlich gefährdet worden. Der heutige Vormittag war durch den Fremdenbesuch sehr interessant. Von 8 bis um 1 kamen fünf Züge, im ganzen vielleicht 1000 Menschen. Wenn die Coupétüren geöffnet wurden und alles in weißen Kleidern auf den Kies sprang (ein Perron ist nicht), so sah es aus, als würde der Sommer ausgegossen.

Die Touristen zu beobachten war außerordentlich amüsant. Ich unterschied verschiedene Gruppen.

Da waren zuerst die ganz jungen Leute, lauter *»Kraftmeier«.* Sie stiegen aus, würdigten das Hôtel, als einer Stätte der Verwöhnung, keines Blicks, rückten sich den Spitzhut, der einen Eichenzweig und bei einigen sogar einen Gemsbart trug, kriegerisch zurecht, zogen den Rock aus und nahmen die Roßtrappe sofort im Sturm.

Eine andre Gruppe bildeten die *Renommisten*, die See-Befahrnen, die Neunmalklugen. Sie kehrten nicht ein, aber sie sahen sich das Hôtel wenigstens an, oder vielmehr sie ließen ihren Trupp halten, um jeden einzelnen auf diese Sehenswürdigkeit aufmerksam zu machen. Diese Renommisten hatten nämlich sozusagen Offiziersrang; sie waren Rottenführer und standen immer an der Spitze eines Trupps, den sie kommandierten. Unglücklich der arme Harzer Guide, der sich einem solchen Rottenführer näherte, um ihm und seinem Trupp seine Hülfe anzubieten. Mit souveränem Lachen, wie es nur der aufschlagen kann, der seinen Baedeker in der Tasche führt, ging es an solchem Unglücklichen vorüber, Karte in Hand, auf den Hexentanzplatz los.

Eine dritte Gruppe waren die *Elegants*. Sie standen immer als liebenswürdige Schwerenöter an der Spitze weiblicher Heerscharen. Wie man auf 500 Schritt die große Trommel hört, wenn irgendwo zum Tanze aufgespielt wird, so hörte man auf weiteste Entfernung immer nur die eine Wendung »meine Damen«. Die also Angeredeten hatten alle Ursach, sich der häufigen Wiederkehr dieser Wendung zu freun. Diese Damentrupps mit männlicher Führerschaft kehrten ein und genossen ein Bierchen, Schokolade, auch Bouillon mit Ei. Wenn die Damen zum Aufbruch mahnten, so lächelte der Führer verführerisch, wie wenn er sagen wollte: »Meine Damen, was is mich Roßtrappe; Liebe, Liebe is mich nötig.« Brachen sie dann aber wirklich auf, so sah man die hellen Sommertoiletten, blau und rot garniert, die Berge hinaufklimmen, und alle 20 Schritt fuhr die linke Hand kokett nach hinten, um den jetzt modischen großen Popoknoten zu revidieren oder wieder in Ordnung zu bringen.

Eine vierte Gruppe, und mit dieser will ich schließen,

waren die *Dicken*. Kurzbeinig, kurzhalsig, apoplektisch, rot und schweißtriefend tänzelten sie über den Kiesweg in das Hôtel hinein, setzten gleich mit Sodawasser ein und erzählten von Touren, die sie vorhätten, daß einem trotz der Hitze ganz kalt werden konnte. Jeder hatte vor, »den Harz heute abzumachen«; fast alle hatten eine rote Blume im Knopfloch. Wie viele von ihnen heute bleiben werden (in jedem Sinne), steht dahin.

Genug von dieser Touristenflut. Heute bei Tisch aß ein alter famoser Obristlieutenant mit, ein Mann wie Below vor 10 oder 12 Jahren. Als ein alter Bekannter ihn fragte, wie's ihm gehe, antwortete er: »Gut genug; wenn man 33 Jahre Kavallerist gewesen ist, ohne physisch, moralisch und pekuniär *absolut* ruiniert zu sein, kann man von Glück sagen. Dies ist mein Fall.« – Hiermit schließ ich. Sonnabend abend hoff ich wieder einzutreffen. Bis dahin wie immer Dein alter

Theodor

AN EMILIE FONTANE

Thale, Hôtel Zehnpfund
22. Mai 1868

Meine liebe Frau.

Sintemalen ich noch ein Couvert, eine Marke und eine freie Stunde habe, will ich auch noch mal schreiben, trotzdem ich mit Gottes Hülfe 12 Stunden nach Eintreffen dieser Zeilen selber wieder eintreffen werde. – Habe zunächst Dank für den freundlichen und glücklichen Einfall, mir noch einmal zu schreiben; auch über Georgens Brief, insonderheit auch über die Nachricht (aus Kassel), die er brachte, habe ich mich gefreut. Möge alles Weitre ebenso glatt und glücklich ablaufen. – Die Partie nach dem »Spandauer Bock« muß schlimm gewesen sein; das können nur Brunhilden leisten; außerdem ist es der Fehler aller Brunhilden, daß sie glauben, *jeder* könne Rollsteine werfen und Bären bezwingen.

Heute hab ich den Jugendlichen gespielt und allerdings viel Ausbeute davon gehabt. Es glückt nicht immer so. Dabei fällt mir zunächst ein, daß in einem Gespräch, das ich gestern abend führte, die Existenz meiner *Nicht*-Jugendlichkeit mir wieder stark bescheinigt wurde. Als ich zum Apotheker Framm sagte: »Mein alter Papa, der erst vorigen Herbst gestorben ist …«, unterbrach er mich mit dem Ausruf: »Donnerwetter, der muß alt gewesen sein« – was ich natürlich um meines Papas und meiner selbst willen ablehnte. So was schmerzt.

Framm und ich, trotz dieses Zwischenfalls, verabredeten für heute vormittag eine große Partie. Gesagt, getan. Um 6¾ brachen wir auf, marschierten bis an den »Waldkater«, stiegen die 1000 Stufen bis zum Hexentanzplatz hinauf und nahmen oben unsren Kaffe. Der Blick von der Klippe dort oben ist allerdings großartig. Dann marschierten wir weiter, auf der Bergeshöhe hin, durch einen Laubholzwald, besuchten das schöne Denkmal, das dem Landforstmeister Pfeil (in Neustadt-Eberswalde; Direktor der Forstakademie) mitten im Walde errichtet worden ist, passierten den »Weißen Hirsch«, wo drei Teckel mich stellten und einer mich in die Wade biß, und erreichten endlich, nach einigen kleinen Verirrungen, das vielgerühmte Treseburg. Es liegt, ähnlich wie Ilmenau, in einem Kessel; ist aber heller, sonniger und unbedeutender. Wir labten uns an Hammelbraten und Faßbier und traten unsren Rückweg durch das Bodetal an. Soweit war alles gut. Trotz aller Beschreibungen indes verfehlten wir den Steg, der über die Bode auf deren rechtes Ufer führt, und wurden endlich gewahr, daß wir uns auf einem Bergkammweg befanden, der uns zur Roßtrappe geführt haben würde. Dahin wollten wir aber nicht. Ich proponierte also, am Bergabhang hinab, unter geschickter Benutzung der Bäume und Sträucher, bis zur Bode hinabzuklettern und dann barfuß, mit aufgekrempelten Hosen, den Fluß zu überschreiten. Framm war einverstanden. Bergab ging's; nun Stiefel aus, die Strümpfe wurden hineingestopft, und links die Stiefel, rechts den Paletot hochgehalten, unter beständigem Balancieren ging es durch. Die Sache war kritischer, als wir uns gedacht hatten; die größeren Steine mit glibbrigem Moos überzogen, die kleinen scharf und spitz, hatte man die Wahl, auszugleiten oder sich weh zu tun; natürlich wählten wir doch lieber das letztre und kamen glücklich durch; auf einem prächtigen Wiesenrasen erholten wir uns, machten uns wieder zurecht und marschierten nun auf der richtigen Seite, am Bodekessel und der Teufelsbrücke vorbei, wieder bis zu unsrem Hôtel. Die ganze Partie hatte doch über 7 Stunden gedauert; 5 Stunden waren wir marschiert, zum Teil steil bergan. Ich betrachte es für meine Kräfte und für meine danach eingerichteten Prinzipien als eine glänzende Leistung. – Heute abend packe ich noch und schreibe an Storm; morgen früh will ich auf der Roßtrappe Kaffe trinken und etwa um 12 (Mittag) oder etwas später, je nachdem die Züge gehn, aufbrechen. Gebe uns Gott ein frohes Wiedersehn. Gruß und Kuß von Deinem

Theodor

An Emilie Fontane

Erdmannsdorf, 2. September 1868

Meine liebe, gute Frau.

Es ist nun schon so lange, daß ich zum letzten Male ausführlicher rapportiert habe, daß ich mich in meinen Erlebnissen kaum noch zurechtfinde. Es ist um so schwieriger, als sie sich untereinander sehr ähnlich sehn. Ich versuche nach der Reihenfolge zu gehn.

Am Freitag machte mir Superintendent Roth seinen Besuch, ein reizender alter Herr; am Abend war ich bei Münchhausens. Bei diesen war inzwischen »Logier-Besuch« eingetroffen, und zwar ein Obristlieutenant v. Chappuis nebst Gemahlin. Er ist a. D., hat nur einen Arm, lebte bis jetzt in Bonn, will sich jetzt in Schlesien niederlassen und hat (alle solche Herrn suchen irgendein perpetuum mobile) die »soziale Frage« in Entreprise genommen. Er war sehr böse, daß die »Kreuz-Ztng.« ihm seine Aufsätze zurückgeschickt habe, ließ es mich aber nicht entgelten. Seine Frau war ebenso häßlich wie angenehm. Kupfernase, Wackelzähne, aber freundlich, wohlwollend und von einem feinen Organ.

Am Sonnabend war mir schlecht; bei Münchhausens ist es nämlich kellerkalt, und als Frau v. M. vom alten Herrn v. Veltheim erzählte, der nur bei 17 Grad habe leben können und immer ein Töpfchen warm Wasser neben sich gehabt habe, seufzte ich: der Glückliche. Also ich hatte mich etwas erkältet und beschloß, durch Fasten und Bewegung den Zustand zu bessern. Ich ließ Siecke Siecke sein, zog mich so warm an, wie es meine damalige überzieherlose Zeit zuließ und wanderte gen Buchwald. An dem berühmten Park konnt ich nicht viel finden, der Weg hin war aber sehr hübsch, und die Beleuchtungseffekte, sonnige breite Streifen unter schwarzem Gewölk, gaben dem Gebirge einen großen Zauber. Buchwald ist halber Weg nach Fischbach, das ich in den nächsten Tagen noch mal besuchen will, vorausgesetzt, daß es das völlig aprilhafte Wetter zuläßt. – Am Sonnabend abend war ich bei Exz. Lindheim, mit der man ganz vorzüglich plaudern kann. Jedes Wort erinnert mich an die Zeit vor 1840, an die gemütlich-philiströse Epoche unter Fr. W. III.

Am Sonntag vormittag (es goß mit Mollen) erwartete ich Brief und Paket; es blieb aber vorläufig aus, und fröstelnd rückte ich um 1½ zu Münchhausens, wo ich zu Tisch geladen war. Hier fand ich alles in großer Parure, Herr v. M. in Kammerherrn-Uniform mit sämtlichen Orden, Frau v. M. mit Kriegsdenkmünze, Luisenorden etc. Die Herrschaften, sehr zu ihrer Unbequemlichkeit, waren nämlich zum Diner ins Schloß (Prinzeß Luise) befohlen worden, und so traf es sich denn, daß sie ein Diner gaben und nahmen, daß sie Wirt und Gast zugleich waren. Wirt im Hause, Gast im Schloß. Das Diner im Schloß war aber erst nach 3, und so rückten sie denn als Zuschauer und Koster mit an ihre eigne Tafel. Es war ein ganz ausgezeichnetes Mahl, und ich habe mich an dem Tage eigentlich gesund gegessen. Beim Kaffe, M.s waren inzwischen verschwunden, rückte Herr v. Chappuis mit seinen Manuskripten raus, und ich horchte mit der Ergebung eines Lamms. Diese Ergebung wurde denn auch belohnt, allerhand Unterbrechungen kamen, M.s waren schon um 5 wieder zurück, und so erbat ich denn das Manuskript, um es in Muße genießen zu können. Bis 6½ hatte ich noch sehr intressante Gespräche mit Frau v. M. über märkische Familie[n], alles ausgezeichnetes Material für einen 3. Band meiner »Wanderungen«. – Beim Nachhausekommen fand ich Brief und Paket; nochmals besten Dank, auch an George für seine Zeilen, die ich schon am Sonnabend richtig erhielt. Es freut mich, daß es ihm wieder besser geht. – Der beigefügte Brief von Frl. v. R. ist ganz sie selber, Zoll um Zoll; freundlich, wohlwollend, trivial und komisch in seinen Kunstanstrengungen, naiv in seinen kleinen Eitelkeiten. Aber Gott sieht aufs Herz.

Am Montag um 11 brachen Chappuis' wieder auf; ich hatte mich bestimmen lassen, sie auf ihrer Tagestour zu begleiten. Wir fuhren über Stonsdorf, Warmbrunn,

Hermsdorf bis an den Fuß des Kynast, erstiegen diesen, aßen dort und kehrten dann im Regen wieder zurück. Chappuis' blieben in Warmbrunn; ich fuhr weiter bis Erdmannsdorf und war am Abend bei Exz. Lindheim zum Tee. Es war im ganzen ein sehr angenehmer Tag, wiewohl ich es, all diesen Dingen gegenüber, zu keinem rechten Enthusiasmus mehr bringen kann. Vieles – durch Schuld der Menschen, die aus allem ihren kleinen Groschen herausschlagen wollen – wirkt einfach lächerlich.

Am Dienstag (gestern) machte ich meine Visite im Schloß, beim Kammerherrn v. Rauch, der am Montag abend bei mir gewesen war, um mich aufzusuchen. Ich traf ihn nicht, gab meine Karte ab und empfing nun gestern abend seinen Gegenbesuch; Hauptmann v. Wedelstädt kam hinzu, Frau Brey spendierte ihre beiden besten Leuchter, so daß wir eine kleine Reunion hatten, freilich mit trocknem Munde, doppelt trocken vom vielen Reden. Es geht eine dunkle Sage, das Schloß läge mit einer Einladung im Anschlage, trotzdem sich im ganzen Dorf das Gerücht meiner Fracklosigkeit verbreitet hat. Ich denke mir, daß, infolge dieses Mankos, die Waage noch hin und her schwankt, und lebe der Hoffnung, daß die Etikette schließlich über die Neugier siegen und der fehlende Leibrock mich retten wird. Der Kammerherr traf mich in der Tat gestern in einem Kostüm (Bammelhose, nur ein Knopf zu, Filzschuhe und Überzieher mit dem mausrigen Samtkragen), das meiner Hoffnung neues Leben gibt.

Hier hast Du mein Leben seit Freitag. Gearbeitet, wie hieraus ersichtlich, hab ich wenig; doch verzeih ich's mir. Ich habe ein einziges Kapitel geschrieben, dabei aber viele Kapitel gelesen, nämlich das ganze »Heart of Midlothian«. An einzelnen Stellen nicht viel was andres als ein höhrer Räuberroman, ist doch das Ganze von einer so kolossalen Schönheit, daß ich – von meinen leicht fließenden Tränen (ich habe sie glasweise vergossen) gar nicht zu reden – viele Male aufgesprungen bin und in Bewunderungsadressen an den Toten mein Zimmer durchmessen habe. Durch das Ganze, hundert andrer Vorzüge zu geschweigen, zieht sich eine Gabe, Menschen das Natürliche, immer Richtige sagen zu lassen, die, wenn wir Shakespeare und Goethe aus dem Spiel lassen, kein andrer hat. Ich finde dies das Größte. Bei Auerbach, den ich wahrlich nicht niedrigstelle, muß man doch alle 2 Seiten mal ausrufen: »Dumm, albern, geziert, wie ist es möglich!«

Während des Schreibens hab ich Deinen lieben Brief vom gestrigen Tage erhalten, für den ich herzlich danke. Burger schreibt, er werde erst am 12. oder noch später in Königgrätz sein. Ich mache nun folgenden Vorschlag: willst und kannst Du in der nächsten Woche auf 3 Tage nach Dresden kommen, so gebe ich die Reise auf die Schlachtfelder auf und setze das dadurch ersparte Geld an unser Beisammensein auf Brühlscher Terrasse und Bildergalerie. Ich würde mich *sehr* darüber freun, die wohlbekannten Orte und Plätze in Deiner Gesellschaft wiedersehn zu können. Dreierlei scheint mir aber nötig: 1. Das Wetter muß besser geworden sein; Herbstfrische schadet nichts, aber Regen ist doch zu fatal. 2. Du müßtest spätestens am Dienstag abend, oder doch wenigstens am Mittwoch, in Dresden eintreffen können, sonst verlohnt sich's nicht, und 3. müßte es Dir glükken, eine Privatwohnung, eine chambre garnie oder ein hôtel garni auszukundschaften, wo man bloß zu wohnen und sein Frühstück zu nehmen brauchte. Ich liebe Hôtel Bellevue sehr, aber es ist doch teuer und legt einem allerhand Zwang und Gêne auf. Ob Du an die Zobel schreiben und bei dieser anfragen willst, stell ich anheim; besser ist es jedenfalls, Du findest andren Rat.

Vielleicht kann Roquette hier aushelfen oder ein Brief an Frau Dr. Wilhelm Wolfsohn oder Frau Maresch, die ja möglicherweise derartige Beziehungen nach Dresden hin unterhält. Bei altbacknen Verwandten anzuklopfen ist mißlich. Ein richtiges Hôtel möcht ich unter allen Umständen *nicht*, weil sie einen mit ihrer öden, langweiligen Table d'hôte tot machen. Aber hôtel garni ginge ganz gut.

Ich erwarte eine vorläufige Antwort bis Sonnabend, bestimmte Angaben müßtest Du dann freilich bis Montag oder (wenn Du erst Mittwoch kannst) bis Dienstag machen. – Überlege Dir's; auf drei, vier Tage wirst Du schon abkommen können, und wenn wir's mit einer Wohnung gut treffen, kann es nicht viel kosten. Bei dem ewigen Philistern kommt auch nicht viel heraus.

In alter Liebe, unter Gruß und Kuß für Dich und die Kinder, wie immer Dein

Theodor.

An Emilie Fontane

Erdmannsdorf, 5. September 1868

Meine liebe, gute Frau.

Die Ereignisse werden sich von morgen an wohl drängen, und so will ich eine Mußestunde, die ich heute noch habe, benutzen, um Deinen heute erhaltenen lieben Brief, für den ich bestens danke, zu beantworten. Es tut mir sehr leid, daß es nicht geht; andrerseits bin ich vollständig Deiner Meinung, daß man solche Extras sich nur dann erlauben darf, wenn einem auch danach zumute ist, und daß nichts trauriger ist als Vergnügungspartien ohne vergnügliche Stimmung. Nichtsdestoweniger bleibt es schade; gerade solche kurze Spritzfahrten sind eigentlich das, was am besten für uns paßt, besser als längere ländliche Aufenthalte. So legte ich mir hier die Frage vor, ob im nächsten Sommer, wenn wir ihn erleben, sich wohl ein gemeinschaftlicher 3wöchentlicher Aufenthalt hier empföhle, aber ich mußte mir selber antworten: nein. Will man täglich Fahrten ins Gebirge machen, heute hierhin, morgen dorthin, so wird die Sache sehr teuer, und setzt man sich bei Frau Brey ans Fenster und kuckt auf den »Ameisenhügel«, so ist das zwar dreimal des Tages auf eine halbe Minute sehr hübsch, auf drei Wochen aber furchtbar langweilig. Bin ich allein, so unterbrech ich diesen Naturgenuß in der mannigfachsten Weise, ich lese, arbeite, schreibe Briefe, mache Spaziergänge, und selbst Stunden einfacher Langerweile werden zum Genuß. Ganz anders ist es, wenn man zusammenlebt; man ist dann in einer beständigen Furcht, der andre könnte sagen: »Ach wie trostlos, wie öde ist dieser Tag«, und fürchtet mehr oder weniger, man könnte für diese Tristheit aufkommen sollen. So wird eine Art nervöser Zustand, eine innerliche Unruhe geboren, die auf wenige Wochen loszuwerden ja eigentlich der Hauptzweck solcher Reisen ist. Mehr mündlich. Nur noch ein Wort über Deinen Gesundheitszustand. Ich proponiere Dir folgendes: Morgens, gleich nach dem Aufstehn, einen Teelöffel voll Rhabarberwein und Magnesia mit Sodawasser. Ist Dir das letztre zu unbequem, so nimm diese Mischung eine Stunde *nach* dem Frühstück. Im übrigen trinke den Vichy nicht als solchen, sondern halb und halb mit Soda- oder Selterwasser oder selbst ¼ Vichy und ¾ Selterwasser. Ich habe ausprobiert, daß er einem dann besser bekommt.

Wegen George bitt ich Dich, Dich nicht zu sehr zu ängstigen. Natürlich kann er durchfallen, aber das kann einem immer passieren; Examen bleibt unter allen Umständen eine Art Lotto. Der Junge hat sich Mühe gegeben, mehr können wir von ihm nicht verlangen; alles andre müssen wir abwarten und uns drin ergeben, es falle aus, wie es wolle.

Die Partie nach Potsdam hoffe ich nächsten Sonnabend mit Dir machen zu können; aber *fahren*, nur nicht laufen. So selten wie wir derlei Dinge machen, hat man ordentlich die Pflicht, für möglichsten Komfort zu sorgen.

In den letzten Tagen habe ich ziemlich fleißig gearbeitet, und zwar an meinem Kriegsbuch, weil mir dasselbe doch schwer in den Gliedern liegt und der Wunsch mich erfüllt: *nur fertig*. Ich habe deshalb auch nicht innerliche Muße genug gehabt, um was andres vorzunehmen. Bis zum 1. Oktober hoff ich mit dem Gröbsten durch zu sein und während Deiner Abwesenheit im Oktober wenigstens die Hälfte durchkorrigiert und fix und fertig zu haben. Bei Deiner Rückkehr dann will ich mir 8 Tage gönnen und Gatte, Vater und Mensch sein. Im allgemeinen ist man ja nur Schreibe- und Erwerbsmaschine, in steter Besorgnis, daß der Kessel platzt.

Das »Programm« – um mit dem Chevalier zu sprechen – ist für die nächsten 4 oder 5 Tage folgendes.

Morgen (Sonntag) Partie nach der norwegischen Kirche Wang, in halber Höhe der Koppe. Diese Partie, nach meinem Geschmack die anziehendste, kostet einen guten halben Tag, ich werde also erst morgen um 2 oder 3 Uhr zurück sein. Dann ordnen, packen und am Abend um 7 mit Ledertasche und Drittelgarderobe nach Schmiedeberg (wo ich übrigens vorgestern mit Herrn v. Wedelstädt schon war). In Schmiedeberg bleib ich dann zur Nacht. Beiläufig bemerkt, kostet in den Schmiedeberger Fabriken die Quadratelle Teppich 3 und 4 Taler. Danach kannst Du unsern Teppich berechnen. Du mißt ihn in Länge und Breite, multiplizierst beide Ellenzahlen (auf Bruchrechnung laß Dich nicht ein) und multiplizierst dann mit 3 oder 4. Ohngefähr wird unser neuer Teppich 7 Ellen in Länge und Breite haben, macht 49 Quadratellen. Sagen wir voll 50. Hätte er danach (*unecht*, Schmiedeberger Fabrikat) einen Wert von 150 bis 200 Talern. Dies wird auch stimmen.

Von Schmiedeberg fahr ich am *Montag* früh nach Landeshut mit der Bahn, von Landeshut mit Post oder Wagen nach Trautenau, wo ich etwa um 2 eintreffen werde. Besichtigung des Schlachtfeldes; Fahrt nach Alt-Rognitz und Königinhof. Dort zu Nacht.

Am Dienstag nach Skalitz und Nachod; zurück nach Skalitz und von dort nach Königgrätz. Wenn's sein kann, gleich aufs Schlachtfeld nach Chlum. Nachtquartier in Sadowa.

Am Mittwoch Dub, Roskos-Hügel, Swip-Wald, Problus und zurück nach Königgrätz. Sofort weiter zurück bis Trautenau und, wenn's sein kann, bis Landeshut.

Am Donnerstag von Landeshut bis Schmiedeberg, von Schmiedeberg bis Erdmannsdorf und sofort gepackt, um die Rückreise anzutreten. Vielleicht fahr ich auch von Königgrätz am Mittwoch abend in einem Ruck (über Görlitz) bis Berlin und bin schon am Donnerstag früh bei Euch. Dies alles muß ich der historischen Entwicklung überlassen; einen Brief von Dir kann ich nicht mehr erwarten, weil es eben ungewiß ist, welchen Weg ich einschlage. Der Koffer als Frachtstück wird zwar wohl 1 Taler kosten; ich profitiere aber doch noch dabei.

Nun leb mir sehr, sehr wohl, erhole Dich und sei herzlich gegrüßt und geküßt von Deinem alten

Theo.

Gruß und Kuß für die Kinder. Die »schönen Fräulein Breys« sind Kinder von 11 und 13. Eine 16jährige (alles, nur nicht schön) dient bei Münchhausens, sie heißt Ida. Das spricht Bücher.

Nancy, 2. Oktober 1870
Sonntag vormittag

Geliebte Frau.

Im »Hôtel de France« zu Nancy, in einem hübschen großen Zimmer mit zwei Turmbetten, aber leider an einem Wackeltisch, schreibe ich diese Zeilen. Ich traf gestern mittag bald nach 1 Uhr hier ein. Beinah der erste Mensch, den ich sah, war Graf Eberhard Stolberg, an dem die einzig störende Eigenschaft die ist, daß man nie recht weiß, ob man ihn Herr Graf oder Erlaucht oder Exzellenz anreden soll. Dazu kam es nun glücklicherweise überhaupt nicht; er schien mich zu erkennen, ein leises »Was will denn *der* hier?« schien durch seine Seele zu ziehn, und ich entzog mich durch ein geschicktes Halblinks der Möglichkeit dieser Frage.

Ich rückte mit einem jüdischen Manne hier ein, den ich anfangs für einen christlichen Rittergutsbesitzer gehalten hatte, bis er sich mir als Produktenhändler entpuppte. Von Station zu Station schlich ich mich mehr und mehr in sein Vertrauen ein. In der Gegend von Lunéville erfuhr ich, daß sein frühres Geschäft darin bestanden habe, in Frankfurt a.M. große jüdische Hochzeiten, à Couvert 10 Taler, auszurichten. Er sei aber zu sehr Künstler dabei gewesen. Zwei dieser Kunstwerke hätten ihn nahezu ruiniert: das eine wäre ein in einer großen Kristallschüssel serviertes Trüffelkalb mit zwei Köpfen gewesen, das andre ein Champagner-Pudding, der derartig architektonisch aufgebaut worden sei, daß auf dem dunkleren Geleepostament der Brautvater als Büste, an den Ecken des Postaments aber die vier Töchter desselben gestanden hätten. Ich fragte: »Antik oder bekleidet?«, worauf er ruhig antwortete: »Bekleidet, aber alles durchsichtig, alles in Gelee.« So weit waren wir in Lunéville. Eine Meile hinter Blainville erfuhr ich, daß er es versucht habe, durch ein Café chantant die Ausfälle, die ihm durch jene Skulpturleistung erwachsen waren, wieder zu decken. Er habe auch Herrn Charles Schmidt, der vor dem Rosenthaler Tore in Berlin die größten Erfolge gehabt habe, engagiert, Primadonnen seien aber teils nicht aufzutreiben gewesen, teils hätten sie ihn im Stich gelassen; er habe sich von der »moralischen Unzuverlässigkeit« dieser Personen überzeugt. Seitdem sei er Produktenhändler geworden und er ginge nun als Armeelieferant nach Nancy, wo bereits ein Transport von 2000 Speckseiten lagre. Diesen – übrigens ganz manierlichen – Mann hatt ich zur Seite, als ich des Grafen Eberhard ansichtig wurde; Du wirst also doppelt begreifen, daß ich ausbog. Wir leben hier in der größten Einigkeit, die von der Seite meines Genossen sich bis zum Attachement steigert. Dasselbe wurzelt in zweierlei, zum kleineren Teil in meinem blauen Orden, zum größeren Teil in meinem *Französisch*! Unglaublich, aber wahr. Es wird jetzt hier ein parler français geleistet, woneben selbst ich auf einer schwindelnden Höhe stehe. Ich bitte Dich vor allem, daß Du Wangenheims von dieser enormen Tatsache, die sich den unglaublichen Erfolgen dieses Krieges ebenbürtig anschließt, in Kenntnis setzt. Wären mir übrigens alle sprachlichen Exerzitien nicht *zu* trist, öde und langweilig, so würd ich es in der Tat in einem halben Jahre ganz gut, soll heißen ganz leidlich, lernen können. Lepel hat eigentlich recht, daß man mit 200 richtig gewählten (darauf kommt es an) Vokabeln das Nötige immer bestreiten kann.

Nancy, als Stadt seiner Bürger, ist ziemlich trivial; was dem Dinge einen in der Tat imposanten Charakter gibt, ist beinah ausschließlich eine Schöpfung des Stanislaus Leszczyński, der, wie Du *nicht* wissen wirst, König von Polen und Herzog von Lothringen war. Es ist vielleicht die glänzendste und großartigste Leistung, die das Zeitalter des Louis quinze aufzuweisen hat. Das ganze ein künstlerisch geadeltes Rokoko.

Heute nachmittag geh ich nach Toul, wo ich den Wall sehen will, von dem ein 27er eine Rose für seinen Brigadier (Zychlinski) pflückte, und die Gartenmauer, hinter der George mit seinem Bataillon gelegen hat. Wenn irgend möglich, mache ich von Toul aus einen Ausflug nach Vaucouleurs und Domrémy.

Nun ist es Zeit, sich anzuziehn. Daß ich keine Papierkragen mit habe, ist mir doch sehr leid. Waschen lassen, wenn man nicht längren Aufenthalt nimmt, ist unmöglich. Vielleicht kannst Du in einen Brief an George (großes leinenes Couvert) 8 oder 12 einlegen, die mir George dann einhändigt, wenn ich ihn sehe. Es müßte aber gleich geschehn, sonst wird es zu spät. Außerdem müßtest Du's an einem Wollhemd genau abpassen, ob die Dinger die richtige Weite haben. Ich operiere mit meinen 3 Hemden, als ob es Gold wäre, und lege sie nur, wie ein Festgewand, auf Stunden bei den allerwichtigsten Gelegenheiten an.

Wenn Du an George und Mete schreibst, grüße sie herzlich, ebenso alle Freunde.

Den Kindern und Dir herzlichsten Kuß von Deinem

Th. Fontane

An Emilie Fontane

Toul, 4. Oktober 1870
Dienstag

Geliebte Frau.

Wieder sitze ich an einem Wackeltisch, um an Dich zu schreiben; alle Tische scheinen hier wacklig, wie das Land selber. Welche falsche Vorstellung haben wir von diesem Lande gehabt! Wir hielten es für reich, blühend, äußerlich prosperierend, schön in der Erscheinung seiner Städte. Von alledem ist wenig vorhanden, wenigstens sieht man nichts davon; es ist möglich, daß in den Banken, in den Truhen und Kästen ein Reichtum zu finden ist; in dem, was *sichtbar* wird, ist nichts davon zu bemerken. Wo immer man in Deutschland reist, hat man den Eindruck des Fortschritts, der ascendance, hier *überall* den des Rückschritts, des Verfalls. Man hat sich um die Welt draußen nicht bekümmert und ist von dieser total überholt worden. Selbst Östreich, soweit ich es kenne, macht nicht so sehr den Eindruck der Stagnation wie dieses moderne Frankreich. Man empfindet deutlich, daß sie unterliegen *mußten*; alle Kraft, alle Frische, alle Strebsamkeit, alle Umschau haltende Intelligenz ist auf unsrer Seite. In den Beobachtungen, die ich mache, *kann* ich mich kaum irren, denn ich trage keine Vorurteilsbrille und habe, auf den vielen Reisen, die ich in meinem Leben gemacht habe, in der Regel den entgegengesetzten Eindruck gehabt, *den*, daß man uns in äußerlichen Dingen voraus sei. *Gut* hab ich bis jetzt nur die Betten gefunden; im übrigen von Luxus, Komfort, Elegance keine Spur. Natürlich existiert das alles, aber wenn man fast 8 Tage in einem Lande ist und zum Teil in guten Hôtels und Cafés sich bewegt hat, will man doch auch *etwas* davon gesehn haben. Das Essen ist gut, das Frühstück erbärmlich; der »Tischwein« das Schrecknis aller Deutschen.

Seit gestern nachmittag bin ich hier. Mit meinem Eintreffen in Toul bin ich in den poetischen Kreis der Jeanne d'Arc eingetreten, ohne daß ich sagen könnte, bis jetzt poetisch-romantisch berührt worden zu sein. Meine ersten Erlebnisse hier standen in einem eklatanten Gegensatz zu aller Poesie. Ich brach natürlich gleich auf, um der berühmten Kathedrale meinen Besuch zu machen, eh ich aber noch eintreten konnte, empfand ich ein solches Rumoren in mir, daß ich es für klug hielt, einen eiligen Rückzug in mein Hôtel anzutreten. Ich erreichte es auch glücklich, aber bald mußte ich mich überzeugen, daß damit wenig gewonnen sei, denn die Korridore auf und ab laufend, konnte ich jene Lokalität nicht finden, die in der Regel durch eine Türe in kleinerem Format kenntlich ist und an deren Überschriften sich die Dezenz der Menschheit so mannigfach versucht hat. Aber weder Tür noch Überschrift war zu finden. Es blieb mir endlich nichts andres übrig, als die Glocke zu ziehn. Richtig, alle meine Ahnungen gingen in Erfüllung. Statt einer jener Strickstrumpf-Frauen, mit denen man sich auf den deutschen Bahnhöfen so schnell und gemütlich einlebt und von denen ich jede einzelne in diesem verzweifelten Augenblick mit einem Franken belohnt hätte, erschien die Tochter der Madame Millot, stellte sich mit einem gewissen patriotischen Schmerzensausdruck, der ihr gut stand und den ich gleich bei meinem Kommen beobachtet hatte, in die geöffnete Tür und sagte ernst: »Monsieur, vous avez sonné!« Die Situation war furchtbar! Ein kurzer Kampf tobte in meiner Seele, endlich siegte, wie immer, die gemeine Menschennatur, und in einem Ton, in dem sich Determiniertheit, Scham und Vertraulichkeit wunderbar mischten, fragte ich: »Oh, Mademoiselle, le cabinet où est-il donc?« Sie blieb ganz sie selbst; dem Ausdruck ihres Patriotismus noch den einer stillen Verachtung zulegend, machte sie eine klassische Armbewegung, etwa wie die Jachmann, wenn sie die Iphigenie spielt, und sagte einfach: »Descendez!« Dann schritt sie voraus, öffnete einen Hof, der die Form und die Größe jener Triangel-Schlafstuben hatte, denen man mitunter in Berliner Häusern begegnet, und verschwand mit einem »C'est ça« vor meinen Augen. So schlimm dies nun alles gewesen war, so kam doch noch das Schlimmere. Die Örtlichkeit hatte ganz den südländischen Charakter, ein

Engländer hatte nie seine reformatorische Tätigkeit hier begonnen, und so begann denn jener Schauer- und Scheuerakt, dem ich vielleicht erlegen wäre, wenn mich nicht die souveräne Rücksichtslosigkeit meines alten »Kreuzzeitungs«-Kollegen seit 10 Jahren daran gewöhnt gehabt hätte, mir diesen wichtigen Platz des Lebens Tag um Tag durch meiner Hände Arbeit zu erkaufen. So gelang es denn auch hier. Ich eilte auf mein Zimmer. Wasser und nochmals Wasser tilgten zuletzt alle Schuld.

Toul ist eigentlich nur ein Nest, etwa wie Spandau vor 30 Jahren; freilich entbehrt Spandau der schönen aus Quadern aufgeführten Kirchen, aber das ist auch alles. Mitunter blickt man durch ein Portal hindurch in einen grünen, gartenartigen Hof hinein, auf dem in verschwiegner Stille ein villenartiges Wohnhaus liegt, aber die Straßen selbst sind schmutzig und ohne jeden architektonischen Reiz.

In etwa einer Stunde will ich von hier nach Vaucouleurs und Domrémy fahren, morgen aber den Berg St. Michel, von dem aus Toul bombardiert wurde, und die Gartenmauer aufsuchen, hinter der George und sein Bataillon lag. Um 3 Uhr (morgen, Mittwoch nachmittag) gedenke ich dann weiter vorzugehn, und zwar in einem Ruck über Chalons, Epernay bis Meaux. Dort in der Nähe nehme ich dann Quartier und mache Exkursionen, um George aufzusuchen. Wie lange ich vor Paris bleibe, hängt von den Ereignissen ab. Gleichviel, ob lang oder kurz, erst von Paris aus gehe ich nach Sedan und von Sedan nach Metz. Mit Saarbrücken schließe ich dann ab. Wohin Du Briefe adressieren sollst, kann ich immer noch nicht angeben. Das Beste wird sein: Meaux, poste restante (in welchem Falle Du, nach vorgängiger Anfrage auf der Post: ob das überhaupt möglich ist, frankieren mußt), oder aber, wenn das nicht geht, als Einlage in einem Briefe an George. Das Beste ist vielleicht, Du tust beides. Denn ich wünsche doch nun zu hören, wie's Euch geht. Bei Lischen entschuldige mich, daß ich ihr keine speziellen Grüße geschickt habe; ich hatte vergessen, daß sie bei Dir war. Nun Gruß und Kuß Euch allen von Eurem resp. Deinem

Th. F.

An Emilie Fontane

Langres, 6. Oktober 1870

Meine liebe Frau.

Seit gestern bin ich ein Gefangener und befinde mich bereits in der Mitte Frankreichs. Es muß getragen sein. In Domrémy, eben in voller Jean[ne]-d'Arc-Bewunderung, wurde ich verhaftet. Man hielt mich für einen verkappten preußischen Offizier, und alles, was Deinerseits geschehen kann, ist, durch Hülfe von Gesandtschaften, besonders durch Lord Loftus, der an Lord Granville telegraphieren muß, oder durch den belgischen Gesandten die französische Regierung wissen zu lassen, daß ich eben weiter nichts als ein Schriftsteller pur et simple bin, der seines Buches halber den Kriegsschauplatz bereist. Vielleicht kann auch Frau von Wangenheim irgendeinen einflußreichen Kirchenfürsten dieses Landes und *Professor Lazarus den französischen Minister Crémieux für mich interessieren*. Sprich auch mit Geh. Rat Roland; vielleicht ist es möglich, dadurch mittelbar auch auf Jules Favre zu wirken. Meine Situation beschreibe ich Dir nicht, der Hohn des Volkes ist furchtbar. Gott sei mit uns und kläre diese Nebel. Wie immer Dein

Th. Fontane

An den Minister Crémieux hab ich eben ein Telegramm gerichtet.

Besançon, 24. Oktober 1870

Geliebte Frau.

Ich schreibe heute deutsch, weil es am Ende gleichgültig ist, ob Du diese Zeilen 1 oder 2 Tage früher oder später erhäl[t]st.

Die Hoffnungen, die ich in den letzten Tagen unterhielt, haben sich *nicht* erfüllt; ich werde morgen oder in den nächsten Tagen nach Roche-sur-Yon in der Vendée abgeführt. Bei allem Respekt vor der Vendée wär ich doch lieber ins Brandenburgische abgegangen. Und *doch*, jetzt nachdem es entschieden ist, daß ich in der Nähe des Atlantischen Ozeans als prisonnier de guerre figurieren muß, wünschte ich wohl, ich wäre erst da. Ich muß 3 oder 4 Tage fahren, die Nächte in Gefängnissen zubringen, bei Tage unter Eskorte die Städte passieren, und vor dieser Zwischenzeit hab ich zunächst den größten Respekt.

Nun aber nichts mehr von mir.

Ich hoffe, daß Herr v. Decker Dir monatlich die bewilligten 100 Taler auszahlen wird; wo nicht, mußt Du von meinem kleinen Kapital das nehmen, was Du brauchst, oder auch Dich an Scherz wenden, der gewiß hülfebereit sein wird.

Du mußt ferner zwischen 1 und 2 Uhr zu Dr. Kletke fahren, Breite Straße 8 (zwischen 1 und 2 ist die *beste* Zeit), und ihm sagen, daß ich das Theaterreferat gern behalten würde und deshalb um einen Stellvertreter bäte; wenn dies aber nicht ginge, so müßte ich freilich zurücktreten.

Heute hatte ich einen Brief von Dir erwartet; er ist nicht gekommen. Ich sehne mich danach, von Dir, von den Kindern, überhaupt etwas aus der Welt zu hören. Ich weiß nichts. Morgen bin ich 4 Wochen fort, und ebensolange habe ich, zwei französ. Zeitungsblätter abgerechnet, die ich der Güte des hiesigen Kommandanten verdankte, nichts erfahren. Vor allem möchte ich wissen, wie es George ergeht, ob er noch gesund und unverwundet ist. Grüße ihn sehr von mir und sage ihm, daß nun sein Papa die Härten des Krieges schwerer tragen müsse als er. Doch wer weiß, ob das zutrifft; wenn er irgendwo zerschossen liegt, bin ich doch noch der Beneidenswerte. – Um Dich *gräme* ich mich, *sorge* mich aber nicht zu sehr; ich habe das Vertrauen zu Dir, daß Du Dir auch in *dieser* schweren Zeit zu helfen wissen wirst. Ich habe gestern (Sonntag) früh, als ich eine halbe Stunde allein im Gefängnis war, Gott angerufen und hatte das Gefühl, er wird es wohl machen. Ich hoffte dabei auf einen andern Ausgang, aber er hat mir und Dir diese weitre Prüfung auferlegt. Vor allem erflehe ich Gesundheit und demnächst – den Frieden. Grüße die Freunde. Gott sei mit uns. Wie immer Dein alter

Th. Fontane

Das Kriegsgericht hat mich von dem Verdacht der Spionage freigesprochen; da ich aber viele Militärs kenne und sozusagen militärische Augen habe, hat es der Herr General für nötig angesehn, mich für die Dauer des Krieges im Lande zu behalten.

Mein Gepäck treibt sich zerstreut in der Welt umher; fast nichts habe ich bei mir. Das Nötigste: zwei Hemden, Seife, Kamm etc. habe ich in Langres durch die Güte des Greffier erhalten; hier ein paar Strümpfe und Gummischuhe. Glücklicherweise habe ich meine Reisedecke bei mir. Ich bitte Dich, wenigstens Versuche anzustellen, daß meine in Toul, im Hôtel de la Ville de Metz zurückgelassenen Sachen (die *braune* Ledertasche und allerhand auf dem Tisch zerstreute Kleinigkeiten) und ferner die kleine *schwarze* Tasche, samt Lepels

Trinkflasche, die ich in *Vaucouleurs* zurückgelassen habe, Dir zugestellt werden. Mit der braunen Tasche ist es vielleicht nicht so schwer; sie befindet sich vielleicht auf der Mairie oder dem Etappenkommando. Es müßten aber vorher sowohl in Toul wie in Vaucouleurs die Wirtshausrechnungen bezahlt werden, in Vaucouleurs vielleicht 2 bis 3, in Toul vielleicht 10 bis 15 Francs.

Dein Th. F.

Dies alles könnte am besten Eggers' Freund, der liebenswürdige Lüdicke in Nancy, besorgen, den ich schönstens zu grüßen bitte. Auch die schwarze Tasche in Vaucouleurs hat Wert für mich. Lüdicke müßte erst schreiben, daß die Tasche von Vaucouleurs nach Toul gebracht wird. Natürlich muß man ihm gleich Geld anweisen, um die Auslagen machen zu können.

An *Herrn v. Decker* schreibe ich, von Roche-sur-Yon aus, gleich selbst. Ich mute Dir natürlich nicht zu, in Person bei Herrn v. D. Schritte in der Geldangelegenheit zu tun.

Th. F.

Roche-sur-Yon soll ein freundlicher, gesunder Ort mit einer guten, humanen Bevölkerung sein. Geb es Gott. Es heißt, ich werde dort in Freiheit leben; nur die Stadt darf ich nicht verlassen. Von dort aus schreib ich ausführlich. – Meine Angelegenheit hat lange geschwankt; den Ausschlag zu meinen Ungunsten gab das »Rote Kreuz«, das ich nicht berechtigt gewesen sei zu tragen. So hängt unser Schicksal an Kleinigkeiten. Wie immer Dein

Th. F.

Adressiere Deinen nächsten Brief: Mr. Th. F.
Roche-sur-Yon (Vendée)
poste restante, par la Suisse!

Besançon, 27. Oktober 1870

Geliebte Frau.

Herzlichsten Dank für Dein Telegramm, das ich, indirekt, aus Flintern, wenn ich nicht irre, einer Vorstadt von Zürich, erhalten habe. Gewiß haben unsre lieben Wangenheims auch dazu die Hand geboten; ich habe gestern, wo der Kardinal seine Verwendung für mich eintreten ließ, gleich an Frau v. W. geschrieben. Auch an Herrn v. Decker, unter Einlage eines Briefes an Herrn Lüdicke (Freund Eggers'); diese Einlage wirst Du durch Herrn v. D. hoffentlich erhalten.

Aus Deinem Telegramm habe ich zu meiner großen Betrübnis ersehn, daß mutmaßlich verschiedene Briefe, die ich an Frau v. W. und demnächst an Dich gerichtet habe, gar nicht bei Euch eingetroffen sind. Dadurch bist Du über mein Schicksal länger in schwerer Sorge gewesen als nötig. Ich wurde am 5. verhaftet; am 8., spätestens am 9. war die Krisis vorüber, und von da ab handelte es sich nur noch um die Frage, ob ich unverzüglich in Freiheit gesetzt oder als prisonnier de guerre im »fernen Westen« interniert werden würde. Ich hoffte, daß Du am 12. dies wissen würdest, oder doch spätestens am 15.; es scheint aber fast, daß Du bis zum 24. oder 25. über mein Schicksal im ungewissen gewesen bist. Dies ist mir unendlich schmerzlich, wie ich denn überhaupt wohl sagen darf, daß mir meine Erlebnisse mehr um Deinet- wie um meinetwillen leid getan haben; ich nehme davon nur die Stunden aus, wo das Letzte in aller Lebendigkeit vor mir stand. Vielleicht war meine Situation nie so schlimm; aber wer konnt es wissen?!

Welche Tage! in Stunden die Erlebnisse von Jahren zusammengedrängt; immer neue Bilder, immer neue Menschen; lange Schriftstücke und Konversationen, alles in französischer Sprache; ich habe in diesen 3 Wochen mehr Französisch gelernt als sonst in einem Jahr; aber die Anstrengung ist kolossal. Wo die Kräfte herkommen, weiß ich nicht. Alles Gnade Gottes. Freilich wenn ich in Roche-sur-Yon sein werde, werd ich zusammenbrechen und ein Fieber durchzumachen haben; aber ängstige Dich nicht: Tee und Soda und Schlaf werden das Ihre tun.

Ich lege diesen Zeilen einen Zettel bei, auf dem Du verzeichnet findest, was ich in Roche-sur-Yon zu haben wünsche. Du mußt zunächst auf der Post anfragen, ob es überhaupt möglich ist (immer par la Suisse), eine solche Kiste zu schicken, und wenn die Antwort auf »ja« lautet, mußt Du fragen: wieviel es kostet? Kostet es *unter* 5 Rtr., so schicke, kostet es *drüber*, so laß es. Natürlich würde der Empfang dieser Dinge sehr zu meinem Komfort beitragen, da ich eigentlich nichts bei mir habe. Bei der Deklaration der Sachen mußt Du sehr vorsichtig sein, alles genau angeben, hinzufügen, daß die Sachen schon gebraucht sind, auch solche Sachen zurücklassen, die unerlaubt sind oder einer besondern Steuer unterliegen. Du wirst das Nähre teils durch Hofrat Herrlich, den ich schönstens zu grüßen bitte, teils auf der Post erfahren können.

Mit Sehnsucht warte ich auf den Brief, den mir Dein heut empfangenes Telegramm in Aussicht stellt, hoffentlich lautet er nicht zu traurig. Cheer up! Du bist doch nicht ein lone, lorn woman. Es werden wieder glückliche Tage kommen. Daß ich Dir diese Schmerzen bereitet habe, tut mir in der Seele leid; ich kann aber auch jetzt noch nicht finden, daß meine Verschuldung groß war. Man hatte mich sicher gemacht und meine Vorsicht eingelullt. Eh ich von hier abreise, schreib ich noch einige Zeilen.

Küsse die Kinder; wie immer Dein alter Leichtsinn

Th. Fontane.

Wunschzettel
zum Aufbau in Roche-sur-Yon

1. Zwei Taghemden. Die dänischen Knöpfchen.
2. Zwei Nachthemden. Ein Nachttuch.
3. Sechs gute Kragen.
4. Drei Paar wollene Strümpfe.
5. Ein Paar Unterhosen. (Weil ich nachts immer friere.)
6. Eine Leibbinde.
7. Die alte rote Kappe, after having been cleaned.
8. Ein Paar ältre, schwarze, mit kleinen weißen Pünktchen gesprenkelte Beinkleider; aber nicht etwa die dicken, graumelierten.
9. Die schwarze Weste, an die Basedow einen Schoß gesetzt hat.
10. Die Stiefel mit dem krausen, schlecht aussehenden Oberleder.
11. Ein Paar Filzsohlen, als Schuhe präpariert (wie die, die sich jetzt in Toul befinden).
12. Das *gebrauchte* englische Rasiermesser aus dem Merington-Kästchen und den »strop«, den Du mir mal geschenkt hast.
13. Schachtel mit baby-pins.
14. Eine Binde oder ein schwarzseidnes Tuch. Kann schon gebraucht sein.
15. Ein altes Cachenez.

Ich sehne mich sehr nach Nachrichten von Euch, besonders wie es Georgen und Meten ergeht; tue nur alles, um Georgens etwaige Wünsche hinsichtlich Stiefel und Wollenzeug zu erfüllen.

Wegen meiner Sachen in Toul und Vaucouleurs wär es wohl auch gut, mit Herrlich zu sprechen; vielleicht weiß er Rat.

Château, l'Isle d'Oléron,
Dep. Charente inferieure,
13. November 1870

Geliebte Frau.

Seit vier Tagen bin ich nun hier. Ich habe natürlich täglich das Bedürfnis, Dir zu schreiben, aber wie ich vernehme, werden die Briefe nur 2mal wöchentlich expediert (zunächst nach Tours, wo sie einer Kontrolle unterliegen), und so hätte es keinen Sinn, wenn ich mich täglich expektorieren wollte. Es kommt noch ein andres hinzu. Die starke Möglichkeit, daß alles doch nur vergeblich zu Papier gebracht sei, hat etwas Lähmendes, und es bleibt einem kaum etwas andres übrig, als die Dinge, auf die es zumeist ankommt, also die Frage: Wie geht es Euch? ist bald Friede? habt Ihr Schritte getan zu meiner Freilassung?, möglichst oft zu wiederholen, damit eine Chance da ist, daß diese Fragen wenigstens mal gehört werden. Daran reiht sich dann meinerseits die einfache, freilich wichtige Versicherung: ich bin gesund, und zugleich die allerpressanteste Bitte um Geld. Wenn Du diese Zeilen erhäl[t]st, so siehe zu (wenn es nicht schon geschehn ist), daß noch am selben Tage ein Brief nach Bern oder Genf abgeht, der ein dortiges Bankhaus ersucht, nach Bordeaux hin an ein Bordeauxer Bankhaus zu telegraphieren: Schickt 200 Francs sofort an Th. F., prisonnier de guerre auf Château, Isle d'Oléron. Ich werde diese Bitte in meinen nächsten Briefen wiederholen, so lange, bis ich Geld erhalte, denn meine Situation fängt an peinlich zu werden.

Ich bemerke auch gleich hier, daß ich ziemlich oft geschrieben habe, in Lyon 2mal, in Moulins (an Elsy) einmal, in Rochefort einmal, hier auf der Insel 1mal; wenn Du nichtsdestoweniger vielleicht ohne Nachricht bist, wenn Lücken da sind, wenn Du Dich vielleicht wunderst, das eine oder andre nicht berührt zu sehn, so wisse ein für allemal, daß *ich* nicht die Schuld trage. Es liegt in den Verhältnissen. Krieg ist Krieg.

Am 28. Oktober abends, also bereits vor 16 Tagen, erhielt ich in Besançon ein Telegramm vom Präsidenten der Schweizer Republik, worin er mir seine Verwendung bei Mr. Crémieux resp. bei Mr. Gambetta zusagte; aber seitdem hab ich kein Wort erfahren, weder überhaupt etwas von Euch noch etwas in meiner Freilassungsangelegenheit. Sucht doch einen *Tausch* zustande zu bringen. Es sollen mehrere französische Schriftsteller in preußischer Gefangenschaft sein; ist das der Fall, so ist das Exempel leicht gemacht. Von Rangstreitigkeiten kann keine Rede sein; Federvieh ist Federvieh.

Es füllt sich jetzt hier. Jeden Tag treffen neue Transporte ein, aber kein Offizier. Ich kann nicht sagen, daß ich besonders unglücklich darüber wäre; Offiziere können sehr nett sein, aber auch umgekehrt pappstofflig, unbedeutend, prätentiös, und dazu der »Campagneton«, der auf 2 Stunden amüsiert, aber schon nach zwei Tagen unerträglich ist.

Ich bin sehr fleißig. Sieben Kapitel habe ich schon geschrieben, im ganzen nah an 100 Druckseiten; der erste Abschnitt endigt mit meiner Abreise von Besançon; ich bin schon bedeutend in Abschnitt II hinein, der meine Reise über Lyon, Moulins etc. hieher enthält. Es liest sich wie ein Roman, der es ja auch eigentlich ist. Der dritte Abschnitt soll meinen Inselaufenthalt behandeln. Dazwischen mache ich Verse. So diese Nacht, wo ich aufwachte und die Traumbilder niederschrieb. Die Verse sind alle an Dich gerichtet. Vergiß nicht, wenn Du den betr. Brief erhalten hast, mir aus meinem Stoffkästchen die beiden Zeitungsnotizen: »Die Kleine auf Neu-Braunschweig« (die dann erfriert) und »Guldebrandsdal«, in kleiner *Abschrift*, *nicht* die Originalnotizen, zu schicken. – Wenn ich mit Abschnitt II fertig bin, was etwa am 20. der Fall sein wird, will ich die sechs Kapitel von Abschnitt I durch einen Unteroffizier abschreiben lassen und will ich dann einen Versuch machen, Euch diesen Abschnitt zuzustellen. Ich werde ihn direkt zur Durchsicht nach Tours schicken, wo man sich sofort überzeugen wird, daß es sich nur um Privaterlebnisse handelt. Gehen Dir diese Aufsätze zu, so wirst Du dann endlich etwas von meinen Schicksalen erfahren. Laß die Aufsätze dann drucken, am liebsten in der »Vossin«; doch geb ich Dir darin plein pouvoir. Eine Durchsicht und Korrektur des eingestreuten Französischen (durch Wangenheims) ist durchaus nötig; doch bitte ich nur direkte, offenbare Fehler zu korrigieren.

14. November (Montag)

Heute früh bin ich Deinem Geburtstage zu Ehren eine Stunde früher aufgestanden, habe schon um 8 meinen Spaziergang auf dem Rempart gemacht und, nach Osten hinüberblickend, Deiner viel gedacht. Ich hoffe, daß dieser Tag kein allzu trüber für Dich gewesen sein wird. Ich lebe ja noch, bin relativ gesund und habe den Trost, daß zuletzt alles seine Zeit hat, auch der Krieg. Wir leben nicht in einem Zeitalter, das 7- oder gar 30jährige Kriege führt; die Campagne von 66, die eigentlich nur 7 Tage dauerte, war ein Musterstück moderner Kriegführung. Dies große Duell von Anno 70 dauert eigentlich schon viel zu lange; es liegt daran, daß Frankreich, im Gegensatz zu seinen Traditionen, den Krieg diesmal *nicht* als Duell faßt. Jeder eigentlichste Volkskrieg wird allerdings immer eine Neigung haben, über das bloße Duell hinauszuwachsen.

Es ist jetzt 2½, bei Euch bereits 3 Uhr, und ich sehe Dich auf dem Sofa ruhn, um Dich von den Anstrengungen der Gratulationscour zu erholen. Gewiß hat heute niemand gefehlt; es ist so natürlich, daß Deine Lage Teilnahme weckt. Etwas von Dir, von Euch allen zu hören ist jetzt mein *größter* Wunsch; ich bitte Dich, *recht oft* zu schreiben, geht dann auch der eine oder andere Brief verloren, so hat man doch immer noch Chancen, einiges zu erfahren. Ich weiß absolut nichts, weder von Welt noch Krieg noch Familie. Setzt doch Eure Bemühungen bei Mr. Crémieux fort; vielleicht hilft es schließlich doch. Ich habe am 7. von Rochefort aus an Dich und Frau v. W. geschrieben; hast Du diesen Brief zu Deinem Geburtstag erhalten? Dies zu hören würde mich sehr erfreun. Gott sei mit Dir und mit Euch allen, an diesem und an jedem Tage. Wie immer Dein

Th. Fontane

15. November

Ihr werdet in Berlin besser wissen als ich hier, ob man den Frieden nahe glaubt oder nicht. Ist er mutmaßlich noch fern, so versuche doch unter Kreuzband, oder vielleicht auch auf andre, beßre Weise, mir eine kleine billige Ausgabe (gelber Umschlag; bei Gsellius jedes Heft etwa 5 Sgr.; wir haben den »Othello« in dieser Ausgabe) von »Macbeth« und »Hamlet« zu schicken.* Von Storm schreibe mir einige Einleitungs*strophen verschiedener* Gedichte ab (sie stehen in der Mitte des Buchs und sind meist politischen Inhalts), die sich auf die Strandlandschaft und das Meer bei Husum beziehn. Namentlich das Gedicht, in dem die Zeile vorkommt: »Der Regenvogel pfeift«. Ich bin doch hier geistig sehr verarmt und halte mich nur durch Arbeit frisch. Dein

Th. F.

* [Dazu quer auf dem Rand:] auch vielleicht den *»Faust«*, namentlich den *zweiten* Teil, ungebunden, in einer der *ganz* billigen neuen Ausgaben.

Saint Denis, 18. April 1871
Dienstag

Liebe Frau.

Heute werden wir 6 Mann hoch:
Herr v. Sydow
" v. Bodelschwingh
Divisionsprediger Gerlach
George und ich,
also richtig gezählt nur 5 Mann, über Le Bourget nach den Ost-Forts fahren und den Mont Avron besteigen. Es nimmt diese Partie den ganzen Tag in Anspruch. Am Abend will Herr v. Bodelschwingh sein Unteroffizier-Quartett in der Kathedrale singen lassen.

Gestern 2 Stunden in der Kathedrale. Die Schönheit dieser herrlichen Bauten ist es nicht mehr, die mich interessiert, ich habe *zu* viel davon in meinem Leben gesehn und verstehe doch nicht *so* viel davon, um nun gleich jedem einzelnen Baue seinen Wertplatz und seine besondere Bedeutung zuweisen zu können, aber der *historische Erinnerungsschatz* dieser Kirchen, ganz besonders auch in *dieser* Kathedrale, ist kolossal.

Am Nachmittage waren wir mit Herrn v. Sydow in den beiden Forts La Briche und Double Couronne. Die Aussicht vom »hohen Kavalier« des erstren ist entzückend; prächtig lag nach rechts hin der Mont Valerien in seiner Massenformation vor uns, ein dumpfer Knall und ein hellgraues Gewölk wälzte sich vom Berge aus bis halben Wegs auf Paris zu. Die Kanonade ist unausgesetzt; man macht hier nur Witze drüber.

Morgen wollen wir nach Denil, Montmorency, Enghien und der Mühle von Sanoy, von wo aus man, fast bis Versailles hin, ein riesiges Panorama überschaut. Wie immer Dein *Th. F.*

Warnemünde, 15. September 1871

Gnädigstes Fräulein.

Morgen reist nun also Frl. Annette, mit der ich eben beim Café eine Viertelstunde geplaudert habe, und diese Zeilen sollen sie begleiten.

Es geht mir hier nach wie vor sehr gut; ich finde alles vorzüglich und begreife gar nicht, wie vernünftige Menschen, wenn sie nicht Prinzen sind oder Schickler oder Bleichröder heißen, zwei verschiedne Meinungen darüber hegen können. Es ist alles so, wie man es, in gewöhnlichen deutschen Verhältnissen, zu Hause gewohnt ist, dabei alles billig und prätentionslos. Daß es keine »Sehnswürdigkeiten« gibt, ist ein ganz besondres Glück; ich bin so kathedralen- und galerienmüde, wie man nur sein kann, und jedes Schloß, das ich nicht zu sehen brauche, ist ein Segen für mich. Wie viele Stadien überwindet man im Leben?! Es gab mal eine Zeit, wo ich es als das größte irdische Glück erachtete, bei Anthieny (eine von Lepels dunkeln Konditoreien) Apfelkuchen zu essen und den »Berliner Figaro« zu lesen. Jetzt bin ich nun so weit, daß mir die monotone Musik des Meeres oder auch (auf Abschlag) des Dobbertiner Sees über alles geht, und bei dieser Stimmung werde ich nun wohl auch bleiben.

Meine Frau hat mir von Ludwigslust aus einige sehr befriedigte Worte geschrieben; »in Schwerin«, so schreibt sie, »verbrachte ich eine glückliche Stunde«. Zöllners Bruder, ein kleiner dicker Stöpsel, führte sie im Schloß umher. – Über Fräulein Annette schreibe ich nicht, da Sie sie ja sehen werden; ich finde sie merkwürdig erholt, rote Backen und ordentlich stark geworden. Sie war freundlich, gut und nachsichtig wie immer. Ich werde wohl noch 14 Tage bleiben und vielleicht bei meinem

Eintreffen in Berlin erst aufgetaut werden müssen. Denn es wird schon kalt. Ihnen für Ihre große Güte und unveränderte Freundschaft erneuten herzlichen Dank von Ihrem

Th. F.

An Emilie Zöllner

Warnemünde, 19. September 1871

Teuerste,
Verehrteste Chevalière!

Unter den vielen Unterlassungssünden meines Lebens rechne ich mir ein etwaiges Nicht-Briefe-geschrieben-Haben im allgemeinen *nicht* an. Ein vielleicht hier und da vorkommendes Manko wird durch kolossale Überschüsse mehr als gedeckt. Und doch erblaßt mein Gewissen bei dem bloßen Namen: Chevalier! Hier liegt eine Schuld, und zwar der schlimmsten eine: Undankbarkeit. *Er* schrieb, *er* hat Großes an mir getan. Mitten aus der Kur heraus, ein Bad hinter sich, ein Bad vor sich (gräßliches Bild!), schrieb er, schrieb *zweimal*, und ich, ein kurlos in der Ferne Schweifender, ein durch das benachbarte »Trottoiri« Rostocks beständig auf ihn Hingewiesener, ich habe vier Wochen vergehen lassen, ohne auch nur (wie Dick) zu telegraphieren. Dies, weil das teuerste, ist immer das billigste.

Ja, vier Wochen waren es vorgestern, daß ich, angetan mit einem neuen Hut und dem altbewährten Reiseorden, meines schönsten Schmucks ganz zu geschweigen, gen Dresden fuhr. Unvergeßlicher Moment!

Im Sinnen darüber, wie die Schuld schließlich doch noch vielleicht zu tilgen sei, bin ich auf den Gedanken gekommen, an *Sie*, teuerste Frau, zu schreiben. Die Erfahrung, daß eine *da* dargebrachte Huldigung, wo wir selber attachiert sind, mit einer gewissen Doppelkraft auftritt, läßt mich hoffen, daß ich mich, wie schon so oft, auch hier leidlich gut aus dem Dilemma herausgezogen habe.

Was schreibe ich Ihnen? Ich würde Ihnen und mir unrecht tun, wenn ich Sie meiner speziellsten Verehrung noch wieder erst versichern wollte; ich gehe also auf minder Persönliches über, auf Warnemünde.

Das Spill lebt noch, und der »Pavillon« ist kein leerer Wahn. Nur daß er kein Pavillon ist! Als ich eintraf bei »Hübners«, waren wir 40 bei Tisch, gestern waren wir 15, heute werden wir 9 sein. Geheimnisvolle, poetisch anmutende Zahl! Die Aristokratie beiderlei Geschlechts, d.h. Mecklenburgs und Israels, ist längst wieder daheim; statt dessen sind Onkel Bräsig und Triddelfitz en bataillon hier eingezogen. Sporadisch taucht etwas Pastorales auf. Einer, ein Alter, mit dem üblichen weißen Halstuch (die sich hier, wegen der Unmöglichkeit von Staub und Schweiß, sehr lange halten), sitzt mir bei Tische vis à vis; er schüttelt immer mit dem Kopf, was ich anfangs auf mich bezog. Sie kennen meine Soupçons. Längst aber ist meine Gereiztheit der Teilnahme gewichen; er schüttelt, weil er muß. Er will bis in den Oktober bleiben, »dann ist es am kräftigsten«. So bereiten sich Zustände für ihn vor (in balneis salus), in denen schließlich auch nicht mehr geschüttelt werden kann.

Für mein geistiges Wohl sorgt die Rostocker Ztng., die mir leider immer erst zugeht, nachdem sie durch einen Mostrichtopf gestempelt worden ist.

Die Abende verbring ich beim Tee auf meinem Zimmer. Es gibt Sardelle und in Scheiben geschnittene Boulette. Die Stücke Zucker erinnern mich an ein Lotteriespiel meiner Jugend, das mit 7 Würfeln gespielt wurde; auf einem war ein Totenkopf; ich habe so kleine Würfel nie wieder gesehn. Der Cognac steht der Kartoffel näher als nötig. Das Bett ist ein Sommerbett und leistet im Stofflichen etwa dasselbe wie die Hängematte auf Heydens »Siesta«. Inwieweit ich selber dem schönen Schaukelgegenstand entspreche, müssen Unparteiischere entscheiden.

Am Sonntag war ich in der Kirche. Der Geistliche schien mir anfangs der Zwillingsbruder des Kandidaten, der mit Lining oder Mining in der Laube saß, während Onkel Bräsig im Kirschbaum sein Quartier aufgeschlagen hatte. Ich tat ihm aber unrecht, und er sprach vorzüglich. Gute Predigten hört man nur noch in Nestern. Die Berliner Predigerei ist meist wenig erbaulich.

Heut über 14 Tage wird die *neue* Kirche eingeweiht. Sie ist ein saubres, gotisches Gebäude; innerlich intakt; nur die Ecken und Vorsprünge sind bereits dem allgemeinen Schicksal der Kirchenwinkel verfallen. Mirabeau sagte von Preußen: »Noch nicht reif und schon faul«, so heißt es hier: »Noch nicht geweiht und schon entweiht.« Das Gemeine hat immer den Vortritt.

Nur nicht in Rütli und Ellora, wo *solche* Sterne scheinen! In alter, aufrichtiger Verehrung Ihr

Noel

An Césaire Mathieu [Entwurf]

[Berlin, 5. Oktober 1871]

Die lange Zeit, die ich seit Empfang Ihres so ausführlichen wie gnädigen Schreibens vom 22. Juli habe vergehen lassen, verrät wenig von der ganz besondern Freude, die meine Frau sowohl (die sich Ew. Eminenz angelegentlichst empfiehlt) wie ich selbst über eben diesen Brief empfunden habe. Ich würde mir über mein langes Schweigen ernste Vorwürfe machen, wenn ich einer bloßen Schreibeunlust, die ich übrigens nie habe, darin nachgegeben hätte; ich darf aber wohl sagen, daß ich vor Überarbeit nicht zu einer Beantwortung eines Briefes gekommen bin, der vielleicht mehr noch als irgendein früher von Ew. Eminenz empfangenes Schreiben eine sofortige Danksagung erheischt hätte. Jene Überarbeit entstand daraus, daß ich mich im Juni niedersetzte, um meine April- und Maireise in Nordfrankreich zu beschreiben, und daß unter der Arbeit, ganz gegen meinen Wunsch und Willen, aus einem 1bändigen Buche ein 2bändiges wurde. Es ist noch nicht ganz beendet, aber ich bin doch in diesem Augenblick so weit damit, daß ich aufatmen und wieder an andres herantreten kann. Bis heute, dem Jahrestage meiner Gefangennahme zu Domrémy, hat alles andre daneben geruht. *Dieser* Tag soll aber nicht ohne ein Lebenszeichen von mir vorübergehn. Er ist eine zu direkte Mahnung an alles, was ich Ew. Eminenz schulde. Wenn in Ew. Eminenz letztem huldvollen Schreiben mich schon die Notizen über die Kathedralen Nordfrankreichs erfreuten, wie erst die Mitteilungen über den Erzbischof Duboy[?], über den Generalvikar Surat und über den Missionsgeistlichen Léon Guerrin, dessen schönen Brief vom 26. Mai Eminenz mir huldvoll in einer Doppelabschrift mitgeteilt haben.

Wir haben diesen Brief hier unter tiefer Bewegung gelesen, unter Tränen, die wohl *jeder* fühlende Mensch bei Erzählung solches Todesmutes haben wird, doppelt aber solche Personen, deren Schicksal ein sehr ähnliches war und die, wie ich, auch nahe daran waren, wenigstens in betreff der speziell gegen sie gerichteten Anklage, absolut schuldlos zu sterben. Es könnte mich mit einem stillen Neid erfüllen, daß mein Hinausgehn aus diesem Leben nicht so schön, so vertrauensvoll, so gottergeben gewesen sein würde. Nochmals meinen, *unseren* Dank für diese Mitteilungen.

Den ganzen vorigen Monat habe ich in dem benachbarten Großherzogtum Mecklenburg zugebracht, wohin ich mich zurückgezogen hatte, um ganz ungestört arbeiten zu können. Zuerst befand ich mich in einem Fräuleinstift, dessen etwas kümmerlich geratenes Bild ich diesen Zeilen anschließe und das bis diese Stunde, trotz seines protestantischen Charakters, den Namen führt: »Kloster Dobbertin«. Wir haben solcher »Klöster« hier sowohl wie auch in meiner heimatlichen Provinz Brandenburg mehrere, Stiftungen, die etwa dreißig Jahre nach der großen deutschen Kirchenbewegung aus dem katholischen Glauben in das lutherische Bekenntnis übertraten, mit Ausnahme dieses einen Unterschiedes aber *in allem andern völlig unverändert blieben*. Deshalb kann man an diesen Orten die Art und Weise des 16. Jahrhunderts noch ganz vorzüglich studieren, um so mehr, als alle diese Plätze, meist abgelegen vom Weltverkehr, in ihren alten Überlieferungen in nichts gestört wurden. Hier gibt es noch eine Domina, eine Priorin, Praepositi und einen Klosterhauptmann; die adligen Damen selbst führen den Namen »Konventualinnen«, und das Ganze behauptet noch eine völlig selbständige Stellung und kennt keine andre Abhängigkeit als die Abhängigkeit von einer Art adligem Oberhause, die aber seinerseits an den alten Überlieferungen weder rüttelt noch rütteln darf. Die »Domina von Dobbertin« nimmt den ersten Rang nach dem Landesfürsten ein und genießt in wie außerhalb des Klosters eines hohen Ansehens. Es ist in diesem Augenblick eine 92jährige kleine Dame (ein Fräulein v. Quitzow), die dieses hohe Amt bekleidet, seltsamerweise ein Zwillingskind, deren Zwillingsschwester, ebenfalls unverheiratet und von gleicher Rüstigkeit, bei ihrer Schwester oft zu Besuche ist.

Es gibt eine ganze historische Literatur dieses Klosters, und nichts ist amüsanter zu lesen als der »Nonnenkrieg«, den die in ihrem Glauben verharrenden adligen Damen gegen die dann und wann erscheinende protestantische Pfarrgeistlichkeit führten, wobei es, von den unglaublich stärksten Ausdrücken abgesehen, auch zu Tätlichkeiten, zu einer Kriegführung im kleinen, kam.

Von Dobbertin, nach einem kurzen Aufenthalt in der kleinen Residenz Schwerin (dessen Schloß, wenn ich nicht irre, eine freie Nachbildung des Schlosses zu Chambord oder eines andern berühmten Loire-Schlosses ist), wandte ich mich nach dem mecklenburgischen Seebade: Warnemünde. Es ist eins der vielen Seebäder an unsrer Ostseeküste, nicht besonders elegant, aber darin schön und anziehend, daß seine beste Straße sich unmittelbar am Meere hinzieht, so daß die Wellen, an einem Sturmtage, beinah die Schwellen der Häuser berühren. Es ist ein ins Kleinbürgerliche übersetztes Dieppe, ein Ort, der mir gerade durch die geringen Prätensionen, die er macht, seit Jahren lieb und wert geworden ist. In den Wochen, wo ich mich aus dem Getriebe der großen Stadt zurückziehe, um entweder in Stille zu arbeiten oder in Stille spazierenzugehn, in solchen Wochen will ich nicht auch noch durch jene Toilette- und Repräsentationsfragen gepeinigt werden, die unser regelmäßiges Residenzleben nur allzusehr beherrschen und oft wie eine schwere Last auf uns drücken. Der Anblick Warnemündes und des anbrandenden Meeres rief mir die Augusttage des vorigen Jahres, die ich daselbst zubrachte, wieder vor die Seele. Jeden Tag aufregende Nachrichten von Straßburg und Metz und unmittelbar vor uns (nicht minder aufregend) die französische Flotte, die in der Ostsee kreuzte und von der wir allnächtlich einen Landungsbesuch erwarteten. Wie vieles liegt dazwischen!

Ew. Eminenz letztes, ebenso ausführliches wie gnädiges Schreiben kam mir, von allem andern abgesehen, auch bei meiner Arbeit – ich beschrieb gerade Rouen – sehr zustatten, und ich war in der glücklichen Lage, Ew. Eminenz gefällige Notizen über Caen, Bayeux, Jumièges in einer Anmerkung benutzen zu können.

Es ist Zeit, daß ich schließe. Dieser Domrémy-Jahrestag mag es gestatten, daß ich noch einmal meinen tiefgefühltesten Dank vor Ew. Eminenz ausspreche. Dem ... Guerrin, dessen Brief mich so bewegt und zugleich mir fühlbar gemacht hat, wieviel mir noch fehlt, bitt ich mich unbekannterweise empfehlen zu wollen.

In steter Dankbarkeit und Ergebenheit Ew. Eminenz gehorsamster Diener

Th. F.

An Elise Fontane

Berlin, 6. Januar 1873
Dreikönigstag

Meine liebe Lise.

Schönsten Dank für Geburtstagsbrief und Torte, von der ich übrigens nicht täglich esse, teils aus Achtung gegen die Torte, teils aus Rücksicht gegen mich selbst. »Denn dieser letzten Tage Müh war groß«, und wenn schließlich ein Haar den überbürdeten Kamelsrücken bricht, wie bricht nicht erst eine Sandtorte einen überbürdeten Magen.

Emilie hat Dir schon etwas über unsre Sommerpläne geschrieben. Es hat seine Richtigkeit damit. Ich ginge lieber nach Berchtesgaden und dem Königssee als nach Boltenmühle und dem Molchowsee und muß mich schließlich mit meiner Freundin Jeanne d'Arc trösten: ach, es war nicht meine Wahl. Mein Geschmack wird nicht befragt, sondern, ganz wie bei Johanna, meine Mission. Ihre Aufgaben hießen: Orleans und Reims, die meinen heißen: Wusterhausen und Neustadt an der Dosse. Sie hörte das Schlachtroß wiehern – ich werde ganzer »Rosse Getrabe« hören, wenn ich erst in das Gestüt von Neustadt trete. An welchem Lionel ich schließlich zugrunde gehen werde, gehört noch der historischen Entwickelung an. Hoffentlich ist es nicht der Rheinsberger Doktor, der auf dem Degen, auf dem der Schiffscapitain steckt, am Ende noch einen Platz frei hat. Das wäre eine verteufelte Geschichte.

Nun, wo möglich, ein paar vernünftige Worte. Ich will wirklich mit Frau und Kind irgendwo im Ruppinschen, am liebsten in der Lindower Gegend, mich niederlassen; kennst Du vielleicht einen guten Platz? Ich denke, ein geräumiges Lehrerhaus (wenn es solche überhaupt gibt) würde meinen Wünschen am ehsten entsprechen. Ich will dann, von einem Mittelpunkte aus und immer zu diesem zurückkehrend, in Radien das Land durchstreifen, oder »durchstoßen«, wie wir Militärs sagen. Teile mir darüber Deine schätzenswerten Ideen mit, aber nicht zu deprimierend. Sprich doch auch – wenn Du mit ihm auf dem Sprechfuß stehst – mit Gentz über die Sache. Namentlich laß ich ihn bitten, freundlich in Erwägung zu ziehn, wo wohl was zu suchen und zu finden ist. *Daß* ich etwas finde, ist mir unzweifelhaft; es beruhigt aber doch im voraus zu wissen, da und da steckt etwas.

Nun noch ein paar Fragen:

1. wo haust jetzt Direkt. Schwartz?
2. Würde die Gottberger Pfarre wohl auf acht Tage ihren Kirchenbuch-Schatz herausrücken, oder, wenn nicht, wie heißt der Geistliche, daß ich an ihn schreiben und über dies und das fragen kann.
3. Könntest Du mir wohl noch einmal den Bratring

und Zychlinskis Geschichte des 24. Regiments schicken?

Bitte, liebe Lise, antworte recht bald. Ich pußle diese Dinge so nebenbei fertig, und da muß man zeitig anfangen. Wie immer Dein alter

Theodor

An Wilhelm Schwartz

Berlin, 26. Januar 1873

Hochzuverehrender Herr Direktor.

Man wandelt nicht ungestraft unter Palmen und nicht einmal über den Ruppiner Wall. Seit Ihren Direktoratstagen in »Civibus aevi futuri« sind Sie wie in Frick- und Wodan-, so auch in »Grafschafts«-Sachen die Autorität, an die jung und alt befragend heran muß. Auch ein solcher Greis wie ich.

Der 1. Band meiner »Wanderungen« ist, unglaublich, aber wahr, zum zweiten Male vergriffen, und eine 3. Auflage soll gemacht werden. Ich habe nun den Wunsch, wenigstens aus diesem 1. Bande eine Art Normalband herzustellen, der, wenn nach 20 oder 30 Jahren von mir und meinen Arbeiten überhaupt noch die Rede ist, der Welt zeigen soll, wie, meiner Meinung nach, diese Dinge behandelt werden mußten. Nämlich: lesbar einerseits, erschöpfend andrerseits. Um das letztre wenigstens einigermaßen zu erreichen, habe ich vor, im Laufe des nächsten Halbjahres, das Ruppinsche drei- bis viermal, jedesmal auf eine Woche, zu bereisen und dabei derart von Dorf zu Dorf zu wandern, daß schließlich keine Kirche und kein Schloß, kein Haus des Herrn und kein Herrenhaus dasein soll, in das ich nicht neugierig hineingekuckt und meine Notiz gemacht hätte.

Dies klingt nun herrlich und scheint eine Unsumme

von historischem Material in Aussicht zu stellen; ich erkenne aber sehr wohl, daß das Hineinkucken allein es nicht macht, denn wie mir neulich ein Freund sagte: »Man sieht nur, was man weiß.« Dieser Satz ist furchtbar wahr. Ich trete in eine Kirche; sie hat eine neue Glocke, die 100 Taler kostet, eine Altardecke, die Frl. v. X. gestickt hat, und fünf alte Grabsteine, die halb zerbrochen im Kirchenschiffe liegen. Der Küster wird mir natürlich von der Glocke und der Decke vorschwatzen, und ich werde derweilen achtlos über Steine hinschreiten, unter denen vielleicht ein Quitzow oder ein Uchtenhagen liegt. Ich werde die Steine nicht sehen, weil ich von ihrer Bedeutung keine vorgängige Kenntnis hatte. – Daß Sie mir nun gütigst das Auge schärfen möchten, ist meine Bitte. Sie waren jahrelang im Ruppinschen, haben Ihre märkisch-historischen Studien daselbst fortgesetzt, hunderterlei kleines und großes wird Ihnen zu Ohren und Gesicht gekommen sein. Könnten und wollten Sie mir wenigstens einige *Winke* geben und vor allem mich auf die Arbeiten hinweisen, die, das Ruppinsche betreffend, während jener Jahre aus Ihrer Feder hervorgegangen sind. Ich suche sie mir dann hier, mit Ledeburs Hülfe, zusammen.

Ihr ganz ergebenster

Th. Fontane

An Karl und Emilie Zöllner

Cabarz bei Waltershausen (Thüringen),
14. Juli 1873

Hochverehrtes Paar,
Geliebte Chevaliers!

In einer Lattenlaube, gackernde Hühner und meckernde Ziegen um mich her, schreibe ich diese Zeilen, von denen ich wünsche, daß sie Euch wohlbehalten in Franzensbad treffen mögen. Die Gattin, nebst dem ihr und mir gleichmäßig zugehörigen Anhang (so die Treue kein leerer Wahn ist), traf am Montag vormittag in Fröttstädt ein, wo ich das Glück hatte, in unmittelbarer Nähe der Hörselbrücke – an welcher Stelle sieben Wagen und eine Rudolstädter Hofdame vor kurzem ihren Tod fanden – sie heil in Empfang nehmen zu können. Bei jetzigen Bahnzuständen immerhin schon was. Im Hintergrunde ragte der Hörselberg auf, wo Frau Venus den Tannhäuser mehrere [Tage?] und einige Nächte lang gefangenhielt. Mit einer gewissen Wehmut durchdrang es mich, daß sich die holde Frau (ich meine Frau Venus) um meine Person weniger bemüht und mich jedenfalls früher entlassen haben würde.

Abwärts geht es Schritt um Schritt,
53 gefallt mer nit.

Die Fahrt von Fröttstädt hieher in einem char à bancs war sehr angenehm, und hatte ich die Genugtuung, meine Haus- und Wirtswahl belobt zu sehen, was mir um so wohler tat, als man als Ehemann auf solchen Ausgang nie mit Bestimmtheit rechnen kann. Im Gegenteil. Es wurde ein idyllisches Mahl eingenommen: Erdbeeren mit Milch, frische Eier mit beinah rötlichem Dotter, Schwarzbrot und Butter, dazu Wasser aus dem Thilo-Brunnen; die Kinder machten ihre ersten Kletterversuche, und alles schien eine Reihe glücklicher Tage zu versprechen. Aber »o Menschenherz, was ist dein Glück«, und siehe da, schon zwei Stunden später begrüßte ich die ersten Anzeichen von der Dauerlosigkeit menschlichen Hochflugs. Icarus Noel war der Sonne zu nahe gekommen, und die Wachsflügel begannen zu schmelzen. Station Halle war an meiner Penelope, die diesmal, statt treu zu warten, treu erwartet worden war, nicht spurlos vorübergegangen, und zwei, um 5 Uhr früh genossene, eben heiß aus dem Ofen gekommene Semmeln begannen ihre infernale Wirkung zu üben. Die ersten verschämten Erklärungen darüber klangen noch ziemlich harmlos. »Es steht mir vor der Brust« oder »es stößt mir das Herz ab« sind Wendungen, die einen alten Seebefahrenen, der 23 Jahre lang den Ozean weiblicher Anfälle durchschifft, nicht allzu sehr aus der Fassung bringen; sie stehen auf Höhe jenes unenträtselten Zustandes, wo sich bei männlichen Individuen »die Hämorrhoiden auf die Brust werfen«. Eine Abzweigung der Sommerfeldtschen Hausapotheke war mit auf die Reise genommen worden, und so suchte ich den bösen Geist durch Senfspiritus und Baldriantropfen zu bannen. Aber ich mußte bald gewahr werden, daß ich es hier nicht »mit den Kleinen von den Meinen«, sondern mit dem höllischen Meister selbst zu tun hatte, und so alle Beschwörungsformeln durchgehend, schritt ich vor bis zur Tinctura Opii crocata. »Incubus, Incubus, tritt hervor und mache den Schluß.« Diesem Zeichen unterwarf er sich endlich, aber doch nur knurrend, ein Knurren, das beiläufig drittehalb Tage anhielt und von den üblichen Erscheinungen, die sich durch Unruhe, rasches Aufstehn und plötzliches Verschwinden zu erkennen geben, bis zuletzt begleitet war. Dann wölbte Iris ihren Bogen, und der Friede war wieder da. Leider hatten sich all diese Zeit über mehrere alte Sprüchwörter wieder neu bewährt, und neben dem Lager der Herrin stand das Bett der Dienerin. Pech kommt nicht allein; »it does'nt come singlehanded, it comes in battalions.« Luise humpelte, legte sich und lag vier Tage. Nachdem wir zwischen Röse, Rotlauf und Furunkel längere Zeit geschwankt und zwischen Pappelsalbe und Bohnenmehl unsre Aufmerksamkeit gewissenhaft geteilt hatten, erschien endlich ein angeschnapster Dorfbarbier, angetan mit einer Ledertasche und der ganzen Dezidiertheit seines Geschlechts. Er stellte eine Diagnose, um die ihn Bedlam und Zehlendorf hätten beneiden können, und setzte Schröpfköpfe, die ebenso verständig waren, wie das Räsonnement unverständlich gewesen war. In der Regel ist es umgekehrt. Das Blut floß, die Geschwulst fiel, und unser Barometer stieg wieder. Gestern konnte bereits die erste Brühsuppe gekocht, der erste Eierkuchen gebacken werden. Das Leben lacht seitdem wieder, und der Glaube an eine sittliche Weltordnung hat sich neu belebt. Partien werden geplant, und die Wörter Reinhardsbrunn und Friedrichsroda gehen rasch und sicher, die Namen Inselsberg, Schmalkalden und Schwarza-Tal wenigstens schüchtern über unsre Lippen. Tante Merckel ist erwartet (das Signal zu kühneren Unternehmungen), in die Tiefen Schopenhauers wird hinabgestiegen, und Wille und Vorstellung, Trieb und Intellekt sind beinahe Haushaltwörter geworden, deren sich auch die Kinder bemächtigt haben. Mete sagt nicht mehr: »Theo, du bist zu dumm«, sondern »suche das Mißverhältnis zwischen deinem Willen und deinem Intellekt auszugleichen«.

Von der »schönen Natur« und unsrem Glücklichsein in ihr schreib ich nicht erst. Es versteht sich von selbst: »Die Welt ist herrlich überall, wo Berlin nicht hinkommt mit seinem Schwall.« Freilich ein Ausspruch, der sich kaum noch irgendwo mit voller Berechtigung machen läßt, denn – wo käme Berlin *nicht* hin?! Auch hier ist es vertreten. Sanitätsrat Dr. Ewers (Augenarzt) mit drei Kindern, Rechnungsrat Elsholtz (a questionable shape vom Stadt- oder Kammergericht) mit einer Armee von Töchtern und Enkeln, Stadtgerichtsrat Dannenberg, Familie Remy. Major v. Hake und Färber Spindler sind hier ansässig und haben ihre Villen im Lauchergrund. Die Hauptfigur aber, die hier wandelt, wird uns wohl um das Vergnügen bringen, unsre verehrten Chevaliers hier einspringen und eine Nachkur beginnen zu sehn; diese Hauptfigur ist Polizeihauptmann *Greiff*. Er sprach von »Onkel Timm«, und in diesen zwei Worten – da ich das Haus Zöllner nie von »Vetter Greiff« habe sprechen hören – scheint mir vorgezeichnet zu liegen: wir werden unsre Freunde an *dieser* Stelle nicht wiedersehn! Aber an einer andern. Und »in diesem Sinne«,wie jetzt jede öffentliche Rede unsinnig schließt, Euer aufrichtig ergebenster

Th. Fontane.

»Geschwind, was gibt's Neues.« Tante Merckel ist morgen erwartet, Fräulein v. Rohr Ende des Monats. L.s Hochzeit gibt ihr so viel Unruhe, daß sie frische Luft haben muß. »Es wird mir hier zu eng im Schloß, ich muß hinaus ins Weite.« – Luise liegt wieder; Barometer gesunken. »Ach, mit des Geschickes Mächten« etc.

An Emilie Fontane

Neuruppin, 23. September 1873
Dienstag

Geliebte.

In dem »Szekler Landtag«, einem ziemlich berühmten Gedichte von Chamisso, ist der Refrain: »Es regnet, regnet immer noch.« Darin hat er, große Situationen, nach Dichter- und Prophetenart, ein für allemal kennzeichnend, auch die meinige getroffen. Es regnet, regnet immer noch. Am Freitag Regen mit Pauke, heute Regen mit Regen. Den Alpaca-Schirm hab ich bereits gesegnet, als ich heute mittag bei Gentz und der »Freundin« meine Besuche machte und natürlich keinen zu Hause traf. Ich ging dann zu Rüdiger oder seinem Nachfolger und speiste mit dem Wirt selber, zwei Mann hoch. Brühsuppe, Schnittbohnen und Hering, und Kalbsbraten. Es hatte einen Wert von 5 Sgr., kostete aber 15, die ich, mit Rücksicht darauf, daß ich der einzige Gast war, gern bezahlt hätte, wenn nicht der Wirt selbst, im übrigen ein guter, dämlicher Kerl, durch Verbrauch von wenigstens 15 Zahnstochern und beständiges Nachhelfen mit allen fünf Fingern (und was für welchen) mir den Appetit total verdorben hätte. Ich empfand wieder ganz die Wonne, einem höhren Kulturvolk – nach einigen dem »einzigen« – anzugehören. Schweine sind es und Rüpel, nur dies steht fest.

Ich habe den ganzen Tag über geschrieben und gelesen und bin dadurch völlig auf meine Kosten gekommen. Ich las Mindings *»Sixtus V.«* mit lebhaftestem Interesse, trotzdem ich die Arbeit durchaus verwerfen muß. Das Interesse galt zu erheblichem Teile dem Stücke selbst, das zwar nicht als Drama, aber doch als poetische Leistung überhaupt nicht geringe Meriten hat, noch mehr aber galt es den zwei Herausgebern, lieben guten Leuten, die in einer Vorrede verzweifelte Anstrengungen machen, der Welt zu beweisen, daß so etwas Großes seit 50 Jahren nicht dagewesen sei. An dieser Anempfehlung muß das Stück mindestens ebenso scheitern wie an sich selbst. Ich freue mich auf die Zeit, wo ich mich über Minding – seit lange eine Lieblingsfigur von mir – werde aussprechen können.

Der »Oberstlieutenant« und Herr Gentz waren heute nachmittag hier, um mir einen Gegenbesuch zu machen, da Pahl aber nicht wußte, daß ich schon wieder zu Hause war, so wurden sie weggeschickt. Frau Knöpfle hat wieder furchtbare Zahnweh; ich kenne sie nicht anders.

In der Wirtschaft hier weiß ich nun völlig Bescheid und kann der Hülfeleistungen entbehren; in beschämender Weise hat Lischen für mich gesorgt, doch werde ich nicht so unverschämt sein, ihr den Himbeersaft auszutrinken oder das Eingemachte aufzuessen. Jenes berühmte Ruppiner Liebespaar, das »nur das Eingemachte mitnahm«, gehört zwar zu meinen Lieblingsfiguren, doch will ich nicht in ihre Fußtapfen treten, weder was die Liebe noch was das Eingemachte angeht.

Meine Situation hier würden einige als eine verzweifelte ansehn; ich behandle diese Dinge aber wie unser Sohn George. Als er zur 1. Compagnie kam, schrieb er: »er habe nun den Vorteil, der Musik am nächsten zu marschieren«, eine Version, die er, als er einige Wochen später zur 4. und letzten Compagnie kam, dahin abänderte: »er habe *nun* den Vorteil, die Musik des unmittelbar folgenden Bataillons zu hören«. Er hat ganz recht; es kommt immer nur drauf an, daß, wie und wo man auch marschiert, man allerorten die *Musik* des Lebens hört. Die meisten hören nur die Dissonanzen.

Die nächsten Tage müssen Großes bringen, regnet es aber noch 3 Tage weiter, so zähle ich diese Ruppiner Doppelreise zu meinen gelungensten Landpartien. Tausend Grüße an groß und klein.

Wie immer Dein alter

Papaken

An Emilie Fontane

Gransee, 23. April 1874
Kagelmanns Hôtel

Geliebte.

Heute mittag bin ich, nach gerade 24stündigem Aufenthalt im Hause Berr, hier eingetroffen, in der Absicht, meine Reise nach Ruppin fortzusetzen. Es ging aber weder Post noch Omnibus, was mir eigentlich lieb war, da es mich zwang, hier auszuspannen. Mein Gransee-Kapitel hat nämlich verschiedene Lücken, die auszufüllen immer mein Wunsch war; dazu bot sich nun gegen Erwarten die Gelegenheit. Ebenso willkommen war die absolute Ruhe und Einsamkeit. Male Dir meine Situation: Dienstag bis 1 Uhr nach Mitternacht Gesellschaft, keine Stunde wirklich geschlafen, um 4½ Uhr auf, dann Fahrt in glühender Hitze und dann von 1 Uhr mittags bis 11 Uhr abends »Schwerenöter«. Dies als Erholungsreise ist etwas viel. Unter solchen Umständen sind 12 Stunden Gransee eine wahre Wohltat.

Die Fahrt gestern tat mir wohl. Von Birkenwerder bis Oranienburg, etwa 1 Meile, setzte ich mich auf den Bock zum Postillon, um einer dicken Dame in schwarzem Samt, die mir die »Vorsteherin eines Instituts für junge Mädchen« zu sein schien, meinen Platz einzuräumen. *Sie* hätte sonst auf dem Bock sitzen müssen, was allerdings ein Anblick für Götter gewesen wäre. Meine Galanterie belohnte sich, ich machte draußen die Bekanntschaft des Postillons, der bei den schwarzen Husaren in Posen gestanden hatte und natürlich meinen Rasumofsky kannte. Er erzählte mir auch von seinen eignen kriegerischen Schicksalen, die interessant genug waren. Er war aus Schlesien, deshalb schien mir 2½ Sgr. genug; einem Märker hätte ich 5 gegeben.

Die Gesellschaft in der Postkutsche selbst war in ihrer Art ebenso interessant. Einer, der vorzugsweise sprach, verbreitete sich über eine allerdings wichtige Frage wie folgt: »Ich habe einen Rheumatismus, denn ich schwitze sehr stark im Rücken. Jetzt ist es etwas besser. Wem verdanke ich das? Ja, meine Herren, Sie werden es nicht glauben, einzig und allein dem Shirting. Früher trug ich Wolle und Leinwand drüber. Der Shirting vereinigt beides, aber er ist besser als beide zusammengenommen. Ganz natürlich. Ich schwitze nämlich sehr stark im

Rücken. Die Wolle schadet dabei nichts, aber, meine Herren, sie hilft auch nichts. Da ist nun der Shirting. Er tut das, was die Wolle nicht kann: er schmiegt sich an, er saugt alles auf, er trocknet. Ich trage ihn Winter und Sommer; auch nachts.« Einer, ein jüdischer Mann, versuchte zugunsten der Wolle zu intervenieren und ging so weit zu behaupten, »daß rote wollene Hemden *nie* schmutzig würden«; er wurde aber überstimmt.

Bei Herrn Berr wurde ich *sehr* freundlich aufgenommen; ebenso von der Frau wie von ihm selbst; nichtsdestoweniger hatte ich, von Anfang an, das Gefühl: 24 Stunden ist genug. Ich ließ alle Wasser spielen und war so beredt, so artig und so gut gelaunt wie nur möglich; nichtsdestoweniger wurde ich die Empfindung nicht los: ja, du unterhäl[t]st die Leute, und sie sind auch gebildet und wohlgeneigt genug, dies anzuerkennen; trotz alledem sind sie froh, wenn du wieder fort bist. Die Aufforderungen zu bleiben klangen wie Grabgesang. »Sie sollten uns noch die Freude machen; – um 12 Uhr geht die Post, aber sie geht ja täglich; freilich die Mittagspost ist bequemer.«

Heute vormittag fuhr mich Herr Berr nach Hoppenrade hinüber; ich sah die Stätten, wo Zöllner im Flügelkleide glücklich war. Die Ausbeute, die sich ausschließlich auf Frau v. Arnstedt und die Prinz-Heinrich-Zeit bezieht, ist glänzend. – (Sprich über die Berrsche Familie um Himmels willen nicht zu Sommerfeldts; verunstaltet wird es dann weitergeklatscht.)

Mein Befinden ist immer noch nicht gut; am Ende ein verfrühter Marasmus senilis. Grüße die Freunde, küsse die Kinder und sei geküßt von Deinem alten

Th. F.

Berlin, 28. August 1874

Geliebte Frau.

Nicht nur Deine Zusage allein, sondern ganz besonders *wie* sie gemacht wurde, hat mich von Herzen erfreut. So Du den rechten Willen hast, werden es schöne Tage werden, so nicht Gott eigens beschlossen hat, unser Gerstenfeld zu verhageln. Von Leichtsinn ist bei der ganzen Sache keine Spur; in 24jähriger, fast bis zur Peinlichkeit getriebener Exaktheit haben wir uns einen ehrlichen Anspruch darauf erworben, auch mal fünfe gerade sein zu lassen. Übrigens bin ich wie von meinem Leben überzeugt, daß uns die Sache gar nicht besonders kostspielig werden wird. Sommerfeldts erzählten mir beispielsweise, sie hätten, von Interlaken aus, eine Partie auf die »Schienige Platte« gemacht, die mit Pferd und drei Trägern für Jenny 30 Rtr. gekostet hätte. Solche Partie und ähnliches werden wir nie machen, weil uns die »Schienige Platte« allenfalls 3, aber nicht 30 Rtr. wert ist. Das Gefühl, »dies *mußt* du sehn«, hab ich nie, wenn nicht die Dinge entweder billig und bequem zu haben sind oder aber meinen ganz speziellen Zwecken dienen. Wenn ich nach Metz reise, so muß ich natürlich die Schlachtfelder besuchen und darf mich durch den etwaigen hohen Preis des Wagens nicht abhalten lassen. Das *Wichtigste* hat man, beinah ausnahmelos, immer ganz billig, denn das Wichtigste ist doch immer das, was sozusagen auf der Straße liegt. Über die Piazza del Popolo oder den Corso fahren, den Vatikan und die Peterskirche sehn, durch das Colosseum schreiten und auf dem Forum romanum unter Trümmern Umschau halten kostet zunächst gar nichts. Die Tiber fließt kostenlos an mir vorbei, und die sieben Hügel präsentieren sich mir, ohne Entree zu verlangen. Hat man das, was ich eben aufgezählt, so hat man schon ein gut Teil.

Ich muß hier abbrechen, einmal, weil es Poststunde ist, zweitens weil Heyden eben einspringt, um mit mir zu plaudern, also weitres über diese Dinge morgen. Vorläufig bin ich glücklich, daß die Partie so steht, wie sie steht. Bleibe nur bei guter Laune, Frische und Courage, das ist die Hauptsache und wichtiger wie hundert Taler mehr oder weniger. Denn es kommt nicht auf die Masse des zu Sehenden und kaum auf die Bedeutung des einen oder andern an, sondern lediglich darauf, mit welchem Auge man sieht. Es darf nicht trübe sein. – Den beiden Damen meinen besten und aufrichtigen Dank, daß sie bei Deiner Beschlußfassung mitgeholfen haben. Morgen mehr. Wie immer Dein

Th. F.

An Karl und Emilie Zöllner

Venezia, 7. Oktober 1874

Verehrtes und geliebtes Paar.

Die Tage verlaufen so, daß selbst *ich* nicht briefschreiben kann; die alte Leidenschaft geht an neuen Genüssen unter, die uns doch (siehe Faust) wieder »nach Begierde« verschmachten lassen. Unser Erlebtes ist in Kürze das folgende. Am 3. von München aus über Innsbruck (Nest) und dem Brenner nach Verona. Das Inntal hinauf, das Etschtal hinunter. Passaier, Sterzing, Iselberg – die ganze Hofer-Speckbacherei zog noch einmal an uns vorüber; im ganzen viel prosaischer als auf dem Defreggerschen Bilde. Frierend fuhren wir in das schöne Land Italia hinein. Es goß mit Mollen. Der erste Eindruck war: »*Das* leisten wir auch.« In Verona Nachtquartier in Colomba d'oro. Verona, wie Dir nicht unbekannt sein wird, hat eine Geschichte; es soll Lieblingsaufenthalt König Pipins gewesen sein. Nach den Maienlüften, die in Colomba d'oro wehten, ist dies höchst wahrscheinlich. Wir besichtigten am andern Tage die Stadt, bei welcher Gelegenheit wir den Architekten Zittel* (der in Lucaes Atelier arbeitete und jetzt den Schinkelpreis gewonnen hat) sowie den dicken, blonden kakerlakigen Dr. Ascherson trafen. Die Gesichter, die jedesmal geschnitten werden, wenn 2 Berliner sich auf einsamem Reisepfad begegnen, sind klassisch. Jeder einzelne sagt etwa: »I, macht den Schwindel auch mit.« Früher sollen sich Landsleute bei ähnlichen Begegnungen weinend in die Arme gestürzt sein. An der tomba di Giulietta (längre Zeit Wassertrog) trafen wir Adolphe Thiers nebst Frau und Schwägerin. Die beiden bedeutendsten Kriegsschriftsteller der Neuzeit standen nebeneinander und grüßten sich. Meine Lage war die günstigere: *ich* wußte, wen ich neben mir hatte; er ist hingegangen ohne Ahnung des Glücks, das ihm die Stunde bot. Mit Kunstgeschichte unterhalte ich Dich nicht. Siehe Burckhardt, Förster, Lübke, Baedeker.

Am Sonntag abend hier: Hôtel Bauer in Nähe des Marcusplatzes. Zimmer No. 37, Stubenmädchen Elise; sehr nett. Netter allerdings noch ist Venezia selbst. Wir wollten 2 Tage hierbleiben; es werden aber wohl 6 werden. Meine kühnsten Erwartungen wurden übertroffen. Das einzelne, auf *allen* Gebieten, ist vielfach beanstandenswert; das Ganze ist unsagbar schön, anheimelnd, beglückend. Auch Milachen ist weich wie Butter. Wir trafen gleich am ersten Tage Frau v. Noville nebst Tochter, die mit uns in demselben Hôtel wohnen, eine für uns sehr angenehme und lehrreiche Begegnung, da die Damen schon fünf, sechs Tage vor uns hier waren. Eben haben wir mit ihnen zusammen gegessen; die Stunde

* oder so ähnlich

von 9 bis 10 werden wir wieder in ihrer Gesellschaft verbringen, denn es ist Abendkonzert auf dem Marcusplatz. Im übrigen, auch geschieden von terra firma, zu Wasser wie zu Lande Dein gondeltrunkener

Noel.

An Karl und Emilie Zöllner

Firenze, 10. Oktober 1874

Teuerste Chevaliers.

Charakteristisch für den Trouble und die Hetzjagd, in der wir leben, ist es, daß ich nicht einmal Zeit fand, den am 7. geschriebenen Brief noch in Venedig selbst zur Post zu geben. So erhaltet Ihr denn unsre zwei ersten Reiseberichte a tempo hier von Florenz aus, das wir gestern abend 11 Uhr erreichten und dessen Casa Nardini (eine Art Bartickows Hôtel garni) uns gastlich aufgenommen hat. Die bessere Hälfte, die sonst namentlich auch die unruhigere Hälfte ist, schläft heute ausnahmsweise bis in den hellen Tag hinein, und ich benutze die dadurch frei werdende Zeit zu diesen Zeilen.

Die Tage in Venedig waren sehr schön, und es wird uns eine Sehnsucht im Herzen bleiben, sie erneuern zu können. Die Möglichkeit dazu ist, soweit die Geldfrage in Betracht kommt, gegeben. Unser ganzer 4½tägiger Aufenthalt in Venedig kostet *höchstens* 40 Tlr., wovon 20 Tlr. auf das Hôtel, 10 Tlr. auf ein vorzügliches, dem Hôtel attachiertes Restaurant und die letzten 10 auf Eis, Kaffe, Gondelfahrten, Trinkgelder und Bettler-Dreier kommen. Für diese ganz geringe Summe, die man in Berlin, bei Hiller, an einem einzigen kleinen Souper-Abend loswerden kann, hat man Venedig gesehn und genossen, das nun nicht länger mehr bloß als eine Insel in der Adria, sondern auch als eine Insel in dem Meer gleichgültiger, zwischen Potsdamer Bahnhof und Alsenbrücke abgelaufener Tage schwimmt. Tatsächlich sei noch bemerkt, daß am 7. abends auch Baumeister Schwechten, mit seinem jungen Freunde Bankier Königs, in Venedig eintraf und dadurch unsren Kreis auf die Höhe von 6 Personen hob. Wir frühstückten gemeinschaftlich am Marcusplatz, fuhren zusammen nach dem Lido hinüber und trafen uns dann wieder abends beim Biere, das in Restaurant Bauer (Wiener Fabrikat) in allervorzüglichster Qualität verzapft wurde. Schwechten, als alter Italiener, hat mir allerhand Adressen und Ratschläge gegeben, und auf seine Empfehlung hin sitze ich hier jetzt in Casa Nardini, in einem großen, mit tiefen Nischen ausgestatteten, von einem mächtigen Deckenbalken durchzogenen Zimmer, das mich aufs lebhafteste an das alte Turmzimmer in Moulins erinnert, in dem ich vor 4 Jahren gefangensaß. Im übrigen ist die Situation heute angenehmer.

Nun noch ein Wort über Venedig. Es ist interessant von Schritt zu Schritt, landschaftlich zauberhaft, poetisch durch und durch, aber es repräsentiert doch nicht *die* Form der Schönheit, die ich *dauernd* vor Augen haben möchte. Dazu ist mir, rundheraus gesagt, die ganze Geschichte doch zu schmutzig. Sie bedarf des Mondlichts, bei dem man nur halb sieht, sie bedarf der Verschleierungen, um immer wieder zu entzücken; bei hellem Tageslicht genießt man den Canal grande, den Rialto und nun gar das Gewirr der Gassen und kleinen Kanäle mit *sehr* gemischten Empfindungen. Es ist eine Touristenstadt, eine Stadt zum Sehen, auch zum Bewundern, aber nicht zum Wohnen. Junge Künstler und Dichter werden sich über diese Äußrungen vielleicht entsetzen, aber es ist *doch* so, wie ich sage. Die ganze Welt der Erscheinungen ist nicht dazu da, um Malern und Poeten wünschenswerte und bequem liegende

Stoffe zu bieten, sondern um überhaupt zu befriedigen und zu erfreun. Das Leben stellt vielfach andre Forderungen als die Kunst, und Individuen wie Staaten gehen zugrunde, die *dies* übersehn. Wem diese Wahrheit zu Fleisch und Blut geworden ist, der wird auf Venedig blicken, wie ich noch in der letzten Stunde auf ein wunderschönes Frauenzimmer blickte, die aus dem 2. Stock eines halbverfallenen Hauses träumerisch-faul mit tief und dumm schmachtendem Auge uns nachsah, als unsre Gondel an den Wasserstiegen des schmalen Kanals vorüberfuhr. Sie war so schön, wie ich selten Weiber gesehn habe, und das halbgekräuselte schwarze Haar lag wie eine Mähne um sie her, mit den Spitzen nach vorn hin über die halbentblößte Brust fallend; ich werde den Anblick nie vergessen. Aber sie war ungewaschen und ungekämmt und nach meinem Gefühl, so wenig sie persönlich innerhalb der idealen Liebe zu stehen schien, doch nur für eine solche geeignet. Ein Wesen, nur mit dem *Auge* zu genießen; mit ihr zu *leben* – ein Gedanke, nicht ausgedacht zu werden! So auch die Stadt selbst. Diese schöne, schwarzhaarige Schwester Struwwelpeters, die seifenintakt auf einen gondelbefahrenen Rinnstein niedersah, war mir wie das Bild Venezias selbst erschienen.

Eine glänzende Ausnahme macht der Marcusplatz und die an ihn grenzende Piazetta. Hier ist nicht nur alles interessant, malerisch, poetisch, hier ist auch alles *in jedem Sinne schön*, und es bedarf keiner romantischen Prise Schnupftabaks, um uns die Augen übergehn zu machen. Es verlohnt sich, 1000 Meilen zu reisen, um dies eine Stunde zu sehn. Es ist ganz einzig, ebenso im einzelnen wie im ganzen. Ich finde nichts lächerlicher als ein Herumkritisieren an Bauwerken wie die Marcuskirche und der Dogenpalast. Sint ut sunt, aut non sint. In mehreren Reisebüchern fand ich die Marcuskirche als einen »schwülstigen Bau« charakterisiert. Man muß ein unendlicher Lederschneider sein, um so was Dummes und Kleines sagen zu können. Leider reicht auch Schulfuchserei und Doktrinarismus zu solcher Dummheit gerade aus. Die Marcuskirche wirkt beinah elementar, und sie kritisieren wollen ist nicht viel anders, wie wenn man die Blaue Grotte oder die Fingalshöhle einer künstlerischen Beurteilung unterziehen wollte. So kolossale Sachen, die in einem Jahrtausend geworden, gewachsen, gemodelt sind, liegen über alle Kritik hinaus. Man hat sich lediglich vor ihnen zu verneigen. Wir sind wohl zehnmal, länger oder kürzer, in diese Kirche eingetreten, und immer war der Eindruck derselbe. – Der *Dogenpalast*, zunächst von einer viel bestrickenderen Schönheit, wirkt doch nicht *so* mächtig, trotzdem historische Erinnerungen und eine uns näherstehende dekorative Kunst, letztre in Hunderten von berühmten Bildern, seine Wirkung unterstützen. Über diese Bilder, die fast ausnahmslos von Tintoretto und seiner Schule, nur verhältnismäßig wenige von Paul Veronese und seinen »Erben« (so schreiben die Kataloge) herrühren, noch ein paar kurze Worte. Wenn sie *teppichartig*, durch Farbentöne wirken und im übrigen in klaren, äußerlich meisterhaften Kompositionen historische Momente der Republik festhalten sollen, so finde ich sie großartig; wollen sie *mehr* sein, so finde ich sie erbärmlich. Diesen Massenleistungen gegenüber habe ich wieder recht empfunden, daß es ohne Seele nicht geht. Au fond ist alles tief langweilig, und als ich schließlich in der kleinen Dogenkapelle einem Albrecht Dürerschen Christuskopfe begegnete, atmete ich auf; dieser *eine* Kopf repräsentiert in meinen Augen *mehr* wahre Kunst als alle Tintorettos zusammengenommen. Was dieser letztre geleistet, sind Schildereien, in denen die immer wieder auftauchende gelbe Dogenmütze eigentlich das interessanteste ist.

Auch diejenigen seiner Bilder, die ihren Stoff der heiligen Geschichte entnehmen, sind nicht besser. Das Kolossalbild im Saal des Großen Rats, das den Namen die »Glorie des Paradieses« führt, ist ein Salat von Engelbeinen, und seine berühmteste Leistung, »Die Kreuzigung«, die sich in der Scuola San Rocco befindet, läßt mich ebenfalls kalt. Das Kompositionstalent, die Gabe zu gruppieren, Klarheit in die Massen zu bringen, ist außerordentlich, aber der Mangel an aller Innerlichkeit ist geradezu erschreckend. Der Christus, auf dem letztgenannten Bilde, scheint, soweit man ihn bei der starken Nachdunklung erkennen kann, gut, will sagen nicht ganz unbedeutend, die Frauen und Jünger unterm Kreuz aber sind konventionell und noch weniger als das. Ich habe für diese Art von Kunst wohl ein Verständnis, aber kein Herz; Farbentöne würden dasselbe tun. Unter allem, was ich bis jetzt gesehn habe, haben mich, von zwei großen Tizians abgesehn, über die ich weiterhin noch ein paar Worte sagen will, folgende drei Bilder am meisten interessiert: 1. der oben schon erwähnte Dürersche Christus mit der Dornenkrone (Pilatus links neben ihm); 2. ein in derselben Dogenkapelle befindlicher Giorgione: »Christus im Hades«, ein Bild voll Kraft, Schwung und tiefster Innerlichkeit; 3. ein »Toter Christus« aus der Bologneser Schule; Name des Meisters unbekannt. Ich mache diese Aufzählungen resp. Bemerkungen namentlich Heydens wegen, der sie auf ihre Richtigkeit prüfen mag. Wobei ich aber gleich im voraus bemerke, für mich persönlich *bleiben* sie auch richtig.

Das Bedeutendste, was ich bisher sah, sind die beiden Bilder Tizians, die *»Himmelfahrt Mariä«* darstellend, von denen sich das eine im Dom zu *Verona*, das andre in der Academia delle belle arti zu *Venedig* befindet. Sie sind grundverschieden, aber beinahe gleich schön, wenn auch nicht gleich an Bedeutung. Ihr Unterschied besteht darin, daß die erstre freundlich-beseligend, frauenhaft-gütig zu den staunenden Jüngern *hernieder*, die andre überirdisch verklärt, von der erhabenen Wonne des Schauens durchdrungen, zu Gottvater *aufwärts* blickt. Im ersten Moment schien mir das letztgenannte Bild hinter dem in Verona zurückzustehn, das aus den verschiedensten äußren und innren Gründen, die ich hier nicht alle aufzählen mag, rascher Auge und Herz erobert. Aber von dem Augenblick an, wo man sich in der Erhabenheit der venezianischen »Assunta« zurechtgefunden hat, versinkt das Veroneser Bild neben der letztren. Das Bild in Verona, soweit die Maria in Betracht kommt, wirkt wie ein Vorläufer der Murillo-Manier; die »Assunta« in Venedig erinnert an die Sixtinische Madonna, ja mein Herz ist fast geneigt, ihr noch den Vorrang vor dieser anzuweisen.

Hier, verehrtes Paar, hast Du oder haben Sie oder habt Ihr meine Weisheit. Weitres hoffentlich mündlich, wenn Eure Geduld so weit reicht wie meine Redeseligkeit. Ergeh es Ihnen gut. Ich bitte die Briefe, nach Mitteilung des einen oder andern an Theo, zirkulieren zu lassen, erst an George, dann an Martha, derart, daß George den Brief direkt nach Neuhof schickt.

1. Unsrem lieben kleinen Friedel einen Kuß, und er soll nicht »aufmucken«, wenn Theo oder Tilla ihre Autorität geltend machen. – An Tilla beste Grüße.

2. Unser alter Theo soll nicht zu streng regieren und sobald wie möglich nach Rom hin an uns schreiben, poste restante.

3. Die Einlage, couvertiert und adressiert, bitte ich an Hertz gelangen zu lassen. Wenn Du, geliebter Chevalier, ihm die Einlage auf einem Gange *zum* oder *vom* Gericht selbst brächtest und ihm bei dieser Gelegenheit einiges erzähltest, würde ich Dir *sehr* dankbar sein. Von 10 bis 2 und von 5 ¼ bis 7 ¼ ist er immer in seinem Ge-

schäft. Die Plaudereien in seinem Comptoir sind meist sehr amüsant.

4. Unser alter Fournier, wie wir eben erfahren, ist gestorben. Für uns ein *wirklicher* Verlust. Er hat, durch die zweifelhaftesten Zeiten hin, in Treue und Liebe bei uns ausgehalten. Milachen läßt Euch sagen: seine nun wahrscheinlich oder richtiger gewiß frei werdende Wohnung sei ganz vorzüglich für Euch geeignet, sehr hübsch und sehr preiswürdig, im Schmiedenschen Hause. –

5. Auch von Euch Geliebten dürfen wir wohl in Rom poste restante Briefe erwarten? Schreib auch ja über die Arnim-Bismarck-Frage.

Mit tausend herzlichen Grüßen an die Freunde, insonderheit – Sie beide, wie immer Ihr

Th. Fontane.

An Karl Zöllner

Rom, 23. Oktober 1874

Mein teurer Freund,
Chevalier und Pescatory II.

Warum bist Du nicht Pescatory I.? In diesem Falle hätten wir vielleicht Chancen, Dich auf juristisch-politischen Entdeckungsreisen hier zu sehn. Vielleicht verschafft mir Deine Empfehlung noch ein Kommissorium, und ich kriege die Reise wieder heraus.

Diese Zeilen sind lediglich geschäftlicher Natur und sollen etwas in dem gestrigen Briefe meiner Frau Versäumtes nachholen. Bitte, sage Theo, daß er sofort schreiben möge, und zwar wie das erstemal: Rom, poste restante. Empfiehl ihm auch – was ich nur vorsichtshalber bemerke –, daß er nichts Unangenehmes melden möge. Es verstimmt hier nur, ohne daß man auf 200 Meilen Entfernung die Dinge ändern kann.

Einliegenden Zettel hat die teure und verehrte Gattin wohl die Freundlichkeit, in ein Couvert zu stecken und unter Adresse: »Frau Johanna Treutler, Neuhof bei Liegnitz«, an Mete gelangen zu lassen.

Wir hatten gestern einen wunderschönen Tag (ich befand mich wieder wohler) in den Kaiserpalästen und später in den Thermen des Diocletian, wo mich die in die Trümmer hineingebaute Kirche und in ihr ein wundervoller Domenichino entzückte. Dies Bild (der heilige Sebastian am Kreuz; gewöhnlich nur am »Pfahl«) zählt zu den großen Nummern, deren es – ich möchte sagen Gott sei Dank – viel weniger gibt, als man in einer Art Besorgnis, es nicht bezwingen zu können, vorher annimmt.

Das Trümmer-Rom interessiert mich 100mal mehr als das, was steht und prunkt. Oh, wie begreif ich die Kaiserzeit, die von dem Mann aus Bethlehem nichts wissen wollte. Gewiß hatte sie unrecht; aber für die *Sinne* ging von da ab eine große Welt unter, und eine kleine kam herauf. Die in die alten Wölbungen und Kolonnaden verhältnismäßig kümmerlich hineingestellten Kirchen wirken wie ein Predigtamtskandidat mit angegrauter weißer Halsbinde, der sich in eine vornehme Gesellschaft eindrängt und alles mit seinem prätentiösen Kleinzeug langweilt. Heyden wird mir gewiß recht geben, wär es auch nur um des Predigtamtskandidaten willen.

Heute wollen wir noch mal nach der Kirche S. Mar. dei Angeli, dann nach San Clemente, dann in die Galerie des Palazzo Borghese. Die Elloramutter ist unberufen wohl und munter. Sie meint, es reise sich mit mir wie mit einem »Vater«; eine etwas bedenkliche Ehrenerklärung. Nun lebt alle wohl und seid 1000mal gegrüßt von Eurem Freund und Bruder

Noel.

Rom, 31. Oktober 1874

Mein lieber Chevalier.

Habe Dank für Deinen langen und liebenswürdigen Brief, den ich ohne weitres zu den Taten Deines Lebens rechne. Auch die Beilage hat uns sehr amüsiert; ich vermute, daß Ihr ein heitres Beisammensein bei Heydens zu Abfassung dieser glücklichsten aller Denunziationen benutzt habt. Sehr aus der Seele gesprochen waren mir auch Deine Bemerkungen über den Arnim-Fall. Ich finde es namentlich töricht, daß die Familie, wie ich aus verschiedenen Telegrammen ersehe, schließlich den Gekränkten spielt und in verschiedenen Mitgliedern aus dem Staatsdienst ausscheidet. Es wird übrigens auch *so* gehen.

Übermorgen früh werden wir Rom, nach fast dreiwöchentlicher Anwesenheit hierselbst, verlassen. Wir tuen es mit dem Gefühl, nur einen Zacken vom Baumkuchen, allerdings wohl die vorstehendste, braunste und schmackhafteste Stelle, genossen zu haben. An Fleiß und Eifer haben wir es nicht fehlen lassen, aber der Stoff ist endlos. »Unüberwindliche Mächte«. Wenn hierin einerseits etwas Niederdrückendes liegt, so doch auch andrerseits etwas Trostreiches, für mich wie für alle diejenigen, die sich mit einem kurzen Aufenthalt begnügen müssen. Es würde mich geradezu verstimmen, mir sagen zu müssen: »Hättest du noch drei weitre Wochen gehabt, so hättest du Rom im großen und ganzen bezwingen können«; aber ich empfinde umgekehrt ganz deutlich, daß die Zeitfrage an dieser Erdenstelle eine ziemlich gleichgültige ist und daß ich nach drei Monaten von Rom mit demselben Gefühle scheiden würde wie in diesem Augenblick. Was zu leisten war, ist geleistet worden. Ich habe die Lage der Stadt, der Straßen und Plätze, der Paläste und Kirchen, das Genrehafte und das Landschaftliche, wie ich mir einbilde, zur Genüge weg; damit muß man sich zufrieden geben und wegen unerledigter Details sich nicht zu Tode grämen. Diese Detailschätze, wie ich nur wiederholen kann, sind eben unbezwingbar. Ein Menschenleben reicht dafür nicht aus. Ich war heute, nachdem ich gleich am ersten Tage das Äußre der Kirche besichtigt, in Santa Maria Maggiore, in der, beiläufig, in bereits fertiger, kostbarer Marmorgruft Pio Nono begraben werden wird. Außer zwei besonders berühmten Kapellen (Kapelle Borghese und Kapelle Sixtus V.) enthält diese Kirche in ihrem Langschiff 26 biblische Gemälde und ebenso viele Mosaikdoppelbilder, die sich, als alter eiserner Bestand, unter den Gemälden hinziehn. Alles in allem also 78 Darstellungen bloß in dem Mittelschiff einer einzigen Kirche! Man kann mit 10 multiplizieren, wenn man die Zahl der Gesamtschätze dieser Basilika, die keineswegs zu den reichsten und interessantesten zählt, angeben will. Was ist da anzufangen? Über den Inhalt der beiden Kapellen wie über die 78 Mittelschiffbilder bin ich mit dem Glase hingelaufen, um eine ohngefähre Vorstellung von der Beschaffenheit und dem Wert dieser Dinge zu gewinnen. Dies ist sehr wenig; aber ein mehrfach wiederholter Besuch würde daran nichts Erhebliches geändert haben. Die Dinge sind nicht nur in einer schwer zu bewältigenden *Fülle* da, sie sind auch durch äußre und, was noch schlimmer ist, durch *innre*, den Kern der Sache treffende Dunkelheit so mühsam unterzukriegen, daß jede Kirche ein wochen-, vielleicht ein monatelanges Studium erheischt. Da es Hunderte von Kirchen gibt, so liegt es auf der Hand, daß ihre Gesamtbewältigung niemand zu leisten vermag und daß auch der Tapferste und Beharrlichste mit der Überzeugung von Rom scheiden wird, den Dingen nicht annähernd gerecht geworden zu sein. Auch hier, wie überall im Leben, heißt es sich bescheiden. Wer alles zwingen will, wird nur konfus. Das denkbar Unangebrachteste an dieser Stelle ist das »Austitschen-Wollen«, zu dem ich vielleicht von Natur, jedenfalls durch Gewohnheit einen Hang habe. Hier heißt es, sich vorzugsweise mit Eindrücken begnügen und die schwere Kunst des Ausscheidens üben, des Trennens alles Nebensächlichen vom Hauptsächlichen. Es muß dahingestellt bleiben, ob mir dies geglückt ist. Die letzten 4 Tage haben ausschließlich dem Vatikan und seinen Schätzen gegolten, und in sieben mehrstündigen Besuchen glaub ich mir das meiste derartig zu eigen gemacht zu haben, wie es das Maß meiner Erkenntnis überhaupt zuläßt. Ich darf aussprechen: ich kenne die Laurentius-Kapelle nun, und wenn ich sie noch 50 Male sähe, würde ich in meiner Stellung zu ihr nicht um ein Haar weiterkommen. Nicht in gleichem, aber doch in ähnlichem Grade kann ich es von allem übrigen sagen. Die Messe von Bolsena oder die Erscheinung des Engels in Petri Gefängnis kann mir nicht tiefer und lebendiger in die Seele geschrieben werden, als es in diesem Augenblicke der Fall ist. Die großen Sachen sind mit Liebe und Gewissenhaftigkeit absolviert; die tausend andren, für Kunst- und Kulturgeschichte *lehrreichen* Nummern, die noch bleiben, erheischen nicht das Auge eines Reisenden, sondern das eines Studierenden, die Arbeit eines Lebens. In dieser Erkenntnis schnüre ich frohen Mutes mein Bündel. Das Mögliche ist geleistet worden und, wie ich kühnlich hinzusetze: für *meine* Verhältnisse gerade genug.

31. Oktober abends

All diese Betrachtungen, wenn ich sie überfliege, sehen mich etwas pappstofflig an; es ist nicht der Ton, in dem ich sonst wohl Briefe zu schreiben pflege; aber es will nicht anders gehn. Alles, was man sieht, gleichviel, ob es einem gefällt oder überhaupt nur *verständlich* wird, flößt einem einen solchen kolossalen Respekt ein, daß sich der Bummelwitz ängstlich verkriecht. Man scheidet aus der Gesellschaft anständiger Menschen aus, wenn man, aus dem Vatikan oder St. Peter kommend, sich in Scherzen – selbst in guten – ergehen will. Hier ist ein Fall gegeben, daß selbst die humoristische Behandlung der Dinge, die ich sonst so hochstelle, zum Fehler werden kann. All Ding hat seine Weise.

Neapel, 3. November 1874

So weit war ich vor drei Tagen gekommen. Mit derselben schlechten Tinte, aber einer noch schlechteren Feder fahre ich heute fort.

Den Brief in Rom noch zu schließen verbot sich, da gerade der letzte Tag noch allerhand brachte. Es traf sich so glücklich, daß gerade am 1. November die während der 6 Sommermonate geschlossene Villa Farnese (Farnesina) zum ersten Male wieder geöffnet wurde, so daß wir noch imstande waren, die zwei berühmten Säle dieser Villa mit der Galatea und der Darstellung des Amor- und Psyche-Märchens in Augenschein zu nehmen. In Kunstschwatz kann ich mich hier nicht ergehen; der schon so lange Brief würde sonst endlos werden. Nur so viel ganz allgemein, daß ich, bei der aufrichtigsten Bewunderung vieler der sogenannten »großen Nummern«, einer kaum geringeren Zahl gegenüber ziemlich ketzerische Ansichten unterhalte. Die Lügerei der Menschen, auch derer, die etwas von den Dingen zu verstehn vermeinen oder auch meinetwegen wirklich verstehn, ekelt mich an. Nichts ist rarer als innerliche Freiheit den Erscheinungen des Lebens und der Kunst gegenüber und der Mut, eine selbständig gehabte Empfindung auch auszusprechen. Und doch wäre selbst das Dummste immer noch besser als das Unwahre, aus Furcht oder Eitelkeit Nachgepapelte. Die in die Reisebücher aufgenommenen Kunsturteile, oft von sehr berühmten Leuten, wirken meistens unsagbar abgeschmackt. Man fühlt, daß die betreffenden Herrn wenig gefühlt und wenig gewußt und in dieser Verlegenheit sich mit öden Redensarten aus der Affaire gezogen haben. Onkel Unger hatte ganz recht, wenn er die fragwürdigsten alten Pinseleien kaufte und nicht eher ruhte, bis er einen Gian Bellin oder Giorgione herauskonstruiert hatte. Viele Renommees sind gewiß in ganz ähnlicher Weise durch die Ungers der Kunstgeschichte nach und nach gemacht worden. Wenn von tapfrem Verleumden immer etwas hängenbleibt, so auch von tapfrem Loben. Ich glaube ganz bestimmt, daß drei geistreiche Kerle einen vierten, wenn sie es nur eisern wollen, berühmt machen können, namentlich wenn der zu Feiernde dunkel und unverständlich ist. Nur an der biedren Platitüde scheitert alle Verherrlichungskunst.

In die Heimat zurückgekehrt, werde ich meine Zunge sehr hüten müssen, auch schon deshalb, weil ich selber sehr wohl empfinde, daß es mir nach einer ganz bestimmten Seite hin an etwas sehr Wesentlichem gebricht, was nun mein Urteil einseitig und ungerecht macht. Lägen die Dinge günstiger, so würde ich mich mit einem wahren Feuereifer in diese Fragen stürzen und in einem Tone losgehn wie etwa über die Iphigenie der Frau Erhartt. Denn an diese Iphigenie erinnert sehr vieles. Schöne Erscheinung und schöne Bewegungen hatte Frau Erhartt auch. In meinem Gemüte steht es aber felsenfest, daß es in aller Kunst – wenn sie mehr sein will als Dekoration – doch schließlich auf etwas Seelisches, zu Herzen Gehendes ankommt und daß alles, was mich nicht erhebt oder erschüttert oder erheitert oder gedanklich beschäftigt (wie beispielsweise die großen und doch so einfachen Sachen Michelangelos) keinen Schuß Pulver wert ist. Hiermit hängt es zusammen, daß mir die der Raffaelischen Zeit unmittelbar voraufgehenden Jahrzehnte lieber sind als die »Blütezeit« selbst. Ich beziehe dies auf die *Epoche*, nicht auf die einzelnen Leistungen, unter denen aber nur die mit Recht als die großen und größten gelten, die neben der vollen äußren Schönheit auch jene *innerliche* haben, die das Auszeichnende und Herrliche des 15. Jahrhunderts war. Mögen andre anders darüber denken, ich denke *so* und habe mein gutes Recht dazu. Ich lasse mich von niemandem mehr von dieser mir tief ins Herz geschriebenen Überzeugung abbringen, auch von den Berühmtesten nicht. Es ist unglaublich, wieviel Schwindel umgeht. So viel, daß alle Welt mit Fingern auf jeden zeigt, der es wagt, dies auszusprechen. Denn auch die Besten sind mehr oder weniger Großschwindelbewahrer und fühlen sich verletzt oder bedroht, wenn jemand laut oder leise zu lachen wagt.

Nur eines ist nicht Schwindel: der Golf von Neapel, der eben sonnenbeschienen und bootebefahren in herrlichsten Farben vor mir liegt, und die aufrichtig freundschaftliche Gesinnung des Gefertigten für den Kreis seiner Freunde, insonderheit für seine teuren Chevaliers. Wie immer Dein alter

Noel

Palast Lovati am Popolo-Platz ist jetzt Hôtel. Die Gräber von Lepels Onkel und Wichmanns Bruder (Fourniers fanden wir) waren nicht zu entdecken. Die »italienische Buchführung«, soweit Kirchhöfe in Betracht kommen, kann sich selber begraben lassen. Keine Zahl stimmte. Grenzenlose Konfusion. Ein völliges Bummelvolk. Ich komme preußischer zurück denn je. Freiheit und weiter nichts ist etwas ziemlich Elendes. Der

Mensch bedarf der Trainierung. Die Zehn Gebote waren doch nichts andres als Disziplin.

Am 3. November nachmittags. Der lange Brief, wie Du leicht erkennen wirst, ist diesmal lediglich für Haus Zöllner bestimmt, *nicht* für die Kinder (ich meine die meinigen). Natürlich bitt ich Dich, Theon draus vorzulesen, was Du für gut häl[t]st, und Georgen später die volle Einsicht zu gestatten. Was die Freunde angeht, so könnte ich beinah sagen, daß der Brief noch mehr an den Geschichtsmaler August v. Heyden als an den Rat Zöllner gerichtet ist; ich komme ja aus der Kunstbetrachtung gar nicht heraus, wenn ich auch die Details geflissentlich vermieden habe. Also jedenfalls für Heyden *mit*. Den andern Freunden gegenüber empfiehlt sich vielleicht Vorsicht, weil ich nicht gern das Gefühl wecken möchte: »Gott, der präpariert sich wieder seinen besondren Standpunkt.« Milachen wird wohl noch ein paar Worte hinzufügen. Dein

Th. F.

An Karl Zöllner

Neapel, 10. November 1874

Mein lieber Chevalier.

Außer einigen Worten, worin wir, von Florenz oder Verona aus, den Tag unsrer Rückkehr angeben werden, werden dies wohl die letzten italienischen Zeilen sein. Ich schreibe sie am 10. November bei weitgeöffnetem Fenster und bin nach links hin in den Schatten gerückt, um nicht nur der Sonne, sondern auch der Wärme zu entfliehn. – Leider bin ich immer krank; indessen das Stück Erde, das hier ausgebreitet vor uns liegt, ist von einer solchen alle Mißstimmung und allen Nörgelhang siegreich überwindenden Schönheit, daß man seine

Choleratropfen freudig ergeben weiter nimmt und die Table-d'hôte-Diners, die man als bloßer Zuschauer mitmacht, in verklärtem Schmerze bezahlt.

Vorgestern, nachdem wir schon vorher Pompeji besucht hatten, sind wir von einer 3tägigen Fahrt ins Land zurückgekehrt, deren Programm lautete: Capri, Sorrent, Salerno, Paestum. In Capri sah ich die Lepelsche »Witwe von Capri« *nicht*, dafür aber die Kopischsche Blaue Grotte und die Platenschen »Fischer von Capri«, wie man denn überhaupt aus Jugenderinnerungen und ganz speziell aus dem Rauschen des deutschen Dichterwaldes an dieser gesegneten Erdenstelle gar nicht herauskommt. In Sorrent erging es mir minder gut als unsrem Freunde Paul Heyse, so daß ich statt der Idyllen nur etwa Elegien hätte verfassen können. Leider keine Goetheschen, denn nichts lag mir ferner, als auf irgendeinem Nacken auch nur den fraglichsten Hexameter zu skandieren; der ganze Vesuv saß mir im Leibe, und das unheimliche Rollen und Grollen nahm kein Ende. Endlich mit Hülfe höllischer Tinkturen (Satan durch Beelzebub) aus dem gröbsten heraus, beschloß ich, den ersten Schritt zu weitrer Rekonvaleszenz von Bewegung in frischer Luft zu erwarten und stieg kühnlich in den Wagen, den wir zu vier genommen hatten. Die Gesellschaft, darunter zwei Damen, ertrug mich in Geduld, denn ich saß zwischen ihnen, nicht wie die Zeder auf dem Libanon, sondern wie der Baldrian auf der Rudower Wiese. Zwölf Stunden lang hatte ich von Tinctura Valerianae gelebt. Die köstliche Fahrt tat mir wirklich wohl, und wir trafen am Abend des zweiten Tages in Salerno ein. Am Morgen des dritten nach Paestum, dessen Räubern und Schlangen wir gleichmäßig glücklich entgangen sind. Die Elloramutter als Heroine. Mit Todesangst im Herzen *doch* ausgehalten; der einzig wahre Mut. Um 9 Uhr abends waren wir, mit Hülfe der

Eisenbahn, wieder in Neapel, das wir mit einer Art Heimatsgefühl begrüßten. Morgen oder übermorgen wollen wir auf den Vesuv, ich immer, links und rechts gestützt, als »sterbender Mansfeld«; dann noch wenige Tage in Neapel selbst und dann in drei großen Etappen: Florenz, Verona, München, wieder nach Haus. Alles, was auf dem Rückwege abgemacht werden sollte, ist, wie immer, aufgegeben worden. Milachen ist müde, ich bin krank; dazu ist das Geld ausgegeben, nachdem sich zu den 150 in Rom schändlich eingebüßten Francs noch ein weitrer kleiner Verlust gesellt hat: mein Portefeuille wurde mir auf dem Toledo von einem geschickten Langfinger aus der Brusttasche gezogen. Sei so freundlich und schicke mir nach München 50 Taler unter der Adresse: An den Herrn Eigentümer des »Hôtel Marienbad« (Herrn Th. Fontane bei seiner Ankunft einzuhändigen). Ich werde die Summe kaum brauchen; aber besser ist besser. Herzlichste Grüße an alle Freunde, besonders an die Italianissimi: Lepel, Wichmann, Heyden. In der Hoffnung auf ein glückliches Wiedersehn, unter Vorweg-Dank für so viele bewiesene Freundlichkeit, wie immer Dein alter

Noel.

PS Verzeih, daß ich so ungeniert um die 50 Tlr. bitte; ich weiß, man hat sie nicht immer im Portemonnaie. Laß mich hoffen, daß ich keine Unbequemlichkeiten dadurch schaffe. – Heut, von 9 bis 5, haben wir eine große Fahrt nach der Solfatara, dem Golf von Bajä und seinen nächsten Umgebungen gemacht; auf dem Rückwege durch den Posilipp, an dessen Ausgang wir das Grab des Virgil besuchten. Empfiehl mich meiner verehrten Chevalière.

Th. F.

Berlin, 24. November 1874
Potsdamer Str. 134 c

Mein gnädigstes Fräulein.

Seit 4 Tagen wieder hier, eile ich, um Ihnen ein Lebenszeichen von uns zu geben. Sieben schöne Wochen, die wir in Venedig, Florenz, Rom u. Neapel zubrachten, liegen hinter uns; unsre Erwartungen sind fast noch übertroffen worden, dennoch sind wir froh, nun wieder in der Heimat zu sein und unsrer Arbeit, unsren Kindern und Freunden leben zu können. In der Jugend, wo man noch flügger, noch weniger verwachsen mit dem Boden ist, auf dem man geboren wurde, kann einem in der Fremde, und ganz besonders in einer so schönen Fremde, der Wunsch kommen, sich auf lange niederlassen und das Herrliche ganz genießen, das Lernenswerte ganz lernen zu wollen. Man hat dann noch eine freie Wahl und kann sein Leben, sein Studium, seine Interessen an irgendein Schönes setzen, das einem irgendwo entgegentritt. In spätren Lebensjahren ist das nicht mehr möglich; man ist dann nicht bloß mit einer Frau (wenigstens in der Regel), sondern auch mit einer bestimmten Lebensaufgabe verheiratet, die einem nun nicht mehr erlaubt, willkürlich dies und das zu tun, sondern einen mit wohltuender Gewalt in das vorgeschriebene Geleise pflichtschuldiger Tätigkeit zurückzwingt. Vor 30 Jahren hätten mich nicht zehn Pferde von Neapel weggekriegt, und ich würde Kopf und Kragen daran gesetzt haben, mein Leben, oder doch ein bestes Stück davon, dem Studium Pompejis und seiner ausgegrabenen, wunderbaren Schätze zu widmen. *Jetzt* konnte mir dieser Wunsch nicht mehr kommen, kaum der Gedanke. All dieser Herrlichkeit gegenüber empfand ich deutlich, und nicht einmal schmerzlich, daß meine bescheidene Lebensaufgabe nicht am Golf von Neapel, sondern an Spree und Havel, nicht am Vesuv, sondern an den Müggelsbergen liegt, und inmitten aller Herrlichkeit, die nur eben bildartig gesehn und dann in den Kasten der »Anschauungen« hineingetan sein wollte, zog es mich an die schlichte Stelle zurück, wo meine Arbeit und in ihr meine Befriedigung liegt. Wenn es Zweck des Reisens ist, sich zu enthusiasmieren und innerhalb des Enthusiasmus sich glücklich zu fühlen, so kann man nicht früh genug auf Reisen gehn, handelt es sich umgekehrt um jene gerechte Würdigung, die verständig gewissenhaft abwägt zwischen Daheim und Fremde, zwischen Altem und Neuem, so kann man seinen Wanderstab nicht spät genug in die Hand nehmen. So schön und herrlich Italien ist, so ist es mir doch ganz unzweifelhaft, daß es durch *jugendliche* Menschen, namentlich durch die unglückselige Klasse der Maler, noch zu etwas Herrlicherem hinaufgeschraubt worden ist, als nötig war.

Bei unsrer Rückkehr fanden wir alle vier Kinder vor: Theo hatte mittlerweile Haus gehütet und Friedeln überwacht, George war am 8. auf Urlaub hier eingetroffen, Martha am 18. von Schlesien angelangt. Die Freude war groß. Seitdem fallen wir aus einer Gesellschaft in die andre, und man muß sich, wenn Sie den Berolinismus gütigst verzeihen wollen, den Mund geradezu fußlig reden. Rütli, 2mal bei Heydens, gestern bei Wichmanns, morgen bei Lucaes, übermorgen bei Zöllners, am Sonntag bei Wangenheims, und ich fürchte, daß der Kreis hiermit keineswegs geschlossen ist. Eh ich es vergesse: an der Table d'hôte in Neapel trafen wir Frau v. Hagen auf Langen nebst Gemahl, und nach drei Minuten schon kannten wir alle Ruppiner Stadtneuigkeiten. Glücklicherweise war *ich* nicht dabei; ich war, wegen Unwohlseins, auf meinem Zimmer geblieben, aber meine Frau hatte die ganze Salve auszuhalten. Ich sollte mich beim Tee auch noch vorstellen, hütete mich aber wohl. Es war der *letzte* Abend, sonst würden diese Vorsichtsmaßregeln nichts geholfen haben.

Gestern vormittag war ich bei Herrn Hertz. Er war sehr liebenswürdig, beinah herzlich; ich wünsche aufrichtig, daß schlechter Absatz der Bücher, der doch immerhin möglich ist, nicht eine kleine Verstimmung heraufbeschwören möge. Übrigens bin ich ihm das Geständnis schuldig, daß er nach dieser Seite hin sehr noble ist und einen eine etwa getäuschte Hoffnung nie unangenehm empfinden läßt. Ich bin einigermaßen neugierig, wie sich Kritik und Publikum zu der 2. Auflage der Gedichte stellen werden. Freund Lübke hat in der »Augsb. Allg. Ztg.« eine glänzende Besprechung veröffentlicht, die ich gestern zugeschickt erhielt.

Von Hans Rohr empfing ich gestern, anläßlich der neuen Auflage der »Wanderungen«, die Ihre Güte ihm zugeschickt hatte, einen sehr liebenswürdigen Brief aus San Remo. Ob ihm das Rohr-Kapitel sonderlich gefallen hat, darüber schreibt er nichts; mir genügt indes die unverändert freundliche Gesinnung, die sich in dem Briefe ausspricht, vollkommen.

Diese Zeilen sollten eigentlich von meiner Frau geschrieben werden, die sich in einer Briefschuld gegen Sie weiß; sie hat aber so viel zu tun, namentlich auch so viel zu schreiben, daß ich versprach, ihr *diesen* Brief abnehmen zu wollen. Sie lassen ihn hoffentlich für voll gelten.

Mit den besten Wünschen für Ihr Wohl, unter herzlichen Grüßen und Empfehlungen von meiner Frau und mir, in alter, aufrichtiger Dankbarkeit, Ihr ganz ergebenster

Th. Fontane.

Basel, 5. August 1875
Im »Storch«, No. 29

Liebe Frau.

Gestern abend auf der Fahrt von Freiburg hierher wurde mir durch einen Mitreisenden der »Storch« empfohlen. Der Name hat in Jahren, wo man nichts mehr von ihm zu befürchten hat, etwas Anheimelndes; so wählte ich mir denn in der Omnibusreihe, die 15 Mann hoch auf 3 Ankommende wartete, den »Cicogne«. Sehr bald beschlichen bange Ahnungen mein Herz. Der Hôtelomnibus nämlich, um den »Storch« zu charakterisieren, führte – etwa nach Analogie der roten Türen an der roten Apotheke – zwei Laternen am Backbord, die in einem zinnoberroten Holzgehäuse standen. Der Einfluß zweier Qualmlichter auf die frische Zinnoberölfarbe war nun geradezu furchtbar und stellte alles in den Schatten, was von ausgehenden Berliner Droschkenlampen je geleistet worden ist. Solche Droschkenlampe hat etwas so unendlich Kümmerliches, daß man mitten in der Wut sich eines gewissen Mitleids nicht erwehren kann; diese beiden Storchlichter hatten aber etwas Unverschämtes. Nach einer Viertelstunde hielten wir. Alles entsprach den roten Laternen; die ehrwürdige Atmosphäre eines 300 Jahr alten Hôtels umfächelte mich, und es waren saure Fettöne in der Luft, die recht gut von einem Braten herrühren konnten, den Ulrich von Hutten hier gegessen hat. So alles. Der Tee in solchen uralten Hôtels schmeckt nicht mehr nach Tee, sondern nur noch nach der Teekannen-Patina, die braun, wie alter Pfannenstein, das Gefäß inkrustiert. Im übrigen hab ich gut geschlafen und fühle mich leidlich wohl; das Fieber ist fort. Sonst freilich ist alles beim alten, und alle Mittel versagen den Dienst. Selbst eine

Hungerkur hat nichts geholfen; in 27 Stunden nichts gegessen und nichts getrunken, aber es bleibt, wie es ist. Die Medizin ist doch eine erbärmliche Quacksalberei. Zu dem allen nun das Wetter! Seit gestern vormittag regnet es ununterbrochen; ich würde über all dies sehr verstimmt sein, wenn ich nicht das bestimmte Gefühl hätte, daß es in der Berliner Kanalluft erst recht nichts mit mir geworden wäre.

Nach dieser Einleitung steig ich nun historisch in die Vergangenheit dieser zwei Tage zurück. Meine Reisegesellschaft, die mir anfänglich ein gelindes Grauen einflößte, war schließlich nicht so übel. Das Ehepaar nebst Tochter führte den Namen Krüger; Krüger selbst entpuppte sich als ein Schwager von Prediger Roland, woraus ich fast schließen möchte, daß die Frau eine geborene Nobiling (wie auch die Gilli) war. Nur wäre sie dann freilich unter dem Niveau der beiden andern Schwestern. Das Ganze echtestes Bourgeoistum: sicher, bequem, trivial, ungebildet, in vorliegendem Falle nur durch Gutmütigkeit genießbar. Der Gichtikus, der mit zwei Stöcken mühsam ins Coupé hineinkletterte, war ein reicher »Propriétaire« aus Lichterfelde, der das Leben und die Liebe stark befahren zu haben schien. Er kannte Spanien und hatte drei Trauringe am Finger. Der furchtbar dicke Junge, der an den Eisenpfeiler lehnte, war das Produkt seiner Laune. Mit welchem seiner drei Trauringe er ihn gezeugt, ist mir ein Geheimnis geblieben. Er stellte der Familie Krüger den Jungen mit folgenden Worten vor. »Was glauben Sie, wie alt er ist? er wiegt 115 Pfund, und seine *Intelligenz*« (wörtlich) »entspricht seiner Dicke.« – Das »Cabinet« gewährte mir weiter keinen Vorteil als den, Mutter und Tochter abwechselnd verschwinden zu sehn. Meinem bißchen Humor tut dergleichen wohl; fragt man mich aber aufs Gewissen, wie ich all das nun eigentlich finde, so ström ich über von Indignation über diese Mischung von Mesquinerie und Roheit, die all unsre Zustände durchdringt. Das soll nun Nachahmung »amerikanischen Komforts« sein! Lucae versichert uns immer, in 20 Jahren würde Berlin eine der schönsten Städte Europas sein. Ich glaub es nicht, denn »es liegt nicht drin«. Mit Hilfe der Kanalisation, zu der ich nun mal schlechterdings kein Vertrauen habe, werden wir im Sterbeprozentsatz immer höher rücken, und hier und dort wird irgendein Pringsheim eine Kakel-Architektur in die Mitte langweiliger Häuser hineinstellen. Es fehlt der Sinn und ebenso an einer mit wirklicher Autorität ausgerüsteten Leitung. Wenn Schinkel jemals fehlte, so fehlt er jetzt.

Die Fahrt von Frankfurt bis Freiburg war sehr angenehm, namentlich eh der Regen einsetzte. Die »Bergstraße«, die von Darmstadt bis Heidelberg läuft, ist schön und erinnerte mich an manchen Stellen lebhaft an unsre vorjährige Fahrt am Apennin hin. Worin Ähnlichkeit und Unterschied liegen, will ich hier nicht weiter ausführen. Die genannte Strecke machte ich in Gesellschaft des Geh. Rat Dr. Baehr, unsres alten Wichmann-Freundes, der immer die Flucht ergreift, wenn wir angemeldet werden. Ein wunderbarer Heiliger, der durch Strohhut und Nanking, in denen er auftauchte, nicht wesentlich gewann. Er gehört zu denen, die es nicht ertragen können, daß man in Berlin, im ganzen genommen, klüger ist als in Kassel, jedenfalls aber besser aussieht. Er saß ziemlich dicht neben mir, nur eine Person zwischen uns, und erkannte mich entweder wirklich nicht oder wollte mich nicht erkennen. Mir war es recht, um so mehr, als er mit einem Frankfurter eine lebhafte Konversation führte. Mit »Augen rechts« folgte ich dem Lauf der Bergstraße und hatte mehr davon als vom Lauf der Konversation. In Heidelberg, wo uns Baehr wieder verließ, gab ich ein Telegramm an Tante Pinchen auf, worin ich meine Ankunft meldete. Unter dem Vordach des Freiburger Bahnhofs standen vierzig bis fünfzig Menschen. Das erste Wesen, auf das mein Auge fiel, war – Tante Pine. Sie sah eigentlich aus wie früher, noch ein bißchen verquienter, noch ein bißchen vermorchelter, noch ein bißchen wehmütiger, eine natürliche Folge der seit 50 Jahren in Permanenz erklärten Sentimentalität. Ich sprang aus dem Wagen und küßte den lippenlosen Mund. Mit so viel Heiterkeit, wie meine Unterleibszustände zuließen, sprang ich über die ersten peinlichen Momente weg. Röschen wirkte wie eine Bäckersfrau in Trauer, Harry wie ein gutmütiger Imbecile, Fräulein Mimi aber in der Tat wie ein sehr liebenswürdiges und anmutiges Geschöpf. Heiter, plauderhaft, natürlich. Sie ist der Sonnenschein des Hauses. In dieses gelangten wir mit Hilfe einer Droschke, die ihre Schulbildung in Berlin genossen hatte. Einrichtung des Hauses ganz nett, aber au fond langweilig. Das interessanteste Zimmer war natürlich das von »Tante Pine«. Hier befanden sich die Erinnerungsstücke, Porträtbilder in Öl des Großpapa Fontane, Onkel Augusts und Pinchens selbst. Alle drei sehr gut aussehend. Dazu eine reizende kleine Landschaft von Boenisch und andres mehr. In diesem Zimmer nahmen wir Platz und plauderten vier Stunden von 3 bis 7. Dann kehrte ich in derselben Droschke auf den Bahnhof zurück und fuhr hierher. Wie waren nun die Eindrücke, die ich während jenes 4stündigen Geplauders in Freiburg empfangen? Röschen wirkt ganz gut, aber sehr unbedeutend; dem über die Kinder Gesagten hab ich nichts hinzuzusetzen; bleibt nur noch Pine selbst. Ich kann nicht sagen, daß mich irgend etwas erheblich gestört hätte; im Gegenteil, ihr Wesen ist nicht ganz ohne matronenhafte Würde, soweit ein Sperling Würde haben kann. Sie war aufrichtig erfreut, mich wiederzusehn, und gab dieser Freude in einer ruhig maßvollen Weise Ausdruck. Insoweit könnt ich ganz und gar zufrieden sein. Sie ist aber tief langweilig, genau so wie ihre Briefe. Alles ist wohlgesetzt und gibt sich den Anschein der Bildung, des Gedanklichen, der Ideen und des Idealen. Sie hat aber von alledem nichts. Alles ist Blech, klappert indes so geschickt, daß man es, bei einiger Unaufmerksamkeit, für Musik halten kann. Der Mensch stirbt, wie er geboren wird. So war sie vor 50 Jahren, und so wird sie aus dieser Zeitlichkeit scheiden. Die fleischgewordene Phrase, soweit man von Fleisch überhaupt reden kann, aber innerhalb der Phrasenhaftigkeit guten Glaubens und von der Echtheit ihrer Empfindungen, von der Mission, die sie innerhalb der Idealwelt erfüllt hat, tief durchdrungen. Ich weiß nicht: soll ich sagen eine beneidenswerte oder eine traurige Erscheinung! Ich wurde lebhaft aufgefordert, noch länger zu bleiben, hatte aber die Empfindung: 4 Stunden ist genug.

Es regnet immer noch, so daß ich von Basel, das ich übrigens kenne, diesmal nichts weiter sehn werde als den Granatbaum, der kostbar blühend auf dem Hofe meines Hôtels steht, und die Rheinbrücke. Im wesentlichen hab ich also meine Kenntnis der Stadt diesmal nur durch den »Storch« bereichert. Etwas wenig. Wenn die nächsten Wochen nicht mehr an Bildungselementen bringen, so hätt es Freienwalde auch getan. Ich gehe nun von hier direkt nach Konstanz, ohne mich unterwegs beim Rheinfall aufzuhalten, da der überschuhlose 55er nicht mehr in der Lage ist, um eines Naturschauspiels halber sich nasse Füße zu holen. Vergiß nicht die Zeilen an Hertz oder Frl. Marianne, je nachdem. Grüße die Freunde, küsse die Kinder und sei herzlich geküßt von Deinem alten

Th. F.

Also am 7. bitt ich nach Mailand zu schreiben und am 9. noch einmal.

Neuhausen, 6. August 1875
Hôtel Schweizerhof

Liebe Frau.

Ich blieb im »Storch« drei Stunden länger, als ich berechnet hatte. Schönheit und Liebenswürdigkeit der Wirtin waren nicht schuld daran; sie sah aus, als habe sie der Storch zuviel oder zuwenig gebissen. Ihr Antlitz klärte sich auch nicht auf, wohl aber das Wetter. Dies bestimmte mich, nicht direkt nach Konstanz, sondern nur bis Neuhausen (Station in Nähe von Schaffhausen) zu gehn. Man bleibt jetzt in der Regel an diesem Ort, weil man den Rheinfall von hier aus am schönsten sieht. Auch das Gasthaus ist hier am besten; echt englisches Hôtel, in dem man wieder Mensch wird. Viel tragen zu dieser wohltuenden Erscheinung allerdings die Engländer selbst bei; richtiger die Engländerinnen. Es hilft nichts, wir verschwinden neben ihnen. Ich will dies alte Streitthema nicht zum hundertsten Male behandeln, aber es ist so, wie ich sage. Durch Abstammung, Erziehung, Pflege, Freiheit und allerglücklichste Lebensverhältnisse repräsentieren sie schließlich eine höhere Race. Das ganze Volk trägt einen aristokratischen Stempel. Was bei uns in Einzelexemplaren vorkommt, kommt bei ihnen massenhaft vor. Auch bei uns gibt es Rosen, aber im Rosental zu Kaschmir wachsen sie wild.

Die ganze Rheinfall-Szenerie übertrifft weitaus meine Erwartungen, so das ganze Rheintal überhaupt, in dem wir gestern hierher fuhren. Rheinfelden, Säckingen und vor allem Laufenburg sind sehr schön. Schon vor zehn Jahren, als ich von Interlaken und Zürich aus heimkehrte, bin ich daran vorübergefahren, aber ohne das Geringste zu sehn. So reist man jetzt. Wahrscheinlich war ich müde und steckte auch nicht ein einziges Mal den Kopf zum Fenster hinaus. Der Rheinfall wirkt wie die Jungfrau. Was dort der Schnee tut, tut hier der Wasserschaum. Man steht hier wie dort einem Etwas gegenüber, das einen durch Reinheit beglückt. Dazu verwandte Farbenwunder. Inmitten dieser Schaummasse, die völlig wie ein Schneesturz niederdonnert, werden smaragdene Töne sichtbar, die an Schönheit mit dem Alpenglühn wetteifern können. *Dies* hier ist ein Punkt für Hochzeitsreisende! Von Hôtel zu Hôtel traben oder Galerien absuchen kann dem tapfersten Recken den honeymoon verleiden; aber in diesem Schweizerhof 14 Tage leben und das Dasein in Liebe, Rheinfall und substantial breakfasts gipfeln zu sehn muß für einen 25jährigen himmlisch sein. Selbst die Langeweile verliert hier ihren Charakter. Es braucht hier nichts gesagt zu werden, ja es *soll* hier nichts gesagt werden. Die Natur ist in einem steten Donner, und wenn es donnert, schweigt der Mensch. So wird hier auf natürlichem Wege, und fast von Schicklichkeits wegen, die Klippe vermieden, an der fast alle Liebespaare scheitern: die Unterhaltungsnot. Gesagt ist alles, und *immer* küssen geht über die menschliche Kraft. Deshalb gehe denn heute auch nur *ein* Kuß in die Heimat; über die Adresse schweig ich verschämt. Wie immer Dein alter

Th. F.

An Emilie Fontane

Ragaz, 7. August 1875
Hof Ragaz No. 165

Liebe Frau.

Gestern, den 6. vormittags, unmittelbar nachdem ich an Dich geschrieben, verließ ich das Rheinfall-Hôtel (Schweizerhof) und fuhr nach Konstanz. Es liegt sehr schön am Bodensee. Eine Dampfschiffahrt über diesen verbot sich, teils wegen des heftigen Windes, der wehte, teils weil ich dadurch fünf, sechs Stunden verloren hätte und erst spät abends hier eingetroffen wäre. So benutzte ich die am Bodensee hinlaufende Eisenbahn, nachdem ich für die Besichtigung der Stadt Konstanz noch ziemlich eine Stunde gehabt hatte. Das vielleicht interessanteste Gebäude derselben ist das »Kaufhaus«, jetzt das Konziliums-Haus geheißen, in dessen großer Halle (mit auf Holzsäulen ruhender Holzdecke) die Kardinäle über Hus zu Gericht saßen. Wie in der Regel derartige Örtlichkeiten, so wirkte auch dieser Saal wenig echt; es ist nur noch der *Raum* als solcher, der das Interesse in Anspruch nimmt, die Dinge, die ihn einschließen, ihn schmücken oder charakterisieren, gehören andren Zeiten an, vielleicht selbst die Decke und die Säulen. Fresken, von Friedrich Pecht herrührend, einem geborenen Konstanzer, umziehen die Wände; es sind Szenen aus dem geschichtlichen Leben der Stadt. Hus hat drei Bilder: seine Verteidigung vor Kaiser und Konzil, seine Überführung in den Inselkerker auf Gottlieben und sein Feuertod. Hus selbst ist auf allen drei Kompositionen natürlich wieder Porträt von Friede Eggers. Die ganze Münchener Schule, Kaulbach an der Spitze, hat sich an ihm versehn. Im übrigen fand ich die *sämtlichen* Kompositionen, etwa 10 bis 12, merkwürdig gut, die »Überführung des Hus über den See« sogar von herzbeweglicher Kraft. Es mag sich vieles dagegen sagen lassen, aber nicht ein einziges wirkte langweilig; alle hatten sie etwas von dem Reiz, der vorweg an aller *Handlung* haftet. Die einzige Kunst, die unsre Historienmaler in nur allzu vielen Fällen üben, besteht darin, daß sie die Tat gleichsam zu entnerven und das natürlich Gegebene in seinem Zauber zu entzaubern verstehn. Gibt es etwas Ergreifenderes als »Konradins Tod«? Gibt es etwas

Langweiligeres als die Bilder, die ihn darstellen? Wahrscheinlich existieren Ausnahmen; aber ich kenne keine.

Von Konstanz in etwa 4 Stunden hierher. Der Weg führt über Romanshorn und Rorschach, dann rheinaufwärts bis Chur; ein oder zwei kleine Stationen *vor* Chur liegt Ragaz. In Romanshorn traf ich die Familie Hoepner, fünf Mann hoch: er, sie, der Sohn, das Töchterchen und ein Mädchen. Wo nehmen sie das Geld zu solchen Reisen her? Vielleicht tut er dieselbe Frage. Sie kamen von München, wenn ich nicht irre, und gingen an den Vierwaldstätter See, um dort ihre Villeggiatur zu schließen.

Hier, in Ragaz, fand ich [die] teuren Wangenheims in bestem Wohlsein. Er absolut rüstig, ein stilles Mitglied des Alpenclubs; sie so gut wie völlig genesen, Arm und Hand wieder beweglich; Elsy um 5 Jahre verjüngt. Wir soupierten zusammen; es war sehr reizend. Leider ist mein Magen total ruiniert, ich kann nichts essen. In diesem Augenblick sitzen W.s an der Table d'hôte; ich kann aber nicht teilnehmen und will froh sein, wenn ich heut abend einen Bissen genießen kann. Es ist ganz so wie im vorigen Jahre in Italien. – Heute vormittag haben wir zusammen gefrühstückt (Tee), dann eine Fahrt, die berühmte Tamina-Schlucht aufwärts, nach *Pfäffers* gemacht. Bei Pfäffers wird die Schlucht zur bloßen Spalte, an der hin eine schmale Galerie führt; unten die Tamina, oben die Felsen wieder sich berührend oder doch nur handbreiter Zwischenraum. Unter allem Derartigen, was ich gesehn, ist es das Großartigste. Die Fingalshöhle auf Staffa ist fast noch schöner und poetischer, verschwindet aber an Imposance daneben. – Heute abend fahr ich nach Chur; morgen früh über den Splügen nach Italien hinein.

Lebe wohl; wie immer Dein

Th. F.

Auf dem Lago Maggiore, 9. August 1875

Meine liebe Frau.

Da wären wir also wieder unter italienischem Himmel! Die durch Pietsch so berühmt gewordenen Nußbaum- und Kastanienalleen, »die sich vom dunklen Hintergrund der Berge abheben«, sind wieder um mich her, und auch die Weingirlanden ziehen sich von Baum zu Baum. Alles echt und vorschriftsmäßig.

Gestern abend 9 Uhr traf ich, nach einer 16stündigen Fahrt, in Bellinzona ein. Um 5 Uhr früh hatte ich Chur im Eilwagen verlassen. Unter gewöhnlichen Umständen wäre das eine Strapaze gewesen, und zwar eine um so größere, als ich während der drei Stunden, die ich zu Chur im Bett zubrachte, keinen Augenblick Ruhe gefunden hatte; nichtsdestoweniger war der ganze Tag eine Wonne von Anfang bis Ende. Selbst eine leise Prellerei, der ich ausgesetzt wurde, konnte daran nichts ändern. Sie ging mit Freundlichkeit Hand in Hand, was mich jedesmal entwaffnet; nur die gemeine norddeutsche Betrügerei, die nicht nur in dem Maß der Forderung, sondern auch in der Manier derselben Unverschämtes leistet, verdrießt mich. Wie ungermanisch bin ich doch! Alle Augenblick (aber ganz im Ernst) empfind ich meine romanische Abstammung. Und ich bin stolz darauf.

Friedel hat recht: das *Fahren* ist das Beste von der Geschichte. Einige machen die Hôtels zur Hauptsache, andre die Bildergalerien, noch andere das Bergeklettern, als ob der Mensch von der Ziege abstammte. Dem allem steht die Friedelsche Schule, der ich mich anschließe, mit höherer Berechtigung gegenüber. Das Beste ist *fahren*; mit offnen Augen vom Coupé, vom Wagen, vom Boot, vom Fiacre aus die Dinge an sich vorüberziehen lassen, das ist das A und das O des Reisens. Was noch übrigbleibt, ist Sache des Studiums, und auch mit diesem Studium ist es soso. In den seltensten Fällen ist es möglich, in den Kern der Dinge einzudringen, und wer sieben Monate lang in Rom lebte, wird nicht sehr viel mehr heimbringen als der, der es, sieben Tage lang, mit Plan und Buch in der Hand durchfahren hat. Wir lernen mit dem Auge am meisten; es ist *beständig* tätig; das Ohr nur sehr ausnahmsweise. Dazu kommt, daß wir im *Sehen* immer etwas empfangen, im *Hören* sehr oft nichts.

Also um 5 Uhr früh aus Chur. Ich hatte einen Platz im Cabriolet, neben mir zwei dänische Damen. Als Verfasser des »Krieges von 1864« schwieg ich mich patriotisch aus. Gleich der erste Moment, beim Einbiegen in die große Chaussee, war prächtig. Die Rätischen Alpen schlossen dunkel den Horizont, aber hoch über die vorderste Linie hinweg schaute das Schneehaupt des Piz Beverin, das, eben im Morgenlicht erglühend, die sich ihm nähernden Fremden freundlich begrüßen zu wollen schien. Die Fahrt geht rheinaufwärts. Nach etwa drei Stunden hatte man Thusis erreicht, das am Eingangstor der berühmten Via Mala gelegen ist. Ich orientierte mich ein wenig, während die Pferde gewechselt wurden. Jetzt trat der Kondukteur, ein breitschultriger Graubündner, dessen ursprüngliche Schweizer Barschheit längst in milde stimmenden Spirituosen untergegangen war, an mich heran und machte die Bemerkung, daß ich vom Cabriolet aus nicht viel sehen würde; »der Bankettplatz, *das* sei das Wahre, um Umschau zu halten; die ›Differenz‹ könnte ich später an ihn erlegen«. Mein bereitwilligstes Eingehn auf diesen Vorschlag kostete mich, außer einer Anzahl Trinkgelder, 7 Francs 45 Centimes, die natürlich auch nur eine zwischen zwei, drei Verschworenen zu teilende Kriegskontribution waren. Der mir geleistete Dienst war aber viel größer als die

Brandschatzung, so daß ich meinem Kondukteur auch noch nachträglich aufrichtig dankbar bin. Nur von dem offnen Bankettplatz aus war es möglich, die Zauber dieser Straße auf sich wirken zu lassen, denn man muß eben imstande sein, jeden Augenblick rechts oder links, nach oben oder unten blicken zu können. Beständig drängte sich mir die Erinnerung an das Böcklinsche Bild auf; alles war da, nur der Ichthyosaurus kuckte *nicht* aus seinem Felsenfenster heraus. Und dennoch fehlte auch *er* nicht; denn der Ichthyosaurus, den der Künstler so genial erfunden hat, ist allerdings der Genius loci dieses Orts, nichts als die Verkörperung des Schreckhaften, des Elementar-Ungeheuerlichen, das, aus Fabelzeiten her, hier seine Stätte hat. Was alles man auch über Böcklin sagen, ja ob man beweisen mag, daß dies und ähnliches gar keine malerischen Aufgaben seien, dennoch ist mir schließlich solch Nichtmaler lieber als hundert andre, denen niemand ihren Titel bestreitet.

Auf Beschreibung dieses großen Stücks Natur laß ich mich nicht ein; diese undankbare Aufgabe überlaß ich den Touristen generis communis, die keine Ahnung davon haben, daß die äußerliche Beschreibung nur klein macht und daß die Schilderung der *Wirkung* dieser Szenerie nur von einem Poeten in seiner besten Stunde geleistet werden kann. Nur eines. Ich hätte nicht geglaubt, daß nach allem, was ich in meinem Leben gesehn habe, ich noch so mächtig von Dingen dieser Art bewegt werden könnte. Zum Teil mag es daran liegen, daß meine Schweizer-Eindrücke aus früherer Zeit her schon wieder verblaßt waren, während die Eindrücke, die Italien gibt, doch von ganz andrer Natur sind. Neapel beispielsweise ist auch großartig; aber es ist eine großartige *Schönheit*, in der doch zuletzt das Großartige im Schönen untergeht. In der Tamina-Schlucht hingegen, und fast noch mehr in der Via Mala, wird die Großartigkeit ganz rein verzapft; wenn sie einen Beisatz hat, so ist es der des Schrecklichen, der zum Imposanten und Gewaltigen au fond besser paßt als das Schönheitliche. Das Wesen der Schönheit ist das Maß, das in einer Art Gegensatz zum Großartigen steht.

Ein Herr, mit dem ich von Konstanz bis Rorschach fuhr, sagte mir sehr richtig: »Ich habe den Rheinfall vor 20 Jahren gesehn, aber ich habe kaum noch eine Vorstellung davon.« Alles verblaßt mit den Jahren; weniges, was in Farbenfrische in uns fortbesteht. Soll man sagen »schade« oder »Gott sei Dank«.

Sehr bald nach der Via Mala kommt das hochgelegene Dorf *Splügen*, das für zwei von Chur nach Italien führende Linien den Gabelpunkt bildet. Die eine, die später bei Chiavenna mündet, führt über den Splügen selbst, die andre über den Bernhardin. Diese letztre war die von mir gewählte, weil mein Reiseplan dahin ging, an der Nordspitze des Lago Maggiore Italien zu erreichen. An dieser Nordspitze, oder doch in unmittelbarer Nähe derselben, liegt *Bellinzona*.

Um 1 Uhr waren wir in *Dorf* Splügen und nahmen ein ganz gutes Diner. Um 2 Uhr weiter. Ich immer noch auf dem Adlerhorst meines Bankettplatzes thronend. Beim Abfahren rief mir ein zurückbleibender Postillon zu: »Ja, das ist der beste Platz.« Ich hörte gleich etwas wie Schelmerei heraus, ohne im übrigen viel Gewicht darauf zu legen. Bald indessen sollte mir die Tragweite dieses Scherzes klarwerden. Der Bernhardin, den wir jetzt in der Serpentine erkletterten, ist ganz kahl, und da saß ich nun im glühenden Sonnenbrand, immer kochiger und gedunsener werdend, durch nichts getröstet als durch die Betrachtung, daß ich für 7 Francs 45 Centimes den teuersten Platz des Wagens erstanden hatte. Die Nase tat mir weh, und ich fühlte, daß ich mit jedem Augenblick dem alten Kisling ähnlicher wurde. Nur bewahrte mich der Schilberzustand vor der Porosität. Ich konnte mich über das Peinliche und noch dazu Ridiküle meiner Lage nicht länger täuschen; die Sonne brannte, daß ein Straußenei hätte ausgebrütet werden können; alles einsam; nur die Adler und – ich in der Luft. »Non soli cedo.« Ich wich aber schließlich *doch*, ließ halten und kletterte (die Cabrioletplätze waren mittlerweile andrerseits besetzt worden) in den Fond des Wagens. Dies war ein Glück für mich. Hier herrschte am meisten Schatten, und nach Schatten dürstete meine Seele. Zudem war ich allein. In diesem Alleinsein schwelge ich ordentlich. (Dies geht nicht gegen Dich. Du warst eine vorzügliche Reisegefährtin.) Während ich früher meine Scheuheit anklagte, segne ich sie jetzt. Es verlohnt sich nicht, auch nur ein einziges Wort zu sprechen; es ist alles triviales dummes Zeug, das einen nur von einer scharfen oder mußevollen Betrachtung der Dinge abzieht.

Der Weg den Bernhardin *hinauf* war trist und langweilig, sein Plateau interessant, der Weg berg*abwärts* entzückend, namentlich auf der Strecke von dem kleinen Badeorte San Bernardino bis Mesocco. Dies ist – selbstverständlich mit Ausnahme der Via Mala, die ein Ding für sich ist – die brillanteste Strecke des Weges; die Hitze ließ jetzt nach; die Farbentöne wurden immer schöner. Ich rückte deshalb, nachdem mein Platz im Cabriolet wieder frei geworden war, aus dem Fond des Wagens abermals in den fensterreichen Frontkasten ein. Ich sollt es nicht bereuen; selbst das Störende gestaltete sich zum erheiternden Zwischenspiel. In San Bernardino war ein Chausseearbeiter aufgestiegen, den man aus Gutmütigkeit mitnahm. Er preßte sich, so gut es ging, mit in den Bockkasten des Postillons hinein. Da dieser Platz aber für zwei nicht recht ausreichte, so kam es, daß das linke Bein des blinden Passagiers gerade vor meinem Cabrioletfenster hing. Zum Überfluß hatte er, kurz vor dem Aufsteigen, in einen halb ausgetrockneten Fladen getreten, dessen durch einen halben Strohhalm augmentierte Überreste an seinem Hacken hingen. Alles in allem kam, mit Hilfe des Halms, eine unregelmäßige Sichel heraus, die nun, innerhalb des Fensterrahmens, eine zweite, engere Umrahmung schuf. Lunettenartiger Ausschnitt. Über das einigermaßen Unappetitliche kam ich leicht hinweg. Ich hätte in diesem Augenblick verdient, Wichmann zu sein. Auch war die ganze Szenerie in der Tat von so viel Lieblichkeit, daß nur ein Griesegram hätte mäkeln können.

Sonntagnachmittag. Das Volk überall geputzt und plaudernd oder auch zur Heuernte hinausgezogen. Inmitten der Heuenden stand eine junge schöne Frau, die die ganze Wiege, in der ihr Kind lag, wie einen Leierkasten auf dem Rücken trug. Was mich aber am meisten erheiterte, war das folgende. Wir fuhren berg*ab*; deshalb genügten vier Pferde, während berg*auf* fünf gebraucht zu werden pflegen. So blieb denn von den fünf Umspannpferden, die am Vormittag, einige Stunden vor unsrer Ankunft in San Bernardino, von Mesocco aus hinaufgeklettert waren, eins übrig, das aber doch auch wieder zurück mußte. Wie geschah das nun? Auf die einfachste Weise von der Welt. Schon mochten wir eine Meile oder mehr bergab sein, als ich plötzlich, mit Hilfe der Serpentine, eines Pferdes ansichtig wurde, das, während es in Wahrheit auf fünfzig Schritt *folgte*, an jeder Biegungstelle nicht *hinter*, sondern *neben* uns war. Dann und wann, wenn nur ein einfaches Stück Wiesenland den Raum zwischen der Serpentine füllte, sparte sich das kluge Tier die überflüssige Wegstrecke, durchschnitt geschickt den grünen Streifen und lief nun gerade auf unser Seitenfenster zu. Hineinkuckend, begrüßte es uns durch das Schellenklingeln seines Geschirrs und nahm dann wieder die Queue, in pflichtschuldigem Abstand dem Wagen folgend.

Ich könnte in solchen Schilderungen fortfahren; aber es wird zuviel, und – Dubletten wirken nicht. Der Mond ging auf und warf sein Licht über verschiedene Bergwässer, zuletzt über den Tessin. Um 9 Uhr fuhren wir in Bellinzona ein. Ich nahm Abschied von meinem Kondukteur, der *sehr* freundlich war, und zog in den »Engel« ein, der seinem Namen Ehre machte, was man nicht von jedem Engel sagen kann. Ich war todmüde und schlief wie in Abrahams Schoß.

Diesen Tagesbericht hab ich wirklich während der Bootfahrt auf dem Lago Maggiore geschrieben, aber – mit Bleistift in mein Notizbuch. Dies ist die Abschrift davon. Sie ist mir blutsauer geworden, da zwei Federn, die mir Zimmermagd und Kellner lieferten, gleich schlecht waren. Morgen früh rechne ich auf einen Brief von Dir; mög ich Gutes hören. Mit meinem Befinden geht es seit der Fahrt über den Bernhardin besser; die furchtbare Hitze scheint mich kuriert zu haben.

Leb wohl; herzlichst wie immer Dein

Th. F.

An Emilie Fontane

Mailand, 10. August 1875
Hôtel de la Ville

Meine liebe Frau.

Gestern schrieb ich vom Lago Maggiore aus, heute schreib ich von Mailand, das ich gestern bei guter Zeit erreichte. Ich stieg im Hôtel de la Ville ab, *nicht* im Hôtel Cavour, das mir Heyden empfohlen hatte. Hôtel Cavour liegt am Rande der Stadt, Hôtel de la Ville in der

Mitte. Dies bestimmt mich, letztrem den Vorzug zu geben. An Wert sind sie gleich, auch wohl an *dem* Wert, den sie sich in ihren Rechnungen selbst beilegen. – Aber ich schulde Dir noch eine Schilderung des gestrigen Tages. Ich kann mich ziemlich kurz fassen.

Etwa um 9 aus Bellinzona. Kurze Eisenbahnfahrt um die Nordspitze des Lago Maggiore herum; Ankunft in Locarno 10 Uhr. Von hier aus machte ich nun die Seefahrt, die 5 bis 6 Stunden dauerte. Der See sieht gerade so aus, wie er gemalt zu werden oder selbst in Ölfarbendruck zu erscheinen pflegt. Jede Überraschung, die soviel tut, fällt weg. Überhaupt kann man von Italien sagen, es sei »abgemalt«, wie Lieder abgesungen werden. Ihre Popularität wächst dadurch, vielleicht auch ihr Ruhm, aber *nicht* ihr Reiz. Alles Schönste muß rar bleiben, muß als beglückende Ausnahme empfunden werden. Je gekannter, je trivialer; nicht immer, nicht notwendig, aber die Gefahr ist da. Was nun den Lago Maggiore angeht, so hängt alles davon ab. Der treue Anwohner des Müritz- oder Müggelsees wird in unbegrenztes und berechtigtes Entzücken geraten, wer aber vom Golf von Neapel kommt oder das Bild desselben in der Seele bewahrt, der wird dies oberitalische Wasserbecken doch nur zweiten Ranges finden. Die Weitgespanntheit des Bogens, die Farbe des Wassers, der Reichtum der Ufereinfassung schaffen einen Unterschied, der sehr zuungunsten des »Langen Sees« ausfällt. So nennen die Graubündner den Lago Maggiore. In seinem nördlichen Drittel wirkt er mehr oder minder kahl; erst wenn man die Mitte erreicht hat und etwa von Pallanza aus rückwärts blickt, hat man ein sehr schönes Bild, weil sich [!] nun alles Zusammenschieben den Ufern einen reicheren Charakter zu geben beginnt, als sie in Wirklichkeit haben. Nun kommen die Inseln: Isola Madre und die berühmte Isola Bella. Auch selbst diese letztre wirkt nicht stark. Man sieht ein ramponiertes Schloß, einen Kranz ziemlich schmutziger Uferhäuser und hinter diesen Häusern, dieselben bergartig überragend, die vielgenannten, vom Grafen Borromeo vor etwa 200 Jahren angelegten Terrassen. Ein Stück Sanssouci, nur mit dem Unterschied, daß der Isola-Bella-Hügel nicht nach *einer* Seite, sondern nach allen *vier* Seiten hin terrassiert wurde. Also nicht einfach so: , sondern im Längs- und Querschnitt so: 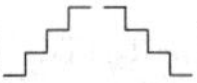 Ich kann aber nicht sagen, daß die Sache dadurch an Schönheit gewonnen hätte. Im Gegenteil, sie erhält etwas durchaus Spielriges, das durch die zahlreich angebrachten Architekturen und Skulpturen: Obelisken, Säulen und Statuen (darunter – über dem Eingangstor – ein Engel zu Pferde), nur noch gesteigert wird. Ich glaube nicht, daß ein genaueres In-Augenschein-Nehmen mein Urteil erheblich modifiziert haben würde. Denn man übersieht von Deck aus alles ganz deutlich.

Mit Isola Bella hört die Schönheit und das Interesse auf; man fährt nur weiter, um, an der Südwestseite des Sees, Arona zu erreichen, von wo die Eisenbahn die Reisenden nach Mailand führt. 2½ Stunde. Eine der ersten Stationen ist Somma, in der Nähe des Ticino, wo Hannibal, nach Passierung der Alpen, seinen ersten Sieg über die Römer erfocht; dann folgt Legnano, wo die Mailänder den Barbarossa schlugen. Überhaupt begegnet man hier – ähnlich wie auf der Strecke von Weimar bis Leipzig – alle 5 Minuten einem berühmten Schlachtfeld.

Um 7 Uhr waren wir in Mailand.

Nach einer unerläßlichen Säuberung und Einnahme eines Soupers: Hammelkotelettes, in denen ein mir vorschwebendes Ideal endlich zur Wirklichkeit wurde, ging ich in die Stadt und sah noch den Dom, den Scala-Platz mit seinem gleichnamigen Theater, die große Marmorstatue Leonardo da Vincis und die neuerdings so berühmt gewordene »Galeria Vittore Emanuele«, das Vorbild zu unsrer »Passage«, die daneben allerdings zu einem bloßen Gäßchen zusammenschrumpft. Überhaupt, welche Stadt! Oh, Berlin, wie weit ab bist du von einer *wirklichen* Hauptstadt des Deutschen Reiches! Du bist durch politische Verhältnisse über Nacht dazu geworden, *aber nicht durch dich selbst*. Wirst es, nach *dieser* Seite hin, auch noch lange nicht werden. Vielleicht fehlen die Mittel, gewiß die Gesinnung. »Denn aus Gemeinem ist der Mensch gemacht«, sagt Schiller; er soll dabei speziell an den Berliner Spießbürger, der inzwischen zum »Bourgeois« sich abwärts entwickelt hat, gedacht haben. Überhaupt will es mir nicht glücken, es im Auslande zu irgendeiner patriotischen Erhebung zu bringen. Nicht nur, daß man Schritt um Schritt empfindet, wie sehr uns diese alten und reichen Kulturlande voraus sind, nein, man *taxiert uns auch in diesem Sinne*. Man will von uns nichts wissen. Weder das »ewige Gesiege« noch die 5 Milliarden haben unsre Situation gebessert. Es hieß zwar unmittelbar nach dem Kriege: »Wir seien nun ein für allemal etabliert, der so lange vermißte Respekt sei da«. Aber ich merke nichts davon. Alles dreht sich nach wie vor um England und Frankreich; man versteht kein Deutsch oder will es nicht verstehn; englische und französische Zeitungen überall; englische und französische Bücher im Schaufenster jedes Buchladens, aber kein einziges deutsches Buch. Nicht einmal die »Wanderungen«. Im Grunde genommen ist es recht so, denn das, was *wirkliche* Superiorität schafft, fehlt uns, trotz Schulen und Kasernen, nach wie vor. Freilich haben Athen und Sparta einst *politisch* rivalisiert; aber Sparta ist längst nur noch Name und Begriff, während die beglücktere Rivalin eine *Wirklichkeit* ist bis diesen Tag.

Morgen rechne ich auf einen Brief von Dir. Mit

meiner Gesundheit geht es gut. Möge auch bei Euch alles in bester Ordnung sein. Grüße und küsse die Kinder. In alter Liebe Dein

Th. F.

AN EMILIE FONTANE

Lecco, 14. August 1875

Um 6 Uhr früh von Bellagio aus mit dem Dampfboot nach Lecco. Schon um 4 Uhr hatt ich mich herausgemacht. Der See war in dieser Frühe und Frische sehr schön. Der erste helle Schein fiel gerade auf die Bergspitzen (die schönste dieser Spitzen, picartig, ist die des Monte Croce, dem Hôtel Grande Bretagne gegenüber), als ich das Boot bestieg. Während wir die »Punta di Bellagio« umfuhren, sah ich, von dem Punkte aus, der einen Blick in alle drei Arme des Sees gestattet, die ganze Schönheit desselben. Der Lecco-Arm, der sich zu dem Arm zwischen Como und Bellagio etwa so verhält wie das Urner Loch zu dem Vierwaldstättersee, ist nach meinem Geschmack den übrigen und berühmteren Seepartien durchaus ebenbürtig. Er ist ungeleckter von der Kultur, weniger reich an einfassenden Parks und Villen, was ihn aber durchaus kleidet. Er wirkt durch sein ursprünglicheres Gepräge auch charakteristischer.

Um 7½ waren wir in Lecco, einem betriebsamen kleinen Ort. Ich brachte mein Gepäck auf den Bahnhof und begab mich dann in die Stadt zurück, in den »Lion d'or«. Ich bereu es nicht, hier 4 Stunden bis zum Abgang des nächsten Zuges nach Desanzano warten zu müssen. Ein Zimmer hab ich natürlich nicht genommen, sondern sitze in dem in seiner Art entzückenden Albergo-Hofe, der, von allen Seiten eingefaßt, bemalt und umrankt, im Erdgeschoß aus Küche, Ställen, Remisen und Torwegen, in Höhe des ersten Stocks aber aus Galerien besteht. Über diesen Galerien ist ein Leinwanddach ausgespannt, das die eine Hälfte des Hofes in Schatten hält, während auf der andern (ungeschützten) Hälfte die Sonne liegt. Und vor dem Leinwanddach sitz ich nun mit andern Gästen und schreibe diese Zeilen. Topfgewächse und Kübelbäume: Kamelien, Oleander, Zypressen, bilden einen Honoratiorenplatz, einen salle à manger, in dem Kellner, in langschößigen Alpaca-Fracks, an gedeckten und ungedeckten Tischen geschäftig sind. Die Küchenfenster, nur sechs Schritt von mir, stehen offen und gestatten mir einen Blick auf die rußigen Wände und die weißbemützten Köche. Wieder empfind ich die außerordentliche Verwandtschaft zwischen dem italischen und böhmischen Leben. In Münchengrätz, Sobotka und Gitschin hab ich 1866 ganz Ähnliches gesehen. Zu gleicher Zeit drängt sich's mir auf, daß die Italianissimi unter unsern deutschen Künstlern und Musikern von ihrem Standpunkt gewiß recht haben, wenn sie einen immer wieder beschwören: die großen Hôtels zu meiden und die nationalen Albergos aufzusuchen. Man wird billig, freundlich und sehr gut bedient, lernt Volk und Landessitte kennen und kommt aus dem zuletzt langweilig werdenden, weil scharf vorgeschriebenen Touristengeleis heraus. Alles sehr wahr. Dieser »Lion d'or« ist im Grunde viel interessanter als das Hôtel Grande Bretagne, von dem ich komme; nichtsdestoweniger geht es nicht. Die fabelhaften Gerüche, die aus allen Poren eines solchen nationalen Gasthauses quellen, die »Örtlichkeiten« resp. die »Jardins« (wie es in Mailand hieß), das beständige Gebundensein, gleichsam mitzukochen und mitzubraten – schaffen Zustände, die man in einem gewissen Alter und bei gewissen Verwöhnungen auf die Dauer nicht ertragen kann. Dazu kommt, daß diese Albergos keineswegs immer diesem

»Lion d'or« entsprechen; es finden sich auch wahre Räuberhöhlen, und einmal dem ganzen Schrecknis von Knoblauch-Kotelettes und entsprechender »Casi« verfallen, ist man auf 4 Wochen ruiniert. Nur unverwöhnte Mägen und Nasen dürfen sich nationalen Studien hingeben.

Der »Lion d'or« gibt mir auch Gelegenheit, gleich noch eine Bemerkung einzuschalten, die sich mir, seitdem ich in Bellinzona eintraf, beinah allstündlich aufgedrängt hat. Das norditalische Volk ist doch sehr anders als das römische und neapolitanische. Bis jetzt bin ich nur einem gesitteten, wohlanständigen und durchaus unbettelhaften Wesen begegnet. *Wirklich* ein Kulturvolk. Artig, lebhaft, intelligent; geschäftlich exakt, weder Betrug noch Unverschämtheit, am wenigsten die berühmte Mischung von beidem. In Rom störte mich ein Dünkel, für den ich kein rechtes Fundament finden konnte; die niedern Neapolitaner aber sind einfach Gesindel.

Abfahrt von Lecco um 11½ Uhr. Zunächst bis Bergamo, von wo man auf die große Linie Mailand–Verona–Venedig übergeht. Dein

Th. F.

An Theodor Fontane (Sohn)

Wernigerode, 11. Juli 1878
Borchertsche Häuser

Mein lieber, alter Theo.

Deine Kiste hat mich sehr gerührt. »Ganz Theo«, darin faßte sich das Familienlob (für Friedel sprang Tilla ein) zusammen. Und wie ich mich bei Dir dafür bedanke, so kannst Du Dich bei Deiner Mama bedanken, von der Du zwar nicht die Kiste, aber doch die Gabe des

Schenkens und, was noch wichtiger, die Gabe des Aufmerkens mit dem Herzen hast. Die Fontanes sind alle hartgesottene Egoisten, die dann und wann Anfälle von Generosität kriegen, aber selten. Im ganzen verfahren sie nach dem Prinzip: »Nehmen ist seliger denn geben«, und erkennen die Pflicht der Dankbarkeit theoretisch an, ohne sie praktisch zu betätigen. George und Martha sind ganz echt; Friedel pendelt noch hin und her.

Ein Bild unsres Daseins hier zu geben ist nicht schwer: wir leben, sind glücklich und frieren. Das wird nun wohl Onkel Zöllner als untereinander unvereinbar ansehn, es ist aber doch so, denn aus dem Frieren erwächst einem eine beständige Berechtigung zum Schlafen, was wir denn auch zu allen Tageszeiten ausführen, ohne deshalb unsre Nacht zu verkürzen. Im Gegenteil, wir betrachten den Tagesschlaf als die Vorübung, um dann eine lange Nachtruhe als desto virtuosere Leistung folgen zu lassen. Nach diesem allen wird es Dich überraschen zu hören, daß ich, eine Parforcetour unternehmend, anderthalb Tage von hier fort war, um in Tangermünde Kirche, Burg und Rathaus anzusehn. Du weißt, daß meine neue Arbeit (Novelle) dort ihren Schauplatz hat. Die Reise war recht nett, trotzdem ich fünfmal umsteigen mußte. Wie leben doch die Leute in solcher Stadt! Mir war, als wär ich in Reykjavik gelandet; Gott sei Dank hatte ich während der Nacht nicht den Krabla in der Nähe. Nichts belief mich. Dies war der einzige Zug einer neuen Zeit.

Leb wohl, mein alter Kerl. Wir haben hier den *einen* Trost, daß Du unter allzu großer Hitze nicht leiden wirst. Grüße alle lieben Freunde: Zöllners, Stockhausens und Tante Merckel, wenn Du an sie schreibst. So sich's macht, lade den jungen Koenig ein, ich komme für das »Fäßchen« auf, allenfalls auch für Deinen Verlust im Skat, wenn Du nicht *zu* viel Pech gehabt hast. Denn das Tollste muß man immer allein tragen. Mit diesem großen Abgangssatz (eine Kunst, die mir Martha abgekuckt hat) schließ ich und bin wie immer Dein alter

Papa.

An Emilie Fontane

Bremen, 17. Juli 1880
Hillmanns Hôtel

Meine liebe Frau.

Gestern um 4 bin ich glücklich, aber freilich stark in Perspiration hier eingetroffen. Du hättest wieder sagen können »ganz sauer«. Unterwegs hatte ich mich mit meinen drei Damen, Polinnen, angefreundet. Sie waren alle drei sehr nett, am nettesten eine staubgrau gekleidete, die Dir George vielleicht schon beschrieben hat. Es ist doch kein leerer Wahn, was von der Liebenswürdigkeit und einem eigentümlichen »Charme« der Polinnen gesagt wird. Die Deutschen mit ihrer »ewigen Ordnung« kann ich nicht als das Ideal der Schöpfung ansehn. Es ist gerade gut genug für den Alltag und – die Langeweile. Die Damen gingen nach Norderney, und ich bin gebeten worden, sie dort aufzusuchen. Absichten auf mich werden sie wohl nicht haben. Wenn nicht vielleicht der kl. Hut für 12 Mark mir auch einen »Charme« gegeben hat. Unterwegs hatt ich noch ein *mir* sehr interessantes Erlebnis. Alles schrie nach Wasser, auch meine Damen. Ich stürzte dienstbeflissen heraus; unmöglich, es war nicht zu kriegen. Da sah ich Leute, Kinder und Erwachsene, mit Blechtöpfen am Brunnen stehn, und ich rief einem Manne von 40 Jahren zu: »Hier, hier.« Und er kam auch und »tränkte« die Damen. Es entspann sich nun folgendes Gespräch:

Ich: Heiß heute.

Er (achselzuckend): De l'Amerique.
Ich: Kuba, Havanna, San Domingo?
Er (kopfschüttelnd und auf sich zeigend): Sam.

Die Sache hing also so zusammen. Es waren Auswandrer, die 4. Klasse fuhren und mit ihren Blechtöpfen an den Brunnen gelaufen waren. Einer von ihnen, der den Führer »bis hinüber« machte, war ein gewöhnlicher Amerikaner, mutmaßlich aus der Ohio- oder Mississippi-Gegend. Er war sofort bereit, auf meinen Zuruf den Damen Wasser zu bringen, eh er's noch seinen eignen Leuten brachte. Diese Form von Politesse, Menschlichkeit, ja selbst Ritterlichkeit imponierte mir riesig. Ein gewöhnlicher Deutscher hätte dies *nie* getan. Er denkt an sich und ist in seiner kleinen engen Seele zu jeder Gentilität unfähig. Es ist leider so. Dieses Fehlen jeder Spur von Kavalierschaft in unsrem Volksgemüt ist das, was uns so unbeliebt macht. Der große Knote der »Weltgeschichte«.

Meinen Kaffe nahm ich hier im Hôtel auf einer entzückenden Terrasse, eine Blumenbalustrade vor mir und dahinter ein Stück Park mit zahllosen Kindern, Kinderwagen und Kindermädchen. Es sah aus wie ein Feenmarkt. Dann ging ich in die Stadt – das sehr schöne Hôtel liegt am Rande, am ehemaligen Wall – und flanierte 4 Stunden, kaufte mir Plan und Büchelchen und kenne nun Bremen so gut wie Berlin. Heute, mit dem letzten Zuge, will ich nach Emden. Dort bleib ich morgen und fahre am Montag früh nach Norden und von dort nach Lützburg.

Heute regnet es; mir sehr lieb; denn es war nicht mehr zum Aushalten.

Mein Tagewerk besteht heute darin, das *Innere* einiger Kirchen, darunter im Dom einen »blauen Teufel« (mutmaßlich der preußische), und des Rathauses anzusehn. Abschließen will ich mit einem Déjeuner dinatoire im Ratskeller, wo ich in der berühmten »Rose« als ritterlicher Deutscher ein Glas auf Dein Wohl trinken werde. Grüße George und Tilla. Reisebeschreibeln für die »Vossin« werd ich nicht; es ist eine *zu* gemeine Beschäftigung. Wie immer Dein

Th. Fontane

An Emilie Fontane

Emden, 18. Juli 1880
Ewerts Hôtel

Meine liebe Frau.

Ein halbes Dutzend rotbraune Giebel, mit einer Turmspitze dazwischen, kucken mir über einen Hof weg, gegen den unser früherer in der Königgrätzer Straße den Charakter einer Riesenarena hat, ins Fenster, und hieran, wie in vielem andren, merkt man die Nähe Hollands. Beständig treten mir die Andreas Achenbachschen Ostende-Bilder vor die Seele. Meinen Tee gestern abend erhielt ich auf einem porzellanenen Untersatz, darin ein Öllämpchen von der Größe eines Nachtlichts brannte. Es stank entsetzlich; ich blies es aus und stellte es ins offne Fenster, um es verduften zu lassen. Aber in dem zuglosen Hofe stand die Luft, und so mußt ich persönlich damit fertig werden.

Um 7¾ wollt ich gestern aus Bremen fort, aber im letzten Moment hieß es: »Die Maschine leckt«, so daß erst eine neue Maschine geheizt werden mußte. Dies dauerte fast eine Stunde, so daß es ein Wunder ist, daß wir den Anschluß an einen andern Zug nicht versäumten und immer noch einigermaßen rechtzeitig hier eintrafen. Gerad um Mitternacht. »In einer so ›kleinen Stadt‹ wie Bremen«, bemerkte ein mitreisender Bremenser spöttisch, »darf dergleichen vorkommen.« Bremen hat beiläufig über 100000 Einwohner. Dabei sei bemerkt, daß ich mich doch mehr und mehr zum Preußen- und Berlinertum zu bekehren anfange. Freilich spät, aber besser spät als gar nicht. Das *alte* Berlin und das *alte* Preußen war allerdings etwas Entsetzliches, und wo sein Pferdefuß (Schweineklaue wäre richtiger) zum Vorschein kommt, find ich es noch furchtbar. Aber seit 40, seit 48 und namentlich seit 70 ist alles anders geworden, und wir haben nun selbst *die* Gegenden in Deutschland weit überflügelt, die früher Vorbilder für uns sein konnten. Dresden wirkt jetzt wie ein pauvres, zurückgebliebenes Nest. Hamburg ist uns an Gewaschenheit und Sauberkeit immer noch voraus, aber dafür fehlt doch vieles, vieles andre. Wasser allein tut es nicht.

Als ich gestern mittag meine Briefe (einen auch nach Lützburg hin) zur Post gegeben hatte, besuchte ich Börse, Rathaus, Rathauskeller. Es war mir alles sehr interessant. Die Börse, erst 12 oder 14 Jahr alt, ist sehr schön und gefällt mir besser als Hitzigs in Berlin, die, glaub ich, überhaupt nicht zu seinen Glanzleistungen gehört. Der große Rathaussaal voller Bilder, Holzschnitzereien und Schiffsmodelle fesselte mich über eine Stunde. Ein Rathausdiener machte den Cicerone: »Diese Stühle sind aus dem Jahre 1761, diese Uhr ist beinah 500 Jahr alt, diese Kaiserbilder sind aus dem Jahre 1524.« Ich sagte ihm: »Die Stühle sind aus dem Jahre 1810, die Uhr ist höchstens 250 Jahr alt, und die Kaiserbilder sind nicht von 1524, sondern von 1824.« Es ist unglaublich, was einem in Schlössern und Kirchen und Rathäusern alles vorgequatscht wird. Du wirst natürlich auf die Seite des Rathausdieners treten. Und warum nicht? »Warum soll es nicht die Königin Lowise sind?« Es war aber *doch* Napoleon.

Im Rathauskeller hatt ich nur ein mäßiges Vergnügen,

und nur der Wein, den ich trank, war sehr schön, sowohl der junge wie der alte. Dabei beides sehr billig. Eine halbe Flasche Markobrunner 15 Sgr., ein Spottgeld für so guten Wein, und ein Glas 1727er Rüdesheimer nur 8 Sgr. Die meisten Menschen machen sich nichts aus so altem Wein, deshalb wird er zu so billigem Preise weggegeben. *Mir* schmeckte er ausgezeichnet, und ich wünschte wohl, ein »Verehrer« (die ja zeitlebens so viel für mich getan) schenkte mir 50 Flaschen davon. Ich aß einen halben Hummer, womit ich den ganzen Tag auskam. Danach ließ ich mich in den Kellern umherführen. Mir trat der Tag wieder vor die Seele, wo ich 1844 auf meiner ersten Londoner Spritzfahrt in den Dockskellern umhergeführt wurde. Sind 36 Jahre. Dazwischen liegt das Leben. Und doch kam ich mir nicht mal sehr verändert vor. Arm, unsicher und selbstbewußt, gerade wie damals. Und nun wird es auch wohl so bleiben. In dem einen Keller liegt in 12 Stückfässern der »Apostelwein«, jedes Faß hat einen Apostelnamen. Der »Judaswein« ist natürlich der beste. – Morgen also fahre ich nach Norden und von da nach Lützburg. Ich schreibe erst wieder am Dienstag, und Du wirst den Brief kaum vor Donnerstag empfangen.

Ergeh es Dir gut. Herzlichste Grüße Dir, George, allen, von Deinem

Th. Fontane.

An Emilie Fontane

Hannover, Montag, 26. Juli 1880
Karstens Hôtel

Meine liebe Frau.

Mitten in der Nacht (1½) bin ich gestern oder richtiger heute hier angekommen. Die Fahrt über Bremerhaven oder Wilhelmshaven, die ich gern gemacht hätte, verbot sich, weil gestern (Sonntag) nur *eine* Gelegenheit war, von Norderney fortzukommen: *die* per Dampfschiff über Emden. Ich war mit Norderney fertig, das mir übrigens schließlich in seiner großartigen Strandpromenade sehr gefallen hat. Ich hatte bis zu dem Momente, wo ich Dir die Bleistiftszeilen schrieb, nur die Stadt und ihre nächste Umgebung gesehn.

Also wieder über Emden. Die *See*fahrt (*hin* nach Norderney hatte ich den *Land*weg genommen, der dann bloß zuletzt mit einer »Überfahrt« über das Watt endigt) dauerte 4 Stunden und war sehr schön. Alles blieb leidlich gesund, und nur eine einzige Dame, dicke Maschine, wurde seekrank. Und zwar in demselben Moment, wo das Schiff sich in Bewegung setzte. Sie litt unsagbar und war leidlich tapfer dabei. Wer so organisiert ist, muß zu Hause bleiben, was sie sich auch vornahm. Aber es ist damit wie mit den Entbindungen. Nächsten Sommer wird sie doch wohl wieder hingehn.

Auf der Fahrt von Emden nach Bremen, wohin ich auch noch wieder kam, machte ich die Bekanntschaft eines Herrn v. Rauch, der, früher Offizier, wenn mich nicht alles täuscht, unter die Maler gegangen ist und in Düsseldorf am Verfall deutscher Kunst mitarbeitet.

Hannover macht einen vornehmen Eindruck, aber doch sonderbar; in mancher Beziehung wie München: groß, weit, leer, forcierte Gotik (die mir doch nicht recht scheinen will), überhaupt etwas Raufgepufftes, wie jemand, der sich über seine Kräfte anstrengt und dem die Puste ausgeht.

Die Nacht verbrachte ich anfangs sehr trübselig. Es herrschte in meinem Zimmer ein penetrant ammoniakalischer Geruch, vor dem ich nicht einschlafen konnte und, wenn ich schlief, gleich wieder aufwachte. Endlich entdeckt ich's; es war vergessen worden »auszugießen«, dem Bodensatze nach zu schließen, wohl seit 3 Tagen schon. Que faire? Ich schritt zu einem Verdünnungsprozeß. Aber es wurde nur schlimmer: »don't touch it« ist die Devise solcher Beau-reste. So mußt ich denn auf irgendeine Weise *das* ausführen, was das Dienstmädchen vergessen hatte, und geräuschlos Fenster und Jalousien öffnend und den Vorbeimarsch einer Patrouille abwartend, schoß ich alles in goldenem Bogen (der Mond schien) bis mitten auf den Damm. Nachspülen; denn ich traute dem Frieden nicht und noch weniger dem Bodensatz, und nun wusch ich mich und legte mich beruhigt nieder. Das war meine »entrée joyeuse« in die Welfen-Hauptstadt, von der ich mir »als Christ, als König und als Welf« einen reinlichen poetischen Eindruck versprochen hatte. Das alte Lied. Zärtliche Brautpaare haben an ihrem Hochzeitstage, trotzdem Schiller sagt: »Und der Brautnacht hohe Freuden, die die Götter selbst beneiden«, in der Regel einen kolossalen Schnupfen. In den schwereren Fällen Kolik. – Lebt wohl. Morgen, bald nach 3, will ich hier fort und denke etwa 8 Uhr abends auf dem Lehrter Bahnhof in Berlin einzutreffen. Braunschweig schenk ich mir. Auf ein frohes Wiedersehn.

Wie immer Dein

Th. F.

An Emilie Fontane

Wernigerode, 4. August 1880
Lindenberg Hôtel

Meine liebe Frau.

Seit einer kl. halben Stunde bin ich hier und schreibe diese Zeilen angesichts des himmlischen Panoramas, das vor dem Lindenberg ausgebreitet liegt.

Ich liebe diesen Ort so, daß ich, ich will nicht sagen, hier sterben, aber hier begraben sein möchte. Das Bild, die klare Luft, die Frische – alles erquickt mich wieder, und ich komme, um meinen alten Lepel zu zitieren, aus einem seligen Lungenturnen gar nicht heraus. Von frischer Luft zu sprechen ist momentan allerdings gewagt, denn es ist hier mal wieder *»Schützenfest«*, die Pauke rast und will ihr Opfer haben, und die ganze Luft, bis hier hoch auf den Berg hinauf, ist von dem vielen Waffelnbacken mit Schweineschmalz gesättigt. Aber ich bin so eingenommen von diesem Ort, daß mich auch *das* erfreut.

Bei Kagelmanns, die mich sehr zärtlich empfingen, hab ich eben gemietet, zu 7 Tlr. die Woche, die ich ihnen gleich selber bot. Ich hätt es gewiß auch billiger gekriegt, aber mache mir über diesen Taler oder selbst über diese *zwei* keine Vorwürfe. Ich wollte alles Handelns und Feilschens überhoben sein.

Eben kommen meine Kotelettes, so schließe ich. Lebt alle wohl. Wie immer Dein

Th. F.

An Emilie Fontane

Wernigerode, 5. August 1880
Villa Kagelmann

Meine liebe Frau.

Eben hab ich auf dem Balkon meinen Tee getrunken und mich dabei an den alten Bildern erfreut: auf dem Schloß ein paar Lichter, der »Weiße Hirsch« abwechselnd in grün und rotem Licht, am Horizont ein letzter dunkler Streifen Abendrot und dazwischen Musik unten in der Stadt und oben auf dem Lindenberg. Oben auf dem Lindenberg konzertierte ein Solist, ein Hornbläser, und blies als letztes Stück eine Pièce, die ich 1852 von einem Cornet-à-pistons-Virtuosen in Brighton blasen hörte. Es war am Abend vor meiner Rückkehr nach Deutschland. Es liegt einiges dazwischen; George war gerade ein Jahr alt.

Heute früh übersiedelte ich vom Hôtel in meine Villa; unten auf dem Flur fingen mich Herr u. Frau v. Graevenitz ab, die die Unter-Etage bewohnen und auf deren Balkon ich Platz nahm, um über 2 Stunden mit ihnen zu plaudern. Frau v. Graevenitz kannte mich von Heydens her, wo ihr Sohn, ein junger Referendar, im vorigen oder vorvorigen Jahr das Tanzbein geschwungen hat. Herr v. Gr., viele Jahre lang Obertribunalsrat unter Grimm, sprach über letztren viel mit mir. Ich erfuhr, eigentlich kaum zu meiner Überraschung, daß Grimm über die Maßen unbeliebt gewesen sei. Motivierung später. Herr v. Gr. ist ein sehr liebenswürdiger, sehr gütiger Mann, der jetzt am großen Reichsgericht in Leipzig fungiert und von beiden Rombergs sehr eingenommen ist. Von ihr heiße es, »sie sei ein Engel«; worauf ich replizierte: »Ja, aber ein Hamburger, still und gewaschen.« Zustände, die hierdurch nicht unterschätzt werden sollen. Bettina (auch ein Engel) war lebhaft und dreckig.

Ich stieg nun in meine Wohnung hinauf, die sich vernobelt hat, und begann auszupacken. Um 1 aß ich; Frau K. hatte gekocht. Aber es ist mir doch zu schlecht, und so werd ich von Morgen ab mal hier, mal dort einfallen und sehen, was die Küche gibt. Viel erwart ich nicht; die Kochkunst blüht nicht in diesen Gegenden, und das Fleisch ist schlecht wie in allen kleinen Städten. Nichts ist falscher als die Vorstellung der Gutsbesitzer, man könne sich bei ihnen ein Ränzlein anmästen; im Gegenteil, man fällt ab und kommt von Kräften. Dafür hab ich mich aber bereits an Erdbeeren für 15 Pf. delektiert und an zwei Semmeln für 8 Pf., wogegen die ganze Thiersche

Herrlichkeit versinkt. Wenn letztrer mehr Bäcker und weniger Stadtverordneter wäre, gewönne unsre ganze Gegend.

Bald nach Tisch wurd ich müde und schlief an 2 Stunden. Ich freue mich darüber und habe nach den beständigen Anspannungen der letzten 3 Wochen eine wahre Sehnsucht, zu schlafen und zu ruhn. Die schöne Luft und ein mittlerer Erkältungszustand unterstützen mich dabei. Wenn ich sage »schöne Luft«, so bezieht sich dies nur auf den Grundton, auf die reine, sittliche Tendenz des Ganzen. Im Detail laufen viel Unkorrektheiten mit unter, wie ich das überall in der »reinen Natur« gefunden habe. Plötzlich, an Stellen, die aller Menschlichkeit entrückt scheinen, trägt einem ein linder West eine Luftwelle zu, die von Otto Devrient unverändert in die klassische und selbst in die unklassische Walpurgisnacht aufgenommen werden könnte. Mephisto könnte sogar sagen: »Hab ich doch meine Freude dran.« *Ich* nicht.

An Martha denk ich viel und bin neugierig, wie sie sich nehmen wird. Grüße alle Kinder, auch meinen Theo, von dem ich nicht mal rechten Abschied genommen habe. Morgen fang ich an zu arbeiten, aber peu à peu. Wenn Bände vonThiébault bei Dir abgeliefert werden, so schicke sie mir gleich, wenigstens aber den 3. Band, den ich am meisten brauche. (Nur Band II hab ich hier.) Ich erwarte Dich morgen oder übermorgen über 8 Tage, vorausgesetzt, daß Du vor Einsamkeit und Langerweile nicht erschrickst. Ein bißchen Bekanntschaft läppert sich auch wohl zusammen. Lebt alle wohl. Wie immer Dein

Th. Fontane

Wernigerode, 18. August 1880
Villa Kagelmann

Hochgeehrter Herr und Freund.

Eben als Ihre freundlichen Zeilen eintreffen, wollt ich schreiben und mich entschuldigen, daß ich erst 10 bis 12 Tage später mit meiner Novelle vor Ihnen erscheinen kann. Es hapert mitunter mehr, als man, in Hoffnungsduselei, annehmen zu müssen glaubte. Volle acht Tage habe ich gebraucht, um das in Abschrift vor mir liegende erste Kapitel in Ordnung zu bringen. Und ein paar Stellen genügen mir auch *jetzt* noch nicht und müssen, nach erneuter Abschrift, wieder unter die Feile.

Nun müssen Sie aber nicht fürchten, daß das so weitergeht; das erste Kapitel ist immer die Hauptsache und in dem ersten Kapitel die erste Seite, beinah die erste Zeile. Die kleinen Pensionsmädchen haben gar so unrecht nicht, wenn sie bei Briefen oder Aufsätzen alle Heiligen anrufen: »Wenn ich nur erst den Anfang hätte.« Bei richtigem Aufbau muß in der ersten Seite der Keim des Ganzen stecken. Daher diese Sorge, diese Pusselei. Das Folgende kann mir nicht gleiche Schwierigkeiten machen, und so denk ich, ich verspreche nicht zuviel, wenn ich sage: »Ich werd es am 31. d. M. eingeschrieben zur Post geben.«

In Prag Ferien! Ist das statthaft? Nach dem, was mir noch vom »Braunen Roß« und dem »Goldenen Stern« in Erinnerung ist, würd ich beide nicht zu den klimatischen Kurorten zählen. Es ist in den Korridoren dieser alten Hôtels so was Ammoniakalisch-Hofbräuartiges auf alle Ewigkeit hin zu Hause. Und man kann doch nicht immer in der Moldau liegen, auch wenn sie nicht, wenigstens um die Nepomukbrücke herum, für meine sensitive Haut einen ewigen Schudderton hätte. Ich kann nirgends von historischen Reminiszenzen absehn und würde mich nie haben entschließen können, im Tower mein Beilager zu halten. Aber Pardon für das Geplapper.

Wie immer Ihr ergebenster

Th. Fontane

An Martha Fontane

Thale, 20. Juni 1882
Hôtel Zehnpfund

Meine liebe Mete.

Mama schickt Dir zwar meine Briefe, in denen das wenige drin steht, was ich erlebe, ich will aber auch mal direkt schreiben, Dir aussprechen, daß ich alle Deine Briefe mit ihren Schilderungen und Betrachtungen (auch mit *diesen*, an denen die Jungens immer herumkritisieren) mit Vergnügen gelesen habe und will Dir zugleich von meinem neusten Erlebnis, meiner gestrigen *Fuß*reise nach Suderode, erzählen. Ich gehe nämlich jetzt viel, um meine geschwollenen Füße durch Marschierkünste wieder dünn zu kriegen. Ein – da sonst geschwollene Füße durch Marschieren nur noch geschwollener werden – absolut geniales Verfahren, das in seinem Gedankenblitz und seiner Kühnheit durchaus an Pancritius erinnert.

Ich ging also nach Suderode, das ich schon vor vier, fünf Tagen auf einer Fahrt, die ich mit Senator Brehmer aus Lübeck machte, flüchtig kennengelernt hatte. Was ich aber bei der Gelegenheit gesehen hatte, konnte das eigentliche Suderode nicht sein, alles hatte zu schmuddlig und zu prosaisch auf mich gewirkt: In Wahlstatt heißt das erste Hôtel »Die dreckige Ente«; diesen Titel durfte, nach meinem ersten Besuch zu schließen, in

Suderode jedes Haus führen. Ich wollte drum also recherchieren und in Erfahrung bringen, ob es *zwei* Suderodes gäbe, ein gewaschnes und ein ungewaschnes.

Ich ging über Neinstedt, wo Philipp und Marie v. Nathusius begraben liegen, Marie v. Nathusius, die die Welt mit vielen frommen Erzählungen und einem einzigen »Kreuzzeitgs.«-Redakteur beschenkt hat, an welchem letztren wieder das *das* beste und interessanteste ist, daß er die hübsche Erzieherin seiner Kinder aus erster Ehe geheiratet hat. Eigentlich soll sie *ihn* geheiratet haben.

»Möchtest du wohl, Angelica (natürlich), die Stelle bei Herrn v. Nathusius annehmen?«

»Wie ist er denn?«

»So und so.«

»O gewiß; den werd ich heiraten.« Und in 4 Wochen war sie mit ihm verlobt.

Hinter Neinstedt beginnt eine lange Chaussee, nebenher aber, quer durch die Felder, läuft ein reizender Weg.

»Ist diese Chaussee der Weg nach Suderode?«

»Ja. Aber Sie gehen besser hier den Feldweg.«

Ich wies auf einen hohen weißen Prellstein, auf dem in Riesenbuchstaben stand »Verbotener Weg«.

Die Frau lachte. »Ja, ja. Verbotener Weg. Aber dat is nich so schlimm. Geihn Se man.«

Immer wieder Eva. Ich ging also los, Kornfelder und Mohn zur Seite und dahinter die Vorberge des Harzes mit ihren Burgruinen. Endlich war ich heran, und Suderode lag mir terrassenförmig zur Linken, aber so, daß ich nur die Schmalseiten der Häuser sah. Drei Parallelwege liefen auf das Dorf zu, und ich fragte, welchen ich einschlagen solle. »Dat's all een. De ihrst geiht innt Unner-Dörp, un de tweet in Over-Dörp, un de dritt geiht to Michaelissen. Geihn Se man to Michaelissen.« Ich wußte nicht, wer Michaelis war, aber es konnte nichts Schlimmes sein, denn der Weg, der hinführte, war der Frieden und die Unschuld selbst. Am Abhang lag der Begräbnisplatz, und daneben weidete eine Herde, viele schwarze Lämmer, aber doch nur so, daß das Gute vorwog. Durch Friedhof und Herde mußt ich mitten hindurch, was mir beides gleich willkommen war. Ich las die Inschriften der weißen Grabkreuze und gewann dabei den Eindruck, daß es in Suderode nur immer glückliche Ehen gegeben haben muß. Die Männer beklagten den Tod ihrer »einzig guten Frau« und so umgekehrt, und das alles in einem Ton, dem selbst die lapidare Kürze seinen Gehalt an Herzlichkeit nicht genommen hatte. Wie wenig paßte dazu, was 4 Stunden vorher mein Tischnachbar, ein alter General, gesagt hatte: »Wer eine zweite Frau nimmt, verdient nicht, daß ihm die erste gestorben ist.« Einer der Grabsteine lautete: »Hier ruht meine teure Frau Johanna Süßespeck, geb. Joachim.« In Berlin dreht sich die Sache um; *unsre* Joachim muß eine geborne Süßespeck gewesen sein. Hinterher fand ich denn auch »Michaelis«. Es war das erste Hôtel von Suderode, sein Central-Hôtel. Ich setzte mich in die Veranda und ließ mir *das* geben, was man sich ohne allzu große Gefahr immer geben lassen darf: eine Tasse Tee, einen Cognac und Sodawasser. Zehn Schritt von mir saß eine ramponierte Schauspielerin, die sofort den Kritiker in mir erkannte. Solche Damen sehen kolossal scharf. Suderode W. ist eine Villenkolonie und gruppiert sich um »Michaelis« herum; wohnt man 3 Treppen hoch, mag es ganz nett sein, unten aber ist es dumpfig, eine abwechselnd mit Stall- (höchstens) und Küchendünsten erfüllte Malaria. Dennoch soll der kleine Berliner Skrofelinski daselbst gut gedeihn. Wohl möglich. Manche Gewächse kommen in jedem Boden fort. Nach einer Stunde stieg [ich] in einen Omnibus und fuhr nach

Quedlinburg. In dem Omnibus saßen zwei Männer, eine Mutter, eine Tante und eine dicke Amme, aber trotz ihrer Dicke »dry nurse«, denn sie hantierte mit einer Flasche. An dieser hing einer der vorbenannten kleinen »inskis«. Die Luftverhältnisse merkwürdig; wenig Ozon. So kamen wir in der Blumenstadt Quedlinburg an, wo Gott sei Dank alle Levkojen und Aurikeln blühten. Um 10 war ich wieder in Thale, das nach »Michaelis« wie eine Residenz wirkte. Ich trank *wirklichen* Tee und wirkliches Sodawasser und schlief so gut, wie man bei einem bedösten Schnupfenfieberkopf nur irgendwie schlafen kann. Und nun grüße Onkel Fritz und Tante Anna, und sei gegrüßt und geküßt von Deinem alten

Papa.

AN EMILIE FONTANE

Norderney, 9. August 1882
Marienstraße 3

Meine liebe Frau.

Morgen früh erwart ich einen Brief von Dir, schreibe aber meinerseits schon heute, da eine stille Teestunde vor mir liegt, vielleicht die beste Zeit des Tages.

Wie mir's geht, weiß ich eigentlich selber nicht; ich kann sagen gut, aber ich kann auch sagen schlecht. Mit der Wohnung und den Wirtsleuten hab ich es gut getroffen, die Luft ist herrlich, der Anblick des Meeres dito, und nachmittags drei, vier Stunden lang am Strande spazierenzugehn oder spazierenzusitzen ist ein Genuß; dazu kommt, daß mir die eingeborne Bevölkerung sympathisch ist, kräftige, tüchtige, urgermanische Menschen, ehrlich und zuverlässig. Daß sie sich ihre Luft etc. gut bezahlen lassen, kann ich ihnen nicht verdenken; alles, wonach Anfrage ist, das steigt im Preise, aber sie fordern nur viel, sie betrügen nicht; selbst die Viel-Forderung hält sich immer noch innerhalb einer gewissen Manierlichkeit; es sind anständige Leute, kein Gesindel.

Wenn ich trotzdem nicht zufrieden bin, so liegt es wohl mehr an mir und meiner Beschaffenheit als an dem Orte selbst; ich bin total erkältet, so sehr, daß ich selbst Kopfweh habe, die ich sonst nicht kenne; von gesundem Appetit keine Rede, teils durch meine Schuld, teils durch Schuld der hiesigen Küche. Von dem mir durch Müller-Grote angekündigten Bärenhunger keine Spur, und von der ungeheuren Kräftigung und Frische nur *das*, daß ich in einem halb kontrakten Zustande bin und nur mit Hülfe von Hülfskonstruktionen mich bücken kann. Unter so bewandten Umständen kann eine eigentliche Fidelität nicht aufkommen; fidel kann hier, oder überhaupt an solchen Badeplätzen, nur *der* sein, dem es egal ist, ob er im Zug sitzt oder nicht, der sich von 9 Uhr früh an mit guten Freunden Rendezvous gibt, in der »Giftbude« Hummer, in der »Altdeutschen Weinstube« Austern und drei Stunden später bei Oterendorp Mittagbrot ißt. Man muß seinem Körper und ganz speziell auch seinem Magen beständig was bieten können, *dann* kommt man in Reisestimmung; ich, für meine Person, ähnle doch mehr einem Hospitaliten, der von einer grünen Bank auf die andre kriecht.

In der Hauptsache hab ich's aber *doch* getroffen; Erkältung und Hexenschußzustände, das alles vergeht wieder, und *das* Gute bleibt, daß ich dem alten body, wenn ich Ende der nächsten Woche hier fortgehe, drei Wochen lang Sauerstoff eingepumpt habe.

Und noch manch andres Gute hat ein solches sich Herausreißen aus den kleinen alltäglichen Verhältnissen.

Ich bin heut erst 14 Tage von Berlin fort, und mir ist,

als wär ich dreimal um die Welt gefahren. Ich war in Oldenburg, sah den »Urwald« (*wirklicher* Urwald) bei Jever, lernte Wilhelmshaven kennen, besuchte Vetter August und seine Frau, war 10 Stunden auf See, passierte Wangeroog, Spiekeroog und Langeoog, bewohne jetzt meine dritte Wohnung, habe in 10 Hôtels und Restaurationen gegessen, höre jeden Morgen und Nachmittag die Kurkapelle spielen, bin ein reiner »Strandläufer« geworden, habe mit Dr. Toeche (Mittlers Verlag), mit Müller-Grote und seiner Frau Freundschaft geschlossen, habe mit v. Weigels soupiert, bei Knyphausens Besuch gemacht, zehn Kapitel korrigiert, eine neue wundervolle Novelle konzipiert und aufs Papier geworfen, bin gestern abend mit Dr. Toeche, Maler Gussow und seiner schönen Frau bei Müller-Grotes zum Champagner-Souper gewesen und habe für Knyphausens einen Prolog gedichtet, der übermorgen (am 11.) in einer furchtbar vornehmen Versammlung vorgetragen wird. Erfahr ich später Näheres darüber – ich gehe *keinen*falls hin –, so schick ich Dir die Strophen. Überblicke das, was ich aufgezählt habe, so wirst Du finden, daß es mehr ist, als gewöhnlich in meinem Tagebuche steht, wo's immer heißt: »Gearbeitet (Novelle korrigiert); Briefe geschrieben; gearbeitet (Novelle korrigiert); Abendspaziergang.«

Im übrigen bleibt es wahr, was Du schreibst: »Wie gut, daß ich bei dem Sturmwetter nicht bei Dir gewesen bin«, wobei mir nur obliegt, wahrheits- und billigkeitsgemäß den Spieß auch umzudrehen und hinzuzusetzen: »Wie gut, daß *Du* nicht meine Verstimmungen, Angegriffenheiten und kleinen Ärgernisse mit durchmachen mußtest.« Personen, wie wir beide sind, nervös, anfällig, gleich besorgt und geärgert, gleich aus dem Häuschen, immer durch Geldrücksichten eingeengt, wir *können* auf Reisen gar nicht leicht und bequem nebeneinanderhergehn, und wenn ich auf unsre italienische Reise zurückblicke, so muß ich mit einer Art Staunen und Bewunderung zugestehn, daß wir das Möglichste möglich gemacht haben. Unsrer Natur und unsrem Geldbeutel nach haben wir uns mit Ruhm bedeckt.

Aus Berlin höre ich nichts, was mir auch recht lieb ist. Neugierig bin ich auf den Effekt oder *Nicht*-Effekt, den meine Novelle gemacht haben wird. Ist sie mal wieder in den Brunnen gefallen, so ist es mir bloß zum Lachen; natürlich muß ich meine Arbeiten an den Mann bringen, weil ich sonst nicht leben kann, *so* weit ist also die Erfolgfrage für mich von einer gewissen praktischen Bedeutung, und es verbietet sich mir aus *diesem* Grunde, mich absolut gleichgültig dagegen zu stellen; in allem übrigen aber hab ich mich von der schafsköpfigsten Schafsköpfigkeit des großen Publikums, am meisten aber der sogenannten »Gebildeten«, *der*maßen überzeugt, daß Herr v. Thiemus immer mehr mein Ideal wird.

Freitag, 11. August

Gestern kam nun Dein Brief aus Warnemünde; besten Dank. Ich freue mich herzlich, daß es Dir so gut geht und daß Ihr vier Damen ein so schönes Zusammenleben habt. Ich bin auch fest überzeugt, daß Du Dich mit Frau Anna immer mehr befreunden wirst; Personen, die wahrheitsvoll sind und das Herz, ein gutes und wohlwollendes Herz, auf dem rechten Flecke haben, sind dünn gesät, und wenn man ihnen im Leben begegnet, so muß man froh sein und sich's angelegen sein lassen, ihnen nahe und immer näher zu treten. Ich verspreche mir nur Gutes von dieser »Partie zu vieren«, auch für die Zukunft. Gruß und Empfehlung an Mutter und Tochter; laß mich in Deinem nächsten Briefe auch hören, wie nah Witte an Sibirien herangekommen ist und ob er schon in einem »Aul« geschlafen hat.

Seit heute früh ist schönes Wetter, und mit dem Wetter hat sich auch mein Befinden geändert. Bleibt es so, so hoff ich über den Berg zu sein. Auch in den Eß- und Verpflegungsfragen fang ich an mich zu orientieren; mit der Table-d'hôte-Wirtschaft kann ich mich nun mal nicht befreunden, es ist im höchsten Maße langweilig, teuer und ungesund. Seit gestern laß ich deshalb ein Frühstück oder ein Vesper an die Stelle des Mittagstisches treten; ich trinke eine Tasse Bouillon, dann kalten Braten (wodurch ich der gräßlichen Sauce entgehe) mit Brot, Butter und Wein und dann eine Tasse Kaffe oder Tee. Dabei kann ich bestehn. Einmal des Tages brauch ich nur zu essen; ich lebe hier buchstäblich von der Luft.

Diesen Zeilen schließe ich wieder ein paar Briefe und Karten bei; Du ersiehst auch daraus den ungeheuren Unterschied zwischen hier und *Thale*, das ich übrigens, trotz dieses Unterschiedes, sehr in Ehren und in dankbarer Erinnerung halte. Aber das ist doch andrerseits wahr, daß die Gesellschaft etwas unter Niveau ist; finden sich dann auch ein paar Generäle, Geheimräte, Professoren ein, so sind es so wenige, daß man kaum hoffen darf, etwas einem Sympathisches darunter zu finden; hier aber tummeln sich Hunderte, so daß man eine Chance hat, irgendwas Umgängliches kennenzulernen. Sehr interessant war mir die Begegnung mit Apotheker Hübner (seit 26 Jahren in *Halberstadt*). Er machte einen fidel-kratzbürstigen, im ganzen aber sehr guten und anständigen Eindruck auf mich, war überhaupt, auch in alter Zeit schon, das einzig *gute* Element in Max' Umgebung. Von mir und meinen Schicksalen wußt er kein Sterbenswort, so daß mir wieder Schwager Webers Wort einfiel: »Dein berühmter Bruder, den keiner kennt.« Niemals bin ich richtiger beurteilt worden; Endresultat von 45 Arbeitsjahren.

Aber ich will nicht klagen, denn heute abend kommt mein Prolog dran, und vorher werd ich bei Knyphausens dinieren. Also immerhin großartig genug. Ergeh es Dir gut, küsse meine Mete. Wie immer Dein alter

Th. F.

Gleichzeitig mit diesen Zeilen geb ich einen Brief an George zur Post.

Mit der Korrektur bin ich so gut wie durch; morgen noch das Kapitel »Hochzeit« und die beiden Schlußbriefe.

Grüße mir doch auch meinen alten Senator Eggers recht herzlich; viel ist nicht mit ihm aufzustellen, aber er ist *doch* ein guter Mann.

Meinen ziemlich langen Brief vom 4. oder 5., den ich an »Frau Senator Dr. Witte« adressierte, wirst Du doch inzwischen wohl erhalten haben.

An Emilie Fontane

Thale a. H., 11. Juni 1883
Hubertusbad

Liebe Frau.

Eben erhalte ich Deinen lieben Brief von Sonntag und schreibe gleich, weil ich den heutigen Tag mit Rücksicht auf mein schwächliches Befinden zum Briefschreibetag erhoben habe. Ein langer Brief an P. Heyse ist eben fertig, und ein kurzer oder wenigstens kürzerer an Heyden soll diesen Zeilen an Dich folgen.

Ich kam gleich mit einer Magenverstimmung hier an, hielt mich aber bis diese Nacht, wo eine Art Krisis kam. Ich werde nun heute hungern, nur Tee trinken, früh zu Bett gehn und hoffe morgen oder doch übermorgen gesund aufzustehn. Der ganze Zwischenfall stört mich nicht; ich bin daran gewöhnt, ein kleines Akklimatisationsfieber durchzumachen. Auch büß ich kaum Zeit ein, da ja immer Pusselarbeit vorliegt, die gemacht sein will.

Gestern war hier ein großer Tag. Ich wurde gebeten, statt um 2 allein zu essen, um 1½ an der Table d'hôte zu erscheinen, was ich natürlich nicht ablehnte. Ich saß mit an der Familienecke, hatte den alten Sieben (der natürlich viel jünger ist als ich; Wrangel) neben mir, seine Tochter, die junge Frau, vis à vis. Der Rest der Gesellschaft bestand aus Gutsbesitzern aus der Nähe mit ihren Frauen u. Kindern, lauter nette Leute, die Kinder reizend, besonders als sie Champagner getrunken hatten und Courage kriegten. Nach Tisch setzten wir uns auf die Veranda und blieben hier von 3 bis 9 und dann noch zwei Stunden von 9 bis 11 in einem kl. Salon, wo Tee getrunken wurde. Die Gesellschaft selbst hatte sich mittlerweile verändert, der alte Sieben, der nach dem Rechten sehen mußte, trat vom Schauplatz ab, dafür aber traten nun die »Honoratioren von Thale« ein, die wohl daran gewöhnt sind, ihren Sonntagnachmittag auf der Siebenschen Veranda zuzubringen. Ich stelle Dir diese Herrschaften vor: Rittmeister a.D. Schulz und Frau, technischer Blechhüttenbetriebsdirektor Clauß, kaufmännischer Blechhüttenbetriebsdirektor Stoelting, Dr. med. N. N. und Frau und Siebens Schwiegersohn und Frau. Das Beobachten und Schlüsseziehn ist, wie Du weißt, meine Wonne. Der konnt ich mich nun acht Stunden lang hingeben. Endresultat *sehr* günstig. Ich schimpfe immer über Preußen; aber *so* was leistet doch nur Norddeutschland und allenfalls Skandinavien. In England ist schon viel zuviel Schein, gesellschaftlicher Lug und Trug. Alle vorgenannten Personen waren nicht nur sehr gebildet, sondern auch von guter Haltung und fein und liebenswürdig in ihrem Wesen. Der Doktor ein reizender gemütlicher Kerl aus

Nordhausen, seine Frau schlicht, gütig, anmutig, der Rittmeister (ein Hüne, Kerl wie Niemann, aber noch größer und stattlicher), ehemaliger Berliner Don Juan, der jetzt leider seine frühren Triumphe mit tic douloureux und Kuren in Aachen bezahlen muß, seine Frau hübsche blonde Migränen-Dame mit viel Geld, die beiden Direktoren (Junggesellen) weitgereiste Leute, der Siebensche Schwiegersohn junger Kaufmann, aber mit »Abiturienten-Examen« und beinah Reserve-Lieutenant. Mit dem Siebenschen Sohn – außer dem verheirateten Schwiegersohn (Pardon, Schwiegersöhne sind immer verheiratet) ist auch noch ein unverheirateter Sohn hier – sprach ich über England, mit Herrn Stoelting über Paris, Pariser Architektur, verändertes Pariser Leben, Zola, Nana, Brüssel und die berühmte Vierssche oder Wierssche (skandalöserweise kann ich nicht mal sicher den Namen angeben, Heyden kennt ihn aber natürlich) Gemäldesammlung und entwarf mir davon ein so vorzügliches Bild, daß ich Lust kriegte, Brüssel um dieser Sammlung willen wiederzusehn; mit Herrn Clauß Gespräche über Wien und Italien, mit dem Rittmeister über Prinz Friedrich Karl und Berliner Militärverhältnisse, mit dem Doktor über Magnetismus und Spiritismus – und das alles war nicht bloß Gequatsche, sondern so gut, wie solche Gespräche nur sein können. Wie dumm ist es, sich zu überheben; hinterm Berge wohnen auch immer Leute. Mit dem Schwiegersohn und seiner jungen Frau will ich in den nächsten Tagen nach Quedlinburg. Dieser Schwiegersohn ist erst seit 7 Monaten und der Nordhauser Doktor erst seit 3 Monaten verheiratet, beide Paare sehr glücklich und sehr zärtlich, aber in sehr angenehmer Weise. Wenn ich jetzt solche jungen Paare sehe, was ja öfters vorkommt, tust Du mir nach 33, und fast kann ich sagen nach 38 Jahren noch nachträglich aufrichtig leid. Wie gut haben es diese

Leute und wie schlecht hast *Du* es gehabt. Von *mir* red ich nicht; Poetenverrücktheit und Poetendünkel helfen einem über alles weg. Aber die armen Frauen! Hunger, Not und Sorge, kleine Kinder, keine Aussichten (oder höchstens auf neue) und von der Welt mit einem Blick des Mitleids oder auch wohl mangelnder Achtung gestreift. Schließlich hat sich ja alles leidlich wieder zurechtgerückt, und Du würdest jetzt ein schlechtes Geschäft machen, wenn Du mit der »Frau Doktorn« in Thale tauschen wolltest, aber der Anfang war schwer. Lebe wohl. 1000 Grüße. Dein

Th. F.

Du hast ganz recht: das Beste im Leben ist Arbeit, man kann fast sagen das einzige. Unsre alte weisheitsvolle Rohr hat dies immer gepredigt. Du mußt mich deshalb auch nicht bedauern; es geniert mich bloß, weil ich es unsinnig finde. Nimm die 2 letzten Pfingstfeiertage! Sollt ich etwa, statt zu arbeiten, nach Halensee fahren? Gräßlicher Gedanke!

An Emilie Fontane

Emden, 18. Juli 1883
Hôtel »Weißes Haus«

Meine liebe Frau.

Viel Muße, die mir Emden wieder gönnt, läßt mich eher ein Lebenszeichen geben, als ich erwarten konnte. Bei herkömmlichem Regen war ich um 4 in Hannover und bei noch herkömmlicherem um 12 in Emden. Dabei war es so kalt, daß mein Coupéfenster, als es anfänglich nur nieselte (oder vielleicht war es auch bloß der Wasserdampf von der Lokomotive), sich in einer Viertelstunde mit Eisblumen bedeckte, so daß ich hätte hauchen und Löcher ins Eis brechen müssen, wenn ich die Landschaft hätte sehn wollen. Dies unterließ ich aber, denn wenn man 12 Stunden lang Elsen und Kiefern und etwas Buchweizen dazwischen gesehn hat, so ist man sick of it.

Mit einem stattlichen, aber erregten Herrn, der mir im Hôtel-Omnibus erzählte, er habe den zudringlichen Hausknechten »eine runterhauen wollen« (wobei ich unwillkürlich etwas abrückte), kam ich um Mitternacht im »Weißen Haus« an, ein Haus, das Anspruch auf alle Farben hat, namentlich auf die Braunstufen, nur nicht auf weiß. Es erinnert mich lebhaft an ein Gasthaus in Aalborg, 1864, das den Namen »Phönix« führte und entschieden ein Phönix *vor* dem läuternden Flammentod war. Merkwürdig sind die Gerüche in solchen alten Hôtels, ebenso undefinierbar wie die Saucen. Übrigens ist zwischen beiden ein Zusammenhang, namentlich wenn man bedenkt, wie dehnungsfähig der Begriff ist. Einfluß der Zola-Lektüre.

Um 1½ geht heute das Schiff, das heißt also es geht um 2½. Und jetzt ist es erst 10. Wie ich diese fünftehalb Stunden hinbringen werde, mögen die Götter wissen. Mit Zeitungen bin ich schon so weit runter, daß ich gestern abend in Leer den »Leerer« und »Papenburger Anzeiger« gelesen habe. In jedem stand beiläufig ein Stück Novelle; man kann beinah sagen, wenn der Mensch zu gar nichts mehr zu brauchen ist, dichtet er und schreibt Novellen. Die Künste sind das Höchste, aber auch das Niedrigste; Rich. Wagner und ein Kunstreiter-Trompeter sind beide Musiker.

Mir gegenüber präsentiert sich das stattliche Emdener Rathaus, ein nicht uninteressanter holländischer Renaissancebau mit allerhand historischen Merkwürdigkeiten. Es sollen sich viele Rüstungen und Hinrichtungsschwerter darunter befinden, ich habe aber den Block gesehn, darauf Anna Bulens Haupt abgehackt wurde, und das Beil, mit dem Jane Grays Haupt abgehackt wurde, und darf, andrer Kleinigkeiten zu geschweigen, sagen, daß mein chamber-of-horror-Bedürfnis vollauf gedeckt ist. Und so werd ich denn ruhig an meinem Fenster sitzenbleiben und die Flut steigen und fallen sehn, ein häßlicher Wasseranblick, bei dem man unsren Kanal, selbst in seinem Moussier-Stadium, wieder schätzen lernt.

Nun weiß ich weiter nichts mehr. Ich will aber doch noch nicht abschließen, weil vielleicht noch etwas Großes geschieht: ein Brand, ein Prinz oder eine Überschwemmung.

11 Uhr. Bis jetzt ist noch nichts gekommen, ich will nun also Schicht machen.

Wenn Du Wangenheims siehst, so frage doch, ob Tirol oder noch besser Steiermark nicht ein paar bevorzugte Heilige, sozusagen Spezialheilige hätte, gleichviel männlich oder weiblich. Ich brauche solchen steirischen Spezialheiligen für meine »Petöfy«-Novelle. In der Picardie gibt es z. B. einen Heiligen, »der heilige Firmin«, der sonst nirgends vorkommt, und solche Lokalgrößen gibt es überall. Wenn Du was erfährst bei v. W.s, so schreibe mir den Namen in Deinem nächsten Brief.

Ergeh es Dir gut; macht nur nachmittags gelegentlich eine Partie, nach Charlottenburg oder Grunewald oder Hundekehle. Grüße George und Friedel aufs beste und, wenn Du schreibst, auch die beiden Detachierten: Theo und Martha. Wie immer Dein alter

Th. Fontane

Norderney, 19. Juli 1883
Marienstraße 3

Liebe Frau.

Die Regenstunden in Emden nahmen also endlich ihr Ende, und um 1½, ziemlich pünktlich, ging das Schiff. Natürlich ein »Kaiser Wilhelm«, aber ein Klapperkasten, der nicht 86 Jahr alt werden wird. Etwa 20 Passagiere an Bord. Ich befreundete mich erst mit einer sächsischen Familie aus Weißenfels, dann mit einer jüdisch-polnischen aus Posen oder Warschau. Der sächsische Herr mit Frau u. drei Kindern hatte den amüsanten, mir äußerst sympathischen Zug, den fast alle Sachsen haben: gut gelaunt, etwas witzig, etwas humoristisch und voll schelmischer Selbstironie. Er bestellte sofort 5 Tassen Kaffe. Als diese kamen, beiläufig wahre Riesenexemplare (sogenannte Bowlen), sagte ich ihm: »Ich hätte ihn gleich wiedererkannt, aber Gewißheit hätte mir erst der Kaffe gegeben; gestern abend 5 große Tassen in Leer, heute 5 noch größere an Bord.« Er lachte und sagte: »Gott, ich bin ein Sachse; dem müssen Sie in *diesem* Punkte schon was zugute halten.« Als ich ihm darauf erwiderte: »Ich hätte es kaum herausgehört; er mache von seinem Sächsisch einen sehr diskreten Gebrauch«, antwortete er: »Gott, wir sind auch nicht von den Schlimmsten; wenn wir nach ›Leipz'g‹ kommen, so lachen wir.«

Die jüdisch-polnischen Leute verfügten über einen reizenden Sprachenfond (auch wohl noch über andre Fonds); unter sich sprachen sie polnisch, was beiläufig sehr schön klingt, mit der Erzieherin französisch und mit dem Rest der Menschheit deutsch. Die alte Dame war sehr verbindlich gegen mich. Was früher die jungen Damen an mir versäumt haben – worüber ich jetzt sehr milde und beinah dankbar denke –, holen die alten nach. Beiden liegt wohl ein richtiger Instinkt zugrunde: die jungen fühlten heraus, daß Liebe nicht meine Force war, und die alten fühlen jetzt heraus, daß ich ein artiger und amüsabler alter Herr bin. Irgendwie kommt man immer auf seine Kosten.

Die Fahrt ist langweilig und eigentlich eine Geduldsprobe, besonders deshalb, weil man, wenn man schon dazusein glaubt, festsitzt und halbe Stunden lang, oft viele Stunden lang, auf Flut warten muß. So ging es auch gestern, aber doch nicht so schlimm wie im vorigen Jahr. Bald nach 6 konnt ich die Kirche, das Konversationshaus, die Knyphausensche Villa deutlich erkennen, und um 7½ legten wir an dem Pier an. Ein Junge nahm mein Plaid, und so steuerten wir auf die Marienstraße zu. No. 3, in dem im vorigen Jahr ein beständiges treppauf und -ab war, hatte etwas von einem Mausoleum; ich ließ mich durch diesen Eindruck aber nicht stören und mietete von einer kleinen »Schließerin« aus West-Accummersiel die vorjährige Wohnung unter den vorjährigen Bedingungen. Sie, die Schließerin, war durch Frau Capitain Warneke bereits unterrichtet und zeigte sich freundlich, artig, verständig, was ich so gern habe.

Nach einer kleinen Säuberung ging ich nun in die Stadt, um einige kleine Einkäufe zu machen, zwei Karten zur Post zu geben (eine an die »Kreuz-Ztng.«) und in Schuchardts Hôtel zu Abend zu essen.

Erst in die Apotheke. Hier traf ich Herrn Apotheker Ommen in Person, einen stattlichen Friesen von Bildung, Manieren und Distinktion. Eine Inselgröße. Ich bat um ein Fläschchen Esprit de Menthe und bestellte mir für heut ein großes Oxycroceum-Pflaster. Bei der Gelegenheit nannte ich ihm meinen Namen und begann diesen wie gewöhnlich zu buchstabieren. Er lehnte dies aber mit einer verbindlichen Handbewegung ab und sagte nur, halb fragend, halb sich verneigend, »*Theodor* Fontane«, mit Betonung des Vornamens. Als ich nun meinerseits nickte und sozusagen meinen Prinzenstern zeigte, murmelte er allerlei dunkle Huldigungsworte, so daß ich die Apotheke mit dem Gefühl verließ, den größten Triumph meines Lebens erlebt zu haben. Und dies ist nicht etwa scherzhaft, sondern ganz ernsthaft gemeint. Du weißt, wie mißtrauisch und ablehnend ich in diesem Punkte bin. Dies war aber *wirklich* was und wiegt mir drei Orden auf, denn Anerkennung, Freude, ja selbst Respekt (*der* Artikel also, in dem man ganz besonders und bis zur Ungebühr zu kurz kommt) sprachen sich in dem Benehmen des Mannes aus. Dies lange Schreiben darüber mag etwas Komisches haben, ich befinde mich aber in der Lage eines jungen Mädchens, die sich gestern abend verlobt hat und ihrer Freundin über diesen Lebensakt berichtet.

Bald nach 9 war ich wieder zu Haus und wollte mich eben an das Auspacken meines Koffers machen, als Frau Capitain Warneke erschien, um mir ihre Aufwartung zu machen und nach meinen Wünschen zu fragen. Sie bewohnt nämlich ein andres, größres Haus, mit einer Milch- und Ackerwirtschaft, und läßt die »Dependance«, in der ich wohne, durch die vorgenannte kleine Schließerin aus West-Accummersiel verwalten. Ich bat sie, die Capitana, Platz zu nehmen, und wir hatten nun ein längeres Gespräch, das sich, nach Abmachung des Geschäftlichen, allerlei delikaten Fragen zuwandte: Ehe, Witwenstand, kränklicher Mann, Vermögensverhältnisse, Tod und Sterben. Sie sagte mir, daß sie erst seit 2 Monaten verwitwet sei und nun mit ihren Kindern allein stehe. Der Mann habe sich auf einer Indienfahrt eine schwere Krankheit, die »indische Ruhr«, zugezogen und habe neun Jahre lang daran gelitten; sechs Jahre lang habe er noch seinen Capitainsdienst tun können, aber während der letzten drei Jahre sei er immer krank gewesen; alle Bäder, darunter auch Aachen, hätten nicht geholfen; zuletzt sei Frerichs konsultiert worden, der verordnet habe: frische Luft, bestes Fleisch und guten Rotwein. Eine Verordnung, die mich für Frerichs einnimmt, denn die ganze Medizinschluckerei ist Unsinn. Auf diese Verordnung hin zogen die Warnekes nach Norderney, um »frische Luft« zu haben, der Kranke aber, der sehr reizbar war, *ärgerte* sich beim Hausbau, und dies war sein Tod. Der Glanzmoment der Unterhaltung war, als ich zu trösten anfing. Sie hatte geweint, übrigens sehr mit Manier, und dann hinzugefügt: »Die Krankheit sei schwer für ihn, aber freilich auch für andre gewesen«. *Hier* setzte ich nun ein und sagte: »Für einen Fremden sei es mißlich, solche Punkte zu berühren, aber da sie jetzt selber darauf hindeute, so müßte ich ihr sagen: ›In diesem allem läge doch zuletzt auch der Trost; wenn man niemandem mehr zu Liebe leben könne, weder sich selbst, noch andren, so sei der Tod zwar hart, aber doch das Beste.‹« Und so führte ich denn das alte Thema, »daß Väterchen abkommen könne«, durch und fand eigentlich unbedingte Zustimmung. Sie hat jetzt eine Milchwirtschaft, melioriert ihren Acker und sehr wahrscheinlich auch sich selbst. Denn bei einem Manne mit der »indischen Ruhr« kommt man bloß runter. Viel Wäsche und wenig Vergnügen. – Es ist windiges Wetter, und eine tüchtige Erkältung hab ich weg; ich will deshalb ein paar Tage lang in meiner Arbeit pausieren. Solche halbe Krankheitszeit ist immer meine beste. Bitte schicke mir in einem Doppelbrief eine Kapsel mit Oblaten und das Charpiepäckchen, das ich mit in Thale hatte. Und nun ade. Habe gute Tage, grüße die Kinder. Wie immer Dein alter

Th. F.

Norderney, 23. Juli 1883
Marienstraße 3

Madame.

Madame »la plus gracieuse physiquement et moralement«.

Ich will mit der Liebeserklärung beginnen, daß die Desteuque beinah recht hat. Du bist, nicht nur Deiner tatsächlichen Abstammung, sondern auch Deinem ganzen Menschen nach, halb aus Beeskow und halb aus Toulouse. Hast Du Deinen Toulouser Tag, so hat die Desteuque vollkommen recht, hast Du Deinen Beeskower, so hapert es. Ich bin Dir aber das Zeugnis schuldig, daß, wenn nicht kleine Verhältnisse Dich niederdrücken, der Toulouser Tag vorherrscht. Am toulousesten bist Du, wenn gut Wetter im Kalender steht, in Deinem eignen Hause. Unter Fremden, wenn sie fein, klug und vornehm sind, bist Du mehr oder weniger befangen, und wenn sie trivial sind, gehst Du sofort auf ihre Trivialitäten ein und wirst kleinstädtisch und spießbürgerlich. Übrigens hat sich das letztre in neuster Zeit erheblich gebessert.

Die drei Briefe, die Du Deinen freundlichen Zeilen beilegtest, haben mich auch als Abbild ihrer Schreiber interessiert: Martha geistvoll und gewandt, Frau Anna charaktervoll, fest und unbestechlich in ihrem Urteil, Lischen T. dünn und langweilig, der P… als Donnerschlag. Deine Freundin Johanna laß ich gelten, der Rest der Familie aber – soviel Respekt und Dankbarkeit ich für dieselbe habe – ist doch von einer trostlosen Ödheit. Man kann da Schlesien ordentlich studieren.

Dienstag, 24. Juli

Am Sonntag grausames Wetter, gestern (Montag) schön, heute wieder toll, wahre Wolkenbrüche; die Hälfte der

Badegäste hat den Magenkatarrh und gibt 3 bis 6000 Mark aus (eben hab ich einen 3000er aus Prag gesprochen), um etwas kränker, als sie abgereist sind, wieder zu Hause einzutreffen. Das Gespräch mit meinen »Pragern« war mir überhaupt lehrreich. Eine Wohnung wie die meinige, natürlich feiner eingerichtet, aber doch auch nur Zimmer und Schlafcabinet, kostet »am Strand« wöchentlich 96 Mark. Bedienung extra. Rechnet man diese mit ein, so kostet Wohn- und Schlafzimmer täglich 5 Taler, also ungefähr das 5fache von dem, was ein großes Hôtel für derartige Räume fordert. Da bin ich denn doch froh, in meiner altmodischen Marienstraße untergekrochen zu sein.

Überhaupt, sowie man »Geständnisse« hört (ich erinnre Dich an das »Warten« unsres alten Wangenheim und an die Geschichte, die mir Graf Schulenburg in Lützburg erzählte), so wird man immer erst gewahr, wieviel Glück man gehabt und wieviel Ursache zur Dankbarkeit man hat. Ein Gespräch, das ich gestern am Strand mit Frau Spielhagen über dies Thema führte, gab mir mal wieder diese Gewißheit. Man kann auch sagen diesen Trost. Spielhagen kam in dem Elendszustand hier an, der über jeden ordentlichen Romanschreiber hereinbricht, wenn er bei seinen letzten Kapiteln ist. Er hatte deren noch 3 zu schreiben und wollt es mit neuer Force tun, wozu Norderney helfen sollte. Was geschieht? Sie kommen am Abend an und gehen um 12 todmüde zu Bett. Bis 2 Schlaf. Da beginnt unter ihrem Schlafzimmer ein furchtbares Geschrei; das ganze Haus läuft zusammen, und man erfährt: der kolossale Schreier sei ein Baron Voß aus Mecklenburg, ein schwerer Rückenmärker, dessen Leiden darin bestände, daß er jede Nacht von 2 Uhr an vor wahnsinnigen Schmerzen wie wahnsinnig schreien müsse. Wirklich, nächste Nacht dasselbe. Da tritt die gesamte Hausbewohnerschaft zusammen und verschwört sich, den Baron zu stürzen. Die Baronin legt sich aufs Bitten, man gestattet ihm noch eine Frist, und *seitdem schreit er nicht mehr*. Gleichviel, zwei Tage und zwei Nächte waren hin und die Romankapitel natürlich nicht geschrieben. – In den 70er Jahren war die ganze Familie Spielhagen mal in Thüringen; reizende Villa draußen im Wald, eine Viertelstunde vor der Stadt. Eines Nachts klopft die Wirtin: ihr (der Wirtin) Mann könn es vor Kopfweh nicht mehr aushalten; zum Schicken habe sie niemand; ob der Herr Spielhagen nicht vielleicht so gut sein wolle, in die Stadt zu gehn und den Doktor zu holen? Geschieht. Der Doktor kommt und findet, daß der Mann schwer krank sei. Nach dieser Erklärung wird nur noch gewispert und 14 Tage lang auf Socken gegangen. In der dritten Woche hören sie zufällig: »der Mann habe einen schweren Typhus«. Der Arzt wird gefragt. »Ja, den Typhus hat er.« Und nun werden die Koffer gepackt, und heidi geht es wieder nach Hause. – Daneben sind die berühmten 50 Francs für den »Contratto« in der Via Tritone ein Pappenstiel.

Mein Spaziergang mit Spielhagens dauerte gestern wohl eine Stunde; sie sind alle sehr artig und leidlich unbefangen. Ganz zuletzt kam das Gespräch auch auf Literatur, und Daudet, Zola, Heyse, Björnson, Ibsen, auch andre noch, wurden gestreift. Die ganze Geschichte dauerte nur 5 Minuten, erinnerte aber an die Minuten vor St. Privat, wo in jeder Sekunde hundert fielen. Das reine Massacre. Was gesagt wurde, war nicht so schlimm, aber was ungesagt blieb, war schrecklich. Die Sache hat mir doch sehr zu denken gegeben. Bin ich auch so? hau ich auch so erbarmungslos in die Pfanne? Ich kann es nicht glauben. Aber ich sah doch wieder, wie sehr man auf sich achten muß. Meinen Trost find ich darin, daß ich, soviel mir gegenwärtig ist, keinen absolut verwerfe; an jedem erkenn ich etwas wenigstens an.

Dabei hab ich aber freilich nur die Leute von Klang und Namen im Sinn. *Das*, was als alltägliches Lesepublikumsfutter dient, steht auf so niedriger Stufe, daß überhaupt gar nicht darüber zu sprechen ist. Die Trivialität in Stoff, Stil, Behandlung ist kolossal. Geist, Witz, Wissen, Humor sind Dinge, die gar nicht vorkommen. Alles 7mal abgebrühter Tee. Da darf man freilich auch sagen: »Nee, Rike, heute keenen Tee nich.« Ich mache hier täglich in den Zeitungen, die ich lese, die entsprechenden Studien. Auch die »†Ztng.« brachte in der letzten Sonntagsnummer (Sonntagsbeilage) etwas Entsetzliches. Leider hab ich Ludchen in Verdacht. Adelssauce mit einem Bibelspruch als Champignon drin. Aber ranzig. *Ihr* habt das Glück, »Bleak House« lesen zu können; lacht und weint nur weiter. Ergeh es Euch gut. Wie immer Dein alter

Th. F.

An Emilie Fontane

Norderney, 24. August 1883
Marienstraße 3

Liebe Frau.

Gestern abend auf meinem Strandspaziergange sah ich mich von einer jungen, frisch und fröhlich aussehenden Dame angesprochen, die mutterwindallein von der »weißen Düne« (weitester Spaziergang; 1 Meile) herkam. Es war Fräulein Martha Müller-Grote. Wir wechselten einige Fragen, und ich versprach, heute mit heranzukommen. Das ist denn nun auch geschehn. Ich traf aber wieder nur die Tochter – die Mutter war zum Konzert –, und so setzten wir uns auf die Veranda und hatten ein mehr wie halbstündiges Gespräch. Mutter und Tochter sind erst seit 3 Tagen hier; der Alte kommt am

5. September, bleibt dann noch acht Tage und reist in der Mitte des Monats mit der Familie zurück. Sie waren 4 Wochen in der Schweiz, erst Rigi, Gotthard-Tunnel, dann Engelberg (eigentlicher Aufenthalt), zuletzt Interlaken. Immer Regen, aber kreuzfidel. – Ich empfahl mich und ging schrägüber zu Capitain Kroons, will sagen zu *der* Familie, bei der ich im vorigen Jahre gewohnt habe. Sie sind sozusagen vom Wedding in die Behren- oder Wilhelmsstraße gezogen und vermieten ihr neues elegantes Haus nur an »Honoratiores«. Billige Wohnungen 70 Mark wöchentlich, beste 105 Mark. Dafür hat man Wohnzimmer und zwei Schlafzimmer, also etwa 4 Betten. Macht jeden Tag 5 Tlr. für Wohnung. Sehr teuer und auch wieder nicht. Es sind eben einfach Hôtel-Preise, und schließlich muß man einräumen, »warum sollen sich Leute, während einer nur 2 Monate dauernden Saison, für wirkliche Hôtelzimmer nicht auch hôtelartig bezahlen lassen«. Reist ein wohlhabender Kaufmann mit Frau und 3 Töchtern hierher, so kostet ihm jeder Tag 25 Taler: 5 Tlr. Wohnung, 5 Tlr. Diner, 5 Tlr. Kaffe, Frühstück, Abendbrot, 5 Tlr. Wein, Bier, Sodawasser, 5 Tlr. das eigentliche Baden. Macht in 30 Tagen eine Ausgabe von 750 Taler. Dazu die eigentliche Reise, Trinkgelder, Reisekostüme, kl. Extra-Vergnügungen (Bootfahren etc.). Macht alles in allem 1 000 Tlr., was als Sommerausgabe für einen wohlhabenden Mann, der vielleicht derweilen zu Hause zuschießt, nicht viel ist. Es ist nur zuviel für den, für den es zuviel ist. Ich kenn einen solchen. – Ich saß bei den Kroons wohl ¾ Stunden; die alte wirkt ganz wie Senator Eggers' erste Frau (nur älter), die Töchter sind auffallend hübsch und von einer französischen Lebhaftigkeit. Sehen auch ganz so aus. Es müßte interessant sein, die Mischungsverhältnisse zu verfolgen. – Meinen Besuch bei Frau Müller-Grote will ich nach 3 Tagen wiederholen. – Die Sache

mit Paul Heyse hab ich mir inzwischen anders überlegt. Es liegt mir offen gestanden an der Ehre, da auch mit eingepackt und als deutscher Novellist proklamiert zu werden, nicht das Geringste. Es ist mir zu wenig. Und um etwas zu erzielen, das mir absolut gleichgültig ist, soll ich an Hertz schreiben und ihn bitten, *mir zu Gefallen* die Erlaubnis zu geben, *mir* zu Gefallen, dem gar kein Gefallen damit geschieht. Ich werde dies, wenn ich erst wieder in Berlin bin, auch ganz offen an Paul schreiben, und er wird nicht unglücklich darüber sein. Morgen mehr. Für heute gute Nacht.

Th. F.

An Emilie Fontane

Hankels Ablage, 12. oder 13. Mai 1884
Montag

Liebe Frau.

Ein Butterfaß und mein Koffer waren die einzigen Gepäckstücke, die in Berlin aufgeladen wurden.

Die Tinte ist furchtbar, und ich kann eigentlich nicht weiter schreiben; lauter kleine Klümpchen. Wovon man doch alles abhängig ist, die ganze Schreibelust ist hin.

Mein Zimmer ist reizend, und der Blick über den Vorgarten fort auf den starkbewegten Strom und die Heide dahinter erquickt mich. Die Luft ist ozonreicher als nötig und macht mich fiebrig; es weht eine starke Ostbriese; dennoch fühle ich, daß meine Nerven sich dabei erholen. Nur die Tinte. Geht das so fort, so können all perfumes of Arabia mich nicht wieder gesund machen. Auch vor der Nacht hab ich ein ahnungsvolles Grauen – es sieht alles sehr mäusrig aus. Herr Kaeppel hat 2 Kinder – es geht nicht weiter. Er hat also 2 Kinder, einen 4jährigen Jungen und eine anderthalbjährige Tochter, beide stellen der Luft und Verpflegung ein glänzendes Zeugnis aus. Frau Kaeppel hab ich noch nicht gesehn – sie »erwartet«. Nach 18 Monaten ihr gutes Recht. Der Verkehr – ich meine den geschäftlichen – ist gering, was mir eigentlich lieb ist. Wozu immer Berliner!

Über die Geschichte von Hankels Ablage bin ich bereits informiert, damit aber hat es sein Ende. Die Menschen gefallen mir, aber die Tiere ... Hoffen wir indes; draußen schlägt eben die Nachtigall und widerlegt meinen Pessimismus. Ich bin angegriffen, müde, aber das schadet nichts, wenn ich nur jeden Tag 2 frische Stunden habe. Wie immer Dein alter

Th. F.

An Emilie Fontane

Krummhübel (Augusta-Bad),
Sonnabend, 19. Juli 1884

Die *Koppe* sieht mir gerad ins offenstehende Fenster, und die Wiesen *vor* mir tragen mir balsamische Luft zu, aber *hinter* mir liegt ein Korridor mit einem »Hier« und trägt mir so unbalsamische Luft zu, daß ich Kopfweh habe und vor Ekel nichts essen kann. Das »Hier« ist unter anderm die Lieblings-Rückzugsstätte zehn alter Jungfern, die an dem Korridor entlang wohnen und sich durch Ammoniakabsonderungen auszeichnen. Wäre ich jünger und frischer und machte mir überhaupt noch was Spaß, so würd ich ein Feuilleton schreiben »Das Örtchen« und den vollkommen richtigen, durchaus nicht übertriebenen Satz durchführen: »Jeder Ort in Deutschland scheitert am Örtchen«. Dobbertin, Dahlen (beim alten Schierstaedt), Liebenberg, Lützburg (Knyphausen), Wernigerode (Kagelmann), Potsdam (Windel), Norderney, Thale und viele andre noch, alle werden wertlos und unbesuchbar durch das Örtchen. Das klingt scherzhaft, ist aber eine ganz ernsthafte Kalamität. Mein erster Gang heute war in den Wald, in dem ich mir auch für die Zukunft einige verschwiegene Lauben ausgesucht habe. Wenn man will, »Sommerfrische« bis ins Letzte.

Eben kommt Tinte.

Ich kam gestern gegen 6 hier an; die Fahrt von Schmiedeberg hierher war reizend, und ich fühlte ordentlich, wie mir wohler wurde. Kaum daß ich vor dem Exnerschen Gasthause hielt, so kam meine gute Schwerin angehumpelt, zeigte mir die Wohnung, die ich von Dienstag an beziehen werde, und führte mich dann in meine Interimswohnung, die sich inzwischen aus einem Dachstübchen in ein entzückend gelegenes Zimmer (der Aussicht nach das schönste im Hause) im sogenannten »Augusta-Bad« verwandelt hat. Dies Augusta-Bad ist auch eine Schöpfung des Evangelischen Vereins, wie Hagenthal bei Gernrode, das ich mit Hofprediger Strauß besuchte. Ich komme also aus dem »Christlich-Germanischen« gar nicht mehr heraus, und ein jüdischer Philosophiedoktor hat mich introduziert. Den Abend verbrachte ich bei Dr. Schwerin und Frau; sie wohnen wie in einem Eden, Seitental, nur zwei Villen, Springbrunnen, Stille, und die Bergkegel kucken von oben her herein. Das Ehepaar war *sehr* liebenswürdig; ich war ihr Gast, trank Tee, den ihnen Li Fong Pao (mit dem sie befreundet sind) zum Geschenk gemacht hat, und ging um 10 nach Haus. Schlief gut. Um 7½ war ich unten und bat bei dem christlichen Hausverwalter um mein Frühstück. Er führte mich in sein Privatzimmer und gab sich als mein alter Gensdarm Brey zu erkennen, bei dem ich 1868 in Erdmannsdorf gewohnt. Dann kam seine Frau, nur noch mit einem Zahn, und wir plauderten eine Stunde. Welten. Dann in den Wald, mehrere Stunden.

Als ich ausgepackt hatte und mich eben zum Schreiben niedersetzen wollte, ließ sich ein Herr melden. Es war Herr v. Graevenitz, der mit Frau u. Sohn hier ist; Frl. Toni kommt noch. Wir wollen morgen in Arnsdorf (nächstes Kirchdorf) essen. Heute esse ich bei Schwerins um 3 ½. Das ganze Gebirge liegt seit einer halben Stunde im Nebel, wir werden also Regen bekommen. Mir auch recht. Mein Befinden ist gleichmäßig schlecht. Auf der Fahrt gestern wurde mir besser, aber es hat nicht vorgehalten, und ich bin wieder so abgespannt, kraft- und freudlos wie vorher. An arbeiten ist nicht zu denken; es interessiert mich nichts. Nur mit Martha beschäftige ich mich. Je mehr ich mir's überlege, ich kann ihr nicht eigentlich unrecht geben, und ich bitte Dich, es auch so ansehn zu wollen. Hätte sie einen schlichteren Sinn und gefiele sie sich darin, ihr Leben demgemäß zu gestalten, so wäre mir das, wenn es zugleich freien und frohen Gemüts geschähe, das Liebere. Sie hat diesen schlichten Sinn aber nicht; sie leidet unter unsrem Hauszuschnitt und Hauston und kann in der ewig zitierten Herrlichkeit von Krigar-Menzel, Frau v. W., Frau Lazarus und Haus Heyden unmöglich so viel finden, um all das balanciert zu sehn, was ihr contre cœur ist. Wir sprechen immer von »elterlichem Haus«, aber sie hat nicht *das* davon, was sie befriedigt. Sie kriegt ein Kleid und einen Unterrock und dazwischen Ärger und Langeweile. Natürlich kann es ihr noch viel trister gehn, und vielleicht harrt ihrer dergleichen, aber ich finde es so begreiflich, daß ein junges Herz hofft und – wagt. Euch allen 1000 Grüße von Deinem

Th. F.

Krummhübel, 18. August 1884

Meine liebe Mete.

Wir waren sehr erfreut, als heute mittag Nachricht von Dir kam, Brief und Karte zugleich. Also nun doch endlich glücklich in Harzburg angelangt! Es wird Euch schon gefallen und Dir speziell; die Luft ist wundervoll, weil es an einer scharfen Ecke liegt, was bei Sturm und Kälte lästig, bei Hitze höchst angenehm ist. Daß ein ehemaliger Oberkellner aus dem Tiergarten-Hôtel »um alter Bekanntschaft willen« so bevorzugt wurde, spricht wieder für Mrs. D. Es ist Freundlichkeit und Wohlwollen darin.

Mama kam hier noch recht elend an, aber schon die ersten drei, vier Tage haben Wunder getan; es bleibt dabei, »Luft ist kein leerer Wahn«, und ich denke mir die Zukunft der Medizin und speziell der Hygiene so, daß die Luftarten in ihren hundert Nuancen *alles* bedeuten. Und wie die Pharmazieen jetzt aus Flaschen und Büchsen bestehn, deren Inhalt unter lateinischem Namen verschrieben wird, so werden die Rezepte der Zukunft lauten: drei Wochen Lofoten, sechs Wochen Engadin, drei Monate Wüste Sahara. Auch die Malariagegenden werden tageweis eingegeben werden, wie man jetzt Arsenik oder Strychnin eingibt. Die große Wirkung der Luftmedizin liegt in ihrer Perpetuierlichkeit – man kommt aus dem Heilmittel bei Tag und Nacht nicht heraus.

Die Familien Graevenitz, Wietersheim und Schwerin sind noch hier und bezeigen uns nach wie vor die größte Liebenswürdigkeit. Ich stelle Schwerins, die eigentlich als erste genannt werden müßten, immer zuletzt, weil sie durch diese Stellung als Adlige mit eingeschlachtet werden. An die Spitze gestellt, würde dies zwar auch der

Fall sein, aber in so prononcierter Weise, daß die Lüge gen Himmel schriee.

Diese Woche ist noch theaterfrei, ob auch die nächste? Mit Bangen blicke ich jeden Tag in die Zeitung. Geht auch noch vom 25. d. M. bis zum 1. September der Kelch an mir vorüber, so soll die nächste Woche zu kleinen Exkursionen, vielleicht bis nach dem vielgenannten Sankt Peter und Spindelmühl benutzt werden. In *dieser* Woche will ich noch fleißig sein; jeden Morgen schreibe ich 8 bis 10 Blätter, d.h. was man so schreiben heißt.

Von Theo hatten wir gestern einen Brief noch aus Wittenberge, heute wollte er zurück. Zugleich mit Deinen Briefen kam eine Karte von George, der von seinen Freunden Gerlachs keinen Gratulationsbrief, dafür aber von *Paul* Sommerfeldt eine Gratulationskarte erhalten hatte. Er schien es nicht als eine Balancierung anzusehn.

Ergeh es Dir ferner gut; empfiehl mich Mrs. D., Mamiechen und Mr. Zimmermann. Mama wird wohl noch einige Worte hinzufügen. Wie immer Dein alter

Papa

An Martha Fontane

Krummhübel, 27. August 1884

Meine liebe Mete.

Wir bedauern sehr, daß es mit Deinem Befinden nicht gut geht, auf Harzburg möchte ich es aber nicht schieben, da seine Luft für die Nerven, die doch immer die Hauptsache bleiben, vorzüglich ist; nur Brustkranken, zu denen Du glücklicherweise nicht gehörst, ist der Aufenthalt nicht zu empfehlen. Ich denke mir: eine Fußpartie auf den Brocken, heitres Gespräch, Kalbsbraten mit Kartoffelsalat und ein Seidel Leistenbräu würden Dich in 24 Stunden wiederherstellen. Table-d'hôte – Einerlei bringt einen um. – Daß Du Miss Murray hast, ist ein rechtes Glück; selbst wenn Du ihr gegenüber ein Wort zuviel sagen solltest, schadet es nicht, denn so schön Rücksichtnehmen ist, so schrecklich ist *ängstliches* Rücksichtnehmen. Und nach dieser Seite hin hast Du seither mehr geleistet als nötig, vielleicht selbst mehr, als gewünscht wurde.

Wir leben hier in der alten Weise weiter. Bekannte und Nicht-Bekannte sind abgereist, aber neue Figuren tauchen auf, sogar Türken. Neulich erschienen 5 in einem offnen Wagen und setzten durch ihre roten Fez' alles in Staunen. Auch Mama begegnete ihnen und wurde der Gegenstand einer türkischen Ansprache, über deren Inhalt – vielleicht huldigend, vielleicht furchtbar, vielleicht beides – nur Mutmaßungen gestattet sind. Mama raffte aber sich und ihr Türkisch zusammen und antwortete mit Würde: »Allah il Allah.« Wirkung unbestimmt. Von bestimmterer Wirkung dagegen war eine zweite Repressalie, die der hier anwesende Kunsthändler Ruthardt und ich am andern Tage nahmen, als wir hörten, daß die Türken bei Exner seien und dort im Freien dinierten. Wir beschlossen auf diese Nachricht hin auch im Fez zu erscheinen, führten unsern Plan auch aus, und begrüßten unsre Fez-Brüder, als wir, an ihrem Tisch vorbei, auf unsren Eßtisch zuschritten. Sie müssen dadurch durchaus den Eindruck von dem Fortschreiten des Islam empfangen haben; als sie aber, am selben Abend noch, dieser Anschauung Ausdruck geben und oben auf der Koppe den dort anwesenden Harfenmädchen ihre Landessitte menschlich näherführen wollten, wurden sie vom Koppenwirt, der noch zu den alten Göttern hält, an die Luft gesetzt. Du siehst, selbst Krummhübel hat seine orientalische Frage. Dafür fehlt die andre Abzweigung derselben, die die semitische heißt.

Mama fährt fort sich zu erholen. Gestern machten wir

von 11 bis 8 eine Tagespartie, neun Stunden unterwegs, von denen gut die Hälfte marschiert wurde. Eine ganz anständige Leistung. Wir waren auf der Anna-Kapelle und feierten den Tag durch Weinsuppe, Forellen und Eierkuchen. Aber nur halbe Portionen, ein Vorschlag, der weder von mir noch von Mama ausging. Ich bin nicht für halbe Portionen und wurde gestern in meiner Abneigung dagegen neu bestärkt, denn nur mit Mühe setzten wir für unsre 2 Portionen 4 Teller, 4 Löffel und 4 Messer und Gabel durch. Gott, was ist Anstand! Und wer ist anständig! Der Sparsame, der von vornherein darauf verzichtet, ist eigentlich der klügere, denn der sogenannte »Splendide« zwingt es *auch* nicht und läßt ebenfalls unbefriedigt.

Wir bleiben noch bis Montag oder Dienstag. Dann kommt der Abschied, der uns diesmal recht schwer werden wird. Je älter man wird, je zweifelhafter erscheinen einem die Vorzüge der großen Stadt. – Ergeh es Dir gut, empfiehl mich dem Angelsachsentum von diesseits und jenseits des großen Wassers, und laß bald recht Erfreuliches hören. Wie immer Dein alter

Papa

An Martha Fontane

Saßnitz, 13. September 1884
Fahrnberg-Hôtel

Meine liebe Mete.

Seit dem ersten Reisetage, wo es wie aus der Gießkanne kam, habe ich kaum noch von mir hören lassen, aus allen möglichen Gründen, vor allem weil ich die direkte Berichterstattung an Mama wieder aufnahm. Es fiel mir ein, daß Treutlers ja eben erst von Rügen zurück seien und daß Orts- und Namennennungen für die »Befahrenen« und Eingeweihten interessanter sein müßten als für Euch.

Zunächst besten Dank für Deine freundl. Zeilen vom Montag abend, ebenso für Theos Briefsendungen mit Begleitezeilen. Ich freue mich herzlich, daß Deine mit Energie getanen Schritte so schnell einen guten Erfolg gehabt haben, und Mama, die Dich sehr liebt (trotz Deiner gelegentlichen Zweifel daran), wird glücklich und beinah gerührt darüber sein. Ob Deine Position bei Frl. Leyde von Dauer ist oder nicht, ist ziemlich gleichgültig, ich sehe aber keinen Grund, warum sie's nicht sein sollte. Geschieht es doch, schnappt es über kurz oder lang ab, so wünsche ich nur, daß ein angenehmer deutscher Jüngling, ein Amtsrichter, ein Doktor, ein Oberlehrer, selbst ein Pastor die Veranlassung sein möge. Natürlich habe ich auch nichts gegen einen Rittergutsbesitzer, Bankier oder Schiffsreeder, es ist aber nicht nötig, immer nur nach *der* Richtung hin auszuschauen; 8 Monate Amerika haben hoffentlich ausgereicht, Dir zu zeigen, wie wenig bei Minentum, Kofferpacken und Hôtel-Essen herauskommt. Zwischen Goldprinzessin und Linchen in der Fliederlaube liegt vielerlei.

Die letzten 3 Tage waren überreich, auch einigermaßen reich an Strapazen, zweimalige Seekrankheit mit eingerechnet. Ich war in Stubbenkammer, am Hertha-See, in Lohme (dem nördlichsten der Rügener Bäder), in Arkona und seinem zerstörten Wendentempel. Alles interessant, am interessantesten aber, daß mich die ganze Szenerie von Lohme und Arkona beständig an Sorrent erinnerte. In Lohme traf ich Balduin Möllhausen und Frau und hatte mit ihnen einen langen Plauderabend und ein dito Frühstück. Auch noch andre Bekanntschaften machte ich. Ich habe bis jetzt alle Ursach, mit meiner Rügenfahrt zufrieden zu sein. Ein gewisses Raubsystem existiert freilich, das in Schlesien meist noch fehlt, aber die Vertreter dieses Systems sind meist Fremde; die eigentliche Landesbevölkerung ist gut, am meisten das Schiffer- und Fischervolk. In Lohme habe ich von »Stammgästen« viel darüber gehört.

Ich will nun heute nach Bergen zurück, dort noch einiges sehn und dann morgen von Bergen nach Putbus und den an der Küste von Mönkgut gelegenen Bädern. Damit hoffe ich schnell fertig zu sein und am Dienstag von irgendeinem Küstenpunkt aus die Rückreise antreten zu können. Also Dienstag abend mutmaßlich wieder in Berlin. Wahrscheinlich schreibe ich vorher noch ein paar Zeilen. Ist am Montag oder Dienstag etwas im Theater los, so bitte ich Dr. Brahm freundlichst, mich vertreten zu wollen.

Grüße Theo und Friedel. Wie immer Dein alter

Papa

An Friedrich Fontane

Krummhübel, 6. Juni 1885

Mein lieber Friedel.

Mama hat mir Deinen Brief hierher nachgeschickt, aus dem ich zu meiner großen Freude ersehen habe, daß Du Leipzig mit einem guten Zeugnis verlassen, eine gute Reise gehabt und eine gute Wohnung in dem feinen und reizenden Oldenburg gefunden hast. Du wirst noch weiterhin die Wahrnehmung machen, daß alles, was an dem Küstenstriche von Nord- und Ostsee liegt, viel schöner, reicher, feiner ist als das Binnenland, ganz besonders als die Provinz Brandenburg, die nun mal – so lieb ich sie habe – den alten Popelinski-Charakter noch immer nicht loswerden kann. An der Küste hin schmeckt alles nach England, Skandinavien und Handel, in Brandenburg und Lausitz schmeckt alles nach Kiefer und Kaserne. Die drei Briefe, wegen derer Du anfragst, scheinen mir alle mehr oder weniger nötig, am nötigsten, ja unerläßlich der an Baltz, dann der an Volckmar, dann der an Emanuel. An Baltz würd ich ziemlich ausführlich und herzlich schreiben, an Volckmar kurz und höchst verbindlich, an Emanuel kurz und fidel, ihm dabei dankend für die gute Empfehlung.

Mama erwarte ich am Mittwoch oder Donnerstag hier; als ich vor 5 Tagen hier eintraf, ließ ich täglich 2mal heizen, seit vorgestern ist eine Bärenhitze, so kolossal, daß sich – es ist erst 10 Uhr früh – kein Mensch auf der Dorfstraße sehen läßt. Gestern bei Sonnenuntergang sah ich mir die Stelle an, wo Du, damals 8jährig, in die Lomnitz fielst.

Es ist noch sehr still hier, und ich genieße die Einsamkeit; vom 7. Juli an wird es wohl toll werden, wenn die Berliner Schulen erst auszuspeien anfangen. Aber wo soll man hin in der Zeit? Überall Menschen, d. h. Berliner.

Ich bin sehr gespannt, von Deinem Herrn Prinzipal und Deiner Stellung zu hören. Hoffentlich geht alles gut und Du hast glückliche Tage. Das wünscht Dir von Herzen Dein alter

Papa.

An Martha Fontane

Krummhübel, 16. Juni 1885
Dienstag

Diese Karte Mamas, die mit vieler Geschicklichkeit nur Dinge enthält, die Exner – der zugleich Posthalter ist – und Krummhübel überhaupt *nicht* lesen darf, muß nun doch noch in ein Couvert gesteckt werden.

Nach Glühhitze heute endlich ein schöner, milder, weicher Tag. Ich pußle täglich an Gedichten, deren ich gleichzeitig zehn, zwölf auf dem Amboß oder unter der Feile habe. Der Ring, der sich schließt. – Heute hat die Saison begonnen; die »schöne Marie«, böhmische Kellnerin aus der Halbweltsphäre, hat ihren Einzug gehalten, auch Schwerins sind heute mit Sack und Pack eingezogen, aber das Verhältnis hat einen Knacks weg, und einmal aus meiner Unbefangenheit gerissen, ist mit mir nichts mehr anzufangen. – Von der Welt hören wir nichts, mit Ausnahme dessen, was die Zeitung bringt; das ist nun freilich, seit Mama hier ist, über und über genug: Prozeß Stöcker und nun heute der Tod des Prinzen Friedrich Karl. Was sagt Witte zu dem Prozeß? Natürlich ist Stöcker ein ganz unsichrer Passagier, und die Rechtsanwälte haben recht, aber sie überspannen nicht nur sachlich den Bogen (*so* toll ist es denn doch auch wieder nicht), sie schlagen auch einen *Überheblichkeitston* an, der in preußischen Gerichten bisher nicht gehört worden ist. Munckel behandelt den Präsidenten à la Schafskopp. 1000 Grüße. Wie immer Dein alter

Papa

Mittwoch, 17. Juni

Dieser Brief sollte »unterwegs« in einen Postkasten gesteckt werden; dieser »Unterwegs-Postkasten« kam aber nicht, und so genießen diese Zeilen des Vorzugs, in meiner Brusttasche bis auf die Kleine Koppe geschleppt worden zu sein. Denn das Denkmal, das die Graf Schaffgotschschen Förster ihrem durch einen Wilddieb erschossenen Kameraden gesetzt haben, steht nur 500 Schritt unter der Kleinen Koppe auf einem Felsenvorsprung, der das ganze Hirschberger Tal mit seinen Bergen, Kuppen, Städten, Dörfern, Parks und Schlössern beherrscht. Sehr schön, auch für meine Arbeit wundervoll zu verwenden, um so mehr, als sich hoch oben schon alpine Sterilität, Krüppelkiefer, Knieholz und Moorgründe mit wucherndem Huflattich mit einmischen. Aber für Mama war es doch viel zuviel; wir hatten auf 1 ½ Stunden gerechnet, und es dauerte 3 Stunden, eh wir hinauf waren, immer steilan, nirgends eine gerade Linie, wo man, im Gehen, mal ausruhen konnte. Und nun kam der Rückweg, der für die arme Frau, wegen des Rucks im Körper, ebenso mühevoll und anstrengend war. Sie liegt nun heute noch im Bett; das Frühstück hat aber doch geschmeckt, und so denke ich, daß sie heute mittag bei Exners wieder wohlauf sein und wie ein alter Krieger von Anno 13, 14 und 15 mit Stolz und Freude auf ihre Erlebnisse zurückblicken wird. Das Material für meine Novelle habe ich nun zusammen. Auf dem Denkmal steht: »Ermordet durch einen Wilddieb«. Ich finde dies zu stark. Förster und Wilddieb leben in einem Kampf und stehen sich bewaffnet, Mann gegen Mann, gegenüber; der ganze Unterschied ist, daß der eine auf d. Boden des Gesetzes steht, der andre nicht, aber dafür wird der eine bestraft, der andre belohnt, von »Mord« kann in einem ebenbürtigen Kampf keine Rede sein. – Ergeh es Dir gut. Gruß an Tante Anna. Wie immer Dein alter

Papa

An Mathilde von Rohr

Krummhübel, 13. Juli 1885

Mein gnädigstes Fräulein.

Es war meine feste Absicht, zum 9. zu schreiben und, als das scheiterte, wenigstens am Abend des 9. einen kleinen Glückwunschbrief an Sie zu richten. Aber man sitzt plaudernd bis gegen 10 im Freien, und wenn man dann noch etwas tun will, so reichen die Kräfte nicht mehr aus, und die Augen fallen zu. Mittlerweile hat nun Ihre große Güte freundliche Worte an *mich* gerichtet, meinen ergebensten Dank dafür.

Hier ist es wundervoll, und ich bin jeden Tag voll Dank, daß ich mit 65, wo doch die meisten schon sehr klapprig sind, noch so schöne, glückliche Tage leben kann. Ich kann arbeiten, in die Berge gehn, mit freundlichen Menschen plaudern und genieße dabei vor allem des Vorzugs, eine bei jedem Atemzuge mich erquikkende Luft zu atmen. In Berlin kann ich eigentlich nicht leben, und wenn nicht die Theaterstellung wäre, auf die ich nicht gut verzichten kann – denn es ist das einzige halbwegs *Sichere*, was ich habe –, so würde ich Berlin aufgeben und in eine kleine Stadt ziehn wie beispielsweise Schmiedeberg. Die sogenannten »Vorzüge einer großen Stadt« existieren für mich nicht mehr; in der Jugend und im Mannesalter, wo man noch hofft und strebt, ist das etwas andres; jetzt ist es mir absolut gleichgültig, ja nur störend, zu einem Prinzen oder Minister zu Tische geladen zu werden. Ruhe, Ruhe; nur keine Störungen, nur keine Zapplungen und Anstrengungen, bei denen doch nichts herauskommt. Was ich als Material zu meinen Arbeiten brauche, das habe ich *doch*, ja so viel davon, daß ich's nie abarbeiten kann. – Vorläufig bin ich hier noch allein, morgen aber treffen Frau und Sohn (George) gleichzeitig hier ein; am 15. August dann auch Martha. Von Verkehr habe ich über und über genug, ja ich würde sagen müssen »zuviel«, wenn die Leute, die mich in meiner Laube arbeiten sehn, nicht alle sehr rücksichtsvoll wären. Es gibt hier Hunderte von Berlinern, meistens treffliche Leute, Professoren, Oberlehrer, Doktoren. Keine pratschigen Juden. Feine Juden liebe ich, aber wenn sie gewöhnlich sind, sind sie furchtbar. – Von Familie Heydebreck-Lepel (ich sage dies im Vertraun zu Ihrer vollsten Verschwiegenheit) habe ich, seit dem Tode unsres alten Freundes, *keinen* angenehmen Eindruck gehabt. Gott, das will Adel sein, will sich über gebildetes Bürger- und geistig hochpotenziertes Judentum erheben! Es ist zum Lachen. Wie furchtbar, vor allem auch im Gesinnungspunkt, im Punkte feinen Takts und vornehmen Fühlens, sind diese Leute zurückgeblieben! Ich glaube, *Ihnen* darf ich dies sagen, weil Sie dies selbst so oft und so schmerzlich empfunden haben! Wie immer Ihr dankbar ergebenster

Th. F.

An Friedrich Stephany

Krummhübel, 28. Juli 1886

Hochgeehrter Herr und Freund.

Schon seit Dr. Liepmann seinen Kopf aus dem Kopf der Zeitung wieder zurückgezogen hat, liege ich mit einem Briefe an Sie im Anschlag; nun ist auch der Vorhang über Friedlaender gefallen, und ich will meine Begrüßung nicht länger hinausschieben. Hoffentlich – und Ihr erster längerer Brief an Friedlaender kann in seiner guten Laune wohl als Beweis gelten – haben die 6 Ferienwochen ihre Schuldigkeit an Ihnen getan und Sie für den Winterfeldzug und, was beinah schlimmer ist, für den verbleibenden Rest dieser Sommerkampagne gefeit. Ein Berliner Sommer, trotz Hobrecht und Kanalisation, ist und bleibt etwas Schreckliches. Freilich wo wäre es im Sommer nicht schrecklich! Es könnte schön sein, wenn die Welt und besonders der Teil derselben, der auf den Namen »Bad« oder »klimatischer Kurort« getauft ist, nicht aus lauter Gesindel bestünde, das in erster Reihe dem Grundsatz huldigt: »Für den Berliner ist alles gut genug.« Mit Genugtuung habe ich die verschiedenen Schmerzensschreie gelesen, die die geschindluderte

Menschheit in den Spalten der »Vossin« losgelassen hat. Ich würde mit einstimmen, wenn ich nicht längst resigniert wäre. Wie man Bismarck oder seiner Frau gegenüber jeden Widerstand aufgibt, weil es einem doch nichts hilft, so klage ich auch über die sogenannten Kurörter und Sommerfrischen nicht mehr, aber daß es so ist, wie es ist, ist schrecklich. Daß man im günstigsten Falle für ein mäßiges, oft aber auch für ein exorbitantes Geld schundmäßig und geradezu lebensgefährlich verpflegt wird, kann wohl als unbestrittene Tatsache gelten, jeder weiß es, jeder fügt sich darin und tröstet sich mit dem Satze, daß er nicht um Dressels oder Hillers, sondern um der »Luft« willen an seinen klimatischen Kurort gegangen ist. Nicht Bouillon, aber Ozon. Gut. Aber wo gedeiht dies Ozon? Nirgends. So sehr nirgends, daß mich seit diesem Sommer ernsthaft die Frage beschäftigt, ob nicht der Berliner Kanal an der Potsdamer Brücke (wo die Äpfel und alten Bierpfropfen auf grünschäumender Flut tanzen) einer jeden beliebigen Gebirgsdorfgasse weit vorzuziehen sei? Man kann dann doch unmittelbar in den Weihenstephan oder zu Huth gehen und rasches antiseptisches Verfahren einleiten. Aber wo bleiben diese Hilfs- und Heilmittel hier, 2000 Fuß hoch über dem Meeresspiegel? Der Prozeß der Blutdekomposition nimmt an diesem blutreinigenden Doppel-Oxygen-Ort seinen ungehinderten Fortgang. Denn man bilde sich doch nicht ein, daß der Sauerstoff, der einfache oder der doppelte, wie er in Gebirgsdörfern verzapft wird, ein Element, ein einheitlicher Stoff sei. Es läßt sich umgekehrt behaupten, daß es nichts Komplizierteres gäbe. Die Hühner sorgen dafür, daß der Hühnerstall mit seinen eigentümlichen Vorzügen einen ambulanten, namentlich der Frühstückslaube zugute kommenden Charakter annimmt, schräg neben dem Schlafstubenfenster türmen sich mehr der Agrikultur als der Ästhetik dienende Stallhaufen auf, und um das ganze Haus her zieht sich ein tiefgesättigter Styx, der aus drei benachbarten Ställen einen unter Gras und Blumen versteckten, aber desto konzentrierteren Zufluß erfährt. All das ist Übels genug, kann aber bei Wind, der alles wegfegt, oder bei herrlichem Wetter, das höher hinauf in die Berge lockt, ertragen werden. Der Schlaf, der einem 10stündigen Marsche folgt, ist unkritisch. Aber ach, dies Jahr 86, das einen durch Regen oder Stichsonne konstant in die Stube bannt, dies Jahr 86 ist furchtbar, besonders an den vielen, vielen Tagen, wo statt Regen und Sonne tiefziehende Wolken die Schreckensrolle übernehmen. Diese legen nun ihre schwere, große Hand über ein ganzes Dorf und tragen Sorge dafür, daß von all dem Kraftstoff, an dem Hühner, Schafe, Ziegen und last not least auch die Autochthonen dieser Gegenden gearbeitet haben, nicht ein einziges Gasatom verlorengeht. Ich glaube, daß das ganze moderne Reisewesen sehr reparaturbedürftig ist; auszuhalten ist die ganze Geschichte nur von denen, die so gesund und kreuzfidel sind, daß sie füglich auch zu Hause bleiben konnten.

In vorzüglicher Ergebenheit

Th. Fontane

AN EMILIE FONTANE

Seebad Rüdersdorf, 7. Juli 1887
Donnerstag

Mein Debüt war hart. O diese Gerüche. Auf demselben Flur wurde grade gekocht, und der ganze Fettgeruch in meine Stube – ein Glück, daß ich Soda mithabe. Alles unendlich primitiv und »wenig fürs Geld«, dennoch, so sonderbar mir das alles vorkommt, zieh ich es Thale oder ähnlichen Plätzen vor, weil es für meine Gesundheit besser ist. Ich werde viel spazierengehn, arbeiten und *draußen* gute Luft atmen können, und darauf kommt es mir an. Freilich eine Villa in Heringsdorf wäre mir lieber, aber wenn man das nicht haben kann, ist das ganz Primitive immer noch besser als die Forschheit, zu der man die »Forsche nicht hat«. Grüße die Kinder, Friedel, George, Martha-Lichterfelde. Dir und ihnen alles Gute wünschend, Dein

Alter.

Stimme in Deinen Briefen nie ein Klagewort an; es könnte zufällig gelesen werden, und man büßt dann auch noch die freundlichen Gesichter ein, die mir ja auch so wichtig sind.

An Emilie Fontane

Seebad Rüdersdorf, 7. Juli 1887

Den ganzen Nachmittag über habe ich Mete begleitet, die während dieser Stunden so ziemlich den Gegensatz von Seebad Rüdersdorf kennengelernt haben wird: den Kölner Dom. Das einzig Gemeinsame ist ein süßlicher penetranter Geruch, aber da bin ich doch für katholischen Weihrauch. Zu meinen kleinen Schicksalen gehört auch: regelmäßige Flucht vor Berliner Luft, und welcher Eintausch! In Wernigerode, in Norderney, in Schmiedeberg, in Krummhübel und nun hier – überall dasselbe.

Den Nachmittag habe ich in Rüdersdorf verbracht, wo ich mein Telegramm und meinen Brief abgab. Die Fahrt hin machte ich zu Schiff, zurück ging ich, nachdem ich mir Kirche, Kriegerdenkmal (hübsch auf dem Berge gelegen) und den Bergwerksbetrieb angesehn hatte. Der Ort wirkt so wie Plauc, Wilsnack etc. Alle diese Jammernester haben irgendwo einen Charme, eine relative Bedeutung: in Plaue das Schloß samt seinen historischen Erinnerungen, in Wilsnack die Wunderblutkirche mit ihrer immerhin interessanten Geschichte, in Rüdersdorf das Bergwerkswesen und die Wichtigkeit desselben für Berlin. Trotzdem – Du siehst, daß ich gelten lasse, was nur irgend Geltung beanspruchen kann – empfinde ich diesen märkischen Nestern gegenüber immer wieder den niedrigen Stand unsrer Provinz und seiner Bevölkrung. Berlin ist ein Ding für sich, und auch in vielen kleinen Städten mögen sich gelegentlich Erfreulichkeiten finden, im ganzen steht alles nach wie vor auf einer traurigen Tiefstufe, so daß die schlesischen Gebirgsdörfer wahre Paradiese daneben sind. Die Leute dort (in Schlesien) haben einen natürlichen Schönheitssinn, auch die ärmsten sind beflissen, alles niedlich, anheimelnd erscheinen zu lassen, dieser Sinn fehlt unsrer Provinz, alles ist arm, häßlich, trist, und mit der Wohlhabenheit fängt nicht der feine Sinn, sondern die Protzigkeit an. Es ist ein zuverlässiger, verständiger, intelligenter Menschenschlag, aber ohne jede Spur von dem, was gefällig wirkt.

Die Häuser hier sind mit Menschen besetzt, viele Kinder, doch scheint alles ausreichend artig und manierlich zu sein. Ich glaube nicht, daß große Störungen zu befürchten stehn. Auch Mücken, krähende Hähne etc. fehlen. Fehlen auch Wanzen u. Mäuse, so will ich zufrieden sein. Ich will nur arbeiten und mich in Wald- und Seeluft ergehn, und das werde ich ja wohl erreichen. Es gibt nur ein Mittel, sich wohl zu fühlen: man muß lernen, mit dem Gegebenen zufrieden zu sein, und nicht immer *das* verlangen, was gerade fehlt. Meine Hauptwünsche habe ich auf einen Zettel geschrieben. Kommt noch nicht; ich muß mich erst mehr einleben. Wie immer Dein

Alter

An Emilie Fontane

Seebad Rüdersdorf, 8. Juli 1887

Besten Dank für das Paket, das eben heil hier ankam. Ich habe gut geschlafen, auch lange, von 9 bis 7, finde, daß die »Gerüche« nachlassen und das Essen ausreichend ist (gestern zufällig ein schlechter Tag). So hat sich meine Stimmung etwas verbessert. Das Fehlen alles Komforts amüsiert mich mehr, als es mich verdrießt. Gestern trank ich meinen Tee aus einem Seidel, seitdem nun auch das Seidel fort ist, trink ich Wasser aus der Blechkasserolle; in meinem Vorzimmer, das ich nicht benutze, ist eine Scheibe entzwei, kopfgroßes Loch, und wird auch wohl nicht gemacht werden, alle Türen sind ohne Schloß und Riegel, so daß ich meinen »Fauteuil« vorschiebe, wenn ich die Türe schließen will. Aber das stört mich alles nicht; Elegance mit *einer* Wanze oder einem unerträglichen Kellner ist schlimmer als drei zerbrochene Scheiben. Vieles kann man entbehren, wenn man 2erlei hat: Schlaf und Abwesenheit von Ärger. – George wirst Du wohl vor seiner Abreise noch sehn, grüße ihn schön und rede ihm zu, mit seiner Kur es so ernsthaft wie möglich zu nehmen. Gestern habe ich auch die Rüdersdorfer Apotheke (Seydel) von außen gesehn. Sehr nett. Ich soll einigen Rüdersd. Honoratioren vorgestellt werden. Grüße Mete, wenn Du ihr noch schreibst. Am Sonntag essen hier 540 Personen. Stört mich aber durchaus nicht. Dein

Alter

An Emilie Fontane

Seebad Rüdersdorf, 10. Juli 1887

Sei schönstens bedankt für Kiste, Brief und Karte, letztre von Friedel. Alles ist mit gewohnter Prompthcit besorgt worden und sogar mit einem Agio: Tasse, Milchtopf, Fleischextrakt. Mit Hülfe von Papierschere, Falzbein und Eggersschem Korkenzieher habe ich geöffnet und ausgepackt und mein Zimmer in a snug home umgewandelt. Übrigens hatte sich's schon vorher gebessert, gestern kam der Glaser, ein Tisch mit Tischkasten hat sich eingefunden, und bei der Frau habe ich einen Stein im Brett. Noch mehr bei der alten 87jährigen Französin, Liesens Mutter.

Gestern abend hatten wir hier ein schweres Gewitter, das von 9 bis 11 dauerte; gegen 10 war es sehr stark. Ich mußte an den armen George denken, dem Gewitter so unangenehm sind und der nun gerade um die Zeit seine Reise in einem wahrscheinlich überfüllten Coupé antreten mußte. Heut ist er nun hoffentlich wohlgeborgen und sieht die Welt wieder in einem fröhlicheren Licht. Daß es ihm etwas schwer gemacht wird, glaub ich. Aber! Ich komme darauf zurück. Mete macht nun heut ihre Rheinfahrt, hoffentlich bei gutem Wetter und in guter Gesellschaft; sie wird viel zu erzählen haben.

Ich bedaure aufrichtig, daß es Dir wieder nicht gut geht. Woher kommt es? Du bildest Dir immer noch ein, daß die Berliner Sommerluft gerade so gut sei wie andre Luft und daß die Malariafrage für Dich gar nicht existiere. Da bist Du aber sehr im Irrtum. Könntest Du morgen nach Blasewitz reisen oder an den Staremberger See, so wärst Du in 24 Stunden gesund. Wenn man sich 11 Monate lang durchgekrebst hat und der 12. Monat ist dann ein Berliner Juli (Frau Schillers Wohnung stand zufällig auf derselben Berliner Höhe), so kriegt man eben gastrisch-nervöse Zustände. Vielleicht kommst Du die nächstnächste Woche auf drei oder fünf Tage heraus; das wird Dir Wunder tun. Es ist hier *viel* besser, als ich anfangs gedacht habe, *beide*, er und sie, sind ausgezeichnete Wirte, verbindlich, umsichtig, alles, was man genießt, appetitlich und wohlschmeckend und die Nächte weder durch Glut noch Mücken noch Schlimmeres gestört. Ich kam etwas deprimiert heraus, fand alles in einem traurigen Schmuddelzustand vor, namentlich sehr unordentlich, und sah nun die Sache trostloser an als nötig. Ich bin in diesem Augenblicke mit meinem Aufenthalte *vollkommen zufrieden* und zieh ihn Interlaken oder Raggatz oder Thale weit vor. Du verkennst ganz meinen Geschmack. Stünden mir für Juli und August alljährlich 2000 Taler zu Gebot, so ginge ich nach Scheveningen oder Isle of Wight oder Sorrent (himmlisches Tramontane, noch dazu Reimwort auf unsren Namen), und da wollt ich mit Dir und Mete ganz angenehm leben, aber aut aut; so lieb es mir ist, alle diese Finessen kennengelernt zu haben, so habe ich mich nur wohl dabei gefühlt, weil ich es als »Studie« ansah, als unerläßlich für meine Stellung und meinen Beruf, *zu Haus* war ich auf diesen Höhen des Lebens nie, weil ich arm wie eine Kirchenmaus ins Leben eingetreten bin und ebenso wieder herausgehe. Wie so vieles, ist auch *das* lediglich eine Geldfrage, Bleichröder gehört nach Tréport oder Biarritz, *ich* gehöre nach Seebad Rüdersdorf. Und wenn ich es an solchem Platze nur nicht *zu* tief unter den märkisch-landesüblichen Ansprüchen finde, so bin ich zufrieden. Ich übe diese Sorte von Anspruchslosigkeit nicht aus Bescheidenheit, sondern aus künstlerischem Sinn, ganz so wie unsre kl. Schneiderwohnung für unser Mobiliar und unsren ganzen Lebenszuschnitt das einzig Richtige ist. Die alte Erbuhr in ein Zimmer mit Stuckposaunenengeln gestellt, ist ein Unding; bei *uns* freue ich mich, wenn ich sie sehe. – Die R.-Frage nimmst Du viel zu feierlich; gib mir drei Quartblätter mit dem Auftrage, die Geschichte der Häuser Kummer-Rouanet-Müller-Below und Rouanet-Müller-Goersch, dann die der Fontanes und schließlich die der Sommerfeldts zu schreiben, so, sag ich Dir, stehen da Sachen drauf, die die R.s etc. auch nicht schlimmer besorgt haben. Die Liebespunktsgeschichten sind doch nur eines im Leben und meist nicht das Schlimmste; Niedrigkeit, Ruppigkeit und mitunter sogar riesige Langeweile sind viel schlimmer. Wie immer Dein

Alter

AN EMILIE FONTANE

Seebad Rüdersdorf, 14. Juli 1887

Hätte ich außer meiner Sonnen- auch eine Schattenstube, so möchten diese Tage hingehn, so aber sind sie eine Kalamität; dabei habe ich Husten und einen entzündeten Hals, was bei scharfer Luft und unvermeidlichen Erkältungen nicht wundernehmen darf. Erwäge ich dann aber wieder, was alles fehlen kann und in der Regel auch dann noch fehlt, wenn man das Geld übersplendide wegwirft, dann ist es noch wieder toll genug. Zudem ist es unter den schattigen Bäumen des eigentlichen Etablissements immer ausreichend frisch und kühl. Es erinnert ein bißchen an unsren 73er Aufenthalt in Tabarz, wo's auch gräßlich heiß und sonnig und nur unter den hohen Bäumen des Forsthauses erquicklich war. Ich gebe diesem Seebad aber doch weitaus den Vorzug; dort mußte man erst eine Viertelstunde laufen, eh man in den Schatten kam. Nur als Arbeitsplatz ist meine Stube nicht gut, und den kühlen, freien Kopf, der die Hauptsache ist, kenne ich nicht mehr. Glücklicherweise habe ich in Berlin so gut vorgearbeitet, daß ich auch mit halber Dampfkraft vorwärts komme.

Für Deine heut eingetroffne Karte besten Dank, trotzdem man ihr anmerkt, daß Du nicht viel erlebst.

Im Verhältnis dazu bin ich hier Zeuge weltgeschichtlicher Vorgänge; Liesen ist Tyrann von Padua, ganz nach Art eines mit bon sens und bonhomme ausgestatteten Berliner Hauswirts, eine Rolle, die ihm kleidet und zu Aufrechthaltung der Ordnung ganz unerläßlich ist. Er mag manchem unbequem sein, im ganzen aber regiert er vorzüglich.

Wenn Ihr mich über kurz oder lang besucht – vielleicht kann sich auch Friedel auf einen Tag frei machen –, so ist es, glaub ich, das beste, Ihr macht eine Tagespartie draus und fahrt auch 9¾ vom Friedrichsstraßen-Bahnhof ab; dann kommt Ihr so, daß man nach *kurzen* Spaziergängen, mit vielem Stillsitzen an schattigen Plätzen, um 1 oder 1¼ bequem essen kann, welche Mittagsstunde mit Hülfe von Kaffe, Weißbier, Sodawasser oder auch Bowle – wenn sie befohlen wird – sich bis gegen 4 ausdehnen läßt. Dann ist das Schlimmste von Hitze überstanden, und kleine Gartenpromenaden können folgen. Wobei mir einfällt, daß mitten im Garten, unter zahllosen Levkojenbeeten, auch der »Lokus« ist, an welchen letztren sich für mich tragikomische Erinnerungen knüpfen. Es ist ein durch eine Holzwand geteiltes Häuschen, dessen eine Hälfte für Erwachsene, die andre für Kinder ist. Letztre mit sehr niedrig gehaltenem Sitzapparat. Nun trifft es sich so unglücklich, daß für mich – der ich ja regelmäßig zu spät komme – nur immer der für Kindermaß berechnete frei ist, was mir Attitüden aufzwingt, die ich meinem bittersten Feind nicht wünsche. – Sorge Dich nicht um mich, auch nicht wegen der Hitze und noch weniger, weil mir das Arbeiten schwer wird, *ein* Vorteil bleibt: ich habe Naturluft statt Berliner Stadt- und Kanalluft und sehe und höre mal was andres, was auch wichtig ist, denn ich lebe um mehrere Grade zu still und zurückgezogen. Eine gewisse Umstimmung des Winterschlafkörpers vollzieht sich in all diesen Sommerfrischen, auch wenn sie noch soviel zu wünschen übriglassen. – Meine berühmte Novelle wird nun wohl am Sonntag oder Dienstag beginnen; ich habe nur das *eine* Gefühl: »Gott, wer soll es bei *der* Hitze lesen«, aber selbst wenn man das wenigste erwartet, erwartet man immer noch zu viel. Sei's. Es geht auch so. Grüße die Kinder (Mete wird doch wohl heute kommen). Wie immer Dein

Alter

AN MATHILDE VON ROHR

Berlin, 16. Mai 1888
Potsdamer Straße 134 c

Mein gnädigstes Fräulein.

Ich wüßte kaum etwas, das mir eine größere innigere Freude hätte machen können als *dies* Geschenk zu unsres Freundes morgen wiederkehrendem Geburtstag. Und dazu das liebe freundliche Bild von Ihnen, der gute Charakterkopf und die drei Worte, die Ihre Hand noch dazu geschrieben. Das war ein schöner Tag, und mancher kleine Jammer und Ärger, den diese Tage brachten, es verschwand alles daneben, und der Himmel war wieder hell. Jetzt sind es 30 Jahre, fast auf den Tag, daß ich mit Lepel die Reise machte, eine der schönsten in meinem Leben, jedenfalls die poetischste, poetischer als Schweiz, Frankreich, Italien und alles, was ich später sah. Das interessanteste Blatt für mich ist das mit dem Douglasschloß im Kinroß-See, zu dem ich mit Lepel im Boot hinüberfuhr, und als wir 2 Stunden später, nach Besichtigung von Schloß und Insel, über denselben See hin die Rückfahrt machten und ich dabei an Rheinsberg und den Rheinsberger See dachte, stand es in meiner Seele fest, die Mark Brandenburg und ihre Schlösser und Seen beschreiben zu wollen. Was dann auch geschehn ist. Tausend Dank an Frl. v. Bülow. Vor allem aber die Versicherung dankbarster, nie ersterbender Ergebenheit – für Sie. Wir sprechen fast stündlich von Ihnen. Wie immer Ihr

Th. Fontane

An Heinrich Kruse

Berlin, 16. Mai 1888

Hochgeehrter Herr Doktor.

Wenn mein Wunsch in Erfüllung geht, so treffen diese Zeilen so ein, daß sie Sie und die Ihrigen unmittelbar nach Ihrer Rückkehr begrüßen können.

Wozu nicht die Fontana di Trevi alles gut ist! Als ich anno 74 an dem alten Wasserkasten stand und eine Kupfermünze hineinwarf (oder vielleicht war es ein anderer Hokuspokus), um mir dadurch den Anspruch auf ein Wiedersehen zu erkaufen, war ich eines Heinrich-Kruse-Grußes von jener Stelle aus nicht gewärtig. Ich freue mich zu hören, daß Ihnen alles so wohl gefallen hat, und unzweifelhaft, es ist ein Glück, in den Thermen des Caracalla oder zwischen den Säulen von Paestum gestanden und auf das blaue Meer geblickt zu haben, aber ich habe keine Sehnsucht wieder hin, und wenn ich dennoch auch dazu käme, so würde ich nur auf der Campagna oder im Apennin umherbummeln und den ganzen Kunstkram beiseite lassen, nicht aus Gleichgültigkeit gegen die Kunst, sondern aus immer wachsendem Respekt. Wovon man nichts versteht (und ich verstehe immer noch mehr als der durchschnittliche »sight-seer« davon), davon muß man fernbleiben. Mir tut die Zeit leid, die ich daran gesetzt habe, das M. Angelosche »Jüngste Gericht« schön zu finden, und so geht es einem in Italien mit tausend Sachen. Nur von der Natur hat man einen vollen, reinen Genuß. In aufrichtiger Ergebenheit Ihr

Th. Fontane

An Emilie Fontane

[Krummhübel,] Brotbaude, 17. Juli 1888

Meine liebe Frau.

Vor meinem offnen Fenster singen 3 Berliner Touristen ohne Stimme, aber kreuzfidel. Als sie vor 5 Minuten in den Flur traten, sangen sie »Frau Wirtin, wo ist ihr schön's Töchterlein«, und als Martha im selben Augenblick zufällig aus der Stube trat, riefen sie: »Da is sie schon.« Martha hat sich drauf mit ihnen unterhalten, und als sie sich verabschiedete, riefen sie in die Krugstube hinein: »Wo ist das Fremdenbuch?«* So lebt man auf der Brotbaude. Martha, wie Du weißt, ist das denkbar beste Publikum für solche Szenen und Begegnungen. Heute nachmittag wollen alle Damen, jedenfalls aber Tante Witte, Marthachen und Mete nach Arnsdorf, Mete, um Einkäufe und einen Besuch bei Richters (Elise Eberty) zu machen, Marthachen, um ihre nun doch noch fertig gewordene Decke zur Post zu geben. Am 20. wollen wir in einem 4zeiligen Vers telegraphisch gratulieren.

Die Reise verlief gut mit kleinen Erlebnissen. In Lübbenau stieg ein Pastor mit seiner todkranken (Schwindsucht) Frau ein, die nach Hirschberg und von Hirschberg nach Reinerz wollten. Ich war allein. »Meine Frau

* Diese Begegnungen haben nachher noch weitergespielt. Humoristisch-politisches Gespräch. Martha sagte: »sie sei für gemäßigte Sozialdemokratie und feinen, aber forschen Konservatismus«, worauf sie »Prosit« riefen und mit ihr anstießen. Sie haben sich dann per Karte empfohlen.

ist krank, ich mache deshalb das Fenster zu und bitte Sie freundlichst, auch das Fenster an Ihrer Seite zumachen zu wollen.« Geschah. Nun ging es los. Furchtbare Hitze, die Sonne stach nur so, dazu das Husten in jämmerlicher Weise; der Pastor stand mit einer ledernen Reisetasche daneben, die nichts war als das Futteral für einen flaschenartigen Spucknapf. Dann schnappte die Reisetasche auf eine Minute (höchstens) wieder zu, während der kleine, fast hermetisch verschlossene Raum sich mit den eigentümlich süßlichen Miasmen des Lungenauswurfs der Schwindsüchtigen füllte. Ich kam beinah um, kuckte immer weg und roch an meinem kl. Esprit-de-Menthe-Fläschchen. In Cottbus, nachdem das mindestens ¾ Stunde gedauert hatte, sprang ich mit Sack und Pack aus dem Wagen und empfahl mich mit sehr kurzem Gruß. Das Ganze war wieder eine riesige Pastoren-Unverschämtheit – teile doch die Geschichte Herrlichs mit, aber nicht in Gegenwart von Fräulein Klingebeil –, eine jener selbstischen Brutalitäten, die das Vorrecht dieser unseligen Menschenklasse zu sein scheinen. Ach, daß ich mich, je älter ich werde, immer mehr dieser Heilslehre und nun gar erst ihren Vertretern entfremde! Bande, Bande und nochmals Bande. Wie glücklich bin ich, daß mein alter Theo dieser Gefahr entgangen ist. Stünde mir eine Zeitung zu Gebot, so würde ich den ganzen Fall zur Sprache bringen, nicht des dämlichen Pastors, sondern der dabei mitspielenden Frage halber. Die Frau war eine Sterbende und natürlich der Gegenstand meiner aufrichtigsten Teilnahme; aber weil mir eine Sterbende leid tut, kann man noch nicht von mir verlangen, daß ich mich zu ihr ins Sterbebett lege und die letzten Agonien mit durchmache. Die Sache war so toll, so schrecklich, so eklig, daß mancher, der selber schwach auf den Beinen ist, eine Krankheit davon hätte wegkriegen können. Wenn ich eine solche Sterbende nach Reinerz bringe, von Lübbenau noch über 30 Meilen, so muß ich ein ganzes Coupé nehmen, kann ich das nicht bezahlen, so muß ich an die Eisenbahndirektion eine Petition um Gewährung eines Coupés zu halb oder drittel Preis richten, geht auch das nicht, so muß ich altmodisch im eignen Wagen reisen, und habe ich nicht die Mittel dazu, so muß meine Frau zu Hause sterben. Aber es ist eine an Wahnsinn grenzende, nur von einem preußischen Prediger zu leistende Unverschämtheit, einem Coupégenossen zuzumuten, daß er das nicht bloß mit durchmachen, sondern daß er es auch an einem heißen Tage bei geschlossenen Fenstern in einem Raume von Kommodenkastengröße mit durchmachen soll. »Hol die Pest alle feigen Memmen«, sagt Falstaff, und ich setze hinzu: »Hol die Pest alle Kerle mit einem weißen Halstuch und dem frommen Augenaufschlag.« Nochmals, Bande!

Das Leben hier ist sehr angenehm. Tante Witte reizend und immer bei guter Stimmung und auch alles andre in gutem Einvernehmen. Das andre wird ja wohl so sein, nun Du weißt schon wie, aber ich kann doch auch ein Gefühl aufrichtiger Teilnahme nicht unterdrücken. Jung, gut aussehend, aus einem wohlhabenden Hause, gebildet und von natürlicher Klugheit – und doch immer in eine zweite Stellung geschoben. Das halte der Deubel aus. Um das in wirklicher Liebenswürdigkeit hinzunehmen, muß man ein selbstsuchtsloser Engel sein. Und das sind wenige. – Ich habe mich unterwegs erkältet und einen kolossalen Schnupfen, befinde mich sonst aber wohl. Grüße Friedel und Zöllners, wenn Du sie siehst. Nimm nicht Salzsäure, sondern die Sachen, die ich Dir gesagt – die schöne Luft hier wird von selbst Deine Nerven herstellen. Vor allem nimm die Personenfrage, die Dich jetzt drückt und ängstigt, nicht zu schwer. Es ist unsrerseits nur das geschehn, was uns

Pflicht, Anstand und Liebe vorschrieben, und was dann kommt, muß man in gutem Gewissen hinnehmen als sein Schicksal. Lebe wohl; vor allem erhole Dich. Wie immer Dein alter

Th. F.

Mitzubringen ist nichts; nur Annemarie, die ein Glas aus ihrem Kneifer verloren hat, bittet um einen einfachen Kneifer für Kurzsichtige No. 24; vier oder fünf Häuser von uns ist eine gute Handlung.

Den Brief an Stephany finde ich eben unter den grünen Couverts, suche also nicht danach.

Wetter: Nebel und Regen.

PS Viele schwarze Stecknadeln mitbringen.

An Karl Zöllner

Krummhübel, Brotbaude, 3. August 1888

Mein lieber Chevalier.

Es ist noch nicht lange her, wo dies der schreckliche Tag war, an dem Steinmetz (nicht der General) eine Rednertribüne im Langen Saal aufstellte und der unglückliche Sekretär vor einem gelangweilten Publikum und im glücklichsten Fall vor Onkel Greiff seinen Bericht ablesen mußte, an dem er selbst wenig Freude hatte. Das ist nun vorbei; dennoch bin ich unsicher, ob Du Berlin bereits verlassen und Dir Menzel als täglichen Brunnengenossen erkoren hast, und so richte ich denn diese Zeilen nach dem Matthäikirchplatz hin, eingedenk einer Mahnung unsres alten Rütli-Philosophen, »daß das immer das Sicherste sei«. Friedel erzählt in seinem letzten Briefe von einer Begrüßung mit Onkel Zöllner, und seitdem sind – hier im Gebirge wenigstens – Tage angebrochen, die jede Entfernung vom heimischen Ofen als ein Wagnis erscheinen lassen. Wir hier sitzen schon 3mal 24 Stunden fest in der Brotbaude, heizen und sprengen mit Ozogen, weil die Luft jenen bekannten Keller- und Stallcharakter hat, der nur auf freien Bergen und in klimatischen Kurörtern angetroffen wird. Ohne Boston, das seitens der Damen von 4½ an bis Schlafenszeit gespielt wird, wäre »Tante Witte« mit Familienanhang wohl schon wieder abgereist. Einziger Trost: es ist überall so und am Meer oder an Quellen, die man bibbernd 6 Uhr früh trinken muß, noch schlimmer. Wir leben hier zu 8 und üben uns in der Kunst der Umgänglichkeit, was dem einen leichter, dem andern schwerer wird. Ein Ausbund von Liebenswürdigkeit ist die »Witten« (wie Martha sie nennt), die, welche Schwächen sie sonst auch haben mag, die eine große Tugend besitzt, nicht launenhaft und vor allem nicht übelnehmisch zu sein. Ich habe hier arbeiten wollen, bin aber über ein bißchen Korrekturlesen noch nicht recht hinausgekommen. Zum Teil ist das Wetter schuld, zum Teil die Tageinteilung, wenn man bis 10½ Kaffe trinkt und nach einem Schinkenfrühstück um 12 sich um 1 zu Tische setzt, so hat man nicht viel Arbeitszeit. Kämen die Zeitungen früher, so hätte man gar keine (Arbeitszeit), und so wird das Pech, daß der Krummhübler Briefträger erst nach 5 Uhr abends hier oben eintrifft, zu einer Art Segen für mich. Pietsch hat sehr hübsch aus Petersburg berichtet; für einen Schriftsteller am hübschesten in *dem* Punkt, daß er an einer Legion von Beispielen zeigt, wie Preßleute, im Gegensatz zu dem in dieser Beziehung entsetzlichen »offiziellen Preußen«, in andern Ländern, speziell aber in Rußland behandelt werden. Ich werde diesen Wechsel der Dinge nicht mehr erleben, aber ausbleiben kann er nicht. – In Berichten aus Kissingen geschieht auch unsres kleinen großen Mannes sehr oft Erwähnung, und er hat den Triumph, sich ganz als eine Art Fürstlichkeit behandelt zu sehn. Dennoch mischt sich in alle diese Huldigungen etwas hinein, was ihn verdrießen muß, das er aber wohl selbst verschuldet. Er behandelt sich zu feierlich, was doch immer mißlich ist. Kaiser Friedrich war doch ein Kaiser und vorher ein Kronprinz und Sieger, aber auf *diese* Allüren verzichtete er. – Hast Du was vom Senator gehört? Sein Gesundheitszustand machte mir Sorge. – Bis zum 10. sind wir hier noch zusammen, dann treten wir einen geordneten Rückzug an. Mete und ich werden wohl am längsten aushalten, weil wir am wenigsten uns einbilden, »ohne Komfort« (der meist keiner ist) nicht leben zu können. Empfiehl mich meiner hochverehrten Freundin, zu deren bevorstehenden Geburtstag ich mit meinen Glückwünschen antreten werde. Bis dahin wie immer Dein alter

Noel.

An Moritz Lazarus

Krummhübel, i. R. G.; Brotbaude
9. August 1888

Teuerster Leibniz.

Immer wenn ich Stobbes, Mutter oder Töchter, sehe, wird auch von »Lazarus auf Schönfeld« (klingt wie östreichischer Adel) gesprochen und dabei jedesmal die Absicht in mir wach, an Leibniz-Lazarus zu schreiben. Und heute soll die Absicht zur Tat werden, um so lieber, als einige Dankeszeilen für die liebenswürdigen Abschiedsworte, die Frau Gemahlin an meine Frau richtete, trotz einer Mahnung von mir aller Wahrscheinlichkeit nach unbeantwortet geblieben sind. Diese Mahnung zu wiederholen ist gegen alle Regeln ehelicher Klugheit, und so schreibe ich selbst, erst um zu danken und dann um zu plaudern.

Die Brotbaude ist ein Korb, der nicht wohl höher gehängt werden konnte: 2500 Fuß, sehr respektabel. Um uns her liegt schon Schnee, freilich nicht viel; dazu die Kirchenglocken von Wang und die Kuhglocken der Hampelbaude; fehlt nur noch der Stier von Uri, um uns ganz in die schweizerisch alpine Welt zu träumen. In der Tat ein Einsamkeitspunkt, aber eine der Koppenstraßen führt an unsrer Tür vorüber, und so kommt es, daß wir an kalten Tagen, wo der Tourist im Tale bleibt, hier still und stumm wie am Nordkap und dann wieder an sonnigen Tagen wie im Prater oder beim Stralauer Fischzug leben. Dann nimmt das Geklapper der Kaffetassen kein Ende, und Berliner und Sachsen – diese beiden bilden das Hauptkontingent – stehen an dem 5armigen Wegweiser und kommen zu dem Resultate, daß, wie bei so vielen Studien, das Studium dieses Wegweisers immer konfuser mache. Unsre Einsamkeit wird aber nicht nur durch vorüberflutende Touristen unterbrochen, die Flut, in Gestalt wiedergeborner Freunde, die man vor 30 Jahren sitzenließ (wenn man nicht sitzen*gelassen* wurde), packt uns mitunter auch direkt und strudelt uns zu Tal, um daselbst an Orten, die sich ebenso durch gute Namen wie schlechten Kaffe auszeichnen, alte Erinnerungen aufzufrischen. Denn gibt es beßre Namen als »Zum goldnen Frieden« oder »Zur goldnen Aussicht«! In Berlin habe ich regelmäßig das Gefühl des Übriggebliebenseins, der Uhlandschen Säule mit der Stürzebereitschaft; *hier*, in Krummhübel, erneuert sich mir alljährlich das Gefühl, daß noch eine ganze Menge von der alten Garde lebt, nur den verschiedensten Invalidencompagnien von oft sehr prunkhaftem Namen zugeteilt. Mit andern Worten, alle sind Würdenträger geworden und stehen mehr oder weniger hoch am preußischen Pegel; aber keiner ist drunter, der an den Vollklang seiner Titulatur heranreichte. Die Besten sind schlicht und einfach geblieben (oder *geworden*, was ich ihnen zum Ruhme anrechne), die Nicht-Besten quasseln und verwechseln Unsinn mit Poesie. Zum Arbeiten komme ich wenig, der Nebel, der zieht, legt sich mir wie eine bleierne Binde um den Kopf; aber gelesen wird ein gut Teil. Unter anderm habe ich, aus Schillerstiftungspflichteifer, Max Kretzers neusten Roman »Meister Timpe«, gegen Barzahlung von 6 Mark, mit auf die Reise genommen und kann nun in der immer wieder auftauchenden Kretzer-Frage mein Gutachten abgeben. Er kommt besser, aber auch schlechter weg, als ich dachte. Das Widerliche, das in seinem Romane »Drei Weiber« eine so große Rolle spielt, fehlt hier ganz, aber dafür ist dies neue Buch trostlos und langweilig und, was mir das überraschlichste ist, nach *meiner* Meinung ganz unrealistisch. Er hat unterm Volk und in der Werkstatt gelebt und kann doch beides nicht schildern. Ich lebe jetzt 55 Jahr in Berlin und habe auch *nicht* bloß beim Prinzen Friedrich Karl zu Mittag gegessen; ich habe *auch* Volk kennengelernt und kann nur sagen: *mein* Berliner Volk sieht anders aus. Was er gibt, sind mehr angelesene als erlebte Figuren. – Wie stehen Sie zu der Virchow-Frage? *Ich* freue mich, bei größter und aufrichtigster Würdigung V.s, daß er *nicht* Rektor geworden ist. So feine Fragen lassen sich nicht nach einer liberalen Schablone beurteilen. Ein Rektor der Berliner Universität, der sozusagen dem preußischen König u. deutschen Kaiser jeden Morgen in die Fenstern kuckt, muß gut mit ihm stehn. Unter Friedrich III. hätt er's werden können, jetzt nicht. Haben wir mal einen fortschrittlichen Kaiser, so mag sich der Spieß umdrehn. Unter Gruß und ergebensten Empfehlungen Ihr

Th. Fontane

Können Sie vielleicht an guter, nicht zu strenge urteilender Stelle erfahren, welches Rufes sich der junge

Leipziger Verleger F. W. Steffens erfreut. *Ich* bin *sehr* mit ihm zufrieden, möchte aber, wegen eines größeren Planes, gern sichergehn.

An Moritz Lazarus

Kissingen, 8. Juli 1889
bei Gottlieb Will

Teuerster Leibniz.

Diese Zeilen sollen uns entschuldigen, daß wir, trotz Anmeldung, an Schönfeld vorübergeflitzt sind. Wie gewöhnlich kam alles anders als geplant: wir sind einzeln gereist, ich 8 Tage früher als meine Frau, und Leipzig wurde gar nicht berührt; an Halle vorüber ging es in 10 Stunden direkt nach Kissingen, ich Donnerstag, den 27. Juni, meine Frau Donnerstag, den 4. Juli. Nur eine Woche Unterschied, und doch waren unsre Reiseschicksale sehr verschieden: ich aß wundervoll, zwischen Großheringen und Dietendorf, im Speisewagen, meine Frau, die sich auf ebendiese Wagen verlassen hatte, mußte 10 Stunden hungern, weil der Menschenandrang so groß war, daß der Speisewagen nicht für die Hälfte der Futterungsuchenden Platz hatte. Natürlich auch die Coupés überfüllt. Ich ärgre mich schwer darüber, nicht kleinlich persönlich – denn man kommt über das Unbequeme darin leicht weg –, aber in meiner Eigenschaft als geeichter preußisch-deutscher Patriot. Ewig nehmen wir das Maul voll, ewig bilden wir uns ein, »daß alles bei uns am besten sei«, und in Wahrheit ist alles am schlechtesten. Amerikaner müssen über diese primitiven Zustände lachen. Und so ist es mit allem. Die schofelsten, d.h. die gleichgültigsten Toiletten, die man hier sieht, stammen alle aus Berlin; was schön, reich, chic ist, fängt erst bei den Wienern und Engländern und vor allem bei den Polen und Russen an. Und fast das gleiche läßt sich – natürlich mit Ausnahmen – von den Menschen sagen. Welche inferiore Rolle spielt die »Berliner Madamm«, nicht einmal unsre reichen Jüdinnen können sich, auch nur annähernd, neben ihren Kolleginnen aus Odessa, Petersburg, Wilna, Lodz etc. behaupten. – Wir essen heute mit Krigar-Menzels (*sie* mit einem Brunnenkoller) und Frau Dr. Karl Frenzel zusammen. Die Rüstungszeit ist da; so denn mit herzlichen Wünschen für Ihrer aller Wohl, in aufrichtiger Ergebenheit Ihr

Th. Fontane.

An Martha Fontane

Kissingen, 3. August 1889

Meine liebe Mete.

Sei froh, daß Du heil in Warnemünde bist, bei Liebe, Wasser und guter Verpflegung. Du wirst Dich nun rasch erholen, nicht bloß von Münster, sondern auch von Bonn, das, so schön es war, doch auch was von einer Anstrengung hatte. Von Theo hatten wir am letzten Montag einen Brief, noch geschrieben während Deines Münsteraner Aufenthalts; wir schließen diesen Brief bei. Mama und ich sind über das Opus verschiedner Meinung; Mama findet ihn ganz unbefangen, ich durchaus nicht, muß aber einräumen, daß er ungewöhnlich gut, klug und in höhrem Sinne »gebildet« abgefaßt ist. Jedenfalls ist ihm nicht entgangen, daß alles nicht recht stimmte und daß Deine Verstimmung nicht bloß gastrisch, sondern auch seelisch war. Nur was diese seelische Verstimmung verursachte, das wird er kaum ahnen, ist auch zu viel verlangt. Im wesentlichen ist jeder mit sich und seinem Hausstand zufrieden und findet das Normalmaß für die Dinge in sich selbst. Bei beßrer

Körperverfassung würdest Du übrigens über vieles leichter hingekommen sein. Es war ein Pech für Dich, aber auch für Theo.

Dienstag wollen wir nun fort, und zwar direkt zurück, alle Pläne, die sich abwechselnd auf München, Partenkirchen, König Ludwigs Zauberschlösser, Oberhof, Eisenach, Weimar richteten, sind aufgegeben. Zwar habe ich mich – nach einem starken Deprimiertsein in voriger Woche – wieder leidlich erholt, aber eine gewisse Reisemüdigkeit ist doch geblieben, und allen Plänen gegenüber begleitet mich die Frage: »Was soll der Unsinn«, eine Frage, die überhaupt ganz und gar von mir Besitz zu nehmen droht. Zu nichts gehört so viel Kraft und Frische wie zum Vergnügen (viel mehr als wie zum Arbeiten), und von dem Augenblick an, wo diese Kraft und Frische nicht mehr da sind, sehnt man sich mehr nach dem heimischen Bettzipfel als nach den Schlössern König Ludwigs oder Ausstellung oder Turnerfest. Wir haben es hier sehr gut getroffen, Hausaufenthalt vorzüglich, alles sauber, freundlich, nett und nicht zu teuer, dazu Bekannte verschiedenster Art, dennoch bleibt, namentlich beim Mittagstisch, viel zu wünschen übrig, und wer diese 4 oder 5 Wochen in einem minder guten Hause oder wohl gar in einem anspruchsvollen Hôtel mit unverschämten Oberkellnern und im übrigen fremd und einsam zubringen muß, für den ist solch Aufenthalt eine wahre Tortur, und die beste Brunnennixe kann weder mit ihrem Glauber- noch Bittersalz all den runtergeschluckten Ärger aus Leber und Galle wieder herausfegen. Im Ganzen muß ich doch bei meinem alten Satz bleiben: das Reisen ist nur für sehr reiche und in Folge ihres Reichtums reisegeübte Leute; die »kleinen Leute« dürfen nicht reisen, sondern müssen in Schmöckwitz oder auch in Zinnowitz einen »Sommeraufenthalt« mit Bettsack und Schmortopf nehmen und sich selber kochen. Daß es uns hier so gut geglückt, ist ein halbes Wunder. Natürlich spielt auch der Charakter eine Rolle bei dieser schwierigen Frage. Wer grob ist und auftrumpfen kann, fährt besser; aber ich kann es nun nicht mehr lernen. Über unsre Bekanntschaften hier: Direktor Grunow mit Anhang, Hofschauspieler Sauer mit Familie, Fräulein Clara Meyer und Anbeterschar sowie vor allem über Menzel-Krigars schreibe ich Dir mal von Berlin aus. Grüße Tante Witte und alles, was ihr anverwandt und zugetan ist, desgleichen die beauté unsres Namens, der ich es von Herzen gönne, daß sie mal auf ihre Kosten kommt. Sei nur recht nett zu ihr und nicht zu kritisch; Gott, sie hat weiter nichts – eine hübsche junge Frau, die auf Techtelmechtel und Toilette hin erzogen ist. – Über meinen Bayreuther Aufenthalt geben die beiliegenden Briefe, die ich vor 8 Tagen an Mama schrieb, Auskunft. Wie immer Dein alter

Papa

Vor 4 oder 5 Tagen war mein Tischnachbar im Englischen Hof der Präsident des mecklenb. Oberkirchenrats aus Schwerin, ich glaube Kayser, ein 80jähriger sehr liebenswürdiger alter Herr, mit dem ich viel über Witte und überhaupt über Mecklenburg sprach. –

An Frau Grunow [Entwurf]

Berlin, Anfang August 1889

Gnädigste Frau.

Werden diese Zeilen Sie finden? In meinem Herzen klingt es »ja«. »Und was die innere Stimme spricht, das täuschet die hoffende Seele nicht.« Wie Ihre Güte uns beschämt hat. Nicht als ein klappriges altes Paar sind wir aus Kissingen abgereist, sondern als ein Paar, das seine

Flitterwochen feiern wollte – sagen wir Frl. Clara Meyer und Herr Schmidt. Oder auch ein andrer. Wir saßen 3 Stunden in Neudietendorf, was uns länger vorkam als 5 Wochen in Kissingen. Dann fuhren wir in einem Coupé für Nichtraucher (auch *das* hat seine Gefahren) mit einer berlinisch-gebildet sprechenden alten Jüdin und einer halbverrückten Pastorsfrau, der die Wasserkur, aus der sie kam, selbst den Teint mit eingerechnet, wenig geholfen zu haben schien, nach Berlin zurück. Auf dem Anhalter Platz standen mehr Droschken, als Kissingen Häuser hat. Altgermanische Wagenburg. Unsrer harrten Hammelkoteletts, unendlich süßes Wort. Und geschmorte Gurken sind in Permanenz erklärt. Wer 5 Wochen Saalewein getrunken hat, kann alles aushalten, nur nicht Kissinger Roastbeef.

Empfehlen Sie mich Gemahl und Sohn, erholen Sie sich *ganz* und seien Sie für so viel Güte nochmals herzlich bedankt von Ihrem ergebenen

Th. Fontane.

An Karl Zöllner

Berlin, 19. August 1889
Potsdamer Straße 134 c

Teuerster Chevalier.

Als ich noch in Kissingen war und mit »Hannchen« über Zöllners plauderte, die alle so nett gewesen seien, hatte sich mein Brief an Dich schon sehr nett gestaltet, nun ist aber eine Art Überfutterung eingetreten, und ich fürchte, daß mein Brief, statt wohlgestaltet aufzutreten, mit einem Puckel hinten und vorne auftreten wird. Nimm bloß die Menzel-Krigar-Frage, die durch Mitanwesenheit des guten, etwas steifleinenen Grunow vom Gewerbemuseum und unter Mitwirkung des halb wie

Simson, halb wie Paulus Cassel wirkenden Geh. Reg. R. Klix, gefürchteten Angedenkens (Gott sei Dank, daß ich keinen Jungen mehr auf der Schulbank habe), keineswegs vereinfacht wurde. Die Menzelei war vergleichsweise von einer hervorragenden Liebenswürdigkeit, und es wäre schändlich, wenn ich hier mäkeln und nörgeln wollte, fiel doch ein Abglanz von ihm auch auf mich, der ich gewürdigt wurde, halbe Stunden lang und länger mich mit dem kleinen Mann und der großen Berühmtheit auf der Promenade herumzuzieren. Dennoch bleibt das bestehn: es ist ein Haus, das jede Gemütlichkeit ausschließt, da sie – ganz abgesehn von den Gefahren, denen man selber preisgegeben ist – untereinander auf einem beständigen Kriegsfuß leben, so daß man ihr Haus immer nur betritt wie einen eben überfrorenen Strom, der einen vielleicht tragen, aber vielleicht auch verschlingen kann. Und ich bin nun mal für festen Boden unter den Füßen. Außer Menzels waren von bekannteren Berliner Persönlichkeiten noch da: Frl. Clara Meyer (das ewig schöne Clärchen) und ihre Schwester, beide natürlich im Victoria-Hôtel, in dem auch Hofschauspieler Sauer und Frau sich einquartiert hatten. Mit dem guten Sauer nun, den ich früher schlecht behandelt (was mir jetzt leid tut), schlossen wir Freundschaft, noch mehr mit seiner Frau, einer famosen, racevollen Ungarin, die trotz ihrer 48 Jahr und 2mal en suite gehabter Blinddarmentzündung noch immer den Teufel im Leibe hatte und unter Schmerzen und Ängsten – denn jeden Augenblick kann die Geschichte wiederkommen – ihrem Übermut die Zügel schießen ließ. Es ist doch ein Genuß, solchen Menschen zu sehn, dem die Schwärmer und Raketen immer aus den Augen fahren. Ich bin nun mal nicht für »Milchsuppen«, vielleicht weil ich mir selber schon zu viel auf dem Gebiete frommer Denkungsart leiste. Du kannst Dir denken, daß das »schöne Clärchen« ein bevorzugtes Gesprächsthema zwischen Sauers und uns war, und als ich mich mal erkundigte, wie's denn eigentlich mit ihren Liebschaften stünde, sagte er mit dem ganzen Tiefton des schwedischen Hauptmanns: »Ein Schlachten war's, nicht eine Schlacht zu nennen«, und setzte dann wehmütig hinzu: »Die nicht gerechnet, die der Fluß verschlang.« Du kannst Dir denken, wie mich das amüsierte.

Und da ich nun mal beim Ulk und Anekdotenerzählen bin, noch eine, die mir – schon auf der Hinreise nach Kissingen – ein alter Stuttgarter Professor (aber geborner Preuße) zum besten gab. Die armen Württemberger hatten Anno 66 bei Tauberbischofsheim enorme Verluste gehabt und zogen sich vor Goebens siegreicher Division zurück. In einem schwäbischen Dorfe stellten sie die Gewehre zusammen, und der Dorfpfarrer trat an den Unteroffizier heran und sagte: »Nu, Leut, was werdt ihr nu mache?« – »Nu, wir retiriere jetzt auf die Bayern.« – »Gut, gut; und wenn ihr die Bayern nu habt?« – »Dann retiriere wir zesamme.« Es ist unmöglich, den 66er Mainfeldzug in einer kürzeren Form zu geben.

Von Kissingen aus war ich auch auf 3 Tage in Bayreuth, um »Parsifal« und »Tristan und Isolde« zu hören. Sonnabend nachmittag kam ich an und fiel aus einem Hôtel und Kaffehaus ins andre, was sehr interessant war. *So* international, daß die Promenade von Kissingen bloß wie Zoologischer Garten daneben wirkte. Sonntag »Parsifal«, Anfang 4 Uhr. Zwischen 3 und 4 natürlich Wolkenbruch; für zwei Mark, trotzdem ich ganz nahe wohnte, hinausgefahren. Mit aufgekrempten Hosen hinein, alles naß, klamm, kalt; Geruch von aufgehängter Wäsche. 1 500 Menschen drin, jeder Platz besetzt. Mir wird so sonderbar. Alle Türen geschlossen. In diesem

Augenblicke wird es stockduster, nur noch durch die Gardine fällt ein schwacher Lichtschimmer, genau wie in »Macbeth«, wenn König Duncan ermordet wird. Und nun geht ein Tubablasen los, als wären es die Posaunen des Letzten Gerichts. Mir wird immer sonderbarer, und als die Ouvertüre zu Ende geht, fühle ich deutlich, »noch 3 Minuten und du fällst ohnmächtig oder tot vom Sitz«. Also wieder raus. Ich war der letzte gewesen, der sich an 40 Personen vorbei bis auf seinen Platz, natürlich neben der »Strippe«, durchgedrängt hatte, und das war jetzt kaum 10 Minuten. Und nun wieder ebenso zurück. Ich war halb ohnmächtig, aber ich tat so, als ob ich's *ganz* wäre, denn die Sache genierte mich aufs äußerste. Gott sei Dank wurde mir auf mein Pochen die Tür geöffnet, und als ich draußen war, erfüllte mich Preis und Dank. Nur das Dankgefühl des Türhüters konnte mit dem meinigen vielleicht rivalisieren, denn er kriegte nun mein Billet, das er sofort für 15 Mark oder auch noch teurer (denn es wurden ganz unsinnige Preise bezahlt) an draußen Wartende verkaufen konnte. Mein »Tristan«-Billet schickte ich am andern Morgen zurück und vermachte den Betrag einer »Frommen Stiftung«. Ich hätte diese lächerliche Großmuts- oder Anstandskomödie nicht aufgeführt, wenn ich nicht ein *drittes* von mir bestelltes Billet gleich beim Einkauf am Tage vorher zurückgegeben hätte, worauf der Kassenbeamte sehr liebenswürdig einging. Diese Szene nun zu wiederholen war mir doch gegen die Ehre. Ich hebe dies eigens hervor, damit ich nicht alberner erscheine als nötig. Die ganze Geschichte – außerdem eine Strapaze – hatte grade 100 Mark gekostet, und doch bedaure ich nichts; Bayreuth inmitten seiner Wagner-Saison und seines Wagner-Kultus gesehn zu haben ist mir soviel wert. – Hier muß ich nun aber stop sagen, trotzdem noch viel vorliegt. Zum Beispiel eine Reise nach Mecklenburg, von der ich erst seit 2 Tagen zurück bin; ich war 1 Tag bei meiner guten alten Rohr in Dobbertin und 1 Tag bei meiner auch von mir geschätzten Frau v. Below in Ludwigslust. Die Rohr ist 79, die Below 76, es heißt da also: »Was du tun willst, tue bald.« Ludwigslust hat sich in 40 Jahren sehr verändert, worauf mir Ludwigslust wohl antworten wird: »Du dich auch.« Und ich habe auch nichts dagegen. Auf baldig Wiedersehn. Wie immer Dein alter

Noel

An Friedrich Stephany

Berlin, 22. August 1889

Hochgeehrter Herr und Freund.

Schon seit 14 Tagen bin ich aus Kissingen zurück, früher als sonst, weil ich mir eine sogenannte »Nachkur« geschenkt habe. Die ganze Reiserei – bei Ihnen liegt es anders, bei Ihnen handelt es sich wirklich um ein »Ausspannen«, was nicht möglich ist, wenn Sie hier sind –, die ganze Reiserei hat für mich nur den Zweck, mich auf 6 Wochen aus der Berliner Malaria herauszuheben; sind Luft und Temperatur aber nur wieder einigermaßen erträglich geworden, so bin ich froh, dem Riffpiratentum, das hinter jeder Thüringer oder Harzer Felsnase lauert, entfliehn zu können. Die Zustände sind furchtbar und werden es von Jahr zu Jahr mehr; daß man betrogen wird, ist selbstverständlich, daß man Nummer oder Gepäckstück ist, auch, die Mienen der unausstehlichen Menschen aber, die sich Hoteliers oder Oberkellner oder sonstwie nennen, sind eine Geduldsprobe und mir ein neuer Beweis, was sich der moderne Mensch, der so viel auf »Freiheit« gibt, alles gefallen läßt. – In Kissingen, um gerecht zu sein, war es ausgezeichnet, keine Prellerei, keine Unverschämtheit; aber »3 Tage in Bayreuth«, in jenen Gegenden also, wo Jean Paul die deutsche Gemütlichkeit beschrieb und verherrlichte – daran will ich denken. Die meisten Fremden waren tatsächlich aus Nebraska, Minnesota, Dakota, Montana, Texas, und mit Rücksicht darauf, so nehm ich an, traten die Hoteliers als Sioux auf, um die Reisenden wo möglich schon auf der Bahnschiene zu überfallen.

In zwei oder drei Tagen will ich noch wieder ins Havelland, zu meinen neuen Freunden, den Bredows, um dann vom 1. September ab wieder zeitungsverwendbar zu sein, namentlich auch dann, wenn der arme Schlenther vielleicht noch ausbleiben sollte. Dann stelle ich mich Ihnen sofort vor und hole mir auch Antwort auf die Frage, ob ich Ihnen, sei's fürs Hauptblatt oder für die Sonntagsbeilage, einen 5 Kapitel langen Artikel über unsren Freund *Wilhelm Gentz* bringen darf.

Unter herzlichen Grüßen und angelegensten Empfehlungen an Frau Gemahlin, wie immer Ihr ergebenster

Th. Fontane.

An Hermann Wichmann

Berlin, 14. Februar 1890
Potsdamer Straße 134 c

Teuerster Wichmann.

Heute geht es mir endlich ein bißchen besser, und so schreibe ich denn, zunächst um Ihnen nochmals aufs herzlichste für einen so liebenswürdigen Brief zu danken. – Es hat mir schon das erste Mal sehr gut in Rom gefallen, und unter Ihrem Rat und Beistand würde der Kunst- und Naturgenuß ein sehr gesteigerter sein. Und was noch wichtiger ist, der Aufenthalt würde, auch nach der menschlichen Seite hin, eine freundlichere Gestalt gewinnen – das absolute Sich-fremd-und-einsam-Fühlen würde in Wegfall kommen. Dennoch, und wenn ich 6 ideale Wochen in Rom zubringen könnte (was in dieser Welt voll Kopfweh, Zahnschmerzen und Magenkolik, andrer Unberechenbarkeiten zu geschweigen, doch immer fraglich bleibt), dennoch, sag ich, würde sich kein ganz richtiges Verhältnis von Einsatz und Gewinn herausstellen, weil der denkbar höchste Gewinn aufgehört hat, ein so recht eigentlicher Gewinn für mich zu sein. Angenommen, ich schriebe jetzt an einer historischen oder novellistischen Arbeit, zu deren Abschluß es nötig wäre, daß ich täglich erst den Palatin und dann drüben das Trümmerfeld des Esquilin durchwanderte, so stünde mir durch eine Romreise ein bestimmter großer, mich beglückender »Gewinn« in Aussicht, der um so größer wäre, je mehr ich mich, gleichviel ob mit Recht oder Unrecht, von der Wichtigkeit meiner Arbeit durchdrungen hielte. Denn »nur der Irrtum ist das Leben, und die Wahrheit ist der Tod«. Aber so liegt es nicht, ich habe in Rom nichts Derartiges zu holen und würde im wesentlichen über die Erneuerung gehabter Eindrücke nicht hinauskommen. Ich war in den Katakomben und bewunderte das Profil von Rocca di Papa, ich bin die Spanische Treppe hinauf- und in San Clemente die Stufen in die Kryptkirche hinabgestiegen, ich war in Café greco und Café Cavour und habe Acqua fresca (der Name war noch anders, es war Gebirgswasser)*, und aus der Fontana Trevi getrunken. Von allem habe ich sozusagen die Sahne abgeschöpft und *das* davon gehabt, was der Laie überhaupt davon haben kann. Wenn ich mir den »Moses« auch noch 10mal und das »Jüngste Gericht« auch noch 20mal ansehe, so komme ich doch in Genuß und Verständnis um kein Haarbreit weiter. Nun bleibt ja natürlich immer noch

* so ähnlich wie Marcia; man trank es in Buden für eine Kupfermünze.

was übrig, und wenn dies auch nicht wäre, so hat das bloße mal wieder in Rom gewesen sein immer einen bestimmten Wert, aber 3mal unterstrichen: einen *bestimmten* Wert. Als Bankier fände ich diesen »bestimmten Wert« mit 1000 Rtr. (für 3 Personen) nicht zu hoch bezahlt, als kleiner Schriftsteller ist es zu hoch, weil es sich um nichts Neues, sondern lediglich um eine Rekapitulation, eine Wiederauffrischung handelt. Dazu, wie ich Ihnen schon schrieb, würde man mir, in Freundeskreisen, eine solche Ausgabe doch als Anmaßung oder mindestens als schlechte Wirtschaft auslegen. Und nicht ganz mit Unrecht. Ich kann, 8 Tage nach meiner Reise, einen Schlaganfall kriegen und erwerbsunfähig werden, da würde ich dann schlimme Dinge zu hören kriegen. Alles spitzt sich im letzten zu einer Geldfrage zu, und so liegt es denn einfach so, besäße ich so viel Guineen, wie ich Markstücke besitze, so wäre ich schon in 14 Tagen an der Riviera und in 6 Wochen in Rom. Da's aber liegt, wie's liegt, so war der ganze Plan nur Idee und Traum, und ich muß hier stille sitzen, bis ich zu Sommerzeit in ein schlesisches Gebirgsdorf kann. Sie aber, teuerster Freund, wie Frau Gemahlin – seien Sie beide herzlich für so viel Entgegenkommen und Liebe bedankt.

Daß Ihr alter Hausnachbar Aug. v. Heyden in den Staatsrat berufen worden ist, haben Sie wohl schon in den Zeitungen gelesen; so wandeln sich die Geschicke; wer hätte damals an dergleichen gedacht. Zöllner hat viel zu tun, denn die Akademiegeschäfte sind in einem beständigen Wachsen, auch schon bloß nach der repräsentativen Seite hin. Tauberts schwarze Perücke glänzt unverändert weiter. Ihr Freund Förster ist ja auch wohl Staatsratsmitglied geworden. Wohl dem, der ruhig zu Hause sitzen und sich weiter regieren lassen kann. Das Geschäft selbst in die

Hand zu nehmen, dieser Ehrgeiz liegt mir fern. – Ihren 2. Band lesen wir, sobald wir Luft haben, vorläufig besten Dank.

Unter herzlichen Grüßen wie immer Ihr alter

Th. Fontane

An Martha Fontane

Kissingen, 19. Juni 1890

Meine liebe Mete.

Heute früh kam Deine Karte vom 18., heute nachmittag erst Dein amüsanter Brief vom 16., der Mamas gute Laune wiederherstellte; die Karte war ihr doch etwas zu wenig gewesen. Dein Brief zeigt wieder, daß man nur in Landeinsamkeit was erlebt; in Berlin immer Frau Sternheim, Fräulein Mischke, Marie Schreiner, in Schwiggerow eine Welt von Adel und Geistlichkeit und im Hintergrund der Fürst von Schaumburg-Lippe, dessen Sohn nun sehen mag, wie er fertig wird; vielleicht versteht er sich auf taming of the shrew. Ich freue mich sehr, daß Du zu Frl. v. Bülow willst, wo Ihr gewiß einen netten Tag haben werdet, und auch die Warnemünder Tage mit Tante Anna, dem jungen Richard und dem alten Möller werden Dir wohl tun. Möller ist immer das Seitenstück zu unsrer bez. Deiner Mathilde.

Wir leben hier wieder ganz angenehm, ein bißchen langweilig, was aber nicht viel schadet; die Langeweile würde fortfallen, wenn man die Kraft hätte, 8 oder 10 Stunden marschieren zu können, aber dazu reicht es doch nicht aus; ich bringe es bis auf 5 oder 6, aber das ist für die lange Zeit von morgens 6 bis abends 10 zu wenig. Das sind 16 Stunden, sechs Marschierstunden davon ab, bleiben immer noch 10, die schwer unterzubringen sind; im Freien sitzen geht nicht, dazu ist es zu naß und zu kalt, und Lesen ist nur ein Vergnügen, wenn man ganz frisch ist und jede Schönheit und jede Dummheit gleich voll genießen kann; aber gelangweilt lesen ist ein Hundevergnügen und strapaziös. Heute aßen wir mit Baumeister Zöllners zusammen und machten dann einen hübschen Spaziergang zur historischen Lindelsmühle, wo die Vorhut der Division Goeben, trotz abgetragner Brücke, über den Fluß ging und dadurch die Einnahme Kissingens rasch entschied. An einem Wiesenpfade stand ein gußeisernes Kreuz: »Hier fiel ein preußischer Soldat am 10. Juli 1866«, Mohn- und Kornblumenkränze hingen daran, natürlich nur, um auf die zahlreichen Berliner Fremden einen guten Eindruck zu machen. Alles Geschäft. Frau Zöllner ist eine gute, ganz verständige Dame, vielleicht zu verständig, jedenfalls etwas zu kleiner Stil. Mama und Frau Zöllner haben sich auf diesem Spaziergang »ausgesprochen«. – Morgen früh will ich Theaterbillets im Abonnement kaufen und mir dann Stücke ansehn, die mir in Berlin fremd blieben, z. B. Sudermanns »Ehre«. Grüße Haus Mengel und Tante Witte in Warnemünde und laß die »Luftveränderung« an der See gut auf Dich wirken. Wie immer Dein alter

Papa

AN MARTHA FONTANE

Kissingen, 5. Juni 1891
bei Gottfried Will

Meine liebe Mete.

Mama kam recht elend hier an und ist noch, wiewohl es seit heute besser geht, so herunter, daß ich statt ihrer schreibe. Friedel machte den Reisemarschall in Berlin und besorgte uns gute Plätze mit allem, was zum

Sicherheitsgefühl gehört, wir hatten auch ausnahmsweise angenehme Reisegesellschaft, Ingenieur Schönlein oder so ähnlich (man versteht ja nie die Namen) und Frau, beide sehr nett, jeder in seiner Art; die Frau, seit 12 Jahren verheiratet, hat eine 11jährige Tochter, seit deren Geburt Spiel und Tanz vorbei ist; merkwürdig immer die Gentilezza, Liebe und Güte, mit der die Männer dies hinnehmen, als wären sie schuld. Die kleine Frau, wohl von französischer Abstammung, wirkte wie eine Mischung von Tante Witte und Fräulein Conrad, eher häßlich als hübsch und doch sehr anziehend, weil quick, heiter, natürlich. – Hier fanden wir alles beim alten, was recht gut, aber ein bißchen langweilig ist, und so vergehen denn auch hier, wie in Berlin, die Tage unter der Devise: »immer dasselbe«. Wofür man denn schließlich noch aufrichtig dankbar sein muß, denn Onkel Zöllner repräsentiert das Neue, das einem noch blüht, hoffentlich, wenn's kommt, in etwas abgeminderter Gestalt. – Juden sind fast noch gar nicht hier, auch nicht solche, die sich Russen oder Amerikaner nennen, die letztren sind die furchtbarsten, Heymann Levi als Washington crossing the Delaware. Stattlicher Adel herrscht zur Zeit noch vor, meist sehr gut wirkend, einige höchst pikante Engländerinnen, von Mama natürlich angezweifelt. Unter den Kurgästen ist auch Herr Pege mit einem dicken jovialen Freund, den er mir mit den Worten vorstellte: »Herr Klein vom Deutschen Theater.« Ein Glück, daß ich den Schauspieler Klein kenne; der mir vorgestellte wird wohl Oberschutzmann im Theater sein oder dem ähnliches. – Von der lieben und guten Frau Sternheim hat die Mama schon gleich nach ihrem Besuche geschrieben, auch wohl von Theo und Frau. Beide wirken jetzt sehr gut, jeder in seiner Art; schade, daß sie den Jungen total verzogen haben. Dabei beschäftigt sich Theo mit der »Feigheit« des Jungen; zunächst müßte diese durch eine bestimmte Anzahl Ohrfeigen noch gesteigert werden, *dann* erst ließe sich über die Erziehung auf den Helden hin weiter reden. Mache aber über alle diese Dinge nie Andeutungen, wenn Du schreibst, es wirkt nur lieblos, schafft Verlegenheiten und hilft gar nichts. Wird auch später, bei persönlichen Begegnungen, nichts helfen. – Am 20. trifft Bismarck hier ein; *hier* ist er noch immer unentthronter Gott – die Huldigungen hier im vorigen Jahr, besonders von seiten der Damen, sollen doch was Erschütterndes gehabt haben. Ich freue mich darüber, ohne daß die Bedenken schweigen. Empfiehl mich der Frau Gräfin. Wie immer Dein alter

Papa

An Karl Eggers

Kissingen, 6. Juni 1891

Teuerster Senator.

Eine gewisse Unsicherheit des Schusses soll nicht Ursache werden, daß überhaupt nicht geschossen wird. Trifft die Kugel in Berlin nicht ihr Ziel, so wird es ein Ricochette-Schuß, der bis Warnemünde weiter geht und da das Seine tut, also Glückwünsche bringt von Th. F. und Frau. Möge die Heimat an ihrem Sohne tun, was sie ihm schuldig ist. Freilich, ob Sie Mecklenburg noch in seinem alten Bestande vorfinden, ist mir nach der hierher stattgehabten »Invasion« allerdings zweifelhaft. Man merkt auch daran, daß die Fleischtöpfe Ägyptens im Umkreise von Schwerin und Strelitz stehn und lösende Wasser im Juni oder Juli nötig sind, um die aufgehäufte Guttat der andern Monate wettzumachen. Vorgestern aß ich an einem »Mecklenburger Tisch«, eingekcilt zwischen einem alten Kommerzienrat aus

Parchim und einem Agrarier Pade aus Strelitz; ich mißfiel ihnen entschieden, weil ich unfähig war, in dem Gemütlichkeitsstrom gleich mitzuschwimmen. – Haben Sie morgen einen schönen und glücklichen Tag und empfehlen Sie mich angelegentlichst. In herzlicher Ergebenheit

Th. Fontane

An Karl Zöllner

Kissingen, 9. Juni 1891

Teuerster Chevalier.

Eben habe ich eine kleine Kritik über Lübkes »Lebenserinnerungen« beendet (es war nicht ganz leicht), und ich benutze die halbe Stunde, die mir noch bis zu Tisch bleibt, um Dir von dieser alten lieben Stätte aus einen herzlichen Gruß zuzurufen und den noch herzlicheren Wunsch auszusprechen, daß es Dir gut und, wenn das nicht sein kann, wenigstens leidlich gehn möge. Das Ausgeflogensein von halb Berlin wird Dich wenigstens vor dem Überlaufenwerden sicherstellen, woran sich freilich die Frage knüpft, ob ein bißchen Zerstreuung nicht die Mühsal aufwiegt.

Bei Gottfried Will ist es heuer so voll, daß einzelne »alte Kunden« unterm Dach in kleinen Mansarden haben untergebracht werden müssen. Andre Logierhäuser sind noch halb leer und mehr als halb; man sieht daran, daß es immer noch viele Leute gibt, denen prunklose Solidität lieber ist als der moderne Schwindel. Seit gestern sind auch einige Japaner mit ihren Frauen hier, doch habe ich noch keine auf der Promenade umhertrippeln sehn. Dafür sehe ich den alten Wilmowski samt weiblichem Anhang täglich 3mal; er erwartete sichtlich, daß ich ihn grüßen sollte, was ich aber, aller sonstigen

Artigkeit zum Trotz, nicht tat. Er und Hitzig sind die beiden Persönlichkeiten, die sich am rücksichtslosesten – und beide ganz unmotiviert – gegen mich benommen haben, worauf ich keine Veranlassung habe, mit besondrer Devotion zu antworten. Alles fiel in das herrliche Jahr 76.

Erfreulichere Gefühle weckt Frau Bankier Kahnheim (früher Tänzerin) mit höchst anmutiger Tochter, die Alte wie ein Kriegsschiff mit Breitseiten von 120 Kanonen, die Junge wie ein Aviso-Dampfer »Zieten« oder »Meteor«, vielleicht auch ein Torpedoboot, noch bescheiden unter Wasser und doch bestimmt, irgendeinen Liebhaber in die Luft zu schleudern, auch dann noch, wenn er glücklich liebt; ja vielleicht dann am meisten. – Meine Frau fängt an, sich zu erholen, und so krepeln wir viele Stunden lang rum und sitzen halbe Nachmittage lang im »Schweizerhaus« wie auf der Brühlschen Terrasse und sehen auf den Dampfschiffsverkehr hernieder, froh, nicht auch mit nach der »Saline« hinaus zu müssen. Man vegetiert. Das Leben wird immer langweiliger, und man sagt sich: es war nicht viel und wird immer weniger. Hierin begegnen wir uns wohl. Empfiehl mich meiner teuren Freundin, grüße Karl. Mit besten Wünschen für Dich Dein alter

Noel

An Martha Fontane

Kissingen, 13. Juni 1891
bei Gottfr. Will

Meine liebe Mete.

Habe Dank für Deinen lieben Brief vom 9., über den wir uns sehr gefreut haben; Du lebst doch wieder und hast eine Freude an den Menschen. Wenn das an Dir liegt und einem sich allmählich wiedereinstellenden Gesundheitszustand, so doch allem Anschein nach auch an den Menschen, die kennenzulernen Du das Glück hast. Du hast ganz recht, in Schwedisch-Pommern und was ihm angrenzt (Stettin) sind ganz andre Menschen zu Hause wie in unsrer lieben Mark oder Schlesien und Sachsen, selbst viel forscher als in Mecklenburg. Die Mecklenburger haben vor dem Märker mehr Wohlhabenheit und mehr breites Behagen voraus, alle Pfennigfuchserei fehlt, aber sie sind, trotz ihrer beßren Lebenslage, ledern und philiströs, während die Vorpommern das heiter und unterhaltlich Lebemännische bis zur Kunst ausgebildet haben. Die See tut nur das Halbe dazu (Rostock und Wismar sind auch Seestädte), die zweite Hälfte wird durch die Landesherrschaft von alter Zeit her bedingt. Die Pommernherzöge lebten beyond their means, und das Vorbild, das das schwedische Leben gab, lag nach derselben unängstlichen Seite hin. Es kam nicht drauf an, zu sparen und reich zu werden, es kam drauf an, den Tag so angenehm wie möglich zu verbringen. Staatlich, nationalökonomisch und moralisch steht das Märkische höher, menschlich und poetisch angesehn, ist das Pommersche sehr überlegen. Was das Poetische angeht, so bedeutet die Mark das denkbar Niedrigste; nur der Eiherrje-Sachse kann noch konkurrieren. – Was Du mir über die Schwierigkeiten der Hausdiplomatie schreibst, so werden diese voll von mir gewürdigt; der nächste Monat wird in dieser Beziehung die höchsten Anforderungen an Dich stellen; sei auf Deiner Hut und zeige Dich der Situation gewachsen. Die zwei Autographen schicke ich in den nächsten Tagen, schon deshalb ohne Pater Gracian, weil ich das Buch der Bücher nicht mitgenommen habe. – Mit Mama geht es seit ein paar Tagen besser, und die Vorstellung, daß sie am »Brand der Alten« leide, fällt wieder von ihr ab. Sie ist in solchen Stücken die Mutter ihrer Tochter – das Tollste ist ihr gerade gut genug. Unser Leben hier ist angenehm, aber sehr einförmig; von Langerweile darf ich schon deshalb nicht sprechen, weil es in Berlin grad ebenso ist; man kann doch nicht den ganzen Tag in der Kunstausstellung sein. Am meisten Interesse schöpfe ich seit 8 Tagen aus den Zeitungen und lese mit höchstem Eifer den Prozeß Baare–Fußangel in Bochum und mit noch größrem den Prozeß Gordon-Cumming in London. Es müssen da noch geheimnisvolle Dinge mitspielen, sonst ist die Haltung des englischen Adels und der Garde-Offiziere ganz unverständlich. Sie betrachten sichtlich Gordon-Cumming als ein Opfer und bemessen danach ihre Haltung. Am Tage seiner Verurteilung oder den Tag darauf verheiratet er sich, und vornehmste Lords und Offiziere sind Trauzeugen; gleich danach reist er auf seine Güter nach Schottland ab. Alles sehr sonderbar. Ich werde an Morris schreiben, um Näheres darüber zu hören. – Vorgestern sah ich »Fall Clemenceau«, morgen wollen wir »Drei Paar Schuhe« von dem guten alten Görlitz (Schillerpetent) sehn. Ich sorge hier für meine Bildung. Empfiehl mich der liebenswürdigen Gräfin. Dein alter

Papa

An Georg Friedlaender

Berlin, 23. Juli 1891
Potsdamer Straße 134 c

Hochgeehrter Herr.

Seien Sie schönstens für Ihren liebenswürdigen Brief bedankt, der mir goldene Brücken baut. Ein Schlachtplan wie von Moltke, drei Marschlinien zur Auswahl und doch alles klar und bestimmt; die Ausführung ist

Kinderspiel. Und daß Sie nun Ihre Wyker Tage verlängern wollen, wie beschämend gütig gegen mich.

Ich werde wahrscheinlich heut über 14 Tage von hier abdampfen und, nach einem 1tägigen Aufenthalt in Hamburg, am Sonnabend zu noch näher anzugebender Stunde in Wyk eintreffen. Ich freue mich sehr darauf oder doch so, wie ich's noch aufbringen kann, denn der Gefühlsapparat arbeitet immer schlechter. Außer der Freude, Sie alle dort zu finden, gibt mir auch das einen kleinen Belebungspuff, daß ich nach einer ganzen Reihe von Jahren mal wieder was andres zu sehn kriege. Schon Föhr selbst ist mir eine Neuigkeit, aber auch Helgoland und Sylt, die doch wohl ohne *zu* viel Seekrankheit zu erreichen sein werden, kommen als gesteigerter Stimulus in Betracht. Von dem Hamburger Freihafen rede ich gar nicht erst. Man weiß ja nie, wie's abläuft, aber nach einer bestimmten Seite hin ist es *die* Gegend, die mir immer am meisten Freude macht, weil sie mich patriotisch am meisten erhebt. Es ist eben die Wiege jenes Angelsachsentums, dem die moderne Welt entsprossen ist und das der regierende Faktor darin ist, und ein bißchen davon fühlt man dem ganzen Lande ab, wenn man's auch bloß in der Eisenbahn durchfliegt. Hamburg, in seiner das ästhetische Gefühl befriedigenden *Erscheinung*, ist vielleicht allen andern modernen Handelsstädten überlegen, selbst London nicht ausgenommen. – Dieser Brief sollte Ihnen nur meinen Dank aussprechen; in 8 oder 10 Tagen schreibe ich wieder und melde mich für einen bestimmten Tag an; können Sie eine kl. Wohnung für mich mieten, so bin ich Ihnen auch dafür verpflichtet, wo nicht, so krieche ich zunächst in einem Hôtel unter. Empfehlen Sie mich angelegentlichst Ihren Damen, schönste Grüße Bergel und den Kindern. In vorzügl. Ergebenheit

Th. Fontane

Die Tour nach Helgoland, wenn Sie nicht schon da waren, können wir vielleicht zusammen machen; ich will dort Heinrich Gaetke, den »Inselkönig«, besuchen, den ich in circa 60 Jahren nicht gesehn habe.

An Martha Fontane

Karlsbad, 17. August 1893
Silberne Kanne

Meine liebe Mete.

Wir sitzen nun doch in der »Silbernen Kanne«, nachdem 5 Minuten lang auch die »Amsel« wieder in Frage gekommen war. Ein Doppelgespräch mit der »Amsel«-Wirtin, Frau Marie Schmidt, leitete dies alles ein. Frau Marie Schmidt ist 60, klein, pummlig und hat einen Seitenkropf, d.h. er hängt nicht über die Brust, sondern mehr über die linke Schulter. Charakter dem entsprechend, also humoristisch. Ich sagte: »Frau Gaedike hat uns empfohlen; vielleicht erinnern Sie sich ihrer.« – »Ach, Frau Gaedike, gewiß, eine charmante Dame.« Mittlerweile war auch Mama aus der Droschke gestiegen. Diese führte nun frische Truppen ins Gefecht und sagte: »Herr Bahn hat uns an Sie empfohlen; vielleicht erinnern Sie sich seiner.« – »Ach, Herr Bahn, gewiß, ein sehr charmanter Herr.« So sind die deutschen Stämme verschieden. Ein Berliner hätte geantwortet: »Bahn? Bahn kenn ich nicht.« Als echte Bekanntschaft stellte sich aber ein andrer Freund unsres Hauses heraus, wenn auch nur Freund auf dem Hühneraugenwege. Es lagen, als wir ausgepackt hatten, drei kleine Pennale auf dem Tisch, alle mit der Inschrift: »Hühneraugenpflaster; Bellmann, Bellevue-Apotheke«. Das Mädchen, auch Anna, las »Bellmann« und sagte: »Ach, Herr Bellmann, der hat im vorigen Jahre hier gewohnt.« – »So, so«, sagte

Mama, »ein freundlicher jüdischer Herr.« – »Wohl möglich«, war die Antwort, *»aber ich habe nichts bemerkt.«*

Wir kamen sehr ermüdet hier an, machten aber doch noch einen großen Spaziergang, an dem Café Pupp vorüber, welchen Namen Frau Schmidt (übrigens nicht zu seinem Vorteil) weich ausspricht. Ich werde diese Korrektheit denn auch nicht mitmachen. Pupp ist übrigens nicht ein vornehmer Kaffegarten, sondern ein Ding wie der Tuilerien-Garten, draus ein in gotischer Renaissance gehaltenes Riesenschloß als »Grand Hôtel Pupp« aufragt; drum herum Terrassen, Veranden, Gärten – alles mit Tischen, an denen getafelt und getrunken wird, überdeckt. In tausend Lichtern strahlend, wirkte es am Abend feenhaft oder doch orientalisch, welche Wirkung durch den Stammescharakter seiner Gäste gesteigert wurde. Ich hätte nie geglaubt, daß es so viel Juden in der Welt überhaupt gibt, wie hier auf einem Hümpel versammelt sind. Und dabei soll es in Heringsdorf noch mehr geben! »Nicht zu denken gedacht zu werden«, hieß es früher immer im »Kladderadatsch«. Ich halte so viel von den Juden und weiß, was wir ihnen schulden, wobei ich das Geld noch nicht mal in Rechnung stelle; aber was zu toll ist, ist zu toll; es hat etwas – auch vom Judenstandpunkt aus angesehn – geradezu Ängstliches. – Der Ort ist wirklich eine Sehenswürdigkeit und wäre Stoff für einen Essay; ein solcher, d. h. ein Etwas, das das Wesen dieser merkwürdigen Welt-Gasthaus-Stadt zusammenfaßt, ist wohl noch nicht geschrieben. Die Sache selbst ist das kunstvoll Gewordene mehrerer Jahrhunderte. – Heute nachmittag wollen wir zum Arzt. Grüße die Brüder, die Schwägerin, Anna, Zöllners. Wie immer Dein alter

Papa

Karlsbad, 19. August 1893
Silberne Kanne

Hochverehrte Freundin.

Also diesmal vom schönen Karlsbad aus meine herzlichsten Glückwünsche; möge das neue Jahr Ihnen Kraft und Gesundheit und Ihrem teuren Gatten den Mut, die Frische, die philosophische Betrachtung erhalten, die ihn auszeichnen. Karl ist über den Berg und wird seinen Weg machen zu Ihrer Freude; vor Krieg bleiben wir hoffentlich bewahrt, und des jungen Kriegers Waffen dürfen ruhn. Haben Sie morgen einen glücklichen Tag; schade, daß der Sonntag und sein Publikum Ihnen das Café Bellevue so gut wie verschließt.

Uns geht es hier »den Umständen nach« wohl; wir haben eine gute Wohnung gefunden, einen guten Eßplatz (»Östreichischer Hof«) unmittelbar neben uns und einen guten Kaffeplatz: Pupp, der, trotz des Glanzes seiner Erscheinung, keineswegs so vornehm und so teuer ist, wie man annehmen sollte. Bauern, Jüdinnen, sächsische Spießbürger sitzen in größerer Zahl um uns her als Lords, ungrische Magnaten und industrielle Millionäre aus Wolhynien und der Bukowina. Das Preußische, wie immer das Preußische, verkrümelt sich völlig, und es wäre unsichtbar, wenn nicht ein paar Jüdinnen aus Berlin und Breslau für preußische Vertretung sorgten. Aber von solcher Vertretung wollen wir mit Recht nichts wissen, und was sonst noch da ist und als »echt« gelten kann, hat den grauen Aschenputtelcharakter, der, ich will nicht sagen, unter uns heimisch ist, aber sofort in die Erscheinung tritt, wenn wir uns unter andern Nationen bewegen. Wir sind immer die Armen oder wirken wenigstens so; zum Teil hängt es mit einer gewissen Dezenz zusammen, die das Farbenbunte mit Geflissentlichkeit vermeidet und es als zigeunerhaft oder affig ansieht.

Unser Arzt ist ein Dr. Becher; er hat aber wohl keinen Zusammenhang mit unsrem frisch verheirateten Berliner Geheimrat, stammt vielmehr von einem alten Dr. Becher ab, dem in der Sprudelhalle ein Denkmal (große Porträtbüste) errichtet ist und der als der Schöpfer des *Welt*ruhms von Karlsbad gilt; bis Mitte des vorigen Jahrhunderts war es doch mehr von lokaler Bedeutung, d.h. im wesentlichen auf Östreich und das »Reich« beschränkt. Interessant sind die vielen Erinnerungstafeln an den Häusern: »hier wohnte Goethe, hier wohnte Peter der Große, hier wohnte Heinrich Laube«. An einer Stelle hat sich Kiß verewigt, ein Löwenkopf (in einem Felsen angebracht), der Schlangen und Nattern frißt. Kiß bekämpfte ewig offiziell – man könnte sagen im höchsten Auftrag – die Revolution, und von diesen Leistungen ist dies hier ein Ableger. Inschrift: »In dankbarer Erinnerung an Karlsbad von Kiß aus Berlin.« Vielleicht ist es alles symbolisch und der Löwenkopf ist nichts als der »Sprudel«, der alle Kißschen Krankheiten (in Reptiliengestalt) vertilgt. Man empfindet hier sehr eine draußenliegende, andre Welt. Und das ist recht gut. Ich stimme ganz mit Bismarck überein, »es muß auch Lipper geben«. Und wenn schon »Lipper«, so Ruthenen, Slowenen, Rumänen, Serben erst recht. Diese alle sorgen nicht für Tugend, aber für Leben, was im Leben doch das Wichtigste und jedenfalls das Interessanteste ist. Tausend Grüße, Ihnen und den Ihrigen. Wie immer Ihr treu ergebenster

Th. Fontane

Karlsbad, 21. August 1893
Silberne Kanne

Meine liebe Mete.

So still wir hier leben, so fehlt es doch nicht an Schreibestoff, nur die Flügel sind schlaff und wollen einen Flug nicht recht wagen; Mama ist ganz abattu, und ich bin müde, was nicht zu verwundern ist; um 4 meldet sich der Trampler, dann ist es mit dem Schlaf vorbei, und dem Brunnenspaziergange von 7 bis 9 fällt die schwere Aufgabe zu, den versäumten Schlaf zu ersetzen. Das leistet er denn natürlich herzlich schlecht. – Übermorgen abend ist eine Woche um, was mich mit stiller Freude erfüllt. Wir haben zwar Grund, mit allem sehr zufrieden zu sein, sind es auch, aber die Einsamkeit ist groß und stempelt das Ganze doch zu einem grausamen Vergnügen. Liest man die Badeliste durch, so findet man, daß bis auf Australien, Uruguay, Buenos Aires und Kapstadt alle Länder und Nationen hier vertreten sind, bei näherer Untersuchung (glücklicherweise nur der Namen) findet man aber freilich, daß sie alle gleichmäßig aus Jerusalem stammen und sich »God save the Queen« und »Yankeedoodle« nur vorspielen lassen, um auf die Weise fremde Nationalität [zu] heucheln. Die Juden können froh sein, daß ein Lump und ein Verrückter, Ahlwardt und Paasch, den Antisemitismus in die Hand genommen haben, die *eigentlichen* antisemitischen Prediger sind sie selbst. Die Phrase vom »unterdrückten Volk« existiert immer noch; dabei lassen sie aber alle Welt nach ihrer Pfeife tanzen und selbst die Kaftan-Juden mit der Hängelocke, die hier Weg und Steg unsicher machen, tragen etwas von Trotz und Übermut zur Schau. Sie sind auch berechtigt dazu.

Unser Tag verläuft wie folgt: um 6½ auf, um 7½ an

den Theresienbrunnen (der besser für Mama zu passen scheint als Markt- und Schloßbrunnen), von 7½ bis 9 Spaziergang bis zum »Posthof«, das Tepeltal hinauf, und auf dem Heimwege Gebäckeinkauf bei Domenico Mannl, Schweizer-Bäcker, von dessen »Weltruhm« die Karlsbader mit Stolz sprechen. Und mit Recht. Was sind Storm oder Heyse neben Mannl! Der ist ein *andres* Mannl. Von 9 bis 9½ Frühstück. Dann schläft sich Mama viertelstundenweis durch den Vormittag durch, während ich Brugsch oder Pietsch oder Arne Garborgs Schilderungen aus »Kolbotten« lese. Dann Toilette, d. h. bei Mama, das alte Spitzenkleid wird angezogen, bei mir ein neuer Hemdkragen wird umgebunden. Handschuhzwang für die Männerwelt existiert nicht. Dann folgt das Diner: halbes Rebhuhn, hinterher eine Mehlspeise und ein Glas Pilsener. Von 2 bis 4 Stillsitzen in unsrer Wohnung und Erörterung der lieben alten Fragen: »Wird es schwül bleiben oder wird es regnen, oder wird ein Gewitter kommen oder wird es bloß wetterleuchten?« Nach endlicher Feststellung, daß das eine so gut möglich sei wie das andre, geht es um 4 zu Pupp, um Kaffe bez. Milch oder auch bloß Gießhübler zu trinken. Die Kellnerinnen kokettieren (freilich nicht mit mir), die Oblatenmädchen, Bälge von 10 oder 12 Jahren, überbieten noch die Kellnerinnen, und von fern her, oder auch im Lokal selbst, hört man Musik. Denn ohne diese geht es hier nicht. Die Session bei Pupp dauert bis 6. Dann wieder Spaziergang bis zum »Posthof«, auf dem Heimwege Schinkeneinkauf bei »Friedel« (unsrem wünschte ich *dies* Geschäft, eine wahre Goldgrube), gegen 8 Abendbrot und um 9 in die Klappe. Bisher ging das alles ganz leidlich, aber das Vergnügen ebbt doch schon, und ich sehe den Tag sehr nahe, wo der »Posthof«, wo Mannl und wo selbst Pupp ihre Zauber verloren haben werden. »Unter Larven die einzig fühlende

Brust« – selbst von diesem Minimalsatz ist hier nicht zu sprechen, denn auch diese *eine* Brust fehlt. Worin sich übrigens eine Ironie des Schicksals ausspricht, denn wenn es andrerseits etwas gibt, das hier massenhaft auftritt, so ist es Brust als solche. Schon nicht mehr schön!

Neugierig bin ich, wie sich die Friedlaender-Frage entwickeln wird; ich halte es doch für möglich, daß *er* noch kommt. Die ganze Geschichte hat ein bißchen was Blamables; das werden alle empfinden, auch die Damen.

Mit Mama geht es nicht sehr gut, sie wechselt zwischen Schmerzen und Unbehagen, wohlige Momente nur »sporadisch«, um eins ihrer gefährlichsten Lieblingswörter zu gebrauchen. Ich persönlich sehe aber in diesem Zustande nichts Schlimmes, das Brunnentrinken, das viele Gehen und Steigen und stundenlange Im-Freien-Sitzen muß einen alten Körper natürlich ganz aufrütteln. Ich verspreche mir von der Kur nur Gutes.

Und nun genug und übergenug. Grüße nach allen Seiten. Ergeh es Dir wenigstens leidlich. Von Cholera-Angst bleibt Ihr hoffentlich verschont. Wie immer Dein alter

Papa

An Friedrich Stephany

Karlsbad, 12. September 1893
Silberne Kanne

Hochgeehrter Herr und Freund.

Morgen will ich wieder nach Haus, aber ich will dies wirklich schöne Karlsbad (sein glänzender Ruf ist wohlverdient) nicht verlassen, ohne Ihnen von hier aus einen Gruß und beste Wünsche für Ihr Wohl gesandt zu haben. Wo weilen Sie? Hoffentlich an einem teuren und vornehmen Platz, denn nur an einem solchen kann man es aushalten; die Bauden und Fischerhütten sind wundervoll für Gymnasiasten, die steigen und schwimmen wollen und nur einen Nächtigungsplatz brauchen, von einem bestimmten Lebensalter an aber und wenn man so oder so seinen Knacks weg hat, braucht man ein Bett und ein Beefsteak. Lieber 3 Wochen gut als 6 Wochen schlecht. Wasser allein tut es nicht und Luft auch nicht, sosehr ich beide liebe. Wenn ich Sie wiedersehe, hoffe ich Gutes von Ihnen zu hören und nur Gutes. Und nicht bloß gesundheitlich. Man braucht auch sein Stück Sommer-*Vergnügen* als Fundament für Gesundheit und Winterarbeit.

Unsre 4 Wochen hier waren sehr angenehm und au fond nicht kostspieliger als der Aufenthalt an bescheidneren und minder renommierten Plätzen. Wir haben auch eine Partie nach Franzensbad und Eger gemacht, wo wir uns die berühmten Ermordungslokalitäten ansahn. Bekanntlich ist man an solchen Orten immer besonders heiter und vergißt, daß einem jeden Augenblick auch eine Deveroux-Partisane in die Brust fahren kann. Der Mensch laboriert (Gott sei Dank) an einem unverwüstlichen Leichtsinn.

Ich war auch etliche Male im Theater hier und glaube eine Schauspielerin entdeckt zu haben; wenn ich wieder zurück bin, schreibe ich gleich an Brahm, der, glaube ich, noch immer auf der Personalsuche ist. – Unsre Lektüre hier bestand aus der »Vossin« und in ihr zum größten Teil aus Brugsch' Leben und Wandern. Ich bin neugierig zu hören, wie es auf unsre guten Berliner gewirkt hat; ein stoffliches Interesse ist da, Dramatis personae sehr viele, dazu Anekdoten und witzige Zitate in Fülle. Freilich gibt es auch eine Gegenrechnung.

Unter herzlichen Grüßen und Empfehlungen wie immer Ihr herzlichst ergebenster

Th. Fontane

Berlin, 4. Mai 1894
Potsdamer Straße 134 c

Mein lieber alter Theo.

Ich glaube, für Deine Karte aus Halberstadt schulden wir noch unsren Dank, und da kann ich denn als Vermittler oder Überbringer davon gut einspringen.

Wie gönne ich Dir diese Ausflüge, die nebenher auch noch das Gute haben, einträglich zu sein. Überschlage ich meine eigene Reiserei, so komme ich zu dem Resultat, daß ich von solchen Spritzfahrten in die Nähe viel, viel mehr Anregung, Vergnügen und Gesundheit gehabt habe als von den großen Reisen, die sehr anstrengend, sehr kostspielig und meist demütigend sind. Erhebend, in bezug auf Mannesstolz, gewiß nicht; denn man debütiert überall als Schuster. In Teupitz und Wusterhausen aber und nun gar in Prignitz und Havelland bin ich immer glücklich gewesen. Man paßt mehr zum »Gasthof zum alten Zieten« in Wildberg als zum Clarendon-Hôtel in London. Schmerzlich, aber wahr.

Daß es Euch in Hannover gut geht, haben wir zu unsrer herzlichen Freude brieflich von Dir und mündlich von Frau Sternheim erfahren; die Wohnung soll ja reizend sein, beinah feudal. Möge das Behagen bleiben, wachsen.

Hier geht alles im alten Geleise weiter; erst die nächsten Tage werden auf beinah 4 Wochen einen Wechsel bringen: Mete geht für die Pfingstzeit nach Elsenau, dann zu Veits nach Deyelsdorf, und Friedel, der mit eingeladen ist, will sie begleiten. Das Beste an der Sache ist Metes Befinden, die wohler ist als seit Jahren, schläft, ißt und trinkt und sogar ein Philharmoniekonzert besucht hat. Auch für Mama und mich ist das hoch erfreulich, denn einen ewig von Angst Gequälten um sich zu haben ist selbst eine ängstliche Geschichte.

Berlin ist schon ganz sommerlich, und alles fliegt aus; Onkel Heyden bricht schon auf nach Bayern, und Lazarus ist in Schönefeld; unser alter Rütli klappt also zusammen. Von Deinen Freunden habe ich, mit Ausnahme von Paul Meyer, niemand gesehn; trotz stundenlanger Spaziergänge an der Tiergartenlisière habe ich noch nichts von Intendantur gesehn, auch nicht Litty. Was macht Dein Buch? Schleicht Dir sein Schatten noch nach oder bist Du's glücklich los?

Gestern habe ich ein sehr hübsches Geschenk empfangen: Frau Professor Schaper schrieb mir einen zierlichen Brief, in dem es hieß: da sie aus einem Gedichte von mir (es ist das mit dem Mozart-Zopf) ersehe, daß zu den paar Sachen, für die ich mich noch interessierte, auch der »Schapersche Goethekopf« gehöre, so erlaube sie sich, mir diesen zu schicken. Es ist eine sehr hübsche Büste, ¾ Lebensgröße, die sich nun zwischen Rauch und dem Alten Fritzen sehr gut ausnimmt.

Und nun lebe wohl, mein lieber Theo, grüße Marthachen und küsse die Kinder, denen es allerseits hoffentlich sehr gut geht.

Wie immer Dein alter

Papa

AN FRIEDRICH FONTANE

Karlsbad, 28. August 1894
Silberne Kanne

Mein lieber Friedel.

Sei bedankt für Deinen Kartenbrief aus Ostende, den wir gestern erhielten. Ich hatte keine Ahnung davon, daß Du Deinen Freund Meyer dort suchen und finden würdest, und freue mich aufrichtig darüber, daß es so liegt. So wirst Du dort sehr angenehme, interessante, lehrreiche Tage verleben, während solch Aufenthalt, wenn man einsam unter 10000 glänzend aufgeputzten Erscheinungen umherkrebst, immer etwas Tristes hat. Meine Vorschläge wegen Antwerpen etc. laß ich nun natürlich fallen, denn 8 Tage vergnüglich in Ostende sind besser als 8 Stunden Bilder- und Kirchenbetrachtung in Antwerpen. Ostende gilt, glaub ich, ganz als Nummer eins und übertrifft an Glanz die französischen und englischen Badeplätze; jedenfalls ist das Publikum bunter, internationaler. – Mit uns geht es ganz leidlich; wir trinken unsren Brunnen, gehen viel spazieren und sitzen nachmittags stundenlang im Freien, was das jetzt herrschende warme Wetter ermöglicht; auch für gute Gesellschaft ist ausreichend gesorgt. Wenn Dir, vom Geschäft aus, eine Karte von mir nachgeschickt worden ist, so weißt Du, wen wir hier alles gefunden haben; seit gestern ist auch Caprivi hier, vor dem ich wenigstens, wenn ich ihn sehe, die preußischen Honneurs machen will. Darüber hinaus gedenke ich nicht zu gehn. – Meine Bücher liegen hier immer noch im Schaufenster, woraus ich den Schluß ziehen muß, daß sie *nicht* gekauft wurden, sonst wären sie eben weg. – Mete kränkelt leider wieder; Seeaufenthalt ist ihr nie gut bekommen, sie braucht Gebirgsluft. Ergeh es Dir gut, grüße Deinen Freund. Wie immer Dein alter

Papa

AN THEODOR FONTANE (SOHN)

Berlin, 8. Juli 1895
Potsdamer Straße 134 c

Mein lieber alter Theo.

Der 20. rückt heran, und diese Zeilen sollen Dich doch noch in Deinem alten Neste treffen. Ich habe mich über die guten Nachrichten Deines letzten Briefes herzlich gefreut, besonders auch darüber, daß es mit Ottos Gesundheit so zufriedenstellend steht; die Seeluft wird ihm aber doch gut tun und den guten Zustand befestigen. Im übrigen bin ich Deiner Meinung, daß Gebirge, im ganzen genommen, besser ist als See; für Herz- und Nervenkranke mögen manche Höhenschichten nicht taugen (weil zu sehr aufregend), in allem andren aber, namentlich in stomachalen Angelegenheiten, fährt man im Gebirge besser. An der See hat man seinen Magenkatarrh weg, man weiß nicht wie, und tritt der Zustand ein, so ist die ganze »Sommerfrische« verunglückt. Ja, der Harz ist wundervoll zum Reisen, und selbst wenn ein Gewitter kommt und man in der »Steinernen Renne« (wo ich mal Birnen und Klöße von wunderbarer Schönheit, schon eine Art Kunstleistung, gegessen habe) Rock und Kleider auswringen muß, ist es immer noch schön, ja, in der Rückerinnerung dadurch am schönsten. Was Du über Wernigerode sagst, unterschreibe ich; es ist ganz besonders hübsch und kann selbst durch die vielen frommen Pastoren, die da wohnen (wie in Görlitz die Generale) nicht ganz verdorben werden. Leider ist es ungesund, typhös.

An einer Stelle Deines Briefes sprichst Du von einem Bilde: »Angriff der schottischen Garde bei Waterloo«, painted by Elizabeth Butler – Worte, die mich, nach einem halben Dutzend Seiten hin, interessiert und beunruhigt haben. Jeder, wie Onkel Lucae zu sagen pflegte, hat seinen »Dollpunkt« oder mehrere, und zu meinen Dollpunkten gehören die folgenden: 1. stelle ich an mich die Forderung, alle berühmten englischen Bilder und Maler zu kennen; 2. die schottischen nun schon ganz gewiß; 3. alles zu kennen, was sich auf Waterloo bezieht, und 4. alles zu kennen, was sich auf die schottische Garde bezieht. Und nun taucht dies Bild auf, das mich in verschiedenen Stücken widerlegt, verwirrt. Von einem Einzelkampf der »schottischen Garde« wußte ich bisher nichts. Die englischen Garden – drei Regimenter (6 Bataillone): Grenadier-Garde, Coldstream-Garde – griffen, glaube ich, zusammen an; überhaupt hat, von der Kavallerie abgesehn, nur *ein* englischer Angriff, denn es war eine Defensivschlacht, stattgefunden, und zwar ganz zuletzt, nach Eintreffen der Preußen, wo sich die ganze englische Schlachtreihe in Bewegung setzte. Wenn Du schreibst, mußt Du mir hierauf, nach Rücksprache mit einem Militär-Pietsch, antworten, weil es eben mein »Dollpunkt« ist. Ich möchte beinah annehmen, daß schottischer Lokalpatriotismus, der sehr groß ist, mit einer gewissen Willkürlichkeit, ein Teilchen aus einem großen Ganzen abgelöst hat. Nach meiner Meinung ist dies nur statthaft, wenn solch losgelöstes Stück eine selbständige und zugleich entscheidende Tat repräsentiert. So ist es bei allen derartigen Schlachtenbildern, die ich kenne. – Nun habe ich nicht meinen Stoff, aber doch mein Papier verbraucht, sogar den Rand.

Uns geht es ganz erträglich, Mete ist gut im Stande; sehr erfreulich für uns. Ich lese jetzt General v. Gerlachs Denkwürdigkeiten mit großem Vergnügen. Gott, wie ist doch die politische Welt! Wirrsal.

Grüße Frau und Kinder aufs beste. Wie immer Dein alter

Papa

An Theodor Fontane (Sohn)

Berlin, 12. August 1895
Potsdamer Straße 134 c

Mein lieber alter Theo.

Übermorgen früh soll es fortgehn, und da man, wenn man am meisten Zeit hat, am faulsten zu sein pflegt, so schreibe ich lieber noch von hier aus, um Dir für Deinen Brief aus dem Langeooger Hospiz zu danken. Daß der Aufenthalt Otto so gut getan hat, hat uns sehr erfreut, übrigens nach den jetzt tagaus, tagein gerühmten Resultaten der Kneipp-Kuren (die ja auch auf fröhliches Wasserpantschen hinauslaufen) keinen Augenblick überrascht. Trudi, von festerem Bau, kommt auch so durch. Daß Deine Frau durch das eigentümlich Aufregende, das die Seeluft hat, erst überreizt und dann abgespannt worden ist, beweist mir aufs neue, wie mißlich es mit den Sommerfrischen ist. So recht etwas haben eigentlich nur *die* davon, die's nicht brauchen. Wer auf den Großglockner raufklettert oder 3 Stunden in Sonnenglut auf dem Wasser ist, um Seehunde zu schießen, der kommt sehr vergnügt von einer Sommerfrische zurück, deren Frische für ihn überhaupt nicht nötig war; *die* aber, die einer Erholung bedürfen, für die sich's wirklich um eine *Luftkur* handelt, die kriegen furchtbar oft einen Knacks davon weg, weil die ganze Wissenschaft von diesen Dingen noch in den Kinderschuhen steckt. Viele können im Gebirge nicht schlafen, andre an der See; die meisten kriegen an der See Cholerine-Zustände und brauchen im Gebirge Strahlsche Pillen. Dabei das furchtbare Gasthofselend. Um 12 kommt der letzte Zug: Trampeln, Stiefelschmeißen; um 4 geht der erste Zug: Klingeln, Wecken, Türenschmeißen; man hat ein Beefsteak und eine Kulmbacher genossen und am Morgen eine Portion Tee, und für diese Leistung sind mindestens 6 Hände da, die sich nach einem Trinkgeld ausstrecken. Entsetzliche Table-d'hôte-Gesellschaft, betrügerische Kutscher, ein Zimmer, drin es nach Schwamm oder, wenn hinten raus, nach Pferdestall riecht – es ist mir ganz lieb, daß ich mich trotz aller dieser Dinge in der Welt umhergetrieben habe, denn man braucht das alles als Studium und Lebensmaterial; aber wer mir sagt, daß das *schön* sei, mit dem breche ich die Unterhaltung ab. Schön ist es für die Engländer, die eine Jacht haben und mit dieser die Mittelmeerküsten anlaufen, die grundsätzlich keine Trinkgelder bezahlen und einen Kammerdiener haben, der alles besorgt. Und letzte Rückzugslinie ist immer die eigene Kabine. Mit einer Art Grauen sehe ich auf fast alle meine Reisen zurück; am besten ist es mir in der Gefangenschaft ergangen. – Daß Du, auf meinen Douglas hin, geplündert worden bist, beklage ich, auch ist es nicht in der Ordnung; *die*, die sozusagen mit zum Bau gehören, werden *nie* herangezogen; aber ein Schulrat – und wenn er der beste Mann ist – weiß das nicht. – »Hospize« (ich kenne eins aus Krummhübel) haben einzelne Vorzüge; der souveräne Oberkellner fehlt oder verleugnet seine Natur, dafür aber wankt ein grauer Schatten beständig neben einem her, auch wenn nur maßvoll gebetet wird. Ich bin für »Haare aparte und Kotelett aparte«.

Wenn Du wieder in Hannover bist, suche doch zu lesen, was Verdy in Heft 9, 10 und 11 der Rodenbergschen »Rundschau« über seine persönlichen Erlebnisse im 70er Kriege veröffentlicht hat. Es ist sehr interessant und sehr – lehrreich. Alles, wie auch im Leben des einzelnen, hängt immer an einem Faden, und daß ein hoher Rätselwille alles Irdische leitet, jedenfalls aber, daß sich alles unsrer menschlichen Weisheit entzieht, *das* muß auch dem Ungläubigsten klar werden.

Grüße Frau und Kind aufs beste. Wie immer Dein alter

Papa

Karlsbad, 13. Juni 1896

Meine liebe Mete.

Das klingt ja alles sehr traurig, und Du und Lise und alle tuen mir herzlich leid. Schon wenn ich von Scharlach höre, wird mir schlecht und bei Diphtherie nun schon ganz gewiß. Wie kann man an einem Ort und in einem Kasten wohnen, wo unausgesetzt dergleichen los ist! Überhaupt deutsche Luftkurörter! Wie Kanonenluken in die Welt hineinstarrende Klosett-Rachen (Wernigerode), Dünensand, der bibbert und Wellen wirft von den verscharrten Fleischabfällen (Norderney), Gänsedreck-Ozean und zum Färben aufgetürmte alte Judenhosen (Krummhübel) – das heißt Sommerfrische, Luftbad. Da ist mir eine Bank mit Spreewaldsammen doch noch lieber, selbst wenn der kleine Bocher in einem fort abgehalten werden muß.

Leider kann ich von hier aus auch kein Spürchen von Trost spenden; – Schicksal, nimm deinen Lauf. Ihr müßt beide alles über Euch ergehen lassen, wie auch die Würfel fallen; gurgelt nur, was das Zeug halten will, und nehmt alle paar Stunden von 11 oder 12 Uhr an einen tüchtigen Schluck Rotwein. Und ein Glas guten Tee, aber selfmade, und ohne Milch, nur mit etwas Cognac. Und nur essen, worauf Ihr lebhaftesten Appetit habt, sonst lieber gar nichts.

Mama liegt noch im Bett oder, richtiger, hat sich wieder hingelegt; ihr war heute früh so düselig, und sie ängstigte sich. Alles Heldentum ist begrenzt. Ein Glück – diesmal aber sehr ernsthaft –, daß Ihr Thierfelders habt. Herzliche Grüße an Lise. Wie immer Dein alter

Papa

Laß ja von Dir hören; hoffentlich Leidliches.

Waren, Mecklenb.-Schwerin,
28. August 1896
Villa Zwick

Hochgeehrter Herr und Freund.

Was ich lange, von der Potsdamer Straße aus, vorhatte, Sie zu begrüßen und ein wenig nach dem Rechten, d.h. nach der Gesundheit zu sehn, das tue ich nun, soweit das Grüßen in Betracht kommt, von *hier* aus. Waren an der Müritz! Hoffentlich geht es Ihnen gut, sollte aber umgekehrt Ihre Gesundheit einer Aufbesserung bedürfen, so kann ich Ihnen auf der ganzen Gotteswelt keinen beßren Platz empfehlen als, um mit Storm zu sprechen, diese »graue Stadt am Meer«. Die Müritz ist nämlich so was wie ein Meer, wie der Viktoria-Njanza oder der Tanganjika, und wenn der Michigan sein Chicago hat, so hat die Müritz ihr Waren. Sehen Sie die Dinge, je nachdem, durch ein Vergrößerungs- oder Verkleinerungsglas an, so ist wirklich eine große Ähnlichkeit da, und wie Chicago Stapelplatz ist für die Produkte der Midlandstaaten, so Waren für die Produkte von Mittelmecklenburg, ein Stück Land, das sonderbarerweise den Namen der »Mecklenburgischen Schweiz« führt. Der Obotridengrande lagert hier sein Korn und sein Holz ab, und so ist denn die Seespitze, dran die Stadt liegt, von Mahl- und Sägemühlen umstellt, deren Getriebe zuzusehn ein beständiges Vergnügen für mich ist. Die Luft ist wundervoll, und je nachdem der Wind steht, bin ich auf unsrem Balkon von einer feuchten Seebrise oder, von der Waldseite her, von Tannenluft und -duft umfächelt. Von der Stelle aus, wo wir wohnen, bis in die Stadt hinein ist eine halbe Stunde Wegs, was bei Unwetter ein schlimm Ding wäre; da wir aber schöne Herbsttage haben, so ist auch dieser Weg ein

Vergnügen und tut das Seine, um unseren Appetit zu stärken, wenn wir zu Tische gehn. Dieser Mittagstisch ist nun die Krone des Ganzen, und wir sind alle 4 einig – auch für unser Mädchen wird in einem kleinen Küchenzimmer serviert –, daß wir noch in unsrem ganzen Leben nicht 8 Tage lang hintereinander so gut verpflegt worden sind wie hier, auch in England nicht, trotz beef und mutton. Man merkt, daß es *der* Gasthof ist, in dem seit 100 Jahren die benachbarten Bassewitze, Maltzahns und Hahns sich bene getan haben. Die Leute gehen hier damit um, Waren zu einem Binnenbadeort zu gestalten, und wenn Sie mir bei meiner Rückkehr nach Berlin eine halbe Spalte zur Verfügung stellen wollen, so hab ich vor, den Berliner Sommerfrischler auf dies prächtige Stück Erde aufmerksam zu machen. Vor allem aber möchte ich Ihnen und Ihrer hochverehrten Frau diesen Platz allerpersönlichst empfehlen dürfen. Immer gleich nach Schweiz oder Italien ist zu teuer und zu umständlich, außerdem langweilig durch Kunst, durch »große Natur« und Table d'hôte, dran die Fremden einem zu anmaßlich und die Landsleute zu ruppig erscheinen. Hier, im mecklenburgischen Kornlande, blüht aber der Weizen!

Unter besten Empfehlungen an Frau Gemahlin, in vorzüglicher Ergebenheit Ihr

Th. Fontane

An Friedrich Stephany

Berlin, 24. September 1896
Potsdamer Straße 134 c

Hochgeehrter Herr.

Seien Sie schönstens bedankt für Ihren lieben Brief und den famosen Rückblick auf Ihre römischen Tage.

Sie schildern darin das Schicksal aller derer, die, statt zu flanieren oder in einer Trattoria zu frühstücken, alle Quattro- und Cinquecentisten in 3 Wochen einschlachten wollen. Der Aufwand an Zeit und Kraft steht in gar keinem Verhältnis zu dem, was man davon hat. Selbst Leute von Fach haben wenig davon und schließen nicht viel besser ab als der Laie. Was auch gar nicht anders sein kann. Wenn ich in eine Bibliothek von 100000 Bänden geführt werde, so hab ich, trotzdem ich lesen kann, innerhalb 3mal 24 Stunden nicht mehr davon als ein beliebiger Analphabetist und komme über die Betrachtung der Deckel auch nicht hinaus. Das Stadt- und Landschaftsbild in sich aufzunehmen, davon hat man was, auch von Betrachtung großartiger und berühmter Architekturen, selbst *dann* noch, wenn man sie in ihrer Größe und Schönheit nicht versteht; aber das herkömmliche Durch-die-Galerien-gejagt-Werden ist nicht bloß eine Grausamkeit, sondern der reine Unsinn. Es müßte, wenn man Rom oder Paris oder die holländisch-flandrischen Kunststädte besucht, Leute geben, die dem Laien ein Dutzend oder, wenn's hoch kommt, zehn Dutzend Sachen zeigen – damit müßte man entlassen werden. Ich war 2mal 7 Wochen in Italien, 1874 und 75, und habe schlecht gerechnet 10000 Bilder und Skulpturen gesehn (täglich 100 Stück reicht kaum), wäre nachträglich aber glücklich, wenn ich mich höchstens um den zehnten Teil davon bemüht hätte. *Sie* waren insoweit noch schlimmer daran, als Sie das Opfer einer Art Verschwörung waren, während ich wenigstens freiwillig hineintappte; fanatische Kunstweiber, und wenn sie's noch so gut meinen, können einen vollends zur Verzweiflung bringen. Auf dem Palatin stehn, über den Esquilin hinwandern, das Grabmal der Caecilia Metella besuchen, durch die Campagna bis an den Nemisee fahren, *das* sind die großen Momente, *nicht* die Bilder, sie mögen so schön sein, wie sie wollen. Ein paar Ausnahmen sollen zugegeben werden. – Daß Norderney seine Schuldigkeit tun und keine Niete sein möge, mit besten Wünschen für Ihr Wohl, Ihr

Th. Fontane.

An James Morris

Neubrandenburg, 13. Juli 1897
Augusta-Bad

Hochgeehrter Herr und Freund.

Vor etwa Jahresfrist schrieb ich Ihnen, wenn ich nicht irre, von Waren aus, heute von Neubrandenburg; beide Städte sind mecklenburgisch, jene dem Lande Schwerin, diese dem Lande Strelitz zugehörig, aber beide mit denselben Vorzügen ausgestattet, mit Wald und Seen, mit einer sehr wohlhabenden Bevölkerung, sehr guter Verpflegung und einem patriarchalischen Regiment. Dies Regiment, eine Adelsherrschaft, wird nun zwar im ganzen übrigen Deutschland und speziell in Preußen verspottet, zeigt aber so recht, daß es auf Verfassungen und Freiheitsparagraphen (die *wirkliche* Freiheit hat keine Paragraphen) gar nicht ankommt, sondern auf die Lebensformen, die hier beglückender sind als anderswo. Man freut sich seines Daseins, trinkt Rotwein und liest kleine Blätter; die Leute sind infolgedessen weniger »gebildet«, aber auch weniger »verbildet«, was sich darin zeigt, daß aus kaum einem andern deutschen Landesteile so viele Talente hervorgehen. In Berlin sind die Menschen infolge des ewigen Lernens und Examiniertwerdens am talentlosesten – eine Beamtendrillmaschine. Anknüpfend an meinen diesjährigen mecklenburgischen Aufenthalt möchte ich noch sagen dürfen, daß der Zug nach dem Norden, der sich dann oft bis nach

Skandinavien hin ausdehnt, immer größer wird; Italien ist halb entzaubert (mit Ausnahme der Riviera), weil man die Hitze, die Moskitos, die Malaria und die Bettelei nicht mehr aushalten mag und weil sich der »Bourgeois« – und der wirklich Gebildete erst recht – nachgerade eingesteht, daß er von Kunst *doch* nichts versteht, auch wenn er 3 000 Bilder noch so beharrlich angeglotzt hat. Der Norden ist klimatisch angenehmer, dabei sauberer und appetitlicher und die Bevölkerung weniger Räuberbande.

Ihre Güte hat seit 2 Monaten eine Menge Kunst- und Lesestoff an mich gelangen lassen, wofür ich bestens danke. Den Anfang machten 3 Photographien nach frühsten Jugendarbeiten von Sir John Millais. Die sich darin aussprechende Begabung ist stupend; auch ein »marvellous boy«. Die verschiedenen Bilder und Skizzen aus Griechenland in den »Illustr. Lond. News« haben mich weniger interessiert, weil mir dieser ganze griechische Krieg widerlich geworden ist. Wenn ein kleines, beständig an der Bankrutt- und außerdem noch an der Banditengrenze stehendes Volk solchen Kampf auf sich nehmen und vielleicht ganz Europa in Wirrsal stürzen will, dann muß es *mehr* leisten können, sonst ist es ein kindisches Spiel.

Mit Schrecken sehe ich die »englischen Rüstungen« und daß das so welt- und lebenskluge England schließlich auch in diesen modernen Unsinn verfällt. Die Kultur, die dadurch geschützt werden soll, geht darin unter. England, weil es reich ist, kann die Sache eine Weile aushalten, aber wir in Deutschland, die wir durchaus eine große Flotte haben wollen (oder sollen), um sie nach 4 Wochen verbrannt zu sehn, wir könnten unser bißchen Geld besser anlegen. Alle Staaten müssen erst wieder den Mut kriegen, vor dem Besiegtwerden nicht zu erschrecken. Es schadet einem Volke nicht, weder in seiner

Ehre noch in seinem Glück, mal besiegt zu werden (oft trifft das Gegenteil zu), das niedergeworfene Volk muß nur die Kraft haben, sich aus sich selbst wieder aufzurichten. Dann ist es hinterher glücklicher, reicher, mächtiger als zuvor.

Wie immer Ihr

Th. Fontane

An Friedrich Paulsen

Karlsbad, 2. September 1897
Neue Wiese
Stadt Moskau

Hochgeehrter Herr Professor.

Auch Städte, je nach dem Individuum, das ihnen zupilgert, haben ihren Stern oder Unstern. Auf Friedrich Wilhelm IV. wurde regelmäßig geschossen (oder ein Wagenrad brach), wenn er nach dem von ihm so sehr geliebten Rheinsberg wollte, so daß er's schließlich aufgab. Für mich ist »das Karlsbad«, wie man, glaub ich, zu Goethes Zeiten noch sagte, das volle *Gegen*stück dazu. Nur immer Liebes und Nettes widerfährt mir hier seit einer Reihe von Jahren, am hellsten aber strahlte der gute Stern, als gestern Ihre Karte kam. So was tut einem alten Menschen wohl. Mit der Bitte, mich Frau Gemahlin als Mitwohltäterin angelegentlichst empfehlen zu wollen, in vorzüglicher Ergebenheit

Th. Fontane.

Weißer Hirsch bei Dresden,
2. Juni 1898

Hochgeehrter Herr.

Während Sie mutmaßlich vor einer Prinzessin-Hochzeit stehn, vielleicht sogar als ein literarischer Helfer und Berater herangezogen werden, sitze ich mit Frau und Tochter im »Weißen Hirsch« und genieße die Sommerfrische, die diesmal freilich etwas frischer als nötig ist. Wir frieren Stein und Bein und werden erst warm, wenn wir bald nach 9 unter das Deckbett kriechen. Die, die kein richtiges Deckbett haben, behelfen sich mit aufgetürmten Überziehern. Trotz dieser Kälte gefällt es uns sehr, weil wir uns in unsren Nerven erquickt und gestärkt fühlen. *Dr. Lahmann*, der hier haust und herrscht, hat sich den Platz gut ausgesucht. Alles ist hier lahmannsch, auch die eingeborene Bevölkerung, so daß alles nacktbeinig umherläuft oder nur kleine, fast sandalenhafte Schuhe trägt; Strümpfe, bei der Mehrzahl der Kinder, ganz ausgeschlossen. Dies wirkt aber nicht häßlich oder ärmlich, sondern umgekehrt graziös. Frau und Tochter wollen von dem »Sächsischen«, das hier blüht, nichts wissen; ich bin aber nach wie vor davon eingenommen; daß der Volkscharakter gut sei, will ich nicht behaupten, aber alles vertritt einen Grad von Manierlichkeit, der bei uns doch noch vielfach fehlt. Alte Kultur ist kein leerer Wahn. Daß sie hier gegen alles Preußische gereizt sind, kann ich ihnen nicht verdenken; die Preußen gerieren sich als die Überlegenen und sind es doch vielfach nicht.

Wir sind schon 14 Tage hier und waren noch nicht einmal in Dresden, kommen vielleicht überhaupt nicht hin, da das Stillsitzen uns am meisten behagt. Also ganz Fortsetzung unsres Berliner Lebens, das sich um Wrangelbrunnen und Luiseninsel herum abspielt. Das Lokal von *Wertheim* oder Wertheimer habe ich noch immer nicht gesehn, trotzdem es nur hundert Schritt vom Leipziger Platz liegt, und um die 20 Theater kümmre ich mich schon lange nicht mehr. Unser Plan geht dahin, bis 1. Juli hier festzusitzen und dann auf etwa vier Wochen nach Berlin zurückzukehren. Bei Schluß der Ferien oder noch früher möchten wir an den Rhein, entweder an einen der reizenden kleinen Rheingauörter oder vielleicht nach Baden-Baden. Kommt dies zustande, so wird aus Karlsbad nichts. Ich bin aber keineswegs sicher, daß es so verläuft; meine Frau, zur Zeit in relativ sehr guter Verfassung, kann in dem Malaria-Berlin, zumal im Juli, leicht eine Leberattacke kriegen, und dann müssen wir wieder an den Mühlbrunnen. In meinem nächsten Briefe kann ich darüber vielleicht schon Bestimmteres schreiben. Oder sage ich lieber in meinem *zweit*nächsten, denn den nächsten – als Begleitschreiben zu meinem etwa in der Mitte des Juni erscheinenden Buche (Fortsetzung der »Kinderjahre«) – erhalten Sie sehr bald.

Wie geht es bei Ihnen? Was macht die hochverehrte Frau? Kuckt die Koppe noch auf Schmiedeberg und Neuhof, und kuckt der alte Neuhöfer noch nach der Koppe hinauf?

Mit den besten Wünschen für Ihr und all der Ihrigen Wohl, in vorzüglicher Ergebenheit Ihr

Th. Fontane

An Erich Schmidt

Weißer Hirsch bei Dresden,
15. Juni 1898

Hochgeehrter Herr Professor.

Die Ferien rücken heran, und die Kofferplatzfrage wird immer ängstlicher und bedrohlicher. In solchem Momente noch mit einem Buche von *diesem* Umfange kommen ist kaum zulässig, aber Ihre Güte wird es verzeihen.

Hier im »Weißen Hirsch« ist es reizend, besonders seitdem wir uns »selber kochen«. Ich bin mit allem Sächsischen einverstanden, schon um der Manierlichkeit der Leute willen. Aber mit der sächsischen Küche, die namentlich in Saucen an dem alten Prinzip der Mehlpampe festhält, kann ich mich nicht einverstanden erklären. Die Luft ist herrlich, und ich habe mich über Erwarten erholt.

In diesem Gefühl einer gewissen Aufmöblungsmöglichkeit liegt doch immerhin ein Trost. »Noch am Grabe« etc.

In vorzüglicher Ergebenheit

Th. Fontane

An Theodor Fontane (Sohn)

Karlsbad, 29. August 1898
Stadt Moskau

Mein lieber Theo.

Unter den Karten, die Dich in der Schweiz aufsuchten, war keine von mir (der »Stechlin« hielt mich in Banden), aber den in seine Würzburger Straße Zurückgekehrten will ich begrüßen. Von Deinen Reiseschicksalen hören wir Intimeres, wenn wir wieder daheim sind, und alles, so nehme ich an, wird gut und freundlich lauten, wenn auch mit Einschränkung. Vier, fünf Wochen sind eine lange Zeit, und daß einem durch so viele Tage hin immer nur angenehme Menschen vorgesetzt werden sollten, ist, weil beinah unnatürlich, kaum zu verlangen. Schweiz, Italien, Paris muß man gesehn haben, das ist man sich schuldig, und ein »Intendant« erst recht; aber das *vergnügliche* Reisen, von dem man menschlich was hat, liegt doch woanders. Stille Plätze, wenig Menschen, ein Buch, ein Abendspaziergang über die Wiese, mit andern Worten die kleine Lehrersommerfrische. Daß Du mit Fritsch Fühlung gewonnen hast, freut mich sehr; er ist ein kluger Mann, mit dem man seinen Faden spinnen kann. – Friedel war 2 Tage hier, sehr munter und, wie's schien, befriedigt. In diesem Augenblick ist er schon in Eger und sieht sich die zwei großen Mordstellen an, das Schloß und das Rathaus.

Alles grüßt Dich, Deine Frau und die Kinder aufs beste.

Wie immer Dein alter

Papa

ANHANG

NACHWORT

Wilhelm Raabe zog sich mit vierzig nach Braunschweig zurück, Gottfried Keller richtete sich dauerhaft in Zürich ein, Theodor Storm blieb nach der Rückkehr aus Heiligenstadt in Husum, später in Hademarschen hängen. Alle drei erwiesen sich fortan als Reisemuffel, als »Hinhocker«, während ihr Zeitgenosse Theodor Fontane im gleichen Alter auf drei Englandreisen und einen mehrjährigen Aufenthalt in London zurückblickte und die Mehrzahl seiner Spaziergänge und Weltfahrten noch vor sich hatte. Gewiß, den Ozean hat er nie überquert, wie sein Romancierkonfrater Paul Lindau, auch schickte ihn niemand, wie seinen Zeitungskollegen Ludwig Pietsch, nach Petersburg und Marokko, und als er 1869 den Prinzen Friedrich Karl in den Orient begleiten sollte, lehnte er ab. Aber Fontane war dreimal in Frankreich, zweimal in Italien und in der Schweiz, er bereiste Belgien und Böhmen, Dänemark und Österreich. Als vermeintlichen preußischen Spion verschlug es ihn auf die Atlantikinsel Oléron, und in Wien stand er in der Kapuzinergruft. In Edinburg begeisterte er sich an den steinernen Zeugen schottischer Geschichte, und von Neapel aus bestieg er den Vesuv. Er kannte die Fingalshöhle auf Staffa und die Blaue Grotte auf Capri. Norderney und der Harz, Wernigerode und Krummhübel, Kissingen und Karlsbad waren ihm von »Sommerfrischen« her wohlvertraut. Und schließlich hat er jahrzehntelang die Dörfer und Ackerstädtchen der Mark abgeklappert, um in jedem Herrenhaus und jedem Haus des Herrn seine Nachforschungen anzustellen. Allein sein märkischer Reisekalender verzeichnet an die hundert solcher Lokaltermine zwischen 1859 und 1889.

Fontane war ein weit- und vielgereister Mann, der bewußt, ja leidenschaftlich in dem Spannungsverhältnis von »unterwegs und wieder daheim« lebte – wobei »daheim« identisch war mit »Berlin«, doch dies keineswegs im Sinne endgültiger Seßhaftigkeit. Von der Junggesellenzeit abgesehen, ist Fontane seit seiner Heirat mindestens ein halbes dutzendmal umgezogen, bevor er 1872 in der Potsdamer Straße 134 c jene »alte Dreitreppenklause hoch im Johanniterhause« fand. Auch dort freilich brach der Dichter, wenn er überhaupt zu Hause war, einmal am Tage aus, um sich bei ausgedehnten Spaziergängen von der Schreibtischarbeit zu erholen. Er spottete vielfach über seine »Tiergartenrennerei«. Sie war ihm langweilig und unentbehrlich zugleich, sie war notwendiger hygienischer Ausgleich und altersbedingte Erscheinungsform jener »süßen Gewohnheit des Reisens«, der er stets nachgegeben hatte und der er nun, auf seine alten Tage, nur noch im engsten Raum seines Berliner Kiezes obliegen konnte.

Denn ob er im Auftrag der »Kreuzzeitung« zu einer Landwirtschaftsausstellung nach Hamburg fuhr oder mit dem Plan eines neuen »Wanderungen«-Kapitels den dichtenden Drechslermeister Weise in Freienwalde interviewte, ob er nach Absprachen mit dem Verleger Decker die Schauplätze der preußischen Kriege gegen Dänemark, Österreich und Frankreich aufsuchte oder in Tangermünde Lokalstudien für seine »Grete Minde«-Novelle trieb – immer war eigener geheimer Antrieb im Spiele, lockte das Abenteuer Reise, und nie klagt er in seinen Briefen über die Zahl von Reiseverpflichtungen. »Mehr als Weisheit aller Weisen / Galt mir reisen, reisen, reisen«, heißt es in dem späten Gedicht »Meine Reiselust«. Im Rückblick auf die Kinderjahre hat Fontane beschrieben, wie er schon als kleiner Junge der Faszination des Fahrens erlag. Der Vater nahm ihn, der ein bißchen leichtfertig im offenen Wagen untergebracht war (doch die Gefahr erhöhte den Reiz), mit nach Berlin: »In raschem Trabe ging es über Altruppin auf Kremmen zu, und lange bevor wir dieses, das ungefähr halber Weg war, erreicht hatten, zogen die Sterne herauf und wurden immer heller und blitzender. Entzückt sah ich in die Pracht, und kein Schlaf kam in meine Augen. Ich bin nie wieder so gefahren; mir war, als reisten wir in den Himmel.«

Möglicherweise darf man Fontanes »Reiselust« als ein väterliches Erbteil ansprechen. Der Sohn sagte dem Vater »eine ganz aufrichtige Passion für Pferd und Wagen« nach, »und sein Lebelang in der Welt umherzukutschieren, immer auf der Suche nach einer Apotheke, ohne diese je finden zu können, wäre wohl eigentlich sein Ideal gewesen«. Zu Pferd und Wagen hat es Theodor Fontane nie gebracht, und nicht zuletzt deshalb konnten seine Streifzüge und Wanderungen nicht in gleicher Weise zweckfrei sein. Ob dienstlicher Auftrag oder schriftstellerisches Interesse, ob Bildungs- oder »Gesundheitsreise« – für Theodor Fontane verbanden sich Aufenthalte anderswo stets mit intensiver Arbeit. Seine Sommerfrischen und Brunnenkuren haben mit landläufigen »Urlaubs«-Vorstellungen nichts gemein. Fontane hatte sich und die Seinen vom schmalen Ertrag seiner Feder zu ernähren; er war ewig gehetzt und suchte Entspannung schon aus der Veränderung des Arbeitsgebietes zu gewinnen. »Im allgemeinen ist man ja nur Schreibe- und Erwerbsmaschine, in steter Besorgnis, daß der Kessel platzt.« Unter diesen Umständen wollte er wenigstens ab und an »Gatte, Vater und Mensch«

sein. Doch obwohl ihm Orts- und Tapetenwechsel »Glättung und Ruhigmachung« des Gemüts bedeutete, erwartete er in erster Linie Impulse zu erneuerter Produktivität davon.

Fontane verstaute immer etwas zum Arbeiten im Reisegepäck oder ließ wenigstens den Drucker wissen, wohin die Korrekturfahnen zu schicken seien. Selbst in Rom saß er 1874 über den Bürstenabzügen seines »Kriegs gegen Frankreich«; die unfreiwillige Muße auf dem Atlantik-Eiland 1870 nutzte er, um – noch bedroht vom französischen Standgericht – seinen Bericht »Kriegsgefangen« niederzuschreiben. 1879 konzipierte er während einer Stippvisite in Dresden »Ellernklipp«. In Krummhübel arbeitete er unter anderem an »Cécile«, »Quitt« und »Unwiederbringlich«, in Wyk auf Föhr kamen beträchtliche Teile von »Mathilde Möhring« zustande, in Waren an der Müritz förderte er das »Stechlin«-Manuskript, und auch die Kuraufenthalte in Kissingen und Karlsbad waren von schriftstellerischen Arbeiten begleitet oder doch wenigstens von regelmäßiger Lektüre.

Aber auch der Vorgang der Reise selbst war potentielle Grundlage neuer Arbeit, neuer Pläne. Als Fontane im Frühjahr 1852 auf dem Wege nach London in Brüssel Station machte, schrieb er zwar an seine Frau, daß er nicht über seine reichen Erlebnisse berichten könne: »... mein Brief würde sonst endlos werden, man reist ohnehin, um zu *sehn*, und nicht, um zu *schreiben*«. Keiner hielt sich indes weniger an diese Maxime als gerade er. Über alle seine Fahrten hat er in irgendeiner Weise Nachricht gegeben, von allen brachte er Fakten, Anregungen, Impressionen an den häuslichen Arbeitstisch zurück. Nicht zufällig sprach er in diesem Zusammenhang so häufig von »Ausbeute«, ja in einem Brief von 1895 wird das Herumtreiben in der Welt ausdrücklich als »Studium und Lebensmaterial« gepriesen. Ständig war er auf dem Quivive, um Stoff und Stoffe zur literarisch-publizistischen Verwertung »einzuheimsen«. Von einer besonders informationsreichen Reise schrieb er 1862 an seine Frau: »Ich schleppe an einem ganzen Sack voll Münzen und werde erst zu Hause die Goldpfennige von dem ganz gemeinen Dreier scheiden können.«

Die unbezähmbare Lust, Erreistes und Erfahrenes zu beschreiben, strukturiert weithin Fontanes gesamtes Werk. In allen seinen Romanen sind Reisen, Ausflüge und Wanderungen konstitutive Elemente, und Reflexe auf eigene Reiseerlebnisse und Lokalkenntnisse finden sich von »Vor dem Sturm« bis zum »Stechlin«. Vor allem aber ist der Liebe zum »Reisebeschreibeln« jene stattliche Reihe reizvoller autobiographischer Reisebücher zu danken, ohne die Fontanes Œuvre nicht recht denkbar wäre: »Ein Sommer in London« (1854) und der Schottland-Report »Jenseit des Tweed« (1860), »Kriegsgefangen. Erlebtes 1870« (1871) und »Aus den Tagen der Okkupation. Eine Osterreise durch Nordfrankreich und Elsaß-Lothringen 1871« (1872) und auch die Sammlung von kleinen Erzählungen und Plaudereien »Von, vor und nach der Reise« (1894). Hierher gehören in weiterem Sinne auch die drei »Kriegsbücher«, vor allem »Der Schleswig-Holsteinsche Krieg im Jahre 1864« (1866) und »Der deutsche Krieg. 1866« (1869/70), in denen Fontane, fernab von allen preußischen Überlegenheitsallüren, Land und Leute mit unverhohlener Sympathie schildert. Reisebilder eigenen Stils bieten natürlich auch die vier Teile der »Wanderungen durch die Mark Brandenburg« (1862–1882), die – vielleicht mit Ausnahme des »Oderland«-Bandes – in ihren besten Stücken die Mitte halten zwischen Reisefeuilleton und Reisereportage. Zu Fontanes umfassender Reiseschriftstellerei rechnen schließlich die fast unzähligen Artikel und Aufsatzfolgen, die er nicht in Buchform gesammelt hat. Der

Bogen spannt sich von der frühen Korrespondenz »Aus dem Oderbruch« für die liberale Leipziger »Eisenbahn« von 1842 über Dutzende von Englandberichten in den fünfziger Jahren, über »Reisebriefe aus Jütland« (1864) und andere Dänemark-Studien bis zu den »Reisebriefen vom Kriegsschauplatz Böhmen 1866« (1866), von einem Bericht »Aus Thüringen« (1867) bis zu den »Briefen aus Mecklenburg« von 1875.

Neben den detailreichen Fontaneschen Reisetagebüchern, wie sie (teilweise) für England, die Schweiz, Dänemark, Italien und Thüringen überliefert sind, existieren indes noch weitere reiseliterarische Zeugnisse in ungewöhnlicher Fülle und gleichwertiger Qualität: jene Hunderte privater Briefe, die der Autor von allen seinen Reisen an die Familie und die Freunde schickte. Nahezu tägliche Berichterstattung war ihm menschliches und literarisches Bedürfnis. Zwar wußte er: »Zwei Briefe kosten einen Tag, und ein Tag kostet viel Geld«, aber diese »Ausgabe« leistete er sich meist unbedenklich. Wie man sich im vorliegenden Band überzeugen kann, ergeben seine höchst subjektiven Rapporte ein neues, überaus reizvolles Fontane-Buch.

Fontane war ein sorgsamer Planer seiner Reisen, und im Laufe seines Lebens legte er sich auch so etwas wie eine »Reisephilosophie« zurecht, der man sich nach hundert Jahren noch mit Sympathie nähert und deren Regeln ebenso vernünftig wie praktikabel scheinen.

Als Frau Emilie mit Tochter Martha 1870 in London war und über ihre Eindrücke nach Berlin berichtete, antwortete der reise- und englanderfahrene Gatte sogleich mit prinzipiellen Erwägungen: »Man kann alle Reisenden in zwei Charakterklassen teilen, in freundliche Sanguiniker, die überall sehen und auch sehen *wollen*, wodurch sich die Fremde vorteilhaft von ihrer Heimat unterscheidet, und in leberkranke Nörgler, die sich zu Hause eine Vortrefflichkeitsschablone zurechtgemacht haben und über alles verstimmt sind, was davon abweicht.« Fontane zählte sich selbst zur Gruppe der »freundlichen Sanguiniker«, räumte aber ein, daß deren aufgeschlossene Haltung auch vom »Reiseglück« (»manche haben's nie, andre immer«) und von der tatsächlichen Solidität des Gesehenen und Erlebten abhingen. Dieser pragmatische Standpunkt hat Fontane über viele Unannehmlichkeiten hinweggeholfen: »Es gibt nur ein Mittel, sich wohl zu fühlen: man muß lernen, mit dem Gegebenen zufrieden zu sein, und nicht immer *das* verlangen, was gerade fehlt.« Dabei stellten ihn die Verhältnisse oft genug vor groteske Alternativen: »Elegance mit *einer* Wanze oder einem unerträglichen Kellner ist schlimmer als drei zerbrochene Scheiben.«

Mit zunehmendem Alter und auf dem Hintergrund rapider Kommerzialisierung des Reisens und der Erholung mischen sich Züge meist heiterer Resignation in die Beschreibung. Fontane differenziert zwischen den »Leuten des kleinen Koffers« und den »Großkofferleuten«. Keine Frage, daß man ihn unter der ersten Kategorie findet, und kein Wunder, daß er 1889 erklärt: »Das Reisen ist nur für sehr reiche und in Folge ihres Reichtums reisegeübte Leute; die ›kleinen Leute‹ dürfen nicht reisen, sondern müssen in Schmöckwitz oder auch in Zinnowitz einen ›Sommeraufenthalt‹ mit Bettsack und Schmortopf nehmen und sich selber kochen.« In solche Überlegungen spielten natürlich Krankheit und Verfall der Kräfte hinein, und nur so ist zu erklären, daß er sich manchmal mehr nach dem heimischen Bettzipfel als nach König Ludwigs Zauberschlössern sehnte. Ansonsten plädierte er mit Nachdruck für »vergnügliches Reisen«, von dem man menschlich profitiere. »Eher das Vergnügen kürzen, als es nicht voll genießen«, dekretierte er in jüngeren Jahren. Damit korrespondiert, daß Fontane die intensive und mehrfach wiederholte Kurzreise entschieden favorisierte. Er habe, bemerkt er 1894 resümierend in einem Brief an seinen Sohn Theo, »von solchen Spritzfahrten in die Nähe viel, viel mehr Anregung, Vergnügen und Gesundheit« gehabt »als von den großen Reisen, die sehr anstrengend, sehr kostspielig und meist demütigend sind«. Und dem Chefredakteur der »Vossischen Zeitung« erläuterte er: »Man erholt sich auch in 8 Tagen ebensogut als in 4 Wochen oder gar in 6.«

Auffällig mehren sich zum Lebensende hin seine Verdikte gegen die modischen Bildungsreisen und das »herkömmliche Durch-die-Galerien-gejagt-Werden«. Schon 1871 gestand er in einem Brief an Mathilde von Rohr: »... ich bin so kathedralen- und galerienmüde, wie man nur sein kann, und jedes Schloß, das ich *nicht* zu sehen brauche, ist ein Segen für mich.« Die »monotone Musik des Meeres« gehe ihm über alles. Drei Jahre später freilich trabte er geduldig durch die Museen von Venedig, Florenz und Rom. Aber gerade im Lichte dieser Erfahrungen sprach er sich immer energischer dafür aus, ein Stadt- und Landschaftsbild auf sich wirken zu lassen und in sich aufzunehmen und die Besichtigung von Galerien tunlichst auf jeweils ein Dutzend sorgfältig betrachteter Bilder zu beschränken. Man komme der Kunst nicht wirklich näher, auch wenn man dreitausend Bilder »noch so beharrlich angeglotzt« habe. Schon vor Antritt der gemeinsamen Italienreise von 1874 hatte Fontane seiner Frau bedeutet: »... es kommt nicht auf die Masse des zu Sehenden und kaum auf die Bedeutung des einen oder andern an, sondern lediglich darauf, mit welchem Auge man sieht. Es darf nicht trübe sein.«

Fontane hielt sich auf Reisen mit Vorliebe an das »furchtbar wahre« Wort: »Man sieht nur, was man weiß«, und diese Koinzidenz von aktueller Landschaftserkundung und vorgängiger historischer Kenntnis machte seine Reisen gewöhnlich so erlebnisreich und seine Berichte so attraktiv. Für seine »sensitive Haut« hatte die Gegend um die Prager »Nepomukbrücke« »einen ewigen Schudderton«, und er verkündete launig: »Ich kann nirgends von historischen Reminiszenzen absehn und würde mich nie haben entschließen können, im Tower mein Beilager zu halten.« So gestalteten sich die meisten der Fontaneschen Fahrten zu erreister Geschichte. Als Paradigma erschien ihm jener Abstecher nach Schottland, den er 1858 gemeinsam mit Bernhard von Lepel unternommen hatte, »eine der schönsten [Reisen] in meinem Leben, jedenfalls die poetischste, poetischer als Schweiz, Frankreich, Italien und alles, was ich später sah«, wie er 1888 feststellte. Schon dreißig Jahre davor, unmittelbar nach der Rückkehr, hatte er an seine Mutter geschrieben: »Es waren schöne Tage (16), und wenn ich, so Gott mich leben läßt, längst ein alter Krepel sein werde, der die ›Vossische‹ liest und bei Odeums Kaffe trinkt, werd ich alten Staatshämorrhöidarien mit einem letzten Rest von Feuer – während sie ihre Sechser-Zigarre rauchen – von Edinburg erzählen und von Sterling und Perth und von Inverneß und dem Schlosse Macbeths, drin König Duncan ermordet wurde. Wenn dann die alten Jungen das Maul aufsperren und die letzten Haare, die ihnen Gott gelassen hat, sich in die Höhe sträuben, werd ich dieser schottischen Reise, an der Hand eines lieben und *nachsichtigen* Freundes, in Wehmut und Dankbarkeit gedenken ...«

Dieser Brief formuliert sehr persönlich etwas über die Dialektik von Heimat und Welt, die Lebens- und Schaffenselement des Dichters war, über die kreative Polarität von »unterwegs und wieder daheim« (wie der Titel eines Fontaneschen Gedichtzyklus lautet). »Es ist doch ein eigen Ding um das Reisen«, heißt es schon 1853 in einem Brief an Witte; »alles eingefrorene Wesen schmilzt, und die Steifheit, innerlich und äußerlich, macht einer Geschmeidigkeit Platz, als hätte man sich allabendlich mit Öl Lumbricorum eingerieben.« Geschmeidigkeit, geistige und körperliche Vitalität, ja flexible, sachbezogene Weltanschauung durch Reisen – das war Fontanes oberstes Prinzip. Die »Fremde«, so legte er 1872 in seinem Essay über Willibald Alexis und dessen »Reiseepoche« dar, »lehrt uns nicht bloß sehen, sie lehrt uns auch *richtig* sehen. Sie gibt uns auch das *Maß* für die Dinge. Und dies ist, künstlerisch genommen, fast noch wichtiger, als daß sie uns die Dinge überhaupt erschließt. Sie leiht uns die Fähigkeit, *groß und klein zu unterscheiden*, und bewahrt uns vor jenem ebenso ridikülen wie anstößigen Lokalpatriotismus, der den Sieg der Müggelsberge über das Finsteraarhorn proklamiert.«

Auf Reisen hat Fontane begriffen, was er in seinem letzten Roman als gültige Wahrheit aussprach: »Und vor allem sollen wir, wie der Stechlin uns lehrt, den großen Zusammenhang der Dinge nie vergessen. Sich abschließen heißt sich einmauern, und sich einmauern ist Tod.« Auf einschlägige Erkenntnisse stößt der Leser vielfach in den Texten: »Wie dumm ist es, sich zu überheben; hinterm Berge wohnen auch immer Leute.« Wer Fontanes Reisebriefe liest, geht sozusagen durch eine Privatgalerie von Stammes- und Nationalporträts, von Land und Leuten jenseits von Havel und Spree.

Dabei fällt zunächst die Faszination durch England auf, wo der Autor seine entscheidenden Lehr- und Wanderjahre verbrachte. Als er 1844 erstmals nach London kam, war er nach eigenem Geständnis »schwärmerisch genug, alles, was ich *anders* fand, auch sofort *besser* zu finden«. 1852 wich die jugendlich-romantische Schwärmerei einer wesentlich kritischeren Sicht, und 1855, zu Beginn des dritten Aufenthaltes, glaubte er feststellen zu müssen: »Es ist fast, als hätt ich vor 3 Jahren das Kapital meiner Bewunderung bis auf den letzten Pfennig ausgezahlt.« Dennoch darf man glauben, was er in seinem letzten Roman schrieb: »... an der Themse wächst man sich anders aus als am Stechlin.« Was ihn an England bei allen Vorbehalten begeisterte, war der funktionierende Parlamentarismus in einem ökonomisch hochentwickelten Lande, war die spezifische Mischung von Freiheit und Konservatismus; was ihm Anlaß zu tiefer Skepsis gab, war der puritanische Nützlichkeitssinn und der ewige Tanz ums Goldene Kalb (vom vielbeklagten Einerlei englischer Küche zu schweigen); was er scharf verurteilte, war die britische Kolonialpolitik, jene »Kattun-Mission ... mit etwas spackem Christentum und Unzucht und Opiumkisten«. Bewundert hat er die Kultur des Volkes, und die als Touristen viel verschrienen Engländer war er stets bereit zu verteidigen: »Durch Abstammung, Erziehung, Pflege, Freiheit und allerglücklichste Lebensverhältnisse repräsentieren sie schließlich eine höhere Race. Das ganze Volk trägt einen aristokratischen Stempel. Was bei uns in Exemplaren vorkommt, kommt bei ihnen massenhaft vor.« Nicht in gleicher Weise detailreich erscheint das Bild der Franzosen, vielfältig konturiert dagegen wird Italien, wo das Urteil bald abschätzig auf »Bummelvolk« lautet, bald auf »*wirklich* ein Kulturvolk«.

Als aufschlußreich erweisen sich die vielfältigen Charakteristiken deutscher »Stämme« und Landschaften. Er zog Thüringen dem Harz vor, weil es »reicher, nobler, großartiger« und von Berlin aus nicht so rasch zu erreichen sei. (Er, der »gelernte« Berliner, hatte ein zwiespältiges, auf Haß-Liebe gestelltes Verhältnis zu seiner Stadt, und Schiller mußte für ein böses Wort über

Berliner Touristen herhalten: »›Die Welt ist herrlich überall, wo Berlin nicht hinkommt mit seinem Schwall.‹ Freilich ein Ausspruch, der sich kaum noch irgendwo mit voller Berechtigung machen läßt, denn – wo käme Berlin *nicht* hin?!«) Er fand es an Nord- und Ostsee »viel schöner, reicher, feiner« als im Binnenland, besonders in der Provinz Brandenburg, »die nun mal – so lieb ich sie habe – den alten Popelinski-Charakter noch immer nicht loswerden kann. An der Küste hin schmeckt alles nach England, Skandinavien und Handel, in Brandenburg und Lausitz schmeckt alles nach Kiefer und Kaserne.« Hamburg als »die Wiege jenes Angelsachsentums, dem die moderne Welt entsprossen ist und das der regierende Faktor darin ist«, schätzte er hoch. Dennoch schien ihm im Alter, im Hinblick auf Restituierung der Gesundheit, »daß Gebirge, im ganzen genommen, besser ist als See«. In einem Notizbuch aus dem Jahre 1871 (D 11, Theodor-Fontane-Archiv Potsdam) reflektiert Fontane: »*Meer*: die Weite, die Bewegung, der Ton. *Gebirg*: die Enge, die Starrheit, die Stille. Deshalb wirken sie so verschieden, trotzdem ihnen die Großartigkeit gemeinsam ist. Diese Unterschiede fallen so bedeutend ins Gewicht, daß nervöse Naturen das eine oder andre gar nicht ertragen können, den einen drückt die Enge, den andern peinigt die Monotonie.«

Die Geschichte der Fontaneschen Sommerfrischen zeigt sich wandelnde Vorlieben: zwischen 1866 und 1873 wechselt er zwischen Harz, Thüringen, Schlesien und Warnemünde, von 1877 bis 1884 besucht er regelmäßig den Harz (Wernigerode und Thale), 1882/83 ist er auch auf Norderney. 1884 beginnen die Aufenthalte in Krummhübel, sie reichen bis 1890 (ausgenommen 1889). 1889 bis 1891 bevorzugt er Kissingen. 1892 ist er, schwerkrank, noch einmal im Riesengebirge, und von 1893 bis 1898 hält er sich jedes Jahr einmal in Karlsbad auf, ergänzt um Reisen nach Waren, Neubrandenburg und Dresden.

Die Schlesier, die Fontane gründlich kennenlernte, werden teils in die Rubrik »trostlose Ödheit« eingeordnet, häufiger aber bescheinigt er ihnen zuvorkommende Höflichkeit und »natürlichen Schönheitssinn«. Sehr passabel kommen immer wieder die Norddeutschen weg: »Die Mecklenburger haben vor dem Märker mehr Wohlhabenheit und mehr breites Behagen voraus, alle Pfennigfuchserei fehlt, aber sie sind, trotz ihrer beßren Lebenslage, ledern und philiströs, während die Vorpommern das heiter und unterhaltlich Lebemännische bis zur Kunst ausgebildet haben.« Auch mit den Sachsen, die er von seiner Apothekerzeit in Leipzig und Dresden her kannte, stand er recht gut, wenn er's nicht gerade mit der naiven Form des »Eiherrje-Sachsen« zu tun hatte und wenn sie von ihrem Sächsisch einen möglichst diskreten Gebrauch machten. Von einem Reisebekannten sagte er, er habe den ihm äußerst sympathischen Zug gehabt, »den fast alle Sachsen haben: gut gelaunt, etwas witzig, etwas humoristisch und voll schelmischer Selbstironie«. Noch im Juni 1898, als er auf dem Weißen Hirsch in Dresden Erholung suchte, schrieb er an den Schlesier Georg Friedlaender: »Frau und Tochter wollen von dem ›Sächsischen‹, das hier blüht, nichts wissen; ich bin aber nach wie vor davon eingenommen; daß der Volkscharakter gut sei, will ich nicht behaupten, aber alles vertritt einen Grad von Manierlichkeit, der bei uns doch noch vielfach fehlt. Alte Kultur ist kein leerer Wahn. Daß sie hier gegen alles Preußische gereizt sind, kann ich ihnen nicht verdenken; die Preußen gerieren sich als die Überlegenen und sind es doch vielfach nicht.«

Das Zitat ist ganz typisch: wann immer Fontane »das Fremde« charakterisiert, nimmt er Berlin und die Mark zum Vergleich, blickt er zurück im Zorn auf Preußen. Das Heimatlich-Kleinstiezige und das Fremdländisch-Urbane begegneten ihm in der eignen Familie: in seiner Frau Emilie, von der er scherzhaft – auf die hugenottische Herkunft anspielend – meinte, sie käme halb aus Beeskow, halb aus Toulouse, wobei die Toulouser Tage vorherrschten. Beeskow (von dem Fontane zugab: es sei nicht so schlimm, als es klingt!) war nur Synonym. Worauf Fontane eigentlich zielte, zeigt eindrucksvoll sein Brief an Emilie von 1875 aus Mailand: »Überhaupt will es mir nicht glücken, es im Auslande zu irgendeiner patriotischen Erhebung zu bringen. Nicht nur, daß man Schritt um Schritt empfindet, wie sehr uns diese alten und reichen Kulturlande voraus sind, nein, *man taxiert uns auch in diesem Sinne*. Man will von uns nichts wissen. Weder das ›ewige Gesiege‹ noch die 5 Milliarden [Kriegskontribution] haben unsre Situation gebessert.« – »Oh, Berlin«, ruft Fontane im gleichen Brief aus, »wie weit ab bist du von einer *wirklichen* Hauptstadt des Deutschen Reiches! Du bist durch politische Verhältnisse über Nacht dazu geworden, *aber nicht durch dich selbst*.«

Dies ist die Sicht eines Mannes, der sich »als einen in der Wolle gefärbten Preußen« verstand und sich als einen »geeichten preußisch-deutschen Patrioten« bezeichnete. Ebendiese Insiderschaft ergibt beim Blick von draußen eine Fülle kritischer Beobachtungen, ja schroffer Verurteilungen. »Ewig nehmen wir das Maul voll, ewig bilden wir uns ein, ›daß alles bei uns am besten sei‹, und in Wahrheit ist alles am schlechtesten.« Neben der Liebenswürdigkeit und dem Charme von Polinnen kann er die deutschen Frauen »mit ihrer ›ewigen Ordnung‹ … nicht als das Ideal der Schöpfung ansehn«. Mit der preußischen Ministerialbürokratie, für die Berlin die »Beamtendrillmaschine« war, stand er ohnehin auf

Kriegsfuß. Reiseerlebnisse wie das von 1888 auf der Fahrt ins Riesengebirge – drastisches Beispiel von »Pastoren-Unverschämtheit«, die seiner Meinung nach bloß von einem preußischen Prediger zu leisten war – untergruben sein ohnehin schwaches Zutrauen in die Stützen der Gesellschaft noch mehr. Als er sich im Sommer 1887 nach Rüdersdorf zum Arbeiten zurückgezogen und Stadt und Bergwerksbetrieb besichtigt hatte, faßte er seine Eindrücke verallgemeinernd zu einem vernichtenden Urteil zusammen. Diese märkischen Jammernester hätten zwar irgendwo einen Charme, eine relative Bedeutung, trotzdem empfinde er ihnen gegenüber »immer wieder den niedrigen Stand unsrer Provinz und seiner Bevölkrung. Berlin ist ein Ding für sich, und auch in vielen kleinen Städten mögen sich gelegentlich Erfreulichkeiten finden, im ganzen steht alles nach wie vor auf einer traurigen Tiefstufe, so daß die schlesischen Gebirgsdörfer wahre Paradiese daneben sind. Die Leute dort (in Schlesien) haben einen natürlichen Schönheitssinn, auch die ärmsten sind beflissen, alles niedlich, anheimelnd erscheinen zu lassen, dieser Sinn fehlt unsrer Provinz, alles ist arm, häßlich, trist und mit der Wohlhabenheit fängt nicht der feine Sinn, sondern die Protzigkeit an. Es ist ein zuverlässiger, verständiger, intelligenter Menschenschlag, aber ohne jede Spur von dem, was gefällig wirkt.«

Ebendieses Kleinlich-Enge, das Muffig-Zurückgebliebene und Ungefällig-Erbärmliche bekam Fontane bei seinen märkisch-deutschen Fahrten buchstäblich am eigenen Leibe zu spüren, und was ihm an Unappetitlichem und Unverschämtem auf der Reise und am Ziel zugemutet wurde, findet sich, ironisch bis sarkastisch reflektiert, als »Reiseleid« in seinen Briefen wieder. Seine Erlebnisse fügen sich zu einem dissonanten kulturkritischen Kapitel zusammen, das die politisch-gesellschaftlichen Angriffe auf Preußen ergänzt; denn auch die Alltagskultur ließ dort in erschreckendem Maße zu wünschen übrig.

Fontane, der eine ausgeprägte Liebe fürs Pikante, vielleicht sogar eine gewisse Vorliebe fürs Frivole hatte und den vermaledeite Unterleibszustände in ein enges Verhältnis zur »Kommodität« drängten, maß, gewöhnt an zivilisatorische Errungenschaften der Engländer, die Kultur eines Landes nicht zuletzt an den hygienischen Einrichtungen, und vor diesem Kriterium fiel Preußen-Deutschland regelmäßig durch. In den Hotels standen oft genug die gefüllten Nachttöpfe der Vorgänger noch unterm Bett, in den Korridoren führte eine penetrante Geruchsspur zu jener Lokalität, »die in der Regel durch eine Türe in kleinerem Format kenntlich ist und an deren Überschriften sich die Dezenz der Menschheit so mannigfach versucht hat«. In der Sommerfrische erkundete Fontane als erstes verschwiegene Lauben im Wald, weil jene Kabinette in den Pensionen unzumutbar waren. Das geringste Übel blieb bei alledem noch der Rüdersdorfer Lokus im Levkojenbeet, wo er, der immer Zuspätkommende, meist nur auf einem speziellen Kindersitz Platz fand, was ihm nach seiner Beschreibung vom 14. Juli 1887 Attitüden aufzwang, die er seinem bittersten Feind nicht wünschte. Fontane erwog angesichts solcher Erfahrungen einen Aufsatz unter dem Titel »Jeder Ort in Deutschland scheitert am Örtchen«.

Verständlich, daß der Autor am Ende seines Lebens auch mit einer Art Grauen auf fast alle seine Reisen zurücksah, zumal das Örtchen nicht das einzige Dilemma war. Als sich der Neuruppiner Gastwirt – im »ersten Haus am Platze« – ungeniert mit schmutzigen Fingern die Speisenreste aus den Zähnen polkte, empfand Fontane die »Wonne, einem höhren Kulturvolk – nach einigen dem ›einzigen‹ – anzugehören«. An Wackeltische, schlechte Tinte und »Kaffe«, den zu trinken Mut kostete, war er gewöhnt. Betten, in denen mindestens schon einer geschlafen hatte, mußte der müde Wanderer mehr als einmal akzeptieren. Nachdem um Mitternacht die letzten Gäste türenschlagend die Nacht verkürzt hatten, er gegen Morgen eine lästige Wanze gefangen, an der Kerzenflamme gebraten hatte und »rachebefriedigt« eingeschlafen war, unterbrach nicht selten ein »Trampler« früh um vier Uhr die »Ruhe«. Mit Grausen dachte Fontane an die Fettgerüche in alten Hotels, aber was waren sie gegen die Unverfrorenheit der Bedienung (Impression aus Swinemünde: »… das Geschlecht der Kellner schien aus Berlin zu sein, womit ihr Urteil gesprochen ist«). Noch immer hielt man in deutschen Wirtshäusern an der Gepflogenheit der Table d'hôte fest, dem obligatorischen kollektiven Mittagessen für alle Gäste, zur gleichen Zeit, mit einheitlicher Speisenfolge, »die bis zum letzten Bissen nichts repräsentiert als einen Wettlauf zwischen Hungrigbleiben und Langerweile«. Der geplagte Reisende schimpfte sicher nicht ohne Grund, daß man für exorbitantes Geld schandmäßig und geradezu lebensgefährlich verpflegt werde.

Die Klagen über Gasthofselend und Wirtsunverschämtheit klingen immer häufiger an, begleitet von nostalgischen Rückblicken auf die »Ideal- und Idyllzeit des Reisens«, wie sie Fontane in seiner Jugend noch erlebt zu haben glaubte. Tatsächlich hatte die Dampfmaschine das Verkehrswesen völlig revolutioniert – zwischen 1850 und 1870 stieg die Zahl der Personenwagen bei der Eisenbahn in Preußen von 1284 auf 5552 – und neue sozialökonomische Strukturen geschaffen. Am Ende der zwanziger Jahre, als die Fontanes von Neuruppin nach Swinemünde zogen, war das Gasthaus »eine Zufluchtsstätte, ein Hospiz« gewesen und der Wirt noch nicht darauf aus, »in den drei Reisemonaten reich zu werden«. Seither hatten sich Gaststätten- und Hotelgewerbe dem rapide gewachsenen Strom der Reisenden angepaßt, und »*Wirte*, *Mietskutscher* und *Führer*« überboten sich, nach Fontanes Worten, »in Gewinnsucht und Rücksichtslosigkeit«. Die »Betreuung« der Reisenden war ein einträglicher Wirtschaftszweig geworden, der Tourismus kapitalistisches Spekulationsobjekt. Sozusagen im Namen der »geschindluderten Menschheit« rückte Fontane (leider nicht nur für seine Zeitgenossen) die Verhältnisse wieder zurecht, als er in der einleitenden Plauderei seines Bändchens »Von, vor und nach der Reise« schrieb: »Die Herren Wirte sind des Publikums willen da, nicht das Publikum der Wirte willen.« Doch was half das; hatte doch sein Berliner Kollege Ernst Kossak längst bemerkt: »Das moderne Wirtshaus ist kein Haus und besitzt keinen Wirt.«

Der Massentourismus begünstigte jenes »Riffpiratentum, das hinter jeder Thüringer oder Harzer Felsnase lauert«, ja in Bayreuth, das sich zunehmend internationalen Zuspruchs erfreute, kamen ihm die Hoteliers wie Sioux-Indianer vor, die die Reisenden schon auf der Bahnschiene überfielen. Auch patriotische Gefühle wurden in klingende Münze verwandelt; »alles Geschäft«, konstatierte er verbittert. Die »Kur- und Badeplätze« verwandelten sich nach seinen Beobachtungen mehr und mehr in »Schröpfanstalten«, wo vor allem für den Berliner »alles gut genug« sei. Das gesamte Reisegewerbe wurde schamlos kommerzialisiert. Die ozonreiche Luft, in die sich Fontane »aus der Berliner Malaria« zu retten hoffte, war längst problematisch geworden; man lese nach, was er an Stephany am 28. Juli 1886 über Misthaufen und Jauchepfützen im »klimatischen Kurort« Krummhübel zu berichten weiß. Und gar der Brief an Tochter Martha vom 13. Juni 1896:

»Überhaupt deutsche Luftkurörter! Wie Kanonenluken in die Welt hineinstarrende Klosett-Rachen (Wernigerode), Dünensand, der bibbert und Wellen wirft von den verscharrten Fleischabfällen (Norderney), Gänsedreck-Ozean und zum Färben aufgetürmte alte Judenhosen (Krummhübel) – das heißt Sommerfrische, Luftbad.« Allein dieser Schreckenskatalog macht verständlich, daß Fontane das »moderne Reisewesen« für sehr reparaturbedürftig erklärte.

Theodor Fontane ließ sich von den vielfach monierten Kalamitäten nicht schrecken, denn er brauchte die »Umstimmung des Winterschlafkörpers« durch Sommerfrische; das »Sommer-*Vergnügen*« bildete das »Fundament für Gesundheit und Winterarbeit«. Wenn er in die Kurorte fuhr, gab er seinem Ruhebedürfnis nach (das er zur Arbeit brauchte) und stillte vor allem seinen Lufthunger. Über den wohltätigen Einfluß von »Naturluft statt Berliner Stadt- und Kanalluft« referierte er immer aufs neue. Von »seligem Lungenturnen« in Wernigerode ist die Rede, ein Schiller-Zitat wird zu der Devise ummontiert: »Luft ist kein leerer Wahn«. Im August 1884 erläuterte er seiner Tochter – allzu voreilig, wie uns heute scheint – gar ein Programm für die »Luftmedizin« der Zukunft. Statt Pharmazien aus Flaschen und Büchsen werde man drei Wochen Lofoten, sechs Wochen Engadin, drei Monate Wüste Sahara verschreiben, und der Patient komme aus dem Heilmittel bei Tag und Nacht nicht heraus.

Und wie absolvierte Fontane sein Frischluft-Pensum? Wenn's das Wetter irgend zuließ, saß er dichtend in einer Laube und machte sich später am Tage zu ausgedehnten Streifzügen in die Umgebung auf. Auf Norderney war das Ziel meist nur eine einsame Bank, im Harz und im Riesengebirge bewältigte er nicht ohne Stolz auch ganze Tagespartien. Er marschierte auf abenteuerlichen Pfaden von Thale nach Treseburg und zurück, von Krummhübel auf die Koppe; noch 1890 ist er fünf bis sechs Stunden zu Fuß unterwegs, und verbürgt sind, wie gesagt, seine »stundenlangen Spaziergänge an der Tiergartenlisière« in Berlin.

Offenbar wurde Fontane erst im zunehmenden Alter zum passionierten Läufer; in früheren Jahren war er ein Wanderer, der lieber fuhr. »Dies nutz- und endlose Durch-die-Straßen-Traben ist mir verhaßt«, schrieb er 1856; er bevorzugte das Oberdeck der doppelstöckigen Londoner Omnibusse und ließ die Stadt Revue passieren. Seine »Wanderungen durch die Mark Brandenburg« sind mehr erfahren als erlaufen. Noch 1875 proklamierte er aus Italien: »Das Beste ist *fahren*; mit offnen Augen vom Coupé, vom Wagen, vom Boot, vom Fiacre aus die Dinge an sich vorüberziehen lassen, das ist das A und das O des Reisens. Was noch übrigbleibt, ist Sache des Studiums …« Fontane nutzte gern die Möglichkeiten der rasanten Verkehrsentwicklung des Jahrhunderts. Seine Fortbewegungsmittel waren Eisenbahn und Postomnibus, Dampfschiff und Pferdefuhrwerk.

Als er 1819 geboren wurde, hatte gerade das erste Dampfsegelschiff in der sensationellen Zeit von 26 Tagen den Atlantik überquert; als er 1836 die Apothekerlehre begann, lag die Jungfernfahrt des ersten deutschen Dampfzuges zwischen Nürnberg und Fürth ein halbes Jahr zurück. 1844 – Fontane unternahm den Ausflug nach England – verfügte Preußen über ganze 861 Bahnkilometer; 1860 – der Autor kam von seinem dritten englischen Aufenthalt zurück – waren es 7169 Kilometer und 1870 – Fontane fuhr als Kriegsberichterstatter nach Frankreich – bereits 11523. Während er an »Cécile« arbeitete (1885/86), knatterten die ersten Kraftfahrzeuge von Daimler und Benz über die Straßen, und im Jahr der Buchausgabe von »Effi Briest« (1895) veranstaltete eine französische Zeitung das erste Automobilrennen. Als Fontane am »Stechlin« schrieb, in dem sich die phantasiebegabte Melusine an der Vorstellung von Luftschifferschlachten begeistert, verunglückte der Berliner Fliegerpionier Otto Lilienthal vor den Toren der Stadt tödlich (1896), und Fontane äußerte sich skeptisch über die »Flugmaschinen« (die fünf Jahre nach seinem Tod tatsächlich flugfähig wurden).

In seiner Jugend vertraute er sich einem »Rippenbrecher« von Postwagen an, im Alter reagierte er in seinem Gedicht »In der Koppel« auf die ersten elektrisch betriebenen Züge. Dazwischen liegen ungezählte Fahrten mit der Droschke und dem »Hauderer«. Am liebsten saß er neben dem Kutscher auf dem Bock, und nicht nur Karl Moll (in »Spreeland«) hat er wie eine Romanfigur porträtiert. Die Kutscher vertraten das einfache Volk für ihn. In seinem Vorwort über »Reisen in der Mark« (zur zweiten Auflage der »Grafschaft Ruppin«) empfiehlt er: »Verschmähe nicht den Strohsack neben dem Kutscher, laß dir erzählen von ihm, von seinem Haus und Hof, von seiner Stadt oder seinem Dorf, von seiner Soldaten- oder seiner Wanderzeit, und sein Geplauder wird dich mit dem Zauber des Natürlichen und Lebendigen umspinnen. Du wirst, wenn du heimkehrst, nichts Auswendiggelerntes gehört haben wie auf den großen Touren, wo alles seine Taxe hat; der Mensch selber aber wird sich vor dir erschlossen haben. Und das bleibt doch immer das Beste.«

Fontane muß ein recht kontaktfreudiger Reisender gewesen sein, der gern Bekanntschaften schloß und »lange Plauderabende« mit anderen Gästen liebte (einen »artigen und amüsablen alten Herrn« nannte er sich selbst). Geselligkeit galt ihm als »Feiertagsspeise des Lebens«, aber er wußte nur zu gut: »Daß man angenehme

Menschen findet, ist wie das Große Los ...« Seine Briefe führen, um im Bilde zu bleiben, eher Nieten vor: den pommerschen Junker mit dem stinkenden Fisch, die alte Dame, bei der »gewisse Muskeln nicht mehr luftdicht schlossen«, den protzigen Propriétaire aus Lichterfelde, jenen Cottbuser Pastor mit der todkranken Frau.

Allerdings waren dem geselligen und gesellschaftlichen Umgang noch ganz andere Grenzen gezogen. Fontane hat es, bei unermüdlicher Arbeit, nicht einmal zum Ansatz eines bescheidenen Wohlstands gebracht, »es reichte man grade«; er lebte nicht ärmlich, aber reichlich bescheiden. Erst ziemlich spät konnten sich's die Fontanes leisten, gemeinsam zu verreisen. Haushaltsberechnungen, Kostenbilanzen und Voranschläge begleiten daher durchgängig auch seine Reisebriefe. Fontane fürchtete, daß er und Frau Emilie unterwegs nicht recht miteinander auskommen würden; nervös von Haus aus, anfällig gegen Krankheit, eingeengt von Geldrücksichten, gerieten sie beide leicht aus dem Häuschen. Die »arme Poetenfrau« erwies sich indes als eine passable, ja verständnisvolle Gefährtin, und die Briefe stellen ihr durchweg gute Zeugnisse aus.

Die ewige Flaute in der Kasse blieb nicht ohne Einfluß auf den »äußeren Menschen« Fontane, der oft schäbig genug gekleidet gewesen sein muß. Mehr als einmal machte er sich gesellschaftsfähig, indem er die abgewetzten Kanten seines Anzugs mit Tinte nachfärbte. Auch sein »Überzieher mit dem mausrigen Samtkragen« brachte ihn in Verlegenheit. Speziell mit seinen Hosen hatte er permanente Probleme. Abgesehen davon, daß er wohl zu jenen gehörte, die vergessen, daß Beinkleider auch Knöpfe haben, scheint er sich eine nur wenig haltbare Sorte geleistet zu haben. Von der Hose, »am Knie immer Beutel«, ist viel die Rede, auch von der

»Bammelhose, nur ein Knopf zu«. Eins seiner unvergleichlichen Briefgeständnisse an seine Frau bezieht sich auf ein solches Exemplar. »Lege doch in Deinen nächsten Brief«, schreibt er 1883 aus Thale, »eine Nähnadel mit einem schwarzen Zwirn- oder Seidenfaden ein, aber erst in eine Kapsel gesteckt; alle modernen Hosennähte sind nur geheftet und haben die Eigentümlichkeit, immer an den bedenklichsten Stellen zu reißen, wo Hülfe ebenso nötig wie schwierig ist. Denn gerade mit Rücksicht auf die Stelle kann man sich nicht vertraulich an ein kleines rotköpfiges Dienstmädchen wenden. Es wäre schon fast wie Antrag.«

In solchen Passagen über das Menschlich-Allzumenschliche kommt die Persönlichkeit Fontanes besonders liebenswert zum Vorschein. Überhaupt erschließen seine Briefe auf meist humoristisch-ironische Weise die intime Befindlichkeit des reisenden Individuums, das vielfach von Zahnschmerz und Schnupfen und fast immer von Magenverstimmung und »Unterleibszuständen« gepeinigt wurde. Vergnüglich ist nachzulesen, wie er sich – meist durch Fasten – selbst kurierte, ergötzlich sind seine Berichte darüber, wie ihm ausgerechnet bei bevorstehenden Kunst- und Naturgenüssen der »ganze Vesuv im Leibe« saß: in Toul, in Sorrent und – fast möchte man bei der notorischen Wagner-Aversion Fontanes sagen: natürlich – in Bayreuth.

Mit sympathischer Selbstironie redet er über die »Zieraten seiner Gesundheitsnecessaires«, mit denen er, der ewig fror, sich vor der gefürchteten Zugluft und vor Erkältung zu schützen suchte: es waren das berühmte »Cachenez«, jenes große Schultertuch, dem er sein hohes Alter zuschrieb, und die Filzschuhe, die ihm unentbehrlich waren – unentbehrlich wie ein vernünftiges Bett, das ihm so selten geboten wurde. Allzuoft wiederholte sich, was er 1852 in Köln erlebte: »Das Gestell [des Bettes] groß, hoch und von einer Solidität der Bauart, als sollten 6 Brautpaare wie König Gunther und Brunhilde ihr Beilager darin halten; dazu ein Deckbett von der Größe eines mäßigen Oreillers, so daß ich mich gezwungen sah, Schlafrock und Mantel als Hülfstruppen heranzuziehn.«

Der Zauber Fontanescher (Reise-)Briefe rührt nicht zuletzt von der Kunst her, solch simple Sachverhalte geistvoll zu beschreiben, heikle Themen mit Charme zu erörtern, Grundsätzliches sentenziös zu formulieren und Delikates mit Dezenz zu behandeln. Seine Briefe brennen meist ein Feuerwerk von poesievollen Partien, bedenkenswerten Bemerkungen und witzigen Wendungen ab. Die venezianische »Glorie des Paradieses« deucht ihm ein »Salat von Engelbeinen«, in Paris begegnen ihm allzu viele »konfiszierte Gesichter«, London habe die Fettaugen seiner Begeisterung abgeschöpft, unter den Jungfern seiner Pension fühlt er sich wie in einem Harem, »dessen Blumen zu Anfang dieses Jahrhunderts blühten«, und der pythagoreische Lehrsatz auf dem Kölner Klo kommt ihm vor wie der Professor im Bordell.

Fontane war auch beim Briefeschreiben ein Causeur, ein espritreicher Plauderer, und obwohl sein souveräner »Bummelton« meist sorgsam bedacht, häufig sogar vorher im Konzept ausprobiert war, sind seine Briefe stets »Aus- und Abdruck einer Stimmung«, vom Augenblick geprägt, von der Gemütsverfassung des Tages abhängig. Daher wechseln die Urteile, ändern sich die Meinungen, unterlaufen Ungerechtigkeiten (so sind gelegentliche antijüdische Äußerungen nicht etwa als Antisemitismus mißzuverstehen). Irritiert von der »italienischen Buchführung«, verkündet er 1874: »Ich komme preußischer zurück denn je.«

Im Jahr darauf bagatellisiert er, wiederum in Italien, eine »leise Prellerei«, die gegen die »gemeine norddeutsche Betrügerei« nicht aufgewogen werden könne, und es heißt nun: »Wie ungermanisch bin ich doch!« Oder man verfolge, wie er sich an eine objektive Bewertung seiner Pariser Eindrücke heranschreibt. Kaum hat er sich zu einer Auffassung bekannt, beginnt er deren Verbindlichkeit zu bezweifeln, bedenkt er die Kehrseite der Medaille. Er ließ die Empfänger seiner Briefe sozusagen an seiner Urteilsfindung teilhaben.

Theodor Fontane erzielte auch auf Reisen »kolossale Überschüsse« beim Briefeschreiben, und ein Großteil davon waren druckreife literarische Manuskripte, kleine Kunstwerke, die er als dauerhafte Reiseandenken an seine Familie, seine Freunde und – seine heutigen Leser verschenkte.

Gotthard Erler

8 *Militär-Waisenhaus* – Erziehungsanstalt für Kinder verstorbener Militärs; die bekannteste Schule dieser Art in Preußen befand sich in Potsdam.
König – Friedrich Wilhelm IV.
9 *Gunther und Brunhilde* – Burgundisches Königspaar der Nibelungensage von großer, kräftiger Gestalt und starken Körperkräften.
Oreiller – Kleines Kopfkissen.
Shawl – Großes Umhängetuch.
10 *Onkel Fritz* – Auf der Reise nach London, wo sich Fontane im Auftrag der ministeriellen Zentralstelle für Preßangelegenheiten bis September 1852 aufhielt, besuchte er in Aachen die Familie seines Onkels Fritz Labry, des ältesten Bruders seiner Mutter.
Panonie – Vermutlich Verwechslung mit Päonie: Pfingstrose.
Sue – Der französische Romancier Eugène Sue hatte in seinen Büchern der vierziger Jahre (beginnend mit »Die Geheimnisse von Paris«, 1842/43), die teilweise im lumpenproletarischen Milieu angesiedelt sind, mit sentimental-moralisierender Tendenz die »Verwilderung« überkommener sittlich-sozialer Strukturen dargestellt.
die alte Sommerfeldt – Gemeint ist wohl die Mutter von Fontanes Schwager Hermann Sommerfeldt, der die Apotheke in Letschin besaß und 1864 die Luisenstädtische Apotheke in Berlin übernahm.
Die Nonne – Adelheid Labry.
11 *kleiner Junge* – Fontanes ältester Sohn George.
die gute Alte – Fontanes Mutter Emilie.
13 *pp* – praemissis praemittendis: (lat.) unter Voransetzung der Titel und der Anrede des Genannten; früher üblicher Zusatz zum Namen.
vor 8 Jahren – Fontane war im Mai/Juni 1844 zum ersten Male in England gewesen und hatte seine Erlebnisse in tagebuchähnlichen Aufzeichnungen festgehalten.

14 *Emiliens Brief* – Emilie Fontane beruhigte ihren Mann im Brief vom 23. April 1852 über ihren »Zustand«. Sie erwartete ihr zweites Kind, das am 2. September geboren wurde und nach vierzehn Tagen starb.

15 *kalifornisches Plänchen* – Wohl soviel wie: Aussicht auf eine gesicherte Existenz unter angenehmen Bedingungen.

die lieben Reisenden – Emilie Fontane reiste nach Liegnitz zu ihrer Halbschwester Therese Fels. In Dammersdorf bei Liegnitz lebte auch ihre Mutter, die in zweiter Ehe mit dem Oberförster Triepke verheiratet war.

deutsche Flüchtlingskneipe – Fontane hat das Lokal in dem Artikel »Long Acre 27« genau beschrieben, den er in sein Buch »Ein Sommer in London« (1854) aufnahm.

16 *boarding-house* – (engl.) Pension (mit Vollverpflegung).

17 *Lurke* – Mundartlich für: dünner Kaffee.

Berzeliussche Lampe – Nach dem schwedischen Chemiker Johann Jakob Berzelius benannte Spirituslampe, die zum Erhitzen von Gefäßen benutzt wurde.

18 *verquienen* – eingehen, dahinschwinden.

19 *Ernst Schultze* – Unter diesem Namen war August Müller, Kassenverwalter der Berliner Charité, Mitglied des literarischen Vereins »Tunnel über der Spree« (seit 1827), dem Fontane seit 1844 angehörte.

Köpnick (Bellevue) – Lepel besaß das (heute nicht mehr existierende) Schlößchen Bellevue in Köpenick.

London – Fontane war im Auftrag der preußischen Regierung nach London gegangen, um eine »Deutsch-englische Korrespondenz« aufzubauen, mit der Preußen Einfluß auf wichtige Zeitungsredaktionen zu gewinnen hoffte. Das Unternehmen mußte im März 1856 wieder aufgegeben werden.

20 *Savoyarden* – Straßenmusikanten aus Savoyen (dem französisch-italienischen Grenzland), deren Drehorgeln Fontane als »das eigentliche Schrecknis Londons« empfand (in dem Artikel »Die Musikmacher«, den er 1854 in sein Buch »Ein Sommer in London« aufnahm).

La Marmora – Alfonso Ferrero, Marchese La Marmora, kommandierte 1855 ein Hilfskorps, das während des Krimkrieges (vgl. die folgende Anm.) an den Schlachten am Tschernaja-Fluß beteiligt war. Die Tschernaja trennte während der Belagerung von Sewastopol die gegnerischen Truppen.

20 *England führt Krieg* – Großbritannien war seit 1854 in den Krieg verwickelt, den Rußland seit 1853 gegen die Türkei (sowie Großbritannien und Frankreich) um die Vorherrschaft im Nahen Osten führte (nach dem Hauptkriegsschauplatz Krimkrieg genannt).

21 *ehemaliger Kaiser-Franz-Grenadier* – Fontane hatte 1844/45 seinen Dienst als Einjährig-Freiwilliger im »Kaiser-Franz-Gardegrenadierregiment Nr. 2« geleistet.

Coldstream-Garden – Nach der schottischen Stadt benanntes Garde-Infanterieregiment (seit 1656).

Life- und Horse-Guards – Berittene Leibwache.

22 *die berühmten Gestalten des Warze, Schimmlich und Bullenkalb* – Rekruten in Shakespeares Schauspiel »König Heinrich IV.«, Zweiter Teil.

fipprig – etwa: zu eng.

Newgate – Gefängnis in London, das auch als Hinrichtungsstätte diente.

Vandiemensland – Seit 1853 Tasmanien, wo Großbritannien 1803 eine Verbrecherkolonie eingerichtet hatte.

Malachow – Am 8. September 1855 hatten die Franzosen den Malakow erobert, einen strategisch wichtigen Teil der Festungsanlage von Sewastopol.

Sweaborger Affaire – Im August 1855 war die finnische Festung Sweaborg von einem englisch-französischen Flottenverband beschossen worden.

24 *»Doch werdet ihr nie ...«* – Zitat aus Goethes »Faust«, Erster Teil, Szene »Nacht«, Vers 544 f.

Ottaverime – Stanze, achtzeilige Strophenform.

25 *Boltz* – August Boltz' Übertragung vom zweiten Band des »Tagebuchs eines Jägers« von Iwan Turgenjew war 1855 in Berlin herausgekommen.

Freytagsche »Journalisten« – In Gustav Freytags Lustspiel (1852 uraufgeführt, 1854 gedruckt) ist Konrad Bolz Redakteur an der Zeitung »Union«.

Legions-Offiziere – In London war während des Krimkrieges eine Fremdenlegion aus deutschen Söldnern aufgestellt worden, die allerdings nicht im Krieg gegen Rußland, sondern in Südafrika eingesetzt wurde.

26 *mauvais sujet* – (franz.) Taugenichts.

27 *ihre Haut zu Markte zu tragen* – Anspielung auf den Soldatenhandel, den speziell die Herzöge von Hessen-Kassel mit Großbritannien trieben, das die hessischen Truppen-

kontingente gegen die Kolonisten einsetzte, die in Nordamerika um ihre Unabhängigkeit kämpften.

27 *intolerable dull and tedious* – (engl.) unerträglich traurig und langweilig.

Canker – Die Assoziation zu »Krebs« erwies sich als Irrtum; die Familie hieß Conquer.

28 *that is the question* – (engl.) das ist die Frage. Anspielung auf den Hamlet-Monolog »Sein oder Nichtsein, das ist hier die Frage« (III,1).

Lord Holland – Peerstitel der Familie Fox. Fontane meint wohl den britischen Politiker Charles James Fox.

Austria and Prussia ... – (engl.) Was werden Österreich und Preußen tun? – Die Neutralität dieser beiden Staaten im Krimkrieg hatte zu Spannungen mit Großbritannien geführt.

29 *unser König* – Friedrich Wilhelm IV.

Prinz von Preußen – Der spätere preußische König und deutsche Kaiser Wilhelm I.

30 *prästieren* – leisten.

31 *Karger* – Von diesem Leutnant von Karger erzählt Fontane in seiner Autobiographie »Von Zwanzig bis Dreißig«, Abschnitt »In Bethanien«, Kap. 3.

32 *sympathetische Dinte* – Geheimtinte, die erst nach längerer Zeit oder nach spezieller Behandlung sichtbar wird.

Siegesnachrichten aus der Krim – Vgl. die fünfte Anm. zu S. 22.

Brandenburg – Vermutlich Gustav Graf von Brandenburg.

Tavistock Square – Dort hatte Fontane 1852 gewohnt.

34 *Gêne* – (franz.) Anstandszwang.

Reprimande – Tadel.

35 *Damn, I pay ...* – (engl.) Verdammt noch mal, ich zahle, und deshalb möchte ich nichts entbehren.

Am Dienstag erhielt ich ganz unerwarteterweise einen Besuch von meinem – Dieser Satzteil wurde aus Fontane, »Briefe. Erste Sammlung«, Band 1, 1905, übernommen.

36 *Unternehmen* – Vgl. die dritte Anm. zu S. 19.

bereits existierende »Korrespondenz« – Der von Kauffmann und Schlesinger in London herausgegebene Informationsdienst für die internationale Presse.

38 *Treutlers* – Emilie Fontane hielt sich bei der mit ihr befreundeten Johanna Treutler auf, der Frau des Kommerzienrats Treutler in Neuhof bei Liegnitz.

38 *Café Divan* – Lesecafé im ersten Stock der Speisegaststätte von John Simpson, eines heute noch bestehenden Restaurants am Strand.

Poloniussche Lebensweisheit – Fontane hatte am 14. November 1855 in einem Brief an seinen Sohn George scherzhaft einige Lebensweisheiten formuliert (»Hüte Dich vor Verplemperungen«); er vergleicht sie ironisch mit Sentenzen des Polonius aus Shakespeares »Hamlet«.

40 *einen 5. Brief* – Fontane schrieb für das von Eggers redigierte »Literaturblatt des Deutschen Kunstblattes« eine Folge von Briefen über »Shakespeare auf der modernen englischen Bühne«. Der fünfte Brief wurde erst am 2. Oktober 1856 veröffentlicht.

41 *Ollen-Königs-Geburtstag* – Friedrich Wilhelm III., der Vater des regierenden Königs, hatte am 3. August Geburtstag.

Ellora – 1852 gegründete gesellige Vereinigung von Berliner Schriftstellern und bildenden Künstlern.

42 *Stralau* – Damals beliebtes Ausflugsziel außerhalb Berlins.

Eierhäuschen – (Heute noch existierendes) Ausflugslokal an der Spree.

Hydepark-Achill – 1822 enthülltes Denkmal für den Herzog von Wellington, das Fontane in seinem Aufsatz »Die öffentlichen Denkmäler« (1854 in das Buch »Ein Sommer in London« aufgenommen) als »eine längst verurteilte Geschmacklosigkeit« bezeichnete.

Pauvreté – (franz.) Armut, Bedürftigkeit.

44 *Gesandter* – Albrecht Graf von Bernstorff.

Rütli – 1852 gegründeter geselliger Kreis von Berliner Schriftstellern und bildenden Künstlern.

Dichter der Schlacht von Hemmingstedt – Fontanes Ballade »Der Tag von Hemmingstedt«, die den Sieg der dithmarsischen Bauern über ein dänisches Ritterheer am 17. Februar 1500 behandelt, war im »Tunnel über der Spree« (vgl. die erste Anm. zu S. 19) preisgekrönt worden.

45 *3 Königreiche* – England, Schottland und Irland.

Whist en quatre – Whist mit vier Personen.

Königin – Victoria.

Schlacht von Crécy – Am 26. August 1346 besiegten die Engländer ein weit überlegenes französisches Ritterheer. In dieser Schlacht fiel auch der König von Böhmen, auf den lange Zeit die Devise »Ich dien« irrtümlich zurückgeführt wurde. Sie ist indes walisischen Ursprungs und gehört zu den Attributen des Prinzen von Wales.

45 *Spandauer Bock* – Vielbesuchte Bierlokale in Spandau bei Berlin mit Gärten und Belustigungen; beliebtes Ausflugsziel.

46 *»Herodes«* – Schauspiel von Lepel.

München – Fontane war im August 1856 von London nach Berlin gekommen und kehrte nun über Süddeutschland und Paris nach England zurück.

47 *Direktor* – Ludwig Metzel.

Gefahr – Emilie Fontane stand kurz vor der Geburt ihres fünften Kindes (Theodor).

Geibel – Geibel lebte seit 1852 in München.

»Argo«-Geld – Die »Argo« war das Publikationsorgan des Rütli-Kreises (vgl. die zweite Anm. zu S. 44).

48 *Mannheim* – Vgl. die zweite Anm. zu S. 46.

49 *matin-chagrin* – (franz.) Morgenkummer. Anspielung auf das Sprichwort »Spinne am Morgen bringt Kummer und Sorgen«.

50 *Hochzeitstag* – Fontane hatte 1850 geheiratet.

52 *Commis* – Geschäftsreisender.

53 *an Papa ... schicken* – Emilie Fontane nutzte die letzte freie Seite des zweiten Bogens zu einigen Begleitzeilen an ihren Schwiegervater, der sich nach der Trennung von seiner Frau im Frühjahr 1855 nach Schiffmühle bei Freienwalde zurückgezogen hatte.

einen eignen Brief – Vgl. den folgenden Brief.

»N. Preuß.« – »Neue Preußische (Kreuz-)Zeitung«.

für Frau v. Merckel ... Verse – Die Verse sind nicht erhalten geblieben.

56 *Kugler* – Mit Franz Kugler war Fontane durch den »Tunnel über der Spree« (vgl. die erste Anm. zu S. 19) und durch den Rütli-Kreis (vgl. die zweite Anm. zu S. 44) bekannt.

58 *dixhuit à quarante deux* – (franz.) achtzehn zu zweiundvierzig.

59 *Immermann* – Name Wilhelm von Merckels im »Tunnel über der Spree« (vgl. die erste Anm. zu S. 19).

Pichelsberg – Ausflugsziel im Westen Berlins mit vielbesuchten Gartenlokalen.

60 *Chambre garnie* – (franz.) möbliertes Zimmer.

60 *venezianische Blenden* – Jalousien.
61 *Shopkeeper* – (engl.) Geschäftsleute, Krämer.
62 *drawing-room* – (engl.) Empfangszimmer, Salon.
63 *die Kinder* – George und Theodor.
Groom – (engl.) Diener.
65 *Sommerwünsche ... Salzbrunn* – Fontane hatte im Sommer eine Kur im schlesischen Salzbrunn erwogen, um seine angegriffene Gesundheit wiederherzustellen.
Das jüngste Kind seiner Laune – Geflügeltes Wort nach dem Sammeltitel einiger Schriften des Dramatikers Kotzebue (»Die jüngsten Kinder meiner Laune«). Das sechste Kind der Sommerfeldts wurde im Oktober geboren.
66 *Reise nach Schottland* – 9. bis 24. August 1858. Fontane schrieb darüber das Buch »Jenseit des Tweed« (1860).
»Vossische« – »Vossische Zeitung«.
Odeum – Gaststätte mit Kaffeegarten im Berliner Tiergarten; ging 1866 ein.
67 *hier eingetroffen* – Nachdem Fontane den Vertrag über seine Tätigkeit in London gelöst hatte, kehrte er im Januar 1859 nach Berlin zurück; die Familie folgte später nach.
Bethanien – 1847 eröffnetes Krankenhaus (Diakonissenhaus) in Berlin. Fontane hatte dort 1848/49 die pharmazeutische Ausbildung zweier Diakonissen geleitet.
68 *hier eingetroffen* – Nach der Rückkehr aus London bemühte sich Fontane um eine neue Anstellung. Einer Anregung Paul Heyses folgend, hielt er sich im März 1859 in München auf, wo man ihm die Stelle des Privatbibliothekars beim bayerischen König in Aussicht gestellt hatte. Unverrichteterdinge fuhr Fontane, in Leipzig (wo er 1841/42 als Apothekergehilfe gelebt hatte) Station machend, nach Berlin zurück.
69 *Ausbeute in Oranienburg* – Für das Kapitel »Schloß Oranienburg«, das 1861 im ersten Band der »Wanderungen durch die Mark Brandenburg« erschien und 1880 in die zweite Auflage des »Havelland«-Bandes übernommen wurde.
70 *Ausflug nach Rheinsberg* – Fontane hatte bereits 1859 einige Aufsätze über Rheinsberg veröffentlicht. Die erneute Reise (mit Wilhelm Hertz und Adolf Enslin) diente weiteren Studien, die sich 1861 im »Rheinsberg«-Kapitel des ersten Bandes der »Wanderungen durch die Mark Brandenburg« niederschlugen.

70 *Gentz* – Wohl Alexander Gentz, der das Gut Gentzrode bei Neuruppin besaß, über dessen Geschichte Fontane in späteren Auflagen des ersten Bandes der »Wanderungen durch die Mark Brandenburg« berichtete.

71 *Cossenblatt* – Fontane verwertete seine Eindrücke in dem Kapitel »Schloß Cossenblatt« für den »Wanderungen«-Band »Das Oderland« (1863). In den gleichen Band nahm er auch das Kapitel über das Gut »Steinhöfel« auf, das seit 1790 im Besitz der Familie von Massow war.

72 *Groß Rietz* – Das Gut hatte dem preußischen Justizminister Johann Christoph (von) Wöllner gehört, einem reaktionären Günstling Friedrich Wilhelms II. von Preußen. Fontane schrieb erst in dem Kapitel »Eine Osterfahrt in das Land Beeskow-Storkow« darüber, das 1881 entstand und in den »Wanderungen«-Band »Spreeland« übernommen wurde.

73 *Ludchen* – Die Schriftstellerin Ludovica Hesekiel.

74 *Kreise* – Vermutlich verschrieben für: Reise.
wo Du ... auch aufgebrochen warst – Emilie hielt sich bei ihrer Freundin Johanna Treutler in Neuhof bei Liegnitz auf.
dritthalb – zweieinhalb.
Bericht für die »Kreuz-Ztng.« – Er erschien unter dem Titel »Sankt Johannistag in Sonnenburg« am 26. Juni 1862 in der »Kreuzzeitung«. Sonnenburg war von 1427 bis 1810 Sitz des Johanniterordens.

75 *Tamsel* – Darüber schrieb Fontane ein umfangreiches Kapitel für den zweiten »Wanderungen«-Band, »Das Oderland« (1863).
Casimir – Wertvoller englischer Wollstoff.
Zorndorfer Schlachtfeld – Im Verlauf des Siebenjährigen Krieges siegten dort am 25. August 1758 die Preußen über ein russisches Heer.

76 *»Ritt ins romantische Land«* – Einen »Ritt ins alte romantische Land« nannte Wieland seine »Oberon«-Dichtung.
Süßlington – Scherzhafte, ans Englische angelehnte Wortbildung; etwa: die kleine Süße. Offenbar ist die Tochter Martha gemeint.

77 *Freienwalde* – Das Kapitel über Freienwalde erschien im zweiten »Wanderungen«-Band, »Das Oderland« (1863).
bei Vater draußen – In Schiffmühle (vgl. die erste Anm. zu S. 53).

77 *Weise* – Fontane widmete ihm im »Freienwalde«-Kapitel von »Oderland« einen Abschnitt mit der Überschrift »Hans Sachs von Freienwalde«.

78 *Ob ich noch mal schreibe* – Vgl. den folgenden Brief.
Liebling – Vermutlich ist die Tochter Martha gemeint.

79 *Uchtenhagens* – Über die Familie der Uchtenhagens schrieb Fontane den Aufsatz »Der Schloßberg bei Freienwalde und die Uchtenhagens«, der 1863 in den zweiten »Wanderungen«-Band, »Das Oderland«, aufgenommen wurde.
Korrekturbogen – Wahrscheinlich zu den von Fontane aus dem Nachlaß herausgegebenen »Kleinen Studien« Wilhelm von Merckels.

81 *Majordomus* – Hier: Hausverwalter.

82 *Neustadt* – Gemeint ist Eberswalde, das bis 1876 Neustadt-Eberswalde hieß.
fish-smell – (engl.) Fischgeruch.

83 *Ressource* – Gesellschaftshaus, Klub.

84 *Haus, drin ich 5 Jahre lang gelebt* – Fontanes Eltern übersiedelten im Sommer 1827 von Neuruppin nach Swinemünde, wo der Vater die Adler-Apotheke erworben hatte. Der junge Fontane blieb dort bis Ostern 1832. In dem »autobiographischen Roman« »Meine Kinderjahre« (1894) hat er später jene Zeit beschrieben.
Letschin – Dort, im Oderbruch, besaß Fontanes Vater ab 1838 die Apotheke.

85 *Dunkle Zypressen ...* – »Dunkle Zypressen – / Die Welt ist gar zu lustig; / Es wird doch alles vergessen«: Ritornell von Theodor Storm.

86 *Friede* – Friedrich Eggers.

88 *Insel* – Usedom.
body – (engl.) Körper.
Corsally – Die Familie Fontane hatte im September 1862 eine Wohnung in der Alten Jakobstraße 171 bezogen; das Haus gehörte dem Baumeister Johann Friedrich Karl Corsally.
Hirschelstraße – Die Familie Fontane zog im Herbst 1863 in die Hirschelstraße, die 1867 in Königgrätzer Straße umbenannt wurde. Die Fontanes wohnten dort bis 1872.

89 *Kopenhagen* – Fontane besuchte im Mai und erneut im September 1864 die Schauplätze des Deutsch-Dänischen

Krieges, über den er das Buch »Der Schleswig-Holsteinsche Krieg im Jahre 1864« schrieb (1866). Berichte über die Reise nach Dänemark erschienen im Herbst 1864 in der »Kreuzzeitung«.

89 *Rütli-Stunde* – Vgl. die zweite Anm. zu S. 44.
Türkisches Zelt – Gartenlokal im Berliner Tiergarten.

90 *Flensburg* – Vgl. die erste Anm. zu S. 89.
Hardesvogt – Storm hatte nach der Rückkehr nach Husum das Amt eines Landvogts übernommen.
cimbrische Halbinsel – Jütland, wo der germanische Stamm der Zimbern ursprünglich gesiedelt hatte.
Diana ... meine Göttin – Wohl eine Anspielung auf Diana als frei umherstreifende Göttin der Jagd.
Düppel ... Mai – Vgl. die erste Anm. zu S. 89.

91 *an meinem Buche* – »Der Schleswig-Holsteinsche Krieg im Jahre 1864« (vgl. die erste Anm. zu S. 89).
zweier Schwestern – Elise und Jenny.
zurückkehrender Fritz Reuter – Fritz Reuter, der seinen Wohnsitz 1863 nach Eisenach verlegt hatte, absolvierte zu dieser Zeit eine Wasserheilkur am Rhein.
Aufexerzierenlassen der 6. und 7. Compagnie ... – Anspielung auf Details bei der Erstürmung der Düppeler Schanzen am 18. April 1864, über die Fontane ausführlich in seinem Buch referierte.
Cantonnement – Unterbringung der Truppen außerhalb der Kaserne.

92 *Koffer gepackt* – Fontane reiste Ende August an den Rhein und in die Schweiz.
»Ist kein Montblanc da?« – Ironische Abwandlung der zeremoniellen Frage »Ist kein Dalberg (d. h. kein Würdigerer, Größerer) da?« nach den Krönungen der deutschen Kaiser, bevor sie den ersten Ritterschlag erteilten.
Gatte und Schwager – Hermann Sommerfeldt.

93 *Scharteucke* – Fontane hielt sich dort zu Studien für die »Wanderungen durch die Mark Brandenburg« auf. Er fuhr von Scharteucke aus nach Wust, um Material für ein Kapitel über das Dorf sowie über Hans Hermann von Katte zu sammeln, Friedrichs II. Jugendfreund, der in dessen Fluchtpläne eingeweiht war und hingerichtet wurde, als diese aufgedeckt worden waren. Fontanes Aufsatz erschien zuerst 1871 in der »Vossischen Zeitung«.
lawn – (engl.) Rasen.

93 *Kienbaum* – Über dieses östlich von Berlin gelegene Dorf, einst ein Zentrum der Bienenzucht, hatte Fontane 1863 in dem Band »Das Oderland« berichtet (später in »Spreeland« eingegliedert).

94 *Frau v. B.* – Frau von Brauchitsch.

verstorbner Minister – Karl Otto von Raumer.

petite-nièce – (franz.) Großnichte.

Paolo – So wurde der in München lebende, aus Berlin stammende Schriftsteller Paul Heyse im Freundeskreis genannt.

95 *Fahrt gen Thüringen* – In der zweiten Augusthälfte gemeinsam mit Frau Emilie.

Luckenwalde – In Luckenwalde wohnte Emilie Fontanes Freundin Laura Knochenhauer.

96 *Hôtel 10 Pfund* – 1863 eröffnetes, nach dem ersten Besitzer, Franz Zehnpfund, benanntes Hotel in unmittelbarer Nähe des Bahnhofs, auf dem die seit 1862 betriebene und von Berliner Sommergästen stark frequentierte Bahnlinie Berlin–Magdeburg–Halberstadt–Thale endete.

Füsilier-Regiment No. 36 – Fontane meint seine Darstellung des »Gefechts bei Üttingen (26. Juli)« in seinem Buch »Der deutsche Krieg von 1866« (Band 2, 1871), an der er damals arbeitete.

Ökonom – Hier: Landwirt, Landwirtschaftsfachmann.

97 *Rambouillet-Bock* – Die französische Stadt Rambouillet war wegen ihrer staatlichen Schäferei mit angeschlossener Schäferschule bekannt.

Taubengespann der Venus – Die Taube gehörte als Symbol der Fruchtbarkeit zum Kult der antiken Liebesgöttin.

98 *erstes Gedicht beendet ... morgen fang ich das zweite an* – Es handelt sich vermutlich um die beiden Balladen »Schleswigs Ostertag 1848« und »Der sechste November 1632 (Schwedische Sage)«.

99 *das »Verlorne Paradies«* – Epos von John Milton.

100 *erinnert sehr an Kösen* – Das Fontane 1867 besucht hatte.

Rigi-Hôtel – Das Fontane bei seiner Schweizreise im September 1865 kennengelernt hatte.

Bœuf à la mode – (franz.) geschmortes Rindfleisch.

101 *Abbotsford* – Schottischer Landsitz von Sir Walter Scott. Fontane war während seiner Schottland-Reise 1858 in Abbotsford und berichtete darüber in dem Buch »Jenseit des Tweed« (1860).

101 *»Onkel Theodor«* – Gemeint ist vermutlich der Oberstleutnant Wilhelm von Below, der seit 1834 mit einer Halbschwester von Emilie Fontane verheiratet war und in Ludwigslust lebte.

102 *da ich eben dichtete* – Vgl. die Anm. zu S. 98.

103 *was is mich Roßtrappe* – Parodistisch nach dem »Hamlet«-Zitat »Was ist ihm Hekuba?« (II,2). Bezeichnung für eine gleichgültige, beziehungslose Haltung gegenüber einer Person oder einem Ereignis.

106 *Erdmannsdorf* – Karl Freiherr von Münchhausen und seine Frau Agnes verwalteten Schloß Erdmannsdorf in Schlesien, das zunächst Scharnhorstsche, später Hohenzollernsche Besitzung war. Von Erdmannsdorf aus besuchte Fontane einige Kriegsschauplätze, wo er Lokalstudien für sein Buch »Der deutsche Krieg von 1866« trieb.

107 *in Entreprise nehmen* – sich hauptsächlich mit etwas beschäftigen.

Fr. W. III. – Friedrich Wilhelm III. von Preußen.

108 *Parure* – (franz.) Aufmachung, Pracht.

Luisenorden – 1814 von Friedrich Wilhelm III. zum Andenken an seine 1810 gestorbene Gemahlin Luise gestifteter preußischer Frauenverdienstorden.

Schloß – Neuhof bei Schmiedeberg. Schloßherr war Prinz Heinrich (Reuß).

Frl. v. R. – Mathilde von Rohr.

109 *ein einziges Kapitel geschrieben* – Für das Buch »Der deutsche Krieg von 1866« (1869/70).

»Heart of Midlothian« – (engl.) »Das Herz von Midlothian« (1818), historischer Roman von Sir Walter Scott.

112 *Vichy* – Stark kohlensäure- und eisenhaltiges Mineralwasser aus der gleichnamigen französischen Stadt.

113 *Kriegsbuch* – Vgl. die erste Anm. zu S. 109.

115 *Nancy* – Fontane war am 27. September 1870 nach Frankreich gereist, um im Auftrag des Deckerschen Verlages ein Buch über den Deutsch-Französischen Krieg zu schreiben. Als er Domrémy, den Geburtsort der Jungfrau von Orléans, besuchte, wurde er als vermeintlicher preußischer Spion verhaftet und auf die Atlantikinsel Oléron gebracht. Bismarck verwendete sich für Fontane, der am 24. November freigelassen wurde und am 5. Dezember wieder in Berlin eintraf.

116 *Attachement* – Anhänglichkeit, Zuneigung.

116 *blauer Orden* – Fontane hatte 1867 den Preußischen Kronenorden IV. Klasse erhalten.
Wangenheims – Nach der Rückkehr aus England 1852 hatte Fontane die Zwillingstöchter von Karl Hermann Freiherrn von Wangenheim und seiner Frau Marie unterrichtet und war seither mit der Familie befreundet.
Stanislaus Leszczyński – Stanislaus I. Leszczyński wurde nach dem zweiten Verlust der polnischen Krone mit dem Herzogtum Lothringen entschädigt; er starb in Nancy. Seine Tochter war seit 1725 mit Ludwig XV. von Frankreich (Louis quinze) verheiratet.

117 *Toul* – Vgl. die Anm. zu S. 115.

118 *ascendance* – (franz.) Aufstieg, Überlegenheit.
poetischer Kreis der Jeanne d'Arc – Die Jungfrau von Orléans stammte aus dem Toul benachbarten Domrémy.

119 *vous avez sonné!* – (franz.) Sie haben geläutet!
le cabinet … – (franz.) wo ist die Toilette?
Descendez! – (franz.) Gehen Sie hinunter!
C'est ça – (franz.) Da ist es.

120 *reformatorische Tätigkeit* – Anspielung auf die zuerst in England eingeführten Wasserklosetts.

121 *Langres* – Vgl. die Anm. zu S. 115.
seines Buches halber – Vgl. die Anm. zu S. 115.

122 *Besançon* – Vgl. die Anm. zu S. 115.
Ich schreibe heute deutsch – Fontane hatte zum Beispiel am 14. Oktober in französischer Sprache an Emilie geschrieben, weil er hoffte, der Zensur entgegenzukommen und die Beförderung des Briefes zu beschleunigen.
Kletke – Hermann Kletke war Chefredakteur der »Vossischen Zeitung«, wo Fontane seit August 1870 als Theaterkritiker für die Aufführungen des Königlichen Schauspielhauses zuständig war.

123 *wie es George ergeht* – George Fontane nahm am Feldzug in Frankreich teil.
Greffier – (franz.) Gerichtsschreiber.

125 *Kardinal* – Césaire Mathieu war seit 1834 Kardinal-Erzbischof von Besançon. Vgl. Fontanes Brief an ihn vom 5. Oktober 1871, S. 136 dieses Bandes.

126 *Cheer up!* – (engl.) Kopf hoch!
lone, lorn woman – (engl.) einsame, verlassene Frau.

127 *after having been cleaned* – (engl.) nachdem sie gereinigt worden ist.

127 *strop* – (engl.) Streichriemen zum Schärfen des Rasiermessers.
baby-pins – (engl.) Sicherheitsnadeln.
Cachenez – Großes Halstuch, Umhängetuch.
wie es Georgen ... ergeht – Vgl. die erste Anm. zu S. 123.
128 *Château, l'Isle d'Oléron* – Vgl. die Anm. zu S. 115.
expektorieren – sein Herz ausschütten.
129 *»Campagneton«* – Der typische Jargon während eines Feldzugs.
Sieben Kapitel ... schon geschrieben – Fontane arbeitete an seinem Erlebnisbericht »Kriegsgefangen. Erlebtes 1870«, der vom 25. Dezember 1870 bis zum 26. Februar 1871 in der »Vossischen Zeitung« erschien und Anfang 1871 auch als Buch herauskam.
Traumbilder niederschrieb – Fontanes Notizbuch aus der Gefangenschaft, in das er diese Verse schrieb (»Traum«), ist erhalten geblieben und befindet sich im Theodor-Fontane-Archiv Potsdam (D 6).
»Die Kleine auf Neu-Braunschweig« ... »Guldebrandsdal« – Die beiden Zeitungsnotizen gaben die Anregung zu den Gedichten »Annemarie« (1. Fassung 1885, 2. Fassung 1888; von Fontane nicht veröffentlicht) und »Gulbrandsdal« (1885; 1889 in der 3. Auflage der »Gedichte« erschienen).
130 *plein pouvoir* – (franz.) freie Hand.
Rempart – Hauptwall.
Campagne von 66 – Der preußisch-österreichische Krieg von 1866.
131 *»Der Regenvogel pfeift«* – Fontane meint das Gedicht »Gedenkst du noch?« (»Wie still die Luft! Des Regenpfeifers Schrei / Scholl klar herüber von dem Meeresstrande ...«).
132 *Saint Denis* – Fontane besuchte vom 9. April bis Mitte Mai 1871 erneut die französischen Kriegsschauplätze. Über diese Reise schrieb er im Sommer 1871 das Buch »Aus den Tagen der Okkupation. Eine Osterreise durch Nordfrankreich und Elsaß-Lothringen 1871«.
hoher Kavalier – Turmartiger Teil alter Befestigungsanlagen.
Mühle von Sanoy – In dem Kapitel »Die Mühle von Sannois« in dem Buch »Aus den Tagen der Okkupation« beschreibt Fontane den Ausflug auf den Windmühlenberg: »Hier saßen wir, fast am Rande des Vorsprungs, blickten

nieder in die Arena und sahen, wie die Versailler und die Föderalen, wie die dreifarbige und die rote Republik [die Pariser Commune] miteinander rangen. Für den Philanthropen traurig, für den Maler entzückend.«

133 *Frl. Annette* – Jeanette von Bülow.

daß mir die monotone Musik des Meeres ... über alles geht – Die gleiche Stimmung drückt ein Gedichtentwurf Fontanes aus dieser Zeit aus; die letzten Verse lauten: »In wirren Zeiten / Zieht es immer mich wieder her / Ich finde Genesung hier am Strand / Und es rauscht das ewige Meer« (Notizbuch D 11 im Theodor-Fontane-Archiv Potsdam).

die monotone Musik ... des Dobbertiner Sees – Vgl. Fontanes Gedicht »Die Tage von Dobbertin«, das im August 1871 während des Besuches bei Mathilde von Rohr in Dobbertin entstanden war. Fontane hat das Gedicht nicht veröffentlicht; der Entwurf findet sich im Notizbuch D 11 im Theodor-Fontane-Archiv Potsdam.

134 *Chevalière* – Vom Rütli-Namen Karl Zöllners abgeleitete Bezeichnung für dessen Frau Emilie.

135 *Spill* – Bezeichnung für den linken Steindamm der Mole; beliebter Aufenthaltsort der Badegäste.

der »Pavillon« ist kein leerer Wahn – Scherzhafte Abwandlung des Schiller-Verses »Und die Treue, sie ist doch kein leerer Wahn« (»Die Bürgschaft«).

Onkel Bräsig und Triddelfitz – Wie Lining und Mining Gestalten aus Fritz Reuters Roman »Ut mine Stromtid« (1862–1864).

en bataillon – Soviel wie: in Scharen.

Soupçon – Argwohn, Verdacht.

in balneis salus – (lat.) in den Bädern ist Rettung (vor dem Tode).

136 *Heydens »Siesta«* – Fries für ein Gartenzimmer, den der Berliner Maler August von Heyden, ein langjähriger Freund Fontanes, 1870 auf der Berliner Kunstausstellung gezeigt hatte.

Mirabeau – Er hatte sich 1786/87 in Berlin aufgehalten und in seiner »Geheimen Geschichte des Berliner Hofes« das zitierte Urteil gefällt.

Noel – (Spitz-) Name Fontanes im Rütli- und Ellora-Kreis; bezieht sich darauf, daß Fontane gern und ausführlich plauderte (nölte).

136 *An Césaire Mathieu [Entwurf]* – Der Entwurf dieses Briefes ist in Fontanes Notizbuch D 11 (Theodor-Fontane-Archiv Potsdam) überliefert.

137 *April- und Maireise in Nordfrankreich* – Vgl. die erste Anm. zu S. 132.

138 *Praepositi* – Vorsteher.

140 *in einer Anmerkung benutzen zu können* – Fontane hat die Angaben Mathieus in der Anmerkung zum Kapitel »Rouen. III« seines Buches »Aus den Tagen der Okkupation« verwendet.

Geburtstagsbrief – Fontane war am 30. Dezember 1872 dreiundfünfzig geworden.

»Denn dieser letzten Tage Müh ...« – Zitat nach Schillers »Wallensteins Tod« (V,5).

Sommerpläne – Vgl. den Brief an Zöllners aus Cabarz vom 14. Juli 1873.

Boltenmühle ... Molchowsee – In der Ruppiner Schweiz.

ach, es war nicht meine Wahl – Zitat nach Schillers »Jungfrau von Orleans« (IV,1).

141 *hörte das Schlachtroß wiehern* – Nach Johannas Schlußworten im Prolog zur »Jungfrau von Orleans«.

»Rosse Getrabe« – Nach Heines Gedicht »Die Grenadiere« im »Buch der Lieder«.

An welchem Lionel ich schließlich zugrunde gehen werde – In Schillers »Jungfrau von Orleans« führt die Begegnung Johannas mit dem englischen Ritter Lionel zu ihrer Verstoßung.

Kirchenbuch-Schatz – Fontane schrieb damals das »Gottberg«-Kapitel für die dritte Auflage der »Grafschaft Ruppin«.

142 *Zychlinski* – »Geschichte des 24. Infanterie-Regiments« (1854–1857) von Franz von Zychlinski.

Schwartz – Wilhelm Schwartz, seit 1872 Gymnasialdirektor in Posen, hatte von 1864 an das Neuruppiner Gymnasium geleitet, an dessen Gebäude die genannte lateinische Inschrift steht (»Den Bürgern des künftigen Zeitalters«).

Man wandelt nicht ... – (Freies) Zitat aus Goethes »Wahlverwandtschaften«, Teil 2, Kap. 7, »Aus Ottiliens Tagebuche«.

3. Auflage – Der Band »Die Grafschaft Ruppin« erschien in dritter, wesentlich veränderter Auflage im September 1874 (mit der Jahreszahl 1875).

143 *Cabarz* – Teil von Tabarz.
144 *die Treue kein leerer Wahn* – (Freies) Zitat aus Schillers Ballade »Die Bürgschaft«.
char à bancs – (franz.) Leichter Wagen mit Bänken zur Personenbeförderung.
»o Menschenherz ...« – Zitat aus Lenaus Gedicht »Frage«.
Penelope – In der griechischen Sage die treue Gattin des Odysseus, auf dessen Rückkehr aus dem Troischen Krieg sie zwanzig Jahre lang wartete.
145 *»mit den Kleinen ...«* – Zitat aus »Faust«, Erster Teil, Vers 1627 f.
Tinctura Opii crocata – Mittel gegen Darmbeschwerden.
»Incubus ...« – Zitat aus »Faust«, Erster Teil, Vers 1290 f.
Iris – In der griechischen Mythologie die Götterbotin, die auf dem Regenbogen zur Erde herabsteigt.
»it doesn't come ...« – (engl.) »es kommt nicht einzeln, es kommt in Bataillonen«. Zitat aus »Hamlet« (IV,5).
146 *Bedlam und Zehlendorf* – Nervenheilanstalten in London und Berlin.
Wille und Vorstellung – Nach Arthur Schopenhauers Hauptwerk »Die Welt als Wille und Vorstellung« (1819).
Haushaltwörter – Soviel wie: Alltagswörter.
»Die Welt ist herrlich ...« – Parodistisch abgewandeltes Zitat aus Schillers »Braut von Messina« (Vers 2590 f.): »Die Welt ist vollkommen überall, / Wo der Mensch nicht hinkommt mit seiner Qual.«
a questionable shape – (engl.) eine fragwürdige Gestalt. »Thou comest in such a questionable shape« (Du kommst in so fragwürdiger Gestalt): Zitat aus »Hamlet« (I,4).
147 *L. s Hochzeit* – Lepel heiratete am 20. Juli 1873 zum zweiten Male.
»Es wird mir hier zu eng ...« – (Freies) Zitat aus Gottfried August Bürgers Gedicht »Die Entführung«.
»Ach, mit des Geschickes Mächten« – Zitat aus Schillers »Glocke«.
berühmtes Gedicht von Chamisso – »Der Szekler Landtag« (1831). Der von Fontane zitierte Refrain kommt dort aber nicht vor.
Alpaca-Schirm – Regenschirm, der mit einem speziellen Gewebe aus Alpaca-Wolle bezogen ist.
148 *Mindings »Sixtus V.«* – Das Trauerspiel »Papst Sixtus V.« (1846) des Arztes und Schriftstellers Karl Julius Minding

war 1870 von Clemens Rainer und August Becker mit einem Vorwort und einer einleitenden Abhandlung, »Über die tragische Schuld und die poetische Gerechtigkeit«, neu herausgegeben worden.

150 *Gransee-Kapitel* – Es war nach einer Reise ins »Ruppinsche« vom September 1873 im Winter 1873/74 entstanden und für die dritte Auflage der »Grafschaft Ruppin« bestimmt (vgl. die vierte Anm. zu S. 142).

schwarze Husaren – Bezeichnung für das erste preußische Leibhusarenregiment in Danzig. Die Soldaten trugen schwarze Jacken und Mützen mit silbernen Totenköpfen.

Shirting – Spezielles Leinengewebe für Hemden.

151 *Hoppenrade* – Nach mehrfachen Besuchen des Schlosses Hoppenrade entstand der gleichnamige Aufsatz (1882), der 1889 in »Fünf Schlösser. Altes und Neues aus Mark Brandenburg« aufgenommen wurde. Im Mittelpunkt des Artikels steht das romanhafte Schicksal der »Krautentochter«, der späteren Frau von Arnstedt (vgl. auch die erste Anm. zu S. 199).

Prinz-Heinrich-Zeit – Prinz Heinrich von Preußen, ein Bruder Friedrichs II., residierte sein Leben lang in Schloß Rheinsberg. Er lebte dort seinen musischen und wissenschaftlichen Neigungen und versammelte einen oppositionellen Kreis um sich.

Marasmus senilis – Der altersbedingte Verfall der körperlichen und geistigen Kräfte.

152 *Deine Zusage* – Fontane bereitete eine Reise nach Italien vor, an der Emilie teilnahm. Das Ehepaar brach am 30. September auf und kehrte am 20. November 1874 nach Berlin zurück. Vgl. die folgenden Briefe.

»Schienige Platte« – Vorberg der Berner Alpen, berühmt wegen seiner großartigen Aussichten.

Metz … Schlachtfelder – Die Festungsanlagen von Metz waren im Deutsch-Französischen Krieg von August bis Oktober 1870 hart umkämpft; am 27. Oktober mußten die Franzosen kapitulieren. Fontane besuchte 1871 die Schauplätze und schrieb darüber sein Buch »Aus den Tagen der Okkupation« (vgl. die erste Anm. zu S. 132).

153 *Den beiden Damen* – Emilie Fontane hielt sich bei Treutlers in Neuhof auf.

»nach Begierde« verschmachten – Anspielung auf die Szene »Wald und Höhle« im »Faust«, Erster Teil, Vers 3250.

153 *Hofer-Speckbacherei … Defreggersches Bild* – Andreas Hofer und Joseph Speckbacher waren die Führer des Tiroler Volksaufstandes gegen die Napoleonischen Besatzungstruppen. Der Maler Franz Defregger bevorzugte Themen aus der Geschichte seiner Tiroler Heimat. Fontane hat hier offenbar »Das letzte Tiroler Aufgebot 1809« (1874) im Sinn, das er vor Antritt der Reise in der Berliner Kunstausstellung gesehen und worüber er in seinem Bericht in der »Vossischen Zeitung« vom 9. September geschrieben hatte.

154 *Siehe Burckhardt …* – Fontane verweist auf die Verfasser renommierter Kunst- und Reisehandbücher über Italien.
Milachen – Kosename für Emilie Fontane.

155 *terra firma* – (lat.) festes Land. Fontane empfand Venedig als Insel.
a tempo – (ital.) zugleich.
attachiert – zugehörig, angeschlossen.

156 *Turmzimmer in Moulins* – Reminiszenz an die Gefangenschaft Fontanes 1870 (vgl. die zweite Anm. zu S. 129). Er hat das Zimmer im »Moulins«-Kapitel des Buches »Kriegsgefangen« (vgl. die zweite Anm. zu S. 129) beschrieben.

157 *Sint ut sunt …* – (lat.) Sie mögen sein, wie sie sind, oder sie sollen nicht sein. Mit diesen Worten soll Papst Klemens XIII. eine Reform des Jesuitenordens abgelehnt haben.

160 *Neuhof* – Martha Fontane war bei Treutlers in Neuhof.

161 *Arnim-Bismarck-Frage* – Harry Graf von Arnim, der deutsche Botschafter in Paris, war wegen außenpolitischer Meinungsverschiedenheiten mit Bismarck abberufen worden. Da er geheime Dokumente aus der Botschaft mitgenommen hatte, ließ ihn Bismarck verhaften. Wegen Landesverrats wurde Arnim 1876 in Abwesenheit zu fünf Jahren Zuchthaus verurteilt.
Pescatory II – Fontane meint den Juristen L. Pescatore (einen Kollegen Zöllners), der im Auftrag der preußischen Justizverwaltung als Mitarbeiter von Staatsanwalt Tessendorf mit Untersuchungen im Fall Arnim befaßt und gerade in Paris gewesen war.
Kommissorium – Geschäftlicher, dienstlicher Auftrag.

162 *Neuhof … Mete* – Vgl. die Anm. zu S. 160.
Elloramutter – Emilie Fontane. Vgl. die zweite Anm. zu S. 41.

163 *Arnim-Fall* – Vgl. die erste Anm. zu S. 161.

163 *»Unüberwindliche Mächte«* – Fontane spielt auf den gleichnamigen Roman (1867) von Herman Grimm an.

164 *Pio Nono* – Papst Pius IX.

165 *»Austitschen-Wollen«* – Der Versuch, etwas umfassend und erschöpfend erfassen zu wollen.

166 *Galatea ... Amor undPsyche* – Fresken von Raffael.

167 *Iphigenie der Frau Erhartt* – Fontane hatte die Aufführung im Königlichen Schauspielhaus vom 9. Mai 1874 in der »Vossischen Zeitung« sehr kritisch besprochen.

168 *Wichmanns Bruder* – Otto Wichmann.

Fournier – Der Sohn von Auguste Fournier, Eugène Theodor, war 1871 in Rom gestorben.

»italienische Buchführung« – Ironische Anspielung auf die doppelte Buchhaltung, die auch als italienische Buchhaltung bezeichnet wurde.

170 *Lepelsche »Witwe von Capri«* – Anspielung auf einen Zyklus in den »Liedern aus Rom« (1846) von Bernhard von Lepel.

Kopischsche Blaue Grotte – August Kopisch entdeckte während seiner italienischen Studienjahre die Blaue Grotte auf Capri.

»Fischer von Capri« – Gedicht von August Graf von Platen-Hallermünde.

Sorrent ... Heyse – Anspielung auf die »Idyllen aus Sorrent« in Paul Heyses Sammelband »Hermen« (1854).

Elegien ... keine Goetheschen – Anspielung auf die fünfte von Goethes »Römischen Elegien«.

wie die Zeder auf dem Libanon – Wahrscheinlich im Anklang an das Hohelied Salomos im Alten Testament (5,15): »Seine Gestalt ist wie der Libanon, auserwählt wie Zedern.«

wie der Baldrian auf der Rudower Wiese – Soviel wie: massenhaft. Die Rudower Wiese war während Fontanes Berliner Schulzeit das Ziel von botanischen Exkursionen gewesen.

171 *»sterbender Mansfeld«* – Der Feldherr Peter Ernst II., Graf von Mansfeld, soll, auf seine Adjutanten gestützt, im Stehen gestorben sein.

Italianissimi – Scherzhafte Bezeichnung für Leute, die Italien lange bereist haben und gründlich kennen.

172 *Sieben schöne Wochen* – Vgl. die erste Anm. zu S. 152 und die vorhergehenden Briefe aus Italien.

174 *2. Auflage der Gedichte* – Die erste Auflage war im November 1850 bei Carl Reimarus in Berlin erschienen (mit der Jahreszahl 1851). Die zweite, vermehrte Ausgabe kam im Herbst 1874 (mit der Jahreszahl 1875) bei Wilhelm Hertz in Berlin heraus. Die Rezension des Kunsthistorikers Wilhelm Lübke in der Beilage zur Münchner »Allgemeinen Zeitung« (Nr. 325) war am 21. November 1874 veröffentlicht worden.

neue Auflage der »Wanderungen« – Die dritte, stark veränderte Auflage der »Grafschaft Ruppin« (1874 mit der Jahreszahl 1875 veröffentlicht). Darin erschien erstmals »Trieplatz. Ein Kapitel von den Rohrs«.

175 *Basel* – Fontane reiste vom 3. August bis 7. September 1875 über die Schweiz nach Oberitalien.

»Cicogne« – cicogna: (ital.) Storch.

Hutten hier – Der Publizist und Dichter Ulrich von Hutten war 1522 nach Basel geflohen, nachdem die von ihm und Franz von Sickingen initiierte Rebellion gegen den Erzbischof von Trier gescheitert war.

176 *»Propriétaire«* – (Grund- oder Haus-)Besitzer.

177 *Mesquinerie* – Armseligkeit, Knickerei.

Kanalisation – Das Berliner Kanalisationssystem war, vor allem von Virchow angeregt, im wesentlichen zwischen 1873 und 1893 gebaut worden.

vorjährige Fahrt am Apennin hin – Vgl. die erste Anm. zu S. 152.

Nanking – Anzug oder Hose aus gelbem Baumwollgewebe.

Tante Pinchen – Philippine Fontane, die Frau von Fontanes Onkel August, bei dem der junge Fontane in den dreißiger und vierziger Jahren mehrfach in Berlin gewohnt hatte.

178 *Röschen* – Pflegetochter von Philippine Fontane.

Großpapa Fontane – Pierre Barthélemy Fontane.

179 *Basel, das ich … kenne* – Von der Rhein- und Schweizreise her, die Fontane mit seiner Frau vom 26. August bis 21. September 1865 unternommen hatte.

ohne mich … beim Rheinfall aufzuhalten – Vgl. aber den folgenden Brief.

180 *Neuhausen* – Vgl. die erste Anm. zu S. 175.

vor zehn Jahren – Vgl. die erste Anm. zu S. 92.

181 *Ragaz* – Vgl. die erste Anm. zu S. 175.

182 *Hus* – Der tschechische Reformator Jan Hus wurde 1415 auf dem Konzil von Konstanz zum Tode verurteilt und verbrannt.
»Konradins Tod« – Konradin wurde mit sechzehn Jahren hingerichtet.
183 *Villegiatur* – Sommer-, Landaufenthalt.
Fingalshöhle auf Staffa – Fontane hat sie im »Staffa«-Kapitel seines Schottland-Buches »Jenseit des Tweed« (1860) beschrieben.
184 *Auf dem Lago Maggiore* – Vgl. die erste Anm. zu S. 175. Notizen für diesen Brief sind im Notizbuch C 11 überliefert (Theodor-Fontane-Archiv Potsdam).
Pietsch – Fontane bezieht sich offenbar auf einen Bericht des Publizisten und Reporters Ludwig Pietsch, der sich im Sommer 1875 in Italien aufgehalten hatte.
185 *»Krieg von 1864«* – Vgl. die erste Anm. zu S. 92.
Bankettplatz – Sitzplatz auf dem Verdeck eines Postwagens.
186 *das Böcklinsche Bild* – »Die Drachenschlucht« des schweizerischen Malers Arnold Böcklin.
Genius loci – (lat.) Schutzgeist des Ortes.
generis communis – (lat.) von der gewöhnlichsten Sorte.
Schweizer-Eindrücke aus früherer Zeit her – Vgl. die erste Anm. zu S. 179.
187 *Kisling* – Wahrscheinlich meint Fontane den Chef der Druckerei in Osnabrück, wo Wilhelm Hertz 1863 den zweiten Band der »Wanderungen« hatte drucken lassen.
188 *»Non soli cedo«* – (lat.) »Ich weiche (selbst) der Sonne nicht.« »Non soli cedit« (Er weicht selbst der Sonne nicht) war der auf den preußischen Wappenadler bezogene Wahlspruch Friedrich Wilhelms I.
eine vorzügliche Reisegefährtin – Anspielung auf die gemeinsame Italienreise 1874 (vgl. die erste Anm. zu S. 152).
189 *augmentiert* – vermehrt.
lunettenartig – halbkreisförmig.
190 *die Queue nehmen* – den Schluß bilden.
in mein Notizbuch – Vgl. die erste Anm. zu S. 184.
Mailand – Vgl. die erste Anm. zu S. 175.
192 *Hannibal* – Der karthagische Feldherr Hannibal schlug die Römer im Jahre 218 am Ticinus.
Barbarossa – Der Lombardische Städtebund siegte 1176 bei Legnano über das Heer Kaiser Friedrichs I. Barbarossa.

193 *Vorbild zu unsrer »Passage«* – Die »Kaiser-Passage«, 1873 eröffnet, führte von der Straße Unter den Linden quer durch zur Friedrichstraße/Ecke Behrenstraße und beherbergte zahlreiche Geschäfte.

»Denn aus Gemeinem ...« – Zitat aus »Wallensteins Tod« (I,4).

das »ewige Gesiege« – Fontane meint die chauvinistische Haltung, die sich in Preußen nach den »siegreich« beendeten Kriegen gegen Dänemark, Österreich und Frankreich herausgebildet hatte.

5 Milliarden – Die Kriegsentschädigung, die Frankreich nach 1871 an Deutschland zu zahlen hatte.

194 *Lecco* – Vgl. die erste Anm. zu S. 175.

195 *1866 ganz Ähnliches gesehen* – Vgl. die Anm. zu S. 106.

Italianissimi – Vgl. die zweite Anm. zu S. 171.

196 *Borchertsche Häuser* – Der Rentier Friedrich Borchert hatte 1878 in seiner am Eingang zum Mühlental gelegenen Villa, die er zur Pension für Sommergäste umfunktioniert hatte, ein »Kaffee-, Bier- und Speiserestaurant« eröffnet.

197 *meine neue Arbeit* – »Grete Minde« (1880).

198 *kein leerer Wahn* – Nach einem Vers aus Schillers Ballade »Die Bürgschaft«.

199 *Lützburg* – Fontane suchte dort im Hausarchiv der Familie von Knyphausen nach Material über die »Krautentochter« (vgl. die erste Anm. zu S. 151).

»blauer Teufel« – Mumie eines Soldaten im sogenannten Bleikeller.

Déjeuner dinatoire – (franz.) ausgiebiges Frühstück (das das Mittagessen ersetzt).

200 *berühmte »Rose«* – Eine überdimensionale Rose schmückt den Teil des Ratskellers, in dem die ältesten Weine lagern.

»Vossin« – »Vossische Zeitung«.

Königgrätzer Straße – Vgl. die vierte Anm. zu S. 188.

201 *Hitzig* – Friedrich Hitzig war der Schöpfer des Berliner Börsengebäudes (1859–1864), das sich in der Burgstraße an der Spree befand. Die Bremer Börse entstand zwischen 1861 und 1864.

Lowise – Umgangssprachlich für: Luise, die Frau des späteren preußischen Königs Friedrich Wilhelm III.

202 *erste Londoner Spritzfahrt* – Vgl. die zweite Anm. zu S. 13.

202 *Dockskeller* – In den Aufzeichnungen von 1844 nennt sie Fontane »ein London unter der Erde«, wo »jede Weinsorte ein unterirdisches Stadtviertel« bilde.

203 *Düsseldorf* – Von der Düsseldorfer Kunstakademie (1767 gestiftet, 1822 neu gegründet) waren in der ersten Hälfte des 19. Jahrhunderts wesentliche Impulse für eine realistische Kunst ausgegangen; später stagnierte die Entwicklung, und Fontane sprach schon 1865 vom »schöntuerischen Düsseldorfertum«.

204 *entrée joyeuse* – (franz.) fröhlicher Einzug.

»als Christ, als König ...« – Mit dieser Formel hatte König Georg V. von Hannover 1866 die Aufforderung Preußens zu einem Bündnis abgelehnt und sich Österreich angeschlossen.

Schiller sagt – (Nicht ganz korrektes) Zitat aus der Ballade »Hero und Leander«.

205 *»Schützenfest«* – Traditionelles Volksfest der Nöschenröder Schützen auf der »Großen Bleek« (seit 1651).

die Pauke rast ... – Scherzhafte Abwandlung eines Zitats aus Schillers »Wilhelm Tell« (I,1): »Da rast der See und will sein Opfer haben.«

der »Weiße Hirsch« – Ältestes Hotel in Wernigerode.

206 *Cornet à pistons* – (franz.) kleines, trompetenähnliches Instrument.

Brighton – In der Schilderung seines Besuchs in Brighton 1852 (Kapitel »Out of town« in »Ein Sommer in London«, 1854) nennt Fontane das Lied »Übers Jahr, übers Jahr, wenn ich wieder-, wiederkomm«.

207 *Devrient* – Fontane spielt auf Otto Devrients legendäre erste Inszenierung beider Teile von Goethes »Faust« in Weimar 1875/76 an, in der Devrient den Mephisto spielte und die lange als Vorbild empfunden wurde.

»Hab ich doch ...« – Zitat aus Goethes »Faust«, Erster Teil, Vers 3543.

Morgen fang ich an zu arbeiten – Fontane beschäftigte sich mit dem »Hoppenrade«-Aufsatz (vgl. die erste Anm. zu S. 151), für den er das fünfbändige Werk über Friedrich II. von Dieudonné Thiébault benutzte. Er korrigierte zugleich das »Ellernklipp«-Manuskript und konzipierte »Graf Petöfy«.

208 *Karpeles* – Gustav Karpeles war Redakteur von »Westermanns Monatsheften«, die Fontanes Novelle »Ellernklipp« im Mai/Juni 1881 vorabdruckten.

208 *Nach dem, was mir ... in Erinnerung ist* – Fontane ist im Sommer 1866 (während der Recherchen für sein Buch über den Krieg von 1866) und 1875 (auf der Rückreise von Italien) in Prag gewesen.

Nepomukbrücke ... Schudderton – Anspielung auf den böhmischen Landespatron Johannes von Nepomuk, den König Wenzel 1393 in der Moldau ertränken ließ.

209 *Tower* – Die ehemalige königliche Hauptresidenz in London diente später, bis 1820, als Staatsgefängnis und Hinrichtungsstätte.

Brehmer – Wilhelm Brehmer lieferte Fontane Material für dessen geplante Hexengeschichte »Sidonie von Borcke«.

210 *Nathusius* – Das Schriftstellerehepaar Philipp und Marie von Nathusius hatte in Neinstedt ein »Knabenrettungs- und Bruderhaus« eingerichtet, das sich nach dem Vorbild des »Rauhen Hauses« in Hamburg »sittlich gefährdeter« Kinder annahm und eine christliche Bildungsstätte für Sozialarbeiter war. Der Sohn, Philipp von Nathusius-Ludom, leitete von 1872 bis 1876 die Redaktion der »Kreuzzeitung«.

211 *unsre Joachim* – Fontane meint wahrscheinlich die Sängerin Amalie Joachim.

Skrofelinskis – Kinder, die infolge schlechter Wohnbedingungen an Skrofulose litten, einer tuberkulösen Haut- und Lymphknotenerkrankung.

212 *dry nurse* – (engl.) Amme, die nicht stillt.

Fritz ... Anna – Witte.

214 *Vetter August* – August Fontane.

zehn Kapitel korrigiert – Von »Schach von Wuthenow«. Die Novelle erschien vom 29. Juli bis 20. August 1882 in der »Vossischen Zeitung«.

neue wundervolle Novelle konzipiert – Vermutlich der geplante Roman um Klaus Störtebeker, der den Titel »Die Likedeeler« erhalten sollte.

Prolog gedichtet – »Prolog für eine Soirée musicale in Norderney, 11. August 1882«.

italienische Reise – Im Jahre 1874. Vgl. die erste Anm. zu S. 152.

215 *meine Novelle* – »Schach von Wuthenow«.

Thiemus ... mein Ideal – Albert Freiherr von Thiemus hatte ein schwer lesbares Werk mit dem Titel »Die harmonikale Symbolik des Altertums« (1868–1876) veröffentlicht. Fontane schrieb am 25. April 1898 an Friedrich Paulsen: »›... ein Leser‹, so sagte mir mal der alte Herr v. Thiemus, als er seine mehrbändige Geschichte der Musik geschrieben, ›ist unter Umständen schon viel.‹«

215 *Witte ... Sibirien* – Friedrich Witte befand sich auf einer Geschäftsreise durch Rußland.

217 *Korrektur* – Von »Schach von Wuthenow«.

Eggers – Karl Eggers.

Brief an P. Heyse – Fontane übermittelte darin biographische Notizen über den Schriftsteller Heinrich Smidt, den Heyse in den von ihm herausgegebenen »Deutschen Novellenschatz« aufnehmen wollte.

218 *Wrangel* – Fontane vergleicht den Hotelbesitzer offenbar mit dem Typus, den der preußische Feldmarschall Friedrich Heinrich Ernst Graf von Wrangel repräsentierte.

219 *tic douloureux* – (franz.) nervöser Gesichtsschmerz.

Nana – Der Roman »Nana« (1880) gehört zu dem Romanzyklus »Les Rougon-Macquart« von Emile Zola.

Vierssche oder Wierssche ... Gemäldesammlung – Gemeint sind die Werke des belgischen Malers Antoine Wiertz, die im staatlichen Musée Wiertz in Brüssel vereinigt sind.

Brüssel ... wiederzusehn – Fontane war im April 1852, auf der Reise nach London, in Brüssel gewesen.

221 *Elsen* – Erlen.

sick of it – (engl.) krank davon.

Aalborg, 1864 – Fontane besuchte die Schauplätze des Deutsch-Dänischen Krieges (vgl. die erste Anm. zu S. 89). Im ersten seiner »Reisebriefe aus Jütland«, der am 25. September 1864 in der »Kreuzzeitung« veröffentlicht wurde, schrieb er: »Das Hotel, in dem ich wohne, heißt der ›Phönix‹. Wann dieser alte Wundervogel zum letzten Male aus seiner Asche erstanden ist, kann ich nicht sagen; nur das steht fest, daß er dieses feurigen Reinigungsprozesses oder irgendeines andern wieder dringend bedürftig ist.«

fünftehalb – viereinhalb.

222 *Anna Bulen* – Anna Boleyn.

Moussier-Stadium – Zeitpunkt, zu dem das Kanalwasser »blüht« und mit schmutzigem Schaum bedeckt ist.

steirischer Spezialheiliger – Fontane entschied sich für den Heiligen Florian.

224 *Warneke* – Richtig: Warnkes.

224 *Esprit de Menthe* – Pfefferminz- oder Melissengeist.
Oxycroceum-Pflaster – In der Volksmedizin ein Mittel gegen Glieder- und andere Schmerzen.
226 *in meiner Arbeit* – Fontane arbeitete an »Graf Petöfy«.
Charpiepäckchen – Scharpie wurde als Verbandmittel benutzt; es bestand aus Fäden von zerzupfter Leinwand.
227 *Madame »la plus gracieuse ...«* – (franz.) Soviel wie: Meine körperlich und moralisch überaus graziöse Frau.
halb aus Beeskow und halb aus Toulouse – Emilie Fontanes Großvater Jean Pierre Barthélemy Rouanet (1747–1837) stammte aus einer Toulouser Familie und wirkte nach seiner Dienstzeit in der preußischen Armee seit 1782 als Ratsherr, Kanzlist und später als Kämmerer in Beeskow.
Frau Anna – Anna Witte.
Lischen T.... Johanna – Johanna Treutler und deren Tochter Lischen.
229 *»Contratto«* – (ital.) Vertrag, Abmachung. Die Fontanes gaben nach einer Nacht eine römische Wohnung wieder auf, in der sie es vor Flöhen und Lärm nicht aushalten konnten; Fontane zahlte »die ganze Summe für 3 Wochen« (wie Emilie Fontane im Tagebuch notierte).
St. Privat – Dort fand am 18. August 1870 eine der entscheidenden Schlachten des Deutsch-Französischen Krieges statt; St. Privat wurde unter schweren Verlusten gestürmt.
230 *»†-Ztng.«* – »Kreuzzeitung«.
»Bleak House« – Roman von Charles Dickens (1853).
231 *Sache mit Paul Heyse* – Heyse wollte Fontanes »Grete Minde« in den »Neuen deutschen Novellenschatz« aufnehmen. Fontane stimmte schließlich zu, und die Novelle erschien 1884 in Band 5.
232 *Hankels Ablage* – Ausflugsort mit Anlegestelle am Westufer des Zeuthener Sees (in der Nähe von Königs Wusterhausen). Fontane schrieb in »Restaurant und Villa Kaeppel« im Mai 1884 acht Kapitel seines Romans »Irrungen, Wirrungen«, der teilweise dort spielt. Am 28. Mai 1885 veröffentlichte Fontane in der »Vossischen Zeitung« einen kurzen Bericht über »Kolonie Zeuthensee«.
all perfumes of Arabia – (engl.) alle Wohlgerüche Arabiens. Zitat aus Shakespeares »Macbeth« (V,1).
233 *Krummhübel* – Fontane verbrachte von 1884 bis 1892 nahezu jeden Sommer im Riesengebirge, das er schon

von Aufenthalten in den Jahren 1868, 1869 und 1872 kannte.

233 *Dobbertin* – Dort lebte Mathilde von Rohr.

234 *Eben kommt Tinte* – Der Anfang des Briefes ist mit Bleistift geschrieben.

meine gute Schwerin – Vermutlich verschrieben für: Schreiber. Fontane wohnte auch 1885 bei Frau Schreiber, deren Haus hinter dem Exnerschen Gasthofe lag.

235 *Nur mit Martha beschäftige ich mich* – Die Tochter, die eine Amerikanerin, Mrs. Dooly, während einer Italienreise begleitet hatte, erwog, von dieser angeregt, nach Amerika zu gehen.

v. W. – von Wangenheim.

236 *Mrs. D.* – Mrs. Dooly.

»Luft ist kein leerer Wahn« – Scherzhaft abgewandeltes Zitat aus Schillers Ballade »Die Bürgschaft« (vgl. die erste Anm. zu S. 144).

237 *theaterfrei* – Fontane mußte als Rezensent zu Beginn der Spielzeit im Königlichen Schauspielhaus wieder in Berlin sein (vgl. die dritte Anm. zu S. 275).

8 bis 10 Blätter – Fontane schrieb an seinem Roman »Cécile«.

238 *»Allah il Allah«* – Es gibt keinen Gott außer Allah.

orientalische Frage – Um 1822 entstandene Bezeichnung für die zahlreichen Konflikte, die sich im Laufe des 19. Jahrhunderts aus dem Verfall des Türkischen Reiches ergaben und die innen- wie außenpolitische Fragen berührten (z. B. die Unabhängigkeitsbewegungen in den von der Türkei okkupierten Ländern).

240 *Deine Position bei Frl. Leyde* – Martha Fontane hatte eine Stelle als Lehrerin in der privaten Mädchenschule von A. Leyde angenommen.

8 Monate Amerika – Anspielung auf Mrs. Dooly, deren Gesellschafterin Martha Fontane längere Zeit gewesen war (vgl. die erste Anm. zu S. 235).

Linchen in der Fliederlaube – Vgl. S. 136.

241 *Mönkgut* – Mönchgut.

Ist ... etwas im Theater los – Vgl. die erste Anm. zu S. 237.

Leipzig mit einem guten Zeugnis verlassen – Der Sohn Friedrich hatte die Buchhandelslehre abgeschlossen und setzte in Osnabrück, in der Schulzeschen Hofbuchhandlung, seine Ausbildung fort, wo er die Wohnung des

Schauspielers Emanuel Stockhausen übernahm, des ältesten Sohns von Julius Stockhausen.

243 *Ich pußle täglich an Gedichten* – Unter anderem entstanden damals die Gedichte »Die Große Karthause vor Papst Paul«, »Annemarie« (1. Fassung) und »Gulbrandsdal« (vgl. die vierte Anm. zu S. 129).

Prozeß Stöcker – Der konservativ-antisemitische Berliner Hofprediger Adolf Stöcker leistete nach der Meinung des Rechtsanwaltes August Munckel in einem Prozeß gegen einen Sozialdemokraten einen vorsätzlichen Meineid.

Witte – Friedrich Witte war seit 1878 Reichstagsabgeordneter.

erschossenen Kameraden ... meine Arbeit – Der Förster Wilhelm Frey, 1877 von einem Wilddieb erschossen, wurde zum Vorbild für den Förster Opitz in Fontanes Roman »Quitt«.

244 *Tante Anna* – Anna Witte.

zum 9. – Zum 75. Geburtstag.

245 *Theaterstellung* – Als Kritiker bei der »Vossischen Zeitung« (vgl. die dritte Anm. zu S. 275).

246 *seit dem Tode unsres alten Freundes* – Bernhard von Lepel war am 17. Mai in Prenzlau gestorben. Er war in zweiter Ehe mit Anna von Heydebreck verheiratet gewesen.

Vorhang über Friedlaender gefallen – In der »Vossischen Zeitung« war der Vorabdruck von Georg Friedlaenders Erinnerungen »Aus den Kriegstagen 1870« abgeschlossen worden, die 1886 auch als Buch erschienen.

247 *»Vossin«* – »Vossische Zeitung«.

Weihenstephan – Bierrestaurant am Potsdamer Platz in Berlin.

248 *Styx* – In der griechischen Mythologie ein Fluß, der die Unterwelt in neun Windungen umgibt.

Seebad Rüdersdorf – Name einer Pension am Kalksee in Rüdersdorf (östlich von Berlin).

249 *Martha-Lichterfelde* – Die Frau von George Fontane; die Familie wohnte in Lichterfelde bei Berlin.

250 *in Plaue das Schloß* – Die Geschichte des Plauer Schlosses (bei Brandenburg an der Havel) behandelte Fontane in dem Band »Fünf Schlösser. Altes und Neues aus Mark Brandenburg« (1889).

in Wilsnack die Wunderblutkirche – Im Schutt der 1383 niedergebrannten Kirche von Wilsnack fand man drei blutende Hostien, die als »Wunderblut« bis in die Mitte des 16. Jahrhunderts verehrt wurden und Wilsnack zu einem vielbesuchten Wallfahrtsort machten.

250 *in Rüdersdorf das Bergwerkswesen* – In den Kalksteinbrüchen von Rüdersdorf wurde ein Großteil der Baumaterialien für Berlin gewonnen.

252 *a snug home* – (engl.) eine behagliche Unterkunft.

253 *aut aut* – (lat.) entweder oder.

R. – Vermutlich ist das Ehepaar Richter gemeint.

Geschichte der Häuser ... – Bezieht sich auf die Familie von Emilie Fontane und ihrer Halbgeschwister Clara von Below und Hermann Müller.

254 *73er Aufenthalt in Tabarz* – Vgl. den Brief an Karl und Emilie Zöllner vom 14. Juli 1873, S. 143 dieses Bandes.

gut vorgearbeitet – Fontane arbeitete an dem Aufsatz über »Quitzöwel«, der in den Band »Fünf Schlösser. Altes und Neues aus Mark Brandenburg« (1889) eingegliedert wurde.

255 *Tyrann von Padua* – Fontane spielt offenbar auf Baptista an, den reichen paduanischen Edelmann in Shakespeares Komödie »Der Widerspenstigen Zähmung«.

bon sens – (franz.) gesunder Menschenverstand, Mutterwitz.

bonhomme – Fontane meint bonhomie: (franz.) Gutmütigkeit, Biederkeit.

256 *Meine berühmte Novelle* – »Irrungen, Wirrungen« erschien vom 24. Juli bis 23. August 1887 in der »Vossischen Zeitung« als Vorabdruck.

dies Geschenk – Es handelt sich offensichtlich um das Skizzenbuch, das Bernhard von Lepel während der Reise in Schottland anlegte, die er 1858 gemeinsam mit Fontane unternahm (vgl. die erste Anm. zu S. 66).

zu unsres Freundes morgen wiederkehrendem Geburtstag – Lepel war am 27. Mai geboren. Fontane verwechselt dies offenbar mit Lepels Sterbetag, dem 17. Mai 1885.

Douglasschloß im Kinroß-See – Gemeint ist der Leven-See in der Nähe von Kinroß.

257 *anno 74* – Vgl. die erste Anm. zu S. 152.

M. Angelo – Michelangelo Buonarroti.

258 *»Frau Wirtin ...«* – Frei nach Ludwig Uhlands Gedicht »Der Wirtin Töchterlein«.

Marthachen – Die Witwe des Sohns George.

260 *»Hol die Pest ...«* – Zitat aus Shakespeares »König Heinrich IV.«, ErsterTeil (II,4).

261 *Annemarie* – Annemarie Witte.

Steinmetz (nicht der General) – Vermutlich handelt es sich um einen Mitarbeiter der Akademie der Künste, deren Sekretär Zöllner, als Nachfolger Fontanes, seit dem 1. November 1876 war. Der General war Karl Friedrich von Steinmetz.

Rütli-Philosoph – Moritz Lazarus. Zum Rütli vgl. die zweite Anm. zu S. 44.

262 *Boston* – Damals sehr beliebtes Kartenspiel.

ein bißchen Korrekturlesen – Wohl für den Band »Fünf Schlösser. Altes und Neues aus Mark Brandenburg«, der im Herbst 1888 (mit der Jahreszahl 1889) erschien.

Pietsch ... aus Petersburg berichtet – Ludwig Pietsch hatte unter dem Titel »Aus den Tagen der Kaiserzusammenkunft« vom 21. bis 29. Juli in der »Vossischen Zeitung« über den Besuch Wilhelms II. am Zarenhof berichtet.

kleiner großer Mann – Adolph Menzel.

263 *Friedrich* – Friedrich III.

Senator – Karl Eggers.

Freundin – Emilie Zöllner.

Lazarus – Er besaß das Gut Schönefeld bei Leipzig.

264 *Stier von Uri* – Gestalt aus Schillers »Wilhelm Tell«.

Stralauer Fischzug – Altberliner Volksfest am 24. August.

Uhlandsche Säule – Anspielung auf Uhlands Gedicht »Des Sängers Fluch«, in dem es heißt: »Noch eine hohe Säule zeugt von verschwundner Pracht. / Auch diese, schon geborsten, kann stürzen über Nacht.«

265 *Schillerstiftungspflichteifer* – Fontane war langjähriges Mitglied der Berliner Zweigstelle der Schillerstiftung, die 1855 in seiner Wohnung konstituiert worden war.

Kretzer – Sein im Handwerkermilieu spielender Roman »Meister Timpe« war 1888 erschienen.

dem preußischen König ... in die Fenstern kuckt – Anspielung auf die Nachbarschaft des Universitätsgebäudes Unter den Linden mit dem Königlichen Palais bzw. mit dem ehemaligen Schloß.

König ... Kaiser – Wilhelm I.

266 *Steffens* – Bei F. W. Steffens waren »Graf Petöfy« und »Irrungen, Wirrungen« erschienen. Fontane hatte die Absicht, seine »berliner Novellen« gesammelt herauszugeben.

268 *König Ludwigs Zauberschlösser* – König Ludwig II. von Bayern, der in geistiger Umnachtung endete, hatte in den bayrischen Bergen die Schlösser Herrenchiemsee, Neuschwanstein und Linderhof errichten lassen, die sich durch skurril-phantastische Architektur auszeichneten und deren Bau das Land in hohe Schulden stürzte.

»Was soll der Unsinn« – Eine Lieblingswendung des alten Fontane, die auf folgende Anekdote zurückgehen soll. Hans Hertz, der Sohn von Fontanes Verleger, stellte einen Berliner Grünkramhändler zur Rede, der gerade einen kleinen Jungen verprügelt hatte. Der Kaufmann rechtfertigte sich mit den Worten: »Jeden Tag steht der Bengel, wenn er von der Schule kommt oder hinjeht, hier beim Keller still und paßt uff. Wenn dann keiner von uns jrade hinsieht, stellt er sich da an das Faß Sauerkohl und p...t rin. Nu schadt ja det den Sauerkohl nischt – aber wat soll der Unsinn?«

269 *beauté unsres Namens* – Die »Schönheit unsres Namens« ist George Fontanes Witwe Martha.

Bayreuther Aufenthalt – Vom 27. bis 29. Juli 1889. Vgl. dazu den folgenden Brief an Karl Zöllner vom 19. August 1889.

»Und was die innere Stimme spricht ...« – Zitat aus Schillers Gedicht »Hoffnung« (1797).

270 *»Hannchen«* – Kammerzofe in Wills Hotel.

271 *Cassel* – In »Effi Briest« moniert die Titelheldin, daß der Prediger an der Christuskirche, Cassel, »so laut spricht und herumficht und seine schwarzen Locken schüttelt« (32. Kap.).

Sauer ..., den ich früher schlecht behandelt – Fontane hatte Sauers Berliner Gastspiel mit Leopold Günthers »Der Leibarzt« vom 24. Mai 1883 in der »Vossischen Zeitung« verrissen.

fromme Denkungsart – In Anspielung auf die Wendung von der »Milch der frommen Denkungsart« in Schillers »Wilhelm Tell« (IV,3).

272 *»Ein Schlachten war's ... Die nicht gerechnet ...«* – Zitat aus Schillers »Jungfrau von Orleans« (I,9).

bei Tauberbischofsheim – Während des preußischen Feldzugs gegen die süddeutschen Staaten im Sommer 1866 besiegten dort die Preußen am 24. Juli die Württemberger.

273 *Reise nach Mecklenburg* – Fontane hatte zwischen dem 10. und 17. August 1889 Mathilde von Rohr in Dobbertin und Clara Below, eine Halbschwester seiner Frau, in Ludwigslust besucht.

274 *»Was du tun willst ...«* – Zitat aus dem Neuen Testament, Johannes 13,27.

275 *»3 Tage in Bayreuth«* – Vgl. die zweite Anm. zu S. 269.

ins Havelland – Fontane plante seit dem Frühjahr 1889 eine umfangreiche Geschichte der Bredow-Familie und besuchte in diesem Jahr mehrfach verschiedene Bredow-Güter. Unter dem Titel »Ländchen Friesack« fanden sich im Nachlaß Vorarbeiten zu diesem Projekt.

wieder zeitungsverwendbar – Als Theaterberichterstatter für das Königliche Schauspielhaus. Fontane gab das Amt Ende 1889 auf, und Paul Schlenther trat an seine Stelle.

Artikel über ... Gentz – Der Artikel über den Maler Wilhelm Gentz wurde nicht in der »Vossischen Zeitung«, sondern in »Deutschland. Wochenschrift für Kunst, Literatur, Wissenschaft und soziales Leben« 1890 vorabgedruckt und 1892 in die fünfte Auflage des »Wanderungen«-Bandes »Die Grafschaft Ruppin« als Teil des Neuruppin-Kapitels aufgenommen.

in Rom – 1874 (vgl. die erste Anm. zu S. 152).

276 *Palatin ... Esquilin* – Zwei der sieben Hügel, auf denen Rom liegt.

»Nur der Irrtum ist das Leben ...« – (Nicht ganz korrektes) Zitat aus Schillers Gedicht »Kassandra« (1802).

Rocca di Papa – Sommerfrische bei Rom, im Albanergebirge.

»Moses« ... das »Jüngste Gericht« – Werke von Michelangelo.

278 *Landeinsamkeit* – Martha Fontane hielt sich seit Anfang Juni 1890 bei ihrer Freundin Lise Mengel, geb. Witte, auf, der Frau des Rittergutsbesitzers Richard Mengel in Schwiggerow.

Fürst von Schaumburg-Lippe – Adolf. Sein Sohn, Prinz Adolf, heiratete 1890 die Prinzessin Viktoria von Preußen, eine Schwester des Kaisers.

taming of the shrew – (engl.) Zähmung der Widerspenstigen. Anspielung auf das gleichnamige Lustspiel von Shakespeare.

unsre ... Mathilde – Mathilde Gerecke.

279 *Lindelsmühle* – Richtig: Lindesmühle an der Fränkischen Saale.

Einnahme Kissingens – Fontane bezieht sich auf das verlustreiche Gefecht zwischen bayrischen und preußischen Truppen am 10. Juli 1866, wobei Kissingen in preußische Hände fiel.

280 *in etwas abgeminderter Gestalt* – Zöllner hatte kurz vorher einen Schlaganfall erlitten.

Washington crossing the Delaware – (engl.) Übergang Washingtons über den Delaware. Titel eines Gemäldes von Emanuel Leutze (1816–1868), das, 1850 entstanden, als Kupferstich weit verbreitet war.

den Jungen – Fontanes Enkel Otto.

281 *hier ... unentthronter Gott* – Anspielung auf Bismarcks Entlassung als Reichskanzler, die Wilhelm II. am 18. März 1890 durchgesetzt hatte.

Frau Gräfin – Margarete Wachtmeister, geb. Veit, die auf dem Gute Zansebuhr (bei Stralsund) lebte.

Eggers – Karl Eggers lebte in Rostock. Er hatte am 7. Juni Geburtstag.

Ricochette-Schuß – Ricochet-Schuß: Prallschuß, bei dem das flach abgefeuerte Geschoß mehrfach aufschlägt.

282 *Kritik über Lübkes »Lebenserinnerungen«* – Fontanes Rezension der »Lebenserinnerungen« des Kunsthistorikers Wilhelm Lübke erschien anonym in der »Vossischen Zeitung« am 21. Juni 1891.

283 *das herrliche Jahr 76* – Im März 1876 hatte Fontane das Amt des Ersten Sekretärs der Akademie der Künste in Berlin übernommen. Nach beträchtlichen Differenzen mit einigen Akademiemitgliedern und ernüchtert über die Arbeitsweise des Instituts, reichte Fontane bereits Ende Mai 1876 sein Rücktrittsgesuch ein. Am 2. August erhielt er die Entlassungsurkunde; bis zum Oktober führte er die Geschäfte weiter.

Aviso-Dampfer – Schnelles, leichtbewaffnetes und nicht gepanzertes Kriegsschiff, das vor allem für den Aufklärungs- und Meldedienst eingesetzt wurde.

284 *beyond their means* – (engl.) über ihre Verhältnisse.

285 *Prozeß Baare – Fußangel* – Geheimrat Baare hatte Strafantrag gegen den Redakteur der »Westfälischen Volkszeitung«, Fußangel, gestellt, nachdem dieser behauptet hatte, daß protestantische und nationalliberale Bochumer

Unternehmer steuerliche Vergünstigungen genössen. Fußangel wurde verurteilt.

285 *Prozeß Gordon-Cumming* – Ein in ganz Europa Aufsehen erregender Falschspieler-Prozeß, in den der spätere englische König Eduard VII. und der Oberst Gordon-Cumming verwickelt waren.

»Fall Clemenceau« – Dramatisierung (1890) eines Dumas-Romans von Alexandre Dumas dem Jüngeren und Armand d'Artois.

»Drei Paar Schuhe« – Lustspiel (1872) von Karl Görlitz.
Schillerpetent – Görlitz hatte bei der Schillerstiftung, deren Berliner Zweigstelle Fontane angehörte (vgl. die erste Anm. zu S. 265), um eine Unterstützung nachgesucht.
Gräfin – Margarete Wachtmeister.

287 *Pennale* – Kleine Büchsen.

288 *Anna* – Anna Fischer.

289 *Glückwünsche* – Zum Geburtstag am 20. August.

290 *alter Dr. Becher* – David Becher, der 1789 die Karlsbader Quellen analysiert und für den Kurbetrieb erschlossen hatte.

291 *»Yankeedoodle«* – Altes nordamerikanisches Nationallied.

292 *Brugsch* – Seine Autobiographie »Mein Leben und Wandern« erschien seit dem 27. Juli 1893 im Vorabdruck in der »Vossischen Zeitung«.

Garborgs Schilderungen aus »Kolbotten« – Die autobiographischen »Kolbotten-Briefe« (1890) des Norwegers Arne Evensen Garborg.

Gießhübler – Sauerbrunnen aus dem gleichnamigen Ort bei Karlsbad; als Mittel gegen katarrhalische Erkrankungen und als Tafelwasser verwendet.

»Unter Larven ...« – Zitat aus Schillers Ballade »Der Taucher«.

293 *Friedlaender-Frage* – In der Familie Georg Friedlaenders hatte es Auseinandersetzungen um eine Reise nach Karlsbad gegeben, die aber schließlich zustande kam.

294 *Ermordungslokalitäten* – 1634 wurden im Stadthaus zu Eger Wallenstein und im Rittersaal der Burg dessen Gefährten ermordet.

Deveroux – In Schillers Drama »Wallensteins Tod« einer der Mörder Wallensteins.

295 *Elsenau* – Rittergut bei Nakel (in der damaligen Provinz Posen), das Wittes Schwiegersohn Richard Mengel erworben hatte.

296 *Tiergartenlisière* – Rand des Berliner Tiergartens.
das mit dem Mozart-Zopf – »Was mir gefällt«.
zwischen Rauch und dem Alten Fritzen – Fontane besaß u. a. eine Statuette von Rauch und eine Darstellung Friedrichs II. von Chodowiecki.
Marthachen – Die Frau von Fontanes Sohn Theodor.

297 *Meine Bücher* – Gemeint sind wahrscheinlich die im Mai 1894 ausgelieferte Sammlung »Von, vor und nach der Reise« und »Meine Kinderjahre«, die im November 1893 erschienen waren.
Der 20. – Gemeint ist offenbar der Geburtstag des Enkelsohns Otto, der am 21. Juli 1887 geboren worden war.

298 *stomachal* – den Magen betreffend.
Waterloo – Südlich von Brüssel gelegener Ort, bei dem am 18. Juni 1815 preußische und britische Truppen Napoleon I. endgültig besiegten.

299 *Militär-Pietsch* – Soviel wie: Spezialist für Kriegsgeschichte (der in seinem Fach so gut bewandert ist wie der Kunst- und Literaturkritiker Ludwig Pietsch).

300 *Cholerine-Zustände* – Leicht verlaufende choleraartige Erkrankungen.
Strahlsche Pillen – Ein Abführmittel.

301 *in der Gefangenschaft* – 1870 (vgl. die Anm. zu S. 115).
auf meinen Douglas hin – Das Gedicht »Archibald Douglas« (1854 entstanden).
Verdy in ... der Rodenbergschen »Rundschau« – Verdy du Vernois hatte im Juni, Juli und August 1895 in der von Julius Rodenberg herausgegebenen »Deutschen Rundschau« »Persönliche Erinnerungen an den Krieg von 1870/71« veröffentlicht, die, gemeinsam mit weiteren Vorabdrucken, in dem Buch »Im großen Hauptquartier 1870/71. Persönliche Erinnerungen« (1895) zusammengefaßt wurden.

302 *Lise* – Lise Mengel.
Bank mit Spreewaldsammen – Wie sie Fontane vom Berliner Tiergarten her kannte.
Bocher – Im vulgären Hebräisch Bezeichnung für einen Jüngling, der den Talmud studiert. Hier: (Juden-)Junge.
Schicksal, nimm deinen Lauf – Reminiszenz an die Worte »Verderben, gehe deinen Gang!« aus Schillers Trauerspiel »Die Verschwörung des Fiesko zu Genua« (V,1). Zu

denken wäre auch an das Wort des Antonius in Shakespeares »Julius Cäsar« (III,2): »Nun wirk es fort! Unheil, du bist im Zuge: / Nimm, welchen Lauf du willst!«

303 *»graue Stadt am Meer«* – Damit ist in Storms Gedicht »Die Stadt« (1851) Husum gemeint.

Obotridengrande – Etwa: mecklenburgischer Junker. Der altslawische Volksstamm der Obotriten lebte im Gebiet des späteren Mecklenburg.

304 *unser Mädchen* – Anna Fischer.

beef ... mutton – (engl.) Rind(fleisch) ... Hammel(fleisch).

Gasthof – Nach einer Notiz auf der Briefabschrift im Fontane-Archiv Potsdam: »Stadt Hamburg«.

305 *Quattro- und Cinquecentisten* – Die italienischen Künstler des 15. und 16. Jahrhunderts, also der Früh- und Hochrenaissance.

Caecilia Metella – Das (als Ruine erhaltene) Grabmal für die 54 v.u.Z. gestorbene Frau des jüngeren Crassus liegt südlich von Rom an der Via Appia. Es ist ein Rundbau von 20 Metern Durchmesser.

307 *»marvellous boy«* – (engl.) »wunderbarer Bursche«.

»Illustr. Lond. News« – »Illustrated London News«.

griechischer Krieg – Im Streit um die Insel Kreta kam es 1897 zwischen der Türkei und Griechenland, dessen politische Parteien zerstritten und dessen Staatsfinanzen völlig zerrüttet waren, zum Krieg, der mit einem türkischen Sieg endete und 1898 zu einer internationalen Kontrolle über die griechischen Finanzen führte.

309 *vor einer Prinzessin-Hochzeit* – Prinz Heinrich XXX. Reuß (1864–1939) heiratete im September 1898 Feodora von Meiningen.

Alte Kultur ist kein leerer Wahn – Parodistisch nach dem Schiller-Vers »Und die Treue, sie ist doch kein leerer Wahn« (»Die Bürgschaft«).

Wrangelbrunnen und Luiseninsel – Im Berliner Tiergarten.

310 *Lokal von Wertheim* – Das Kaufhaus Wertheim in der Leipziger Straße in Berlin, das 1896 von Alfred Messel errichtet worden war.

an den Rhein – Der Plan zerschlug sich.

Mühlbrunnen – In Karlsbad.

Fortsetzung der »Kinderjahre« – »Von Zwanzig bis Dreißig«.

310 *Neuhöfer* – Prinz Heinrich IX. Reuß.

311 *Buch von diesem Umfange* – Fontanes Autobiographie »Von Zwanzig bis Dreißig«.

»Noch am Grabe« – Anspielung auf Schillers Gedicht »Hoffnung« (1797): »Noch am Grabe pflanzt er – die Hoffnung auf.«

312 *»Intendant«* – Theodor Fontane junior war nach dem Jurastudium Beamter in der Heeresintendantur, teils in Münster, teils im Kriegsministerium in Berlin. 1885 war er Intendantur-Assessor, 1889 Intendanturrat geworden. Der Dichter hatte noch von der Versetzung des Sohns als »Korpsintendant« nach Kassel erfahren (1899).

die zwei großen Mordstellen – Vgl. die erste Anm. zu S. 294.

REGISTER

Kursiv gesetzte Seitenzahlen markieren einen Brief an die betreffende Person. Bei Emilie Fontane, die ständig genannt oder angesprochen wird, sind nur die Briefe an sie, nicht aber die übrigen Erwähnungen erfaßt.

ZU DIESER AUSGABE

Da eine annähernd vollständige Ausgabe der Briefe Theodor Fontanes noch nicht existiert und überdies ältere Editionen oft höchst unzulänglich sind, stützen sich die Texte der vorliegenden Auswahl in beträchtlichem Maße auf die (weit verstreuten) Handschriften, auf die im allgemeinen zuverlässigen Abschriften des Theodor-Fontane-Archivs in Potsdam und auf einige neuere gesicherte Drucke. Im Inhaltsverzeichnis wird die jeweilige Druckvorlage nachgewiesen; dabei werden folgende Siglen verwendet:

Hs FAP	Handschrift im Theodor-Fontane-Archiv Potsdam
Ab FAP	Abschrift im Theodor-Fontane-Archiv Potsdam
Xe FAP	Xerokopie der Handschrift im Theodor-Fontane-Archiv Potsdam
Hs La Bln	Handschrift im Landesarchiv Berlin
Hs DZA Me	Handschrift im Deutschen Zentralarchiv Merseburg
Hs La Kiel	Handschrift in der Schleswig-Holsteinischen Landesbibliothek Kiel
Hs GSA	Handschrift im Goethe- und Schiller-Archiv der Stiftung Weimarer Klassik
Hs DLA Ma	Handschrift im Deutschen Literaturarchiv Marbach
Hs PK	Handschrift in der Staatsbibliothek zu Berlin – Preußischer Kulturbesitz
Hs SL Do	Handschrift in der Stadt- und Landesbibliothek Dortmund
Hs ZB Zü	Handschrift in der Zentralbibliothek Zürich
BSJ I/IV	Theodor Fontane, Briefe. Vier Bände. Hrsg. von Kurt Schreinert. Zu Ende geführt und mit einem Nachwort versehen von Charlotte Jolles. Berlin 1968–1971

LA I/II	Theodor Fontane, Briefe an die Freunde. Letzte Auslese. Zwei Bände. Hrsg. von Friedrich Fontane und Hermann Fricke. Berlin 1943
FFr	Theodor Fontane, Briefe an Georg Friedlaender. Hrsg. und erläutert von Kurt Schreinert. Heidelberg 1954
FPa	Theodor Fontane, Briefe an Friedrich Paulsen. Bern 1949
Fo.Dok.	Hermann Fricke, Fontane-Dokumente. In: Jahrbuch für die Geschichte Mittel- und Ostdeutschlands, Band 4 (1955), S. 73 ff.

Die Texte sind in Orthographie und Interpunktion behutsam dem heutigen Gebrauch angeglichen. Charakteristische Schreibweisen (wie »Kaffe«), Abkürzungen und Uneinheitlichkeiten in der Schreibung von Zahlen wurden grundsätzlich beibehalten; das Zeichen für Taler bzw. Reichstaler wird mit Rtr. wiedergegeben. Orts- und Datumsangaben im Briefkopf wurden vereinheitlicht, alle Zusätze selbstverständlich übernommen. Die Anmerkungen wollen keinen erschöpfenden Kommentar zu den einzelnen Briefen geben, sondern das Verständnis der wichtigsten Fakten, Zusammenhänge und Anspielungen ermöglichen und erleichtern. Oft sind sie nur eine Brücke zum Register, in dem die in den Briefen vorkommenden Personen und Periodika, soweit nötig und möglich, knapp erläutert werden.

Für die freundliche Unterstützung bei der Beschaffung der Quellen dankt der Herausgeber vor allem dem Theodor-Fontane-Archiv in Potsdam sowie den anderen im Siglenverzeichnis genannten Archiven und Bibliotheken. Die Anmerkungen von Kurt Schreinert und Charlotte Jolles zu BSJ wurden dankbar genutzt.

G. E.

INHALT

Anhang